清代法律

清代法律体系辨析

（修订版）

刘广安　沈成宝　孙斌——著

中国政法大学出版社

2022・北京

图书在版编目（CIP）数据

清代法律体系辨析/刘广安，沈成宝，孙斌著. —修订本. —北京：中国政法大学出版社，2022.11

ISBN 978-7-5764-0714-3

Ⅰ.①清…　Ⅱ.①刘…②沈…③孙…　Ⅲ.①法律体系－研究－中国－清代　Ⅳ.①D929.49

中国版本图书馆 CIP 数据核字(2022)第 203814 号

出版者　中国政法大学出版社

地　　址　北京市海淀区西土城路 25 号

邮寄地址　北京 100088 信箱 8034 分箱　邮编 100088

网　　址　http://www.cuplpress.com (网络实名：中国政法大学出版社)

电　　话　010-58908285(总编室)　58908334(邮购部)

承　　印　北京中科印刷有限公司

开　　本　720mm×960mm　1/16

印　　张　18.25

字　　数　300 千字

版　　次　2022 年 11 月第 2 版

印　　次　2022 年 11 月第 1 次印刷

定　　价　88.00 元

修订版前言

本书是《清代法律体系辨析》（中国政法大学出版社 2017 年 1 月出版）的修订版。本版将全书分为三篇，上篇：会典与律典，刘广安撰写。中篇：则例与律典和会典，沈成宝撰写。下篇：条例与成案，孙斌撰写。在初版基础上增加了下篇，补充了参考文献，删去了初版附录和后记。全书由刘广安修改定稿。

刘广安

2021 年 6 月 19 日于京华东斋

初版前言

本书得到教育部人文社会科学重点研究基地中国政法大学法律史学研究院重大项目《中国传统法律体系与社会秩序》（2014—2017）的资助，也是在该项目基础之上调整提纲后的写作成果。

2012年7月，高等教育出版社为我出版了《中国古代法律体系新论》一书。该书中的论文初步论述了中国古代数种法律形式的相互关系与协调适用问题。2016年3月，在指导沈成宝完成博士学位论文《清代则例适用研究》之后，认为该文为法律体系学的研究提供了重要的法史学成果。4月8日给沈君发微信，建议将法律体系学作为长期的研究方向。研究各种法律形式的相互关系与协调适用的法律体系学为我们展现了新的广阔的研究领域。

1985年至今，我发表过的法史学专题论文，主要涉及家族法学、民族法学、立法史学、法史学科发展学、中华法系学，现在归结于法律体系学。一个专题有了领域性的研究意识、成果、价值、目标、前景，方可冠于“学”。此学不是一点一滴之学，也不是一线一面之学，而是立体构成的法律体系之学。法律体系学的研究，需要具有跨越各种专门法学、部门法学的交叉学科的知识学养。本书只是我们从清代法律体系与协调适用的角度认识法律体系学的初步研究成果，也是为法律体系学的建立和发展所做的添砖铺路的基础性工作。

把研究清代法律体系协调的学术意义归结于法律体系学的建立和发展，也是我们对法史学的当代价值的学术反思。我们认为：法史学的当代价值在学术方面，主要是丰富和深化理论法学的认识。理论法学的研究如果仅局限于哲学的思辨、概念的分析或逻辑的论证，是缺乏时代活力的，是难于适应社会发展变化实践的需要的。法史学为理论法学提供法史研究的养料，提炼生活实践和法制实践中蕴含的理义，必定会丰富和深化理论法学的认识。

本书的《大清会典》《大清律例》和前言、后记、附录部分，由刘广安撰写编选。清代则例和参考文献部分由沈成宝撰写编选，并经刘广安删改修订。

刘广安

2016年8月27日于京华东斋

目 录

Contents

上 篇

会典与律典

《大清会典》的效力、适用方式与编纂意义

杨一凡、何勤华、钱大群等法史学专家有关《大清会典》这部巨著的观点，在学界有相当广泛的影响力。本文针对他们有关《大清会典》的效力问题、适用问题和编纂意义问题的观点，提出商榷，并引用新的史料从新的视角进行论证。希望这种商榷和论证有助于深化认识中国古代法律体系的构成问题，特别是深化认识《大清会典》这部历史巨著的性质、效力和编纂意义问题。

一、《大清会典》是清代具有最高效力的法典吗？

杨一凡教授在《中国古代法律形式和法律体系》一文中指出："在古代文献中，通常把规定国家根本制度、在法律体系中居于最高层次的综合汇编性法典，称为'大法'或'大经大法'；把经常施行的规定某一领域或某一特定事务具体制度的法律，称为'常经之法'或'常法'；把因事因时临时颁布的具有补充法性质的法律，称为'权制'或'权宜'之法。今人法史著作中所说的古代'补充法'，实质上是对历史上'权制'之法的现代表述。从法律效力层次意义上讲，也可以说中国古代法律体系是以国家大法、常法和权制之法构成的规范体系。"[1]"以国家'大法''常法'和'权制'之法体现效力层次和法律地位。""魏晋至宋代的'律典'和'令典'，南宋的《庆元条法事例》，西夏的《天盛改旧新定律令》，元代的《大元通制》，明清的《会典》，就分别是各代的国家大法。""明清两代以《会典》为大经大法，以典为纲，以例为目，律为常经之法列入会典。""《大清律》作为国家的'常

〔1〕 杨一凡："中国古代法律形式和法律体系"，载杨一凡：《重新认识中国法律史》，社会科学文献出版社 2013 年版，第 19~68 页。下引该文观点不再一一注明出处。

经’之法，虽然是国家最重要的基本法律之一，但其作为国家大经大法《会典》的组成部分或会典之目，其法律地位处于《会典》之下。”“明清两代以《会典》为国家大法，以律为刑事方面的基本法律，律与表述行政诸方面法律制度的常法并用，形成了以国家大法、各种常法、各类补充法为框架的法律体系，反映了这两代的立法技术更加成熟，法律体系变得更加严密、合理。”

杨一凡教授有关《大清会典》的观点和涉及的问题较复杂。为能全面地认识、理解这些观点和更具有针对性地商榷，上文作了较系统的引证。现将笔者的有关认识和见解综论如下：

第一，帝制时代的中国不存在杨先生总结的效力可以分为三个层次的法律体系。从概念方面看，杨先生选用帝制时代的几个传统法律概念“大经大法”“常法”和“权制”之法去说明中国古代法律体系的效力层次。用传统法律概念去说明传统法律问题，在一定范围内，可以避免用现代法律概念去说明传统法律问题所造成的古今混淆或牵强比附的缺陷。但很多传统法律概念本身也有含义笼统、不够精确的缺陷，用这类传统法律概念去说明传统法律问题，也难免出现词不达意的问题。“大经大法”的概念在古代文献中，并不含有最高效力的含义。在古代文献中，“大经”是指“不变的常规”，“大法”是指“重要法则，也指重刑”，“大刑”是指“重刑”，“大令”是指“重要的法令”。[1]“大”字与“法”“刑”“令”组成一个法律概念时，就是指“重要的法律法令”，没有最高效力的含义。仅从这类概念也不能推论出最高效力的含义。“常法”在古代文献中，是指经常适用的长期有效的正式的法律，其形式多种多样，笼统的“常法”概念也难于显示其效力层次。“权制”之法是君主因事因时临时颁布的法律，杨先生认为“权制”之法“具有补充法性质”，“今人法史著述中所说的‘补充法’，实质上是对历史上‘权制’之法的现代表述。”笔者认为，“权制”之法的现代表述用“补充法”的概念是不够准确也不够全面的。因为“权制”之法既可能是对“大法”“常法”的补充，也可能是在“大法”“常法”形成之前的具有奠基性的开创性的法律，而不是对“大法”“常法”的补充。如汉初刘邦发布的《约法三章》，是因事因时临时颁布的“权制”之法，是汉代《九章律》等“常法”制定之前

〔1〕参见徐复等编：《古汉语大词典》，上海辞书出版社 2000 年版，第 727、726、722、721 页的相关引证和解释。

的具有奠基性开创性的法律。用“补充法”的概念是不能反映这类“权制”之法的效力和地位的。如果要用现代表述说明“权制”之法，用“暂行法”的概念比“补充法”的概念要更为准确也更为全面。从法源方面看，“权制”之法的效力置于“大法”“常法”之下，更有值得商榷的地方。因为在君权至上的帝制时代，君权是最高的法源。君主的“权制”之法，在理论上和实践中，都具有最高的效力。“大法”“常法”要得到君主的认可之后，才能成为重要的法律。唐明清的律典，对君主的“权制”之法的效力有所限制，唐律规定：“诸制敕断罪，临时处分，不为永格者，不得引为后比。若辄引致罪有出入者，以故失论。”[1]明清律都规定：“其特旨断罪，临时处治不为定律者，不得引比为律。若辄引比，致罪有出入者，以故失论。”[2]尽管律典有这方面的规定限制君主“权制”之法的效力范围，但律典对君主“制敕断罪”或“特旨断罪”的最高效力是没有否定也不可能否定的，对君主“权制”之法在理论上和实践中的最高效力是肯定的。在清代则例中，有奉特旨处罚的专门规定：“所奉谕旨犹有严议、议处、察议之分。议处者，照例议处；严议者，加等议处；察议者，减等议处。其应如何加减之处，须查严议、减议之条，照例加减，不得凭空酌拟。——其特旨交议之件，亦应辨其罪在公私，照例核议，具奏请旨，不得因系特旨，遂于折尾声明。”[3]这一规定非常明确地肯定了皇帝“特旨”在处理具体事件中的最高效力和适用方式，虽有“照例核议”的约束，但改变不了“具奏请旨”的最终决定权。从体系方面看，在汉唐至明清的法律体系中，没有三个效力层次的专门理论或专门规定，但有后法优于先法的理论和专门规定。汉代最高司法长官认为：“前主所是著为律，后主所是疏为令，当时为是，何古之法乎。”[4]明清律典有“断罪依新颁律”的专门规定：“凡律自颁降日为始。若犯在已前者，并依新律拟断。”[5]帝制时代所具有的后法优于先法的理论和专门规定，都是对君权是最高法源的确认和维护，并没有表明法律体系中存在几个效力层次。并且，后法优于

---

〔1〕《唐律疏议·断狱律》“辄引制敕断罪”条。

〔2〕《大明律》《大清律例》“断罪引律令”条。

〔3〕《钦定王公处分则例》卷首《查例章程》，载杨一凡、田涛主编：《中国珍稀法律典籍续编》（第6册），黑龙江人民出版社2002年版，第310页。

〔4〕《汉书·杜周传》。

〔5〕《大明律》《大清律例》“断罪依新颁律”条。

先法也只是一般的原则，而不是最高的不可变更的原则。确认那些后法优于先法，选择何种成例优于后法，都要根据君主特旨最后确定。在君主“制敕”或“特旨”的最高效力之下，各种法律形式的效力关系是互相交错的，既有相对稳定的后法优于先法的原则，又有君主根据具体需要选择的不确定性。总之，在清代法律体系中，存在旧法与新法的区别，即原有定例与现行定例的区别；存在稳定的法律与暂行的法律的区别，即“常法”与“权制”之法的区别；存在以行政规范为主要内容的法典与以刑事规范为主要内容的法典的区别，即各部院则例与《大清律例》的区别；存在汇编式的综合法典与分编式的单行法典的区别，即《大清会典》与《大清律例》和各部院则例的区别。这些区别不能体现上述各种法律在效力上的高低之分，不存在杨先生所说的三个效力层次的法律体系。

第二，《大清会典》不具有最高效力层次的法律地位。首先，《大清会典》虽被清朝立法者称为“大经大法”，但所载只是“经久常行之制”，〔1〕“大”字并无最高效力的含义，如上文所辨析。其次，《大清会典》是在皇帝谕旨、各部院则例和《大清律例》等多种法律形式的基础之上选编而成的，没有统一全典适用原则的类似律典前的《名例律》的总则编，也没有表明效力层次的专门条款。《大清会典》的效力问题非常复杂，笔者将在下文中从会典适用的角度，编纂意义的角度进一步论证说明。

二、《大清会典》到底是如何适用的？

何勤华教授在《清代法律渊源考》一文中认为：“大清会典的适用，在清代的判例法文献中也极少出现，故本文不予讨论。”〔2〕并引用滋贺秀三的观点作为支持：“清朝虽拥有从《大清会典》《会典事例》，到各部的《则例》等很多法制编纂物，但它们在判语中被引用之处却几近于无。”〔3〕

判断《大清会典》的适用问题，不能仅仅根据刑事案例和少量民事案例。

〔1〕 乾隆《大清会典·凡例》：“会典以典章会要为义，所载必经久常行之制。兹编于国家大经大法，官司所守，朝野所遵，皆总括纲领勒为完书。”《大清五朝会典》第10册，《乾隆会典·凡例》，线装书局2006年版。

〔2〕 何勤华：“清代法律渊源考”，原载《中国社会科学》2001年第2期。收入何勤华：《法律文化史谭》，商务印书馆2004年版，第42页，脚注。

〔3〕［日］滋贺秀三：“清代诉讼制度之民事法源的概括性考察”，载［日］滋贺秀三等著，王亚新、梁治平编：《明清时期的民事审判与民间契约》，王亚新等译，法律出版社1998年版。

因为刑、民案例是适用《大清律例》的记录，不是适用《大清会典》的记录。《大清会典》的适用情况与《大清律例》的适用情况有很大的不同。据笔者的初步考察，《大清会典》的适用具有以下特点：

第一，朝廷统一编纂《会典》，各衙门分别适用则例。《大清会典》有统一的编纂原则："以典为纲，以则为目。"[1]纪昀认为：会典"具政令之大纲"，则例（事例）"备沿革之纲目"。[2]尽管《会典》有统一的编纂原则，但没有《律典》中"名例篇"那样统一的适用原则。所以，关于《会典》的适用情况，学界一直没有统一的认识。从学界的相关研究成果看，《会典》既没有《律典》那样统一适用的原则规定，也没有统一适用的刑事民事案例可供论证。但有《会典》的各个组成部分分别适用的史料和论述。收入《会典》"刑部"职掌之下的《律例》是单独适用的，已不必再作说明。收入《会典》"理藩院"职掌之下的"则例"，也是由《理藩院则例》单独适用的。笔者曾经做过相关的归纳说明："则例规定了三种情况：其一是蒙古例无专条引用刑例。凡办理蒙古案件，如蒙古例所未备者，准照刑例办理。其二是蒙古处分例无专条准咨取吏兵刑等部则例比照引用。内外札萨克、王、公、台吉塔布囊如遇各项应议处分，凡蒙古例所未备者，准咨取吏兵刑三部则例比照引用，体察蒙古情形定拟，毋庸会办。如有奉旨交议案件，内有事隶各该衙门的由各该衙门会办。其三是蒙古民人各按犯事地方治罪。蒙古等在内地犯事照依刑例定拟，民人在蒙古地方犯事照依蒙古例定拟。"[3]其他学者也有相关论证。[4]与理藩院同级的清朝中央行政机构职掌之下的"则例（事例）"的适用情况，与理藩院之下的"则例"的适用情况有相近之处。如吏部职掌之下的"则例（事例）"的适用，是由《吏部·处分例》单独适用的。"凡议处官员，例无正条，必须旁引比照者，如比照则例，可以引用全条，务将全条载入；如不便引用，务将所引则例，或一段，或数语，引用定议。——如律例并无正条，又无可旁引比照之案，令该司官将案情详细察核，酌定处分。

〔1〕《乾隆会典》卷首：凡例。

〔2〕（清）永瑢等撰：《四库全书总目》卷八十一《史部·政书·大清会典则例》，中华书局1965年版，第698页。

〔3〕刘广安：《清代民族立法研究》，中国政法大学出版社1993年版，第33页。

〔4〕张荣铮："关于《理藩部则例》"，载张荣铮等编：《钦定理藩部则例》，天津古籍出版社1998年版，第1~25页。

该堂官等再斟酌定议，于疏内声明，请旨著为定例，以备引用。”〔1〕总的来说，《会典》中各个行政机构职掌之下的“则例（事例）”是分别适用的。具体适用情况是，该衙门有行政罚则规定的“则例”，直接适用该衙门的“则例”。没有行政罚则规定的“则例”，比照适用相关衙门的“则例”。除行政违法行为适用各该衙门的则例之外，有的犯罪行为在“则例（事例）”中有规定的，也适用则例。则例没有规定的犯罪行为，则适用《大清律例》的有关规定。对各部院“则例（事例）”和《大清律例》都没有规定的违法犯罪行为，必须上奏皇帝，确定如何处罚。这在《钦定宫中现行则例》中特别规定了五条必须奏明皇帝的“处分”制度，例如：“凡宫殿监等处太监等，有在内犯法，情罪较重，宫殿监不敢擅专者，具牌奏明，即行送出，交总管内务府治罪。”“凡宫殿监等处太监等，有奉上谕议罚、议责者，皆按《宫殿监处分则例》《各处首领太监等处分则例》引用，其有《则例》内所不能该者，许宫殿监引例比拟，仍将引例比拟之处奏明。”〔2〕

第二，《会典》所定礼制大纲，皇帝根据需要直接适用。如上文所论，《会典》中各行政机构职掌之下的“则例（事例）”是由各该衙门分别适用的。但有关朝廷的礼仪典制，皇帝会根据需要直接适用有关规定，这在《清实录》中有多处记载。现选三例以资说明：

《清实录·世祖章皇帝》卷六十二：“礼部奏：各省人民叠遭盗贼饥荒暴骨遍野，请照会典所载，令天下各有司官收埋枯骨，以广皇仁。从之。”

《清实录·世祖章皇帝》卷九十四：“礼部会同宗人府内院议奏，纂修玉牒应照会典开载，论世次各派所出子孙递书于各派之下。”

《清实录·高宗纯皇帝》卷七：“谕总理事务王大臣，今日大学士等恭拟尊加皇太祖妃封号字样具奏，举行之时朕依照会典亲诣行礼，展崇敬之意，封皇考妃时仍照雍正二年例行。”

从上引三例来看，《会典》中“礼部”职掌之下的“典”和“例”，皇帝会根据需要或直接引证适用，或指定适用先皇的某项成例。皇室重要的礼仪

〔1〕《嘉庆会典事例》卷六十七，《吏部·处分例·引用律例》。

〔2〕《钦定宫中现行则例》，载杨一凡、田涛主编：《中国珍稀法律典籍续编》（第6册），黑龙江人民出版社2002年版，第278~279页。

制度，特别载入《会典》：“凡恭上皇太后尊号，并册封皇后、皇贵妃、贵妃、妃、嫔等名位，其礼仪皆由礼部奏准，载入《会典》，宫殿监不载。”“每遇恭上皇太后册宝，有奏书并恭进册宝之礼，系礼部职掌，俱载《会典》。”“每遇册封皇后，进册宝之礼，系礼部职掌，俱载《会典》。”“每遇册封皇贵妃、贵妃进册宝之礼，系礼部职掌，俱载《会典》。”“每遇册封妃进册之礼，系礼部职掌，俱载《会典》。”“每遇册封嫔进册之礼，系礼部职掌，俱载《会典》。”〔1〕这些特别规定，为皇帝直接援引《会典》处理皇室事务提供了特别的依据。在《会典》中“宗人府”“吏部”等衙门职掌之下的“典”和“例”，由各衙门自行适用之外，皇帝根据需要直接适用的案例，尚有待进一步查考。

第三，援引律例断罪，非“援引《会典》断罪”。上文已说过，收入《会典》刑部职掌之下的“律例”，是单独适用的。所以，留传下来的刑民案例史料，只有直接引用律例的例证，未见直接引用《会典》的例证。近年有清史专家引用史料得出清代“援引《会典》断罪”的观点，这一观点能否成立，应将所引史料仔细辨析。“乾隆二年有宗室海德误伤步甲来福一案，海德罪犯军流，例应锁禁宗人府。但宗人府以《会典》内有‘宗室等犯罪，惟令议处，免其槌楚上锁’等，奏请犯军流者也只行拘禁，免其上锁。会典馆上奏时认为，如此轻重失罚，有违惩创之意，因为如此一来，犯军流者，既免锁禁，拘禁日期与犯徒罪折禁相比，反而减少，出现重罪轻罚。同时，如按此次宗人府所奏，犯军流与犯徒罪同一拘禁，出现异罪同罚。会典馆提出：嗣后宗室有犯军流罪者，仍遵照雍正十二年议定之例行；犯徒罪者，仍照现行之例行，使得轻重得平，宗室也知所畏惧，不轻犯法。乾隆帝准奏。这件档案说明：《会典》在定罪量刑时也被援引。与刑部现行定例冲突时，或援引《会典》断罪。”〔2〕此段引文中会典馆的上奏，是为统一原有定例和现行定例关于军流罪和徒罪的量刑标准提出的，是为统一相关立法的规定提出的，不是为“援引《会典》断罪”提出的。定罪量刑的原有定例和现行定例都会选编进入《会典》，但不会直接“援引《会典》断罪”。《会典》只是选编统一

〔1〕《钦定宫中现行则例》，载杨一凡、田涛主编：《中国珍稀法律典籍续编》（第6册），黑龙江人民出版社2002年版，第226、232、233页。

〔2〕林乾：“从《清会典馆奏议》论《会典》的性质”，载中国第一历史档案馆编：《明清档案与历史研究论文集——庆祝中国第一历史档案馆成立80周年》（上），新华出版社2008年版，第772页。

了相关规定，并不能代替原有定例或现行定例的独立适用。法律的具体适用，援引的是独立于《会典》之外的律例条文。如《宗室觉罗律例》规定："凡宗室觉罗犯罪时，系黄、红带者，依宗室觉罗例办理。如系蓝带及不系带者，一经犯案到官，即照常人例治罪。"〔1〕因此，《会典》有选录原有定例和现行定例的功能，但没有直接"援引断罪"的功能。

三、《大清会典》编纂的意义究竟是什么？〔2〕

"清朝会典先后五次纂修，它包括会典、则例（事例）、图说等部分。""会典、事例、图说三者互相补充，会典为纲，事例、图说丰富其内容，形成'会典'这类政书的完整体裁。"〔3〕这是清史专家冯尔康先生的看法。法史学专家钱大群教授在《明清"会典"性质论考》一文中，认为编纂《大清会典》的"目的是备考、备查"，"始终是解决存案备考的典籍问题"，"会典"的内容只是"备考的史料"，与编纂"律典"和"则例"的意义不同。〔4〕把《大清会典》作为备考备查的典籍史料书看待，这是冯、钱二位先生的相同观点。编纂《大清会典》的意义如果仅仅只是提供"备考、备查的典籍史料"，就与乾隆时期编纂《清朝文献通考》《清朝通典》《清朝通志》是同一性质的工作，没有大的区别了。

近期笔者仔细阅读五部《大清会典》的御制序言、编纂凡例和编纂大臣所上的"表文"，并结合《清会典馆奏议》等历史文献进行分析考察，认为编纂《大清会典》的意义不仅是具有提供"备考、备查的典籍史料"方面的文献意义，而且是具有更为直接、更为重要的政治意义、法律意义和教化意义。其主要意义可以归纳总结为以下三点：

第一，为清朝政权的合理性、稳定性和适应性提供系统的理论根据、历史根据和法统根据。清朝帝王接受儒家思想作为正统思想之后，其政权的理论

〔1〕《钦定宗室觉罗律例》："宗室觉罗犯罪时系带不系带分别治罪。"载杨一凡、田涛主编：《中国珍稀法律典籍续编》（第6册），黑龙江人民出版社2002年版，第460页。

〔2〕笔者曾撰写《编纂〈大清会典〉的意义》一文，提交2014年11月1-2日教育部人文社会科学重点研究基地中国政法大学法律史学研究院主办的"中华民族优秀法律传统与当代中国法制建设研讨会"，此部分内容即根据该文删改而成。

〔3〕冯尔康：《清史史料学初稿》，南开大学出版社1986年版，第63、65页。

〔4〕钱大群："明清'会典'性质论考"，载中国法律史学会编：《法律史论丛》（第4辑），江西高校出版社1998年版，第75~87页。

根据都是到儒家崇奉的经典中去寻找。在《康熙会典》御制序中，引用了《尚书》《周礼》和《诗经》中有关典章制度的理论作为立法施政的理论根据。《雍正会典》御制序在引用《尚书》《周礼》《易经》的同时，还引用了《论语》中孔子关于夏礼、殷礼、周礼沿革的理论。《乾隆会典》御制序没有具体引用儒家经典的名称，但突出了继承康熙、雍正编纂《会典》的旨意："法祖宗之法，心祖宗之心。"《嘉庆会典》御制序也没有具体引用儒家经典说明，只是表示了继承康熙、雍正、乾隆编纂《会典》的传统和精神。《光绪会典》御制序再次强调了编纂《大清会典》的理论依据，把《尚书》记载的《尧典》《舜典》作为源头，突出了"圣圣相承大经大法"的《会典》编纂指导思想。

康熙、雍正、乾隆、嘉庆、光绪诸帝在阐明编纂《会典》的理论根据的同时，也阐明了编纂《会典》的历史根据和法律根据。康熙帝《御制大清会典序》开篇即言："自古帝王宪天出治，经世宜民，莫不立之章程，允厘庶绩。二帝三王之成迹略见于《尚书》《周礼》。唐虞以九官岳牧综理内外，而周则六卿分职各率其属——沿及唐宋，仿为《六典》，辑为《会要》，悉本斯意。明初撰《诸司职掌》，其后因之勒成《会典》。虽历代制作不能尽同，要皆举弘纲，详细目，变通因革亦各其宜也。"[1]并表示要效法"尧舜禹汤文武致治之隆轨，时饬群臣勤修职业，每建一事，布一令，务期上弗戾于古，下克咸于民。"[2]在总结前代帝王立法定制，终于编成《会典》的历史传统和法制传统的基础之上，为编纂《大清会典》，巩固清朝政权提供了系统的历史根据和法律根据。雍正帝在《康熙会典》的基础之上，进一步阐述了继承历代法律传统的正统思想，特别是指出了夏殷至周的礼制传统的形成和发展的本源性，并着重总结了《周礼》在典制历史上的重要性。御制序言："《周礼》一书，盖承唐虞夏殷之绪，而加以文武制作之隆，上绍古先，下开来叶。自是厥后，汉唐宋明膺运享祚者，莫不著之章程，布在方策，设官分职，犹师虞周之成宪焉。"[3]雍正帝对清朝帝王继承传统，编纂典制的功业，作了专门总结。《雍正会典》御制序言：太祖、太宗、世祖、圣祖"四圣相承，兼唐

〔1〕《大清五朝会典》第1册，《康熙会典·序》，线装书局2006年版。
〔2〕《大清五朝会典》第1册，《康熙会典·序》，线装书局2006年版。
〔3〕《大清五朝会典》第3册，《雍正会典·序》，线装书局2006年版。

虞之勋华，综丰镐之谟烈，巍乎成功，焕乎文章之并盛者也。”〔1〕特别是突出了康熙帝编纂《会典》的功绩：“圣祖仁皇帝敕命阁臣纂修《大清会典》，起于崇德元年，迄于康熙二十五年，大经大猷，咸胪编载。圣祖仁皇帝历数绵长，又阅三纪，敬勤愈至，法制增修，宪古宜今，至精至备，可谓规型之尽善，仪典之大成——圣祖仁皇帝临御六十余年，立纲陈纪之端，命官敷政之要，首末完具，灿然如日月之炳照，与《虞书》《周礼》并垂不刊。夫制度之有损益，随时以处中之道也。《书》曰：惟精惟一，允执厥中。《易》曰：变通者，趋时也。中无定体，动惟厥时斯。圣祖仁皇帝所以乾健日新，为万世立极也。”〔2〕在充分肯定历代正统法制的基础之上，雍正帝阐明了继续编纂《会典》的意义：“朕缵承宝位，体皇考之心以为心，法皇考之政以为政。其有因时制宜更加裁定者，无非继志述事之意，绍闻衣德之思——朕兢兢业业，永怀绍庭陟降之意，尔在廷臣工能恪遵而绎之，上之可以程功，次亦不失为寡过。然其所以行之者，必本于至诚，非徒缘饰虚文，奉行故事，以为尽职也。其交相懋勉忠勤不懈，以赞襄我国家悠久无疆之泰运，追迈二帝三王之盛。朕于兹有厚望焉。”〔3〕乾隆帝在康熙、雍正两朝《会典》的基础之上，着重指出了继承正统法制，编纂《会典》的重要性，特别是突出了续修《会典》因时制宜的必要性。《乾隆会典》御制序言：“顾惟自圣作明述政府粲陈其间，有因者即不能无损与益，而要之悉损益以善——盖此日所辑之《会典》，犹是我皇祖、皇考所辑之《会典》而勉焉。从事于兹者，岂直义取述而不作云尔哉。良以抱不得不述之深衷，更推明不容轻述之微指。稽典者当了然知宰世驭物所由来，无自疑每朝迭修为故事耳。”〔4〕嘉庆帝《续修大清会典序》，主要是表达了继承祖宗的大经大法的旨意，特别是继承乾隆朝制作的大经大法。《嘉庆会典》御制序言：“皇考临御寰区，阐扬列圣经国制度，久道化成，臻于至善。亲政以来，只恐荒废典章，怠忽程式，宵旰勤求，惟期顺则述且弗能，曷敢言作。敬集六十余年盛德大业，昭垂成宪，布在方策者，续入《会典》。著奕祀之法程为亿龄之典则，后世恪遵勿替。”〔5〕光绪帝《续

〔1〕《大清五朝会典》第3册，《雍正会典·序》，线装书局2006年版。

〔2〕《大清五朝会典》第3册，《雍正会典·序》，线装书局2006年版。

〔3〕《大清五朝会典》第3册，《雍正会典·序》，线装书局2006年版。

〔4〕《大清五朝会典》第10册，《乾隆会典·序》，线装书局2006年版。

〔5〕《大清五朝会典》第12册，《嘉庆会典·序》，线装书局2006年版。

修大清会典序》，重申了继承尧舜以来正统法制的旨意，着重阐明了嘉庆帝以来清朝诸帝特别是圣母皇太后率由旧章，圣圣相承大经大法的立法传统。[1]系统引用御制序言的思想材料，说明编纂《大清会典》的政治意义，比只言片语地选引材料会更有证明力，比今人用今天的某种时尚理论去解释也更有说服力。

第二，为清朝法律体系的统一和各种制度的协调提供具有综合特征的汇编式法典。康熙《御制大清会典序》即明确提出了编纂《会典》在统一法律体系方面的重要意义："夫朝廷之规制损益无一不关于藜庶，大中之轨立则易而可循，画一之法行则简而可守。制治保邦之道惟成宪是稽，不綦重欤?"[2]《雍正会典》既继承了《康熙会典》的编纂原则，又增加了新的编纂原则。既有汇编大经大法的原则，也有区别各种法律形式、统一具体法律名称的原则。《雍正会典》的编纂《凡例》，专门订立了统一法律体系的原则："事例由上所颁降者，则书曰：诏曰、敕曰、谕曰、旨曰。定由部院各衙门具题者，则书曰：题准。由科道督抚条陈经部院议复者，则书曰：复准。由议政王贝勒大臣及九卿詹事科道会议者，则书曰：议定。曰：议准。"[3]还规定了有关事例与处分相统一的原则："文武官处分，系吏兵二部所掌。但事例与处分散见两处，未免重复。今随事附载处分之例，以便览稽。至诸司所不能附见者，仍旧载为杂例。"[4]《雍正会典》的《续增凡例》进一步规定："有一事而关数衙门者，或详载一处，或互见备考。俱酌乎事之轻重以为准。其只载一处者，照原条例注明详见某衙门。"[5]《续增凡例》对律典与条例的协调也作了专条规定："刑部律例经律例馆奏准改定。今照旧《会典》之例，详列原文，而开载删改原委，以昭沿革。至罪名向系别为卷帙，止载重罪，未为完备。兹将五刑之属全著于篇，仍分条附见，以便查考。其律后附例，有定自雍正五年以后者，亦照原文载入。"[6]《乾隆会典》的《凡例》再次强调了统一法律体系的重要性："《会典》旧本每遇大典礼，必胪序列朝行事。即一事之更

〔1〕《大清五朝会典》第16册，《光绪会典·序》，线装书局2006年版。

〔2〕《大清五朝会典》第1册，《康熙会典·序》，线装书局2006年版。

〔3〕《大清五朝会典》第3册，《雍正会典·凡例》，线装书局2006年版。

〔4〕《大清五朝会典》第3册，《雍正会典·凡例》，线装书局2006年版。

〔5〕《大清五朝会典》第3册，《雍正会典·续增凡例》，线装书局2006年版。

〔6〕《大清五朝会典》第3册，《雍正会典·续增凡例》，线装书局2006年版。

定，一节之沿流，亦必分年备书。诚有如圣谕所云：原议、旧议连篇并载，反掩正文者。兹谨裒集旧典所载，并取到各衙门册籍通行校订。自本朝开国以来及现修《会典》告成以前，一应典制荟萃源流，斟酌详备。于朝庙典礼各定为一仪，于官司事例各定为一则，化参差之迹成画一之规。嗣后如间有因时损益之处，其畸零节目止于则例内增改。即有关大体者，亦止刊补一二条，无烦全书更动，庶一劳永逸，以便遵循。"[1]《嘉庆会典》的《凡例》特别规定了"会典事例"专条，协调二者的关系："旧以《会典》所分衙门为纲，每《会典》一卷，各以则例副之。如一部数司，则例亦按司分隶。其诸司职掌从同者，则统载于一衙门之下，不复分析。此次事例为卷，九百二十，实为繁赜。若循旧例分列诸司，门类过多，难于寻阅。是以各就一衙门之事例，皆分列数门。每门之下，析为子目。每目之下，仍按年编次。其门目皆标明每卷之首，俾一览了然。"[2]

上引清代编纂《会典》的《凡例》，是"以典为纲，以例为目"的《会典》编纂原则的具体化，具有超越一般文献典籍编纂原则的统一法律体系的意义。把则例、律例等重要法律形式置于中央行政机构的职掌之下，也体现了帝制时代行政支配法制的特点。

清代编纂《会典》具有统一法律体系的意义，这在《清会典馆奏议》中有明确的体现。乾隆十三年（1748年），会典馆议奏：宗人府条奏定行事例，有前后未尽画一，原议尚未周详及会典未经备载，应入增各款。该折经乾隆帝批示后，会典馆王大臣等公同详酌，逐款定议，提出沿用或修改旧例，或增入新例，共有"宗室将军封爵尚宜酌定"等十条。十条增修建议报乾隆帝审定后，有的建议被增入为新例。[3]此项档案史料表明：编纂《大清会典》的工作，不只是录存已有的法律，也会制定新的法律加入《会典》。所以，编纂《大清会典》是具有统一法律体系意义的活动。

第三，通过编纂《大清会典》，希望确立长期稳定的重要制度，建立实现太平盛世的标志，争取官民对清廷的永远尊戴。《康熙会典·序》自称："我国家典章弘备，视前代加详。悉皆本之实心以相推准，而非缘饰虚文铺张治

---

〔1〕《大清五朝会典》第10册，《乾隆会典·凡例》，线装书局2006年版。
〔2〕《大清五朝会典》第12册，《嘉庆会典·凡例》，线装书局2006年版。
〔3〕《清会典馆奏议》，全国图书馆文献缩微复制中心2004年版，第29~38页。

具。惟此良法美意相与世世恪遵无绎。官治民察以跻斯世，于隆平万年无疆之休。”〔1〕《雍正会典·序》重申了康熙帝编纂《大清会典》的愿望和理想："圣祖仁皇帝所以乾健日新，为万世立极也——然其所以行之者，必本于至诚，非徒缘饰虚文，奉行故事，以为尽职也。其交相懋勉忠勤不懈，以赞襄我国家悠久无疆之泰运，追迈二帝三王之盛。”〔2〕《乾隆会典》御制序和会典馆大臣所上的表文，进一步表达了继承和发扬正统的法律原则和法律精神，通过编纂《大清会典》，建立太平盛世的愿望和理想 。乾隆御制序言："法祖宗之法，心祖宗之心。”"若夫治法心法，表里兼赅。精之而贯彻天人，扩之而范围今古。”〔3〕乾隆朝会典馆总裁在《大清会典》告成所上表文中，非常明确地声言："作者圣而述者明，协创垂之极轨。声为律而身为度，昭法守于鸿编。载籍聿新规模大备。窃惟王者致太平必自典章尽善，而圣朝有成宪每于简策昭垂——完书具而法制详，咸快睹于致太平之迹。大典昭而休明备，敬拜手以庆王道之成。”〔4〕《嘉庆会典》和《光绪会典》的御制序，以及会典馆大臣所上表文，也表达了类似的愿望和理想。

综上所述，编纂《大清会典》，具有确立法统、统一法律体系的政治意义和法律意义，又有建立盛世标志、争取官民拥戴的文化意义和教育意义。

---

〔1〕《大清五朝会典》第1册，《康熙会典·序》，线装书局2006年版。

〔2〕《大清五朝会典》第3册，《雍正会典·序》，线装书局2006年版。

〔3〕《大清五朝会典》第10册，《乾隆会典·序》，线装书局2006年版。

〔4〕《大清五朝会典》第10册，《乾隆会典·表文》，线装书局2006年版。

《大清律例》的协调适用原则

《大清律例》中，关于法律体系协调适用的原则主要有四项，联系《唐律疏议》的相关原则，进行分析总结，有助于强化学界对这些原则在中国传统法制文明中的重要性的认识。

一、特例与通例的协调适用原则

“特例”即特别规定，“通例”即普通规定。这项原则就是特别规定优先于普通规定的原则。该原则见于《大清律例》第35条“本条别有罪名”，具体内容是：“凡本条自有罪名与名例罪不同者，依本条科断。本条虽有罪名，其（心）有所规避罪重者（又不泥于本条），自从（所规避之）重（罪）论。其本应罪重而犯时不知者，依凡人论。（谓如叔侄别处生长素不相识，侄打叔伤，官司推问始知是叔，止依凡人斗法。又如别处窃盗偷得大祀神御之物，如此之类，并是犯时不知，止依凡论，同常盗之律。）本应轻者听从本法。（谓如父不识子，殴打之后方始得知，止依打子之法，不可以凡殴论。）”

薛允升在《读律存疑》中指出：“此仍明律，其小注系顺治三年增修。”

本条规定近仿《大明律》，远源于《唐律疏议》。对照辨析，《唐律疏议》的有关规定更为详备。《唐律疏议》第49条：诸本条别有制，与例不同者，依本条。

疏议曰：例云：共犯罪以造意为首，随从者减一等。斗讼律：同谋共殴伤人，各以下手重者为重罪，元谋减一等，从者又减一等。又例云：九品以上犯流以下，听赎。又断狱律：品官任流外及杂任，与本司及监临犯杖罪以下，依决罚例。如此之类，并是与例不同，各依本条科断。

即当条虽有罪名，所为重者自从重。

疏议曰：依诈伪律：诈自复除，徒二年。若丁多以免课、役，即从户婚律脱口法，一口徒一年，二口加一等，罪止徒三年。又诈伪律：诈增减功过年限因而得官者，徒一年。若因诈得赐，赃重，即从诈欺官私以取财物，准盗论，罪止流三千里之类。

其本应重而犯时不知者，依凡论；本应轻者，听从本。

疏议曰：假有叔侄，别处生长，素未相识，侄打叔伤，官司推问始知，听依凡人斗法。又如别处行盗，盗得大祀神御之物，如此之类，并是犯时不知，得依凡论，悉同常盗断。其本应轻者，或有父不识子，主不识奴，殴打之后，然始知悉，须依打子及奴本法，不可以凡斗而论，是名本应轻者，听从本。

蒲坚先生对唐律的这项原则作了明确的定义："唐律规定之法律适用原则。所谓'本条别有制'是指《名例律》以外各篇的律条就某种犯罪另有具体规定，'与例不同'即与《名例律》的原则规定不同，此时应依各该'本条'的具体规定处断。这是因为《名例律》作为'总则篇'不可能概括所有的具体问题。"并对这项原则的具体内容作了解析："根据律文规定，'本条别有制'有三种情况：一是条例抵触。即本条之规定，与《名例律》之规定相矛盾。凡属此类情况，当依本条，而不得从《名例律》：'诸本条别有制，与例不同者，依本条。'二是罪名重叠。即一个行为该当二罪，二罪名之构成要件内容重叠。易言之，同一行为，既可科以此种罪名，又可科以另一种罪名。凡属此类情况，只以其中最重之罪名科之：'即当条虽有罪名，所为重者自从重。'三是事实错误。指因对事实认识错误而导致之犯罪行为。与过失犯不同，过失犯系主观无故意而误犯，事实错误则系主观有故意但错认客体而犯者。误认客体有两种情况，一种是误认之客体比主观所欲犯者重，另一种是误认之客体比主观所欲犯者轻。律文规定：凡属前一种情况，即依主观所欲犯者科断；凡属后一种情况即依所欲犯之客体科断：'其本应重而犯时不知者，依凡论；本应轻者，听从本。'从上可见，唐律之这条原则，对于保持全律之协调和统一具有重要作用。"〔1〕解析部分引用了刘俊文的相关论述。〔2〕

钱大群先生对唐律的这项原则也有简明的解释："此条是关于法律适用几个专条的第二条，中心是各篇律条的特别规定与《名例》原则内容不一的解

〔1〕 蒲坚编著：《中国法制史大辞典》，北京大学出版社 2015 年版，第 41 页。

〔2〕 参见刘俊文：《唐律疏议笺解》（上），中华书局 1996 年版，第 484~485 页。

决办法。其要点是，第一，如某罪本罪律条所作的特别规定与《名例》内容不同的，依各条之特别规定办。第二，犯罪有适用之罪名，但由于主体本身具有的不同条件而成为重罪的，依重罪处置。第三，对所犯对象身份不明时轻重的依从：其一，所犯虽应重处，但实施犯罪行为时不知情的，以一般人相犯论处；其二，所犯之罪应轻处的，依原来的轻法论处。从《律疏》本身的编写看，某些内容，《例》非但与本条所制不同，而且矛盾，这一点值得注意与思考。”〔1〕

戴炎辉先生对此项原则已有过详细的论述，所著《唐律通论》第十八章即专论“法条之适用”。该章“前言”指出：“名例四九条规定法条之适用。第一项系关于名例（通则）与本条（分则）之抵触，第二项关于二罪从重，第三项关于事实之错误。”在“名例之特例”的“概说”部分指出：“名例系通例规定（通则），各本条固须依据名例，但因特殊情形，各本条自有规定者，显然不从此通例，当依本条规定。此乃特别规定优先于普通规定之原则。又各本条内，亦有适用范围较窄之通例，此时别条若有制者，亦不适用通例。”〔2〕该书对唐律中特别规定与普通规定相互关系的概括论述和具体辨析，是后人认识唐清律相关原则的权威依据。

二、法典正文与暂行法令的协调适用原则

这一原则是要求法官完整引用法典条文作为定罪量刑的依据，不得引用暂行法令代替法典正文的原则，体现了帝制中国时代法典权威主义的精神。见于《大清律例》第415条“断罪引律令”。律文是：“凡（官司）断罪，皆须具引律例。违者，（如不具引）笞三十。若（律有）数事共（一）条，官司止引所犯（本）罪者，听。所犯之罪止合一事，听其摘引一事以断之。其特旨断罪，临时处治不为定律者，不得引比为律。若辄引（比）致（断）罪有出入者，以故失论。（故行引比者，以故出入人全罪，及所增减坐之。失于引比者，以失出入人罪，减等坐之。）”

此条律文后，有四项相关条例。依次是：

---

〔1〕钱大群：《唐律疏义新注》，南京师范大学出版社2007年版，第209页。

〔2〕戴炎辉：《唐律通论》，元照出版公司2010年版，第435页。

督抚审拟案件，务须详核情罪，画一具题，不许轻重两引。承问各官徇私枉法，颠倒是非，故处故入，情弊显然，及将死罪人犯错拟军、流，军、流人犯错拟死罪者，仍行指名参处。至于拟罪稍轻，引律稍有未协，遗错过失等项，察明果非徇私，及军、流以下等罪错拟者，免其参究，即行改正。

承问各官审明定案，务须援引一定律例。若先引一例，复云不便照此例治罪，更引重例及加情罪可恶字样，坐人罪者，以故入人罪论。

例载比照光棍条款，仍照例斟酌定拟外，其余情罪相仿，尚非实在光棍者，不得一概照光棍例定拟。

除正律正例而外，凡属成案未经通行著为定例，一概严禁，毋得混行牵引，致罪有出入。如督抚办理案件，果有与旧案相合，可援为例者，许于本内声明，刑部详加查核，附请著为定例。

薛允升在该律文后注明："此仍明律，顺治三年，添入小注。"在"承问各官审明定案"条例后注明："此条系雍正初年例，乾隆五年改定。谨按：与断罪无正条例文及处分则例参看。不引本律定拟，妄行援引别条，见断罪不当。"在"例在比照光棍条款"例后注明："此条系乾隆二年议复兵部右侍郎吴应棻条奏定例。谨按：光棍罪名极重，而例无专条比照定拟，恐有冤滥，是以特立此条。似应改为，例内载明照光棍例定拟者，准其援照定拟外，尚非实在光棍，下添例内，亦无明文。"在"除正律正例而外"条例后注明："此条系乾隆三年刑部议复御史王柯条奏定例。谨按：此即律内特旨断罪，临时处治，不为定律者，不得辄引之意。"〔1〕

这一原则来源于《唐律疏议》第484条"断罪不具引律令格式"："诸断皆须具引律、令、格、式正文，违者笞三十。若数事共条，止引所犯者，听。"疏议曰："犯罪之人，皆有条制。断狱之法，须凭正文。若不具引，或致乖谬。违而不具引者，笞三十。'若数事共条'，谓依《名例律》：'二罪以上俱发，以重者论。即以赃致罪，频犯者并累科。'假有人虽犯二罪，并不因赃，而断事官人止引'二罪俱发以重者论'，不引'以赃致罪'之类，听。"第486条"辄引制敕断罪"："诸制敕断罪，临时处分，不为永格者，不得引为后比。若辄引，致罪有出入者，以故失论。"疏议曰："事有时宜，故人主

〔1〕 胡星桥、邓又天主编：《读例存疑点注》，中国人民公安大学出版社1994年版，第870页。

权断制敕，量情处分。不为永格者，不得引为后比。若有辄引，致罪有出入者，‘以故失论’，谓故引有出入，各得下条故出入之罪；其失引者，亦准下条失出入罪论。”

戴炎辉从罪刑法定主义的视角分析唐律的这项原则。分析了唐律中“无正条不入罪”和“罪条不溯及既往”的罪刑法定主义内容。但同时认为：“近代罪刑法定主义，在其历史的演变之中，乃为抑制擅断，以保障人权而确立（即人民争取法治主义）。故所谓‘法定’，指国会通过之法律，犯罪之成立及其刑，须根据成文法律，不得据习惯或法理，又不准类推解释而言。在旧律上，如此意义之罪刑法定主义，未曾存在。盖旧律系钦定者，乃是被与者也。”[1]他对唐代“权断制敕，量情处分”的规定，“违令式”和“不应得为”的相关规定，认可“习惯”的相关规定进行了细致的引证分析，本意是要说明“唐律上罪刑法定主义与现代罪刑法定主义的不同之点”，实际是否定了唐律中罪刑法定主义的成立。

后来的一些法史学者对唐律的这项原则与罪刑法定主义联系解释的观点，都没有超出戴炎辉的认识水平，都表明用现代罪刑法定主义的概念解释中国传统律典的这项原则是行不通的。

三、正条规定与比附例案的协调适用原则

这项原则是指法律没有明文规定的案件，可以比照类似法条或案例适用法律的原则。该原则见于《大清律例》第44条“断罪无正条”：“凡律令该载不尽事理，若断罪无正条者，（援）引（他）律比附。应加应减，定拟罪名，（申该上司）议定奏闻。若辄断决致罪有出入，以故失论。”该律文下有补充条例：“引用律例，如律内数事共一条，全引恐有不合者，许其止引所犯本罪。若一条止断一事，不得任意删减，以致罪有出入。其律例无可引用，援引别条比附者，刑部会同三法司公同议定罪名，于疏内声明：律无正条，今比照某律某例科断，或比照某律某例加一等、减一等科断，详细奏明，恭候谕旨遵行。若律例本有正条，承审官任意删减，以致情罪不符，及故意出入人罪，不行引用正条，比照别条以致可轻可重者，该堂官查出即将承审之司员指名题参，书吏严拿究审，各按本律治罪。其应会三法司定拟者，若刑部

〔1〕 戴炎辉：《唐律通论》，元照出版公司2010年版，第9~12页。

引例不确，许院、寺自行查明律例改正。倘院、寺驳改犹未允协，三法司堂官会同妥议。如院、寺扶同蒙混或草率疏忽，别经发觉，将院、寺官员一并交部议处。”

薛允升对该律文说明：“此仍明律，雍正三年删定。其小注系顺治三年增入。”对该条例说明：“此条系雍正十一年，九卿议复大学士张廷玉条奏定例。谨按：断罪引律令云，若律有数事共一条，官司止引所犯本罪。听此例前数句即系申明此律。其一条止断一事句，则补彼律之所未备也。专指刑部司官而言，似不赅括，可改为通例。”〔1〕

该原则源于唐律的相关规定，但有很大的改变。《唐律疏议》第50条“断罪无正条”：“诸断罪而无正条，其应出罪者，则举重以明轻；其应入罪者，则举轻以明重。”疏议曰：“断罪无正条者，一部律内，犯无罪名。‘其应出罪者’，依《贼盗律》：‘夜无故入人家，主人登时杀者，勿论。’假有折伤，灼然不坐。又条：‘盗缌麻以上财物，节级减凡盗之罪。’若犯诈欺及坐赃之类，在律虽无减文，盗罪尚得减科，余犯明从减法。此并‘举重明轻’之类。”疏议曰：“案《贼盗律》：‘谋杀期亲尊长，皆斩。’无已杀、已伤之文，如有杀、伤者，举始谋是轻，尚得死罪；杀及谋而已伤是重，明从皆斩之坐。又《例》云：‘殴告大功尊长、小功尊属，不得以荫论。’若有殴告期亲尊长，举大功是轻，期亲是重，亦不得用荫。是‘举轻明重’之类。”

明清律把“轻重相举”的内容合并到了“比附”的条文中，比附成了统一的法律适用原则。明清时期的立法者是如何看待这一改变的，已难知其详。晚清时期的律学家薛允升认为：“唐律祇言举重以明轻、举轻以明重，明律增加比附加减定拟，由是比附者日益增加。律之外有例，例之外又有比引条例，案牍安得不烦耶。”〔2〕从薛允升的评论看，比附扩大了“轻重相举”的范围，增加了定罪量刑的案例，造成了负面的影响。沈家本对唐律的“轻重相举条”进行了更为深入的分析，对明清律改唐律之文也作出了详细的评论。他认为：“观《疏议》所言，其重其轻皆于本门中举之，而非取他律以相比附，故或轻或重仍不越夫本律之范围。其应出者，重者且然，轻者更无论矣。其应入

---

〔1〕 胡星桥、邓又天主编：《读例存疑点注》，中国人民公安大学出版社1994年版，第95页。

〔2〕（清）薛允升：《唐明律合编》，怀效锋、李鸣点校，法律出版社1999年版，第97页。

者，轻者且然，重者更无论矣。”〔1〕“引律比附，应加应减定拟，此明改唐律之文。与唐律之举重明轻，举轻明重，其宗旨遂不同矣。而又申之曰议定奏闻，若辄断决，致罪有出入者，亦明知比附之流弊滋多，故特著此文，以为补救之法。——《大清律例》：（援）引（他）律比附。其于律字上注一‘他’字，实非原定此律之意。观于《笺释》事同方许比附之语，可知其非。自来引用，大多于本门律内上下比附，其引他律比附者并不多见。盖既为他律，其事未必相类，其义即不相通，牵就依违，狱多周内，重轻任意，冤滥难伸。此一字之误，其流弊正有不可胜言者矣。”〔2〕从沈家本的分析评论中，我们可以看出以下三点：第一，唐律规定的“轻重相举条”是在本律同门之中“类举”，不能超出本律“类举”。第二，明律改唐“类举”为“比附”，改变了唐律制定此条的宗旨，扩大了定罪量刑的范围。第三，清律在明“引律比附”的律前加一“他”字，造成了更多的流弊。沈家本特举清初文字狱案例，证明其流弊。“自国初以来，比附之不得其平者，莫如文字之狱。——自唐以来，律无诽谤之条，用意至为深远。——若以律无正条之犯，竟与真正大逆同科，情罪既不相当，诬捏亦所难免。——如康熙中戴名世《南山集》一案，以文字之故，竟成大狱，非出特恩，则死者重矣。——是狱也，得恩旨全活者三百余人。仰见圣祖宽大之德，不以刑官之比附从重为是，故特予从轻。乃当日刑官不能曲体皇仁，原情定罪，竟以极重之典，漫为比附，五上折本，固执不移，其为党祸牵连，可以想见。而比附之未足为法，即此一狱，可推而知矣。——本朝文字之祸，大多在乾隆以前，其中出于素挟仇怨者半，出于藉端诈索者半。匪独奸人群相告讦，即大臣之中，亦有因睚眦小隙图快己私者。律例既无正条，遂不得不以他律比附，事本微细，动以大逆为言。”〔3〕

现代法律史学者对这一改变进行了许多分析，提出了不同的看法。 关于类举（轻重相举）、比附与类推的区别，戴炎辉认为：“《名例律》有‘出

〔1〕（清）沈家本：《历代刑法考》（第4册），《明律目笺一/断罪无正条》，邓经元、骈宇骞点校，中华书局1985年版，第1813~1814页。

〔2〕（清）沈家本：《历代刑法考》（第4册），《明律目笺一/断罪无正条》，邓经元、骈宇骞点校，中华书局1985年版，第1816页。

〔3〕（清）沈家本：《历代刑法考》（第4册），《明律目笺一/断罪无正条》，邓经元、骈宇骞点校，中华书局1985年版，第1816~1819页。

罪举重明轻，入罪，举轻明重'之条，而无言及'比附'。举重明轻及举轻明重（轻重相举），系论理解释，非类推解释。按所谓比附者，屡见于疏议，其间亦有几乎是类推解释，即其所比附两事之相类性，比"轻重相举"者较远。或可谓为：广义之比附，包括狭义之'比附'及"轻重相举"。不过，律既许'比附'，即'轻重相举'及'论理解释'，自亦不必与'比附'强分。"〔1〕从"轻重相举"单个条文的规定和相关的解释，戴氏认为"轻重相举"是论理解释，不是类推解释。但从唐律的整体解释和立法精神看，戴氏认为类举（轻重相举）和比附"不必强分"。所以，在戴氏的唐律论著中，类举、比附和类推是没有决然分开论述的。

黄源盛在《唐律轻重相举条的法理及其运用》一文中，对"轻重相举"与比附和类推的区别进行了仔细的分析，提出了他的看法："'轻重相举条'的法理性质，其究属当今比附援引之'类推适用'？还是较倾向论理解释中之'当然解释'？"〔2〕"轻重相举"如"所举《疏议》中各例，大致都有一明确的律文以为轻重比拟的依据"，"在逻辑上均属当然之事，与'比附援引'显不相同"。"'比附援引'之律文与行为间，并无明确的联接关系，其所以解为得类推适用者，完全系基于事实上的需要，或为迁就某特定时空的条件，将律条中已有规定的犯罪类型，拿来作为对缺乏明文规定的行为作'填补漏洞'的根据，本质上，这是由司法官吏所为之'法之续造'"。"'轻重相举条'是立法者有意的设计，并非为漏洞而找填补之方，它是在法律解释学方法论尚不发达年代的一种立法技术的运用，其性质显然较近于当代论理解释中的'当然解释'。"〔3〕黄源盛从现代法律解释学详细分类的视角分析"轻重相举条"的法理性质，比戴炎辉的相关分析更深入了一步，但这种现代分析的深入是否已超越了唐律的整体结构和精神内涵，值得我们深思。把唐律的"轻重相举"作为现代法学的"当然解释"看待，在黄源盛之前已有日本法学家冈田朝太郎论证过。〔4〕

对"轻重相举"与比附的区别，钱大群也有专门的考察论证。他认为：

---

〔1〕 戴炎辉：《唐律通论》，元照出版公司2010年版，第15页。

〔2〕 黄源盛：《汉唐法制与儒家传统》，元照出版公司2009年版，第328页。

〔3〕 黄源盛：《汉唐法制与儒家传统》，元照出版公司2009年版，第329~330页。

〔4〕 参见黄源盛：《汉唐法制与儒家传统》，元照出版公司2009年版，第323~324页。

唐代的“类举与比附虽有局部相通之处，却绝非同一制度”[1]。其相通之处是：类举与比附都是为了解决法无明文断罪无正条的问题。其不同之处是：类举可以是定罪判刑，也可以是判定无罪不予处罚，或是从罪重刑重改认为罪轻刑轻。“入罪”是指判为有罪或相对地判为重罪；“出罪”是指判为无罪或相对地判为轻罪。比附只作有罪比附而不作无罪比附，是以律中已有规定的犯罪来作为没有明文规定的行为作处罚的依据。如“同居相隐”条文中，规定了子孙为父祖隐，也适用奴婢为主人隐。类举和比附的这种区别是否具有普遍性，值得进一步考察。

蒲坚先生把“类举”和“比附”都从类推原则的视角进行解释。“类举：亦称‘类推’。古代对律无明文规定的犯罪，比照相似的律条定罪量刑的原则。早在西周，类推即已作为一种定罪量刑的原则。——春秋战国时期，各诸侯国的法律也有类推原则。——及至秦、汉，曾广泛适用类推。——三国、两晋、南北朝、隋、唐等朝法律也都规定类推原则。——《宋刑统》亦规定类推，其规定与《唐律疏议》同，而明、清则改称‘比附’。至清末，《大清新刑律》标榜‘罪刑法定’，未再规定类推。”[2]“比附：古代在律无正条的情况下，引用类似律条定罪量刑的原则。西周时期已开始适用比附——战国、秦汉时期曾广泛适用比附。——继汉之后，北齐定有《别条权格》用作比附断案。——至唐、宋、明、清诸朝则引律比附。”[3]

青年法史学者陈新宇在《帝制中国的法源与适用——以比附问题为中心的展开》一书中，进一步考察分析了比附与类推的关系问题。[4]

四、新律与旧律的协调适用原则

这项原则既包涵后法优于先法的精神，又包涵巩固和传承律统的精神。该原则见于《大清律例》第 43 条“断罪依新颁律”。律文是“凡律自颁降日为始，若犯在以前者，并依新律拟断。（如事犯在未经定例之先，仍依律及已行之例定拟。其定例内有限于年月者，俱以限定年月为断。若例应轻者，照新律遵行。）”附“条例”规定：“律例颁布之后，凡问刑衙门敢有恣任喜怒

---

[1] 钱大群：《唐律与唐代法制考辨》，社会科学文献出版社 2013 年版，第 108 页。

[2] 蒲坚编著：《中国法制史大辞典》，北京大学出版社 2015 年版，第 664 页。

[3] 蒲坚编著：《中国法制史大辞典》，北京大学出版社 2015 年版，第 42~43 页。

[4] 陈新宇：《帝制中国的法源与适用——以比附问题为中心的展开》，上海人民出版社 2015 年版。

引拟失当，或移情就例故入人罪苛刻显著者，各依故失出入律坐罪。”

薛允升《读律存疑》对该律文说明：“此仍明律，原无小注数语。乾隆五年按律为百代不易之经，故犯在颁降以前者，亦应依律拟断。至于条例，有议自某年为始者，有于文到之后，限于月日然后施行者。若犯在未经定例之先，自应仍依律及已行之例定拟，不得遽引新律。至于例应轻者，则应照新例遵行，以昭钦恤之义。但律内向未注明，恐致误用，因增辑此注。”对该条例说明：“此条系前明旧例，原载条例之末（按：此条乃用条例之通例。恐拟罪者比附例条，以资游移，舍例从例，以从苛刻，故特于诸卷之末而总申言之）。雍正三年移附此律，乾隆五年删定。谨按：此亦不引本律，援引他例之意，与断罪引律令各条参看。”〔1〕

这项原则可溯源至汉代的相关法律主张：“前主所是著为律，后主所是疏为令，当时为是，何古之法。”〔2〕和汉令：“犯法者，各以法时律令论之。”〔3〕以及唐令：“犯罪未发，及已发未断决，逢格改者，若格重，听依犯时格。若格轻，听从轻法。”〔4〕从法律思想方面看，也可溯源至战国时代法家的相关法律思想：“圣人苟可以强国，不法其故。苟可以利民，不循其礼。”〔5〕“前世不同教，何古之法？帝王不相复，何礼之循？——各当时而立法，因事而制礼。礼法以时而定，制令各顺其宜。——治世不一道，便国不必法古。”〔6〕“治民无常，唯治为法。法与时转则治，治与世宜则有功。故圣人之治民也，法与时移而禁与能变。”〔7〕

在主张“法后王”的法家思想的影响下，新律优于旧律成为历代律典的重要原则。在主张“法先王”的儒家思想的影响下，旧律是历代律典传承的重要内容，是律统形成和沿袭的重要支柱。新律与旧律的协调适用，是贯穿历代律典的基本原则。

---

〔1〕胡星桥、邓又天主编：《读例存疑点注》，中国人民公安大学出版社 1994 年版，第 95 页。

〔2〕《汉书/杜周传》。

〔3〕《汉书/孔光传》。

〔4〕［日］仁井田升：《唐令拾遗》，栗劲等译，长春出版社 1989 年版，第 709 页。

〔5〕《商君书/更法》。

〔6〕《商君书/更法》。

〔7〕《韩非子/心度》。

中　篇

则例与律典和会典

清代则例的协调适用方式

则例是清代最重要的法律形式之一。其卷帙浩繁，适用范围广泛。宏大的条目规模与宽广的规范领域决定其在实际适用的过程中必然复杂难明。它由哪些部门适用？它适用于哪些对象？它是如何适用的？与其他法律形式有无配合或竞合的适用？如果有，会是怎样的情形？它有没有像律典一样的适用原则？在这些问题的引导下，本论文以关注清代则例中的罚则为切入口，以则例文本规定为基础，以案例为佐证，来探讨则例在清代如何适用。从纵向和外部看，则例的适用在清代十二朝是如何变化发展的；从横向和内部看，则例条款自身与条款之间、则例之间及其与《大清律例》《大清会典》、皇帝谕旨如何配合适用。在此基础上总结则例适用的一般原则，从而得出结论。

则例本意是指可以效法的事例。如周敦颐言："则，谓物之可视以为法者，犹俗言则例、则样也。"〔1〕但其本意中也含有规范的意义，如《红楼梦》第二十二回王熙凤和贾琏商量如何给薛宝钗过十五岁生日，贾琏说过去多少大生日都操办料理过，这个有何难办，王熙凤答道："大生日是有一定的则例……"〔2〕这里使用的"则例"含义并不指可效法的榜样，而是指规则、规矩。因此则例发展成为法律规范形式也是渊源有其必然性。则例作为法律规范的一种形式起始于唐五代时期。〔3〕但在清代以前的朝代，它所适用的领域

〔1〕（宋）周敦颐：《周敦颐集》卷二通书"家人睽复无妄第三十二"，陈克明点校，中华书局1990年版，第39页。

〔2〕（清）曹雪芹：《红楼梦（百家精评本）》，陈文新、王炜辑评，湖北长江出版集团、长江文艺出版社2005年版，第136页。

〔3〕杨一凡、刘笃才：《历代例考》，社会科学文献出版社2012年版，第87页。

较为有限，除了一些礼仪、杖法简单规定以外，往往都是规定经济事务。[1]到了清代，则例被广泛应用于各个领域，包括管理内府后宫、治理官吏、统治边疆、经理漕运、监督盐茶等诸多方面，甚至重要的政务、部门日常办事规范都用则例规定。在以往朝代并不太重要的则例在清代成了最重要的法律形式之一。

则例在整个清代的适用也有一个发展过程，并非当然地、自始至终地煌煌夺目。大致可分四个阶段：第一阶段，顺治、康熙两朝。此时战事频仍，治理制度仍属初创阶段，律典初纂，因袭明律，调整范围亦有限，亟需探讨新的法律形式予以补充。则例渐被重视，一些重要制度，多用则例予以规定。如规范科举制度的科场条款、抓捕旗奴逃人的《督捕则例》，以及六部定例等。当时称则例为定例较多。此阶段则例的适用因覆盖部分重要的制度，所以呈现出“局部化”适用的特点。第二阶段，雍正、乾隆、嘉庆时期。此三朝是则例大量编纂制定适用的时期。有清一代最重要的则例在此时几乎都有纂创，适用领域较为广泛。唯其纂创，体例未免芜杂不周，偏于一事一则，抽象概括条款不足。且其惩罚体例未备，多借律典刑罚。此阶段则例的适用因适用领域广泛，故而呈现出“广泛性”适用的特点。第三阶段，道光朝至同治朝中期。在此数朝期间，则例适用的范围更加广泛，卷帙更加浩大，编纂的技术也日益完备，标题日渐整齐，修订周期基本固定。则例与律典、则例与会典、则例与则例之间、则例内部条款之间的界限日趋分明。“凡例”以及卷首“查例章程”等体例使则例的适用更加规范清晰。“公式”门多规定原则性规定并提前到首篇也使则例的适用更具有涵括性。总之，这一阶段是清代则例适用的黄金时段，呈现出较强的“规范性”特点。第四阶段，同治后期以降直至清末。这段时期内忧外患加剧，出现了很多过去没有遇到的情况，特案特办的情况增多，又由于时局、军政财政等原因，原定修订则例期限不能保证，致使晚清数十年则例没有得到及时修订。虽也有部分则例制定及重刊，但像以往认真考究例意增删改补的修订工作不复存在，因此这一时期则例的规范适用情形被打破，给人以“以案破例”的印象犹多。

---

〔1〕 杨一凡、刘笃才认为以前朝代对则例都不重视，规定较为零散，明代对则例有所重视和提升，但基本上也只是把则例用于经济管理事务一个方面，到了顺治朝才突破了这种狭隘的立法模式，扩大了则例适用的范围。具体请参考杨一凡、刘笃才：《历代例考》，社会科学文献出版社 2012 年版，第 118、123、193、306 页。

则例作为法律形式的一种，在清代法律体系中占有重要一席。其适用方式除单独适用以外，必然会发生与其他法律形式互相配合乃至冲突竞合的情形。关于清代则例适用方式的论述在学界已有先行者，以刘广安和林乾二先生为代表。刘广安《清代民族立法研究》一书将《理藩院则例》的适用方式归纳为三种：第一种是蒙古例无专条引用刑例；第二种是蒙古处分例无专条准咨取吏兵刑等部则例比照引用；第三种是蒙古民人各按犯事地方治罪。〔1〕林乾《〈户部则例〉与清代民事法律探源》（与张晋藩先生合写）、《关于〈户部则例〉法律适用再探讨》二文探析了《钦定户部则例》的适用，前文认为《钦定户部则例》较《大清律例·户律》详细，适用《大清律例·户律》需配合适用《钦定户部则例》才可，后文认为《钦定户部则例》在《大清律例》没有规定的情况下直接可以作为审断婚姻田土案件的依据。〔2〕经笔者研究，则例的适用较为复杂，既有单独适用的情况，也有则例条款配合、则例与则例之间的配合适用，还有和其他法律形式（不止《大清律例》，还有《会典》、上谕）配合适用的情况。

一、本部院则例条款独立适用

与《大清律例》几乎都是惩罚性条款相比，各部院则例条款可分成指导性和惩罚性两种性质。以《吏部则例》为例，据笔者统计，乾隆朝《钦定吏部则例》〔3〕和《品级考》共360条，均列品级，无罚则。《铨选则例》共480条504款，仅有10款有罚则。《处分则例》共47卷1639条1762款，其中1569款有罚则。若将《稽勋则例》和世爵等六章考虑进去，基本上指导性条款和惩罚性条款各占一半。其他五部除了兵部与刑部则例有惩罚性条款以外，户部、礼部、工部则例几乎都是指导性条款，惩罚措施都在吏部、兵部二部《处分则例》和刑例里。〔4〕指导性条款绝大部分都是独立适用，少数需要配合品级考、世爵，甚至《大清会典》规定适用，相对较为简单，在此不作举

〔1〕 刘广安：《清代民族立法研究》，中国政法大学出版社1993年版，第33页。

〔2〕 张晋藩、林乾：“《户部则例》与清代民事法律探源”，载《比较法研究》2001年第1期。林乾：“关于《户部则例》法律适用再探讨”，载林乾主编：《法律史学研究》（第1辑），中国法制出版社2004年版。

〔3〕 只有《品级考》和《铨选则例》，缺《稽勋则例》和世爵等章。该书后半混刊的是雍正朝的《品级考》和《铨选则例》。

〔4〕《钦定户部则例（同治朝）》“凡例”，蝠池书院出版有限公司2012年版，第31页。

例说明。而惩罚性则例条款的适用情况则非常复杂，本部分即先从罚则形式探讨《处分则例》与其他各部院带有罚则的则例条款单独适用的情况，主要列出则例相关条款规定，个别附以例证，并加以简要分析。

在《吏部处分则例》中，罚则主要形式包括降俸、住俸、降职、降级、革职，[1]以及笞、杖、鞭[2]、徒、流、死等。另外还有枷号、赔补追偿等。常见的主要是罚俸、降级、革职、笞、杖、鞭，其他几种形式不常用。

1. 罚俸

罚俸主要包括罚俸一个月、两个月、三个月、六个月、九个月、一年、二年七个等级。[3]如乾隆朝《钦定吏部处分则例》卷一“满官开缺定限”条：满官开缺上司需按时限上报，“如有迟延，罚俸三个月。”[4]又如同书卷八“墨污本章”条：“官员将本章被墨污者罚俸一个月。”[5]再如同书卷三十八“京城抢夺财物”条：“京城关厢内遇有白昼贼盗打死人命夺去财物，该管官员将人犯当场全获及一月之内全获者，免议。如一月之内拿获一半者，将专汛官罚俸一年，兼辖官罚俸六个月……”[6]道光朝《钦定台规》也有“罚俸”规定，如卷十二“六科一”规定八旗行各部院事件如有违限未结的，“皆照钦部事件按其违限月日分别议处。逾限不及一月者，罚俸三个月；如事已完结者，免议；逾限一月并一月以上者，罚俸一年。”[7]在京各部院之间违限亦复如此惩办。[8]

---

〔1〕 书系影印清代版本，并无标点，例文条款标点皆系笔者所加。若有错误，由笔者承担。

〔2〕 用于旗人犯罪。

〔3〕《钦定王公处分则例》，载杨一凡、田涛主编：《中国珍稀法律典籍续编》（第6册），黑龙江人民出版社2002年版，第318页。

〔4〕《钦定吏部处分则例（乾隆朝）》卷一“满官开缺定限”条，蝠池书院出版有限公司2004年版，第2页。

〔5〕《钦定吏部处分则例（乾隆朝）》卷八“墨污本章”条，蝠池书院出版有限公司2004年版，第105页。

〔6〕《钦定吏部处分则例（乾隆朝）》卷三十八“京城抢夺财物”条，蝠池书院出版有限公司2004年版，第411页。

〔7〕《钦定台规（道光朝）》卷十二“六科一”条，蝠池书院出版有限公司2004年版，第176页。

〔8〕《钦定台规（道光朝）》卷十二“六科一”条，蝠池书院出版有限公司2004年版，第177页。

2. 降级

降级共分为降一级至降五级五个等级，〔1〕指降级调用。还有降级留任，包括降一级留任、降二级留任、降三级留任、革职留任四等。〔2〕如乾隆朝《钦定吏部处分则例》卷一“选官回避”条：“官员有应行回避之缺不行申说回避者，降一级调用。”〔3〕上一条“查取捐纳等官文册”中规定，限一个月将本员捐照呈验咨部，“倘有逾限，将出详之州县官降一级留任。”〔4〕在卷四“卓异官员原任后任贪酷事发分别处分”条中规定：“凡卓异官员原任内有贪酷不法之处，原荐举官……不行揭参，被旁人告发或被科道究参，将原荐举之督抚藩司革职，臬司道府等官降五级调用。”〔5〕除了《钦定吏部处分则例》有诸多降级规定以外，其他部院则例也有类似规定。道光朝《钦定科场条例》卷三十三“严禁夤缘诸弊”条：“遇有不法之徒……如该管官不行查拿照容隐例降二级调用。”〔6〕道光朝《钦定台规》卷二十五“五城九”规定了五城汇题未满参限窃案承缉案犯名数对官员的惩罚分为数个阶次：“至五案以上未获一名，司坊官降一级留任；十五案以上未获一名，降一级调用；俱照旧例办理。至三十案以上未获十分之二者，亦降一级调用，不得以获一二案概予免议。”〔7〕光绪朝《钦定台规》亦有在内河失风船只三只以上运弁降一级调用、五只以上押运文职降一级留任的规定。〔8〕降级处分在日常官吏管理中时常被

〔1〕 笔者于中国第一历史第档案馆所藏内阁全宗中尚看到降六级调用的例证，具体见“乾隆五年七月二十五日大学士兼吏部尚书张廷玉题为遵议原署安徽庐江县知县高式矩开复事”，本文也在第四章第六节开复中引此例证，可参看。中国第一历史档案馆：内阁全宗，档案号：02-01-02-2805-010。

〔2〕《钦定王公处分则例》，载杨一凡、田涛主编：《中国珍稀法律典籍续编》（第6册），黑龙江人民出版社2002年版，第318页。

〔3〕《钦定吏部处分则例（乾隆朝）》卷一“选官回避”条，蝠池书院出版有限公司2004年版，第6页。

〔4〕《钦定吏部处分则例（乾隆朝）》卷一“查取捐纳等官文册”条，蝠池书院出版有限公司2004年版，第6页。

〔5〕《钦定吏部处分则例（乾隆朝）》卷四“卓异官员原任后任贪酷事发分别处分”条，蝠池书院出版有限公司2004年版，第66页。

〔6〕《钦定科场条例（道光朝）》卷三十三“严禁夤缘诸弊”条，蝠池书院出版有限公司2004年版，第370页。

〔7〕《钦定台规（道光朝）》卷二十五“五城九”条，蝠池书院出版有限公司2004年版，第316页。

〔8〕《钦定台规（光绪朝）》卷三十六“巡察一”条，蝠池书院出版有限公司2004年版，第511页。

使用。档案全宗里常见此等处分的案例，谨举乾隆六十年（1795年）和珅题参纪昀校书舛误请旨处分一例为证

经筵讲官太子太保文华殿大学士管理吏部户部理藩院事务领侍卫内大臣正白旗满洲都统步军统领三等忠义伯臣和珅等谨题为查议具题事。该臣等议得，准礼部咨称，本部尚书纪昀奏称，本月十六日臣恭接廷寄内开七月十四日大学士伯和珅奉上谕，昨于几暇取阅文津阁藏弆四库书内《垂光集》一册，《奏议》二册，其中充字讹写作克，彼字讹写作波，似此者尚不下十余处，前因四库书舛误之处较多，特命纪昀前来热河覆加校阅，自应悉心雠校，俾臻完善，今偶加披阅两三册之中错讹已不一而足，纪昀所办何事？着传旨申饬，所有校出讹字，除交军机大臣就近改正外，并着另单抄给阅看，此谕令知之。钦此。并清单寄信前来，臣跪读之下，震惧难名，伏念屡次校雠皆臣董率，深知三阁书籍皇上时时取阅，遇有讹误必经指出，万无幸逃洞鉴之理，不敢藏瑕匿垢，自取愆尤，乃今《垂光集》数册之内错字甚多，皇上一览而即知，臣等竟屡校而莫觉，臣所办何事？诚如圣谕，实臣疏忽遗漏，督察不周，惭悚交并，无词可置，惟有仰恳天恩，将臣交部议处，以示警戒。臣曷胜惭惶战栗之至。谨奏。奉旨知道了。钦此。钦遵移咨吏部查照等因。相应移咨礼部，将此次四库书内错讹清单开送过部，以便查办。去后，今于乾隆六十年十月十五日将原单所开共错写偏旁十九字，相应咨覆吏部查照办理等因前来。查文津阁四库书籍前因舛误较多，钦奉谕旨令纪昀覆加校阅，自应悉心雠校，俾臻完善，乃数册之内仍有讹错十余处之多，其未能校出实属不合，今自行奏请交部议处，应将礼部尚书纪昀照不行查出降壹级留任例降壹级留任。恭候命下臣部遵奉施行。臣等未敢擅便，谨题请旨。

乾隆陆拾年拾壹月拾叁日

经筵讲官太子太保文华殿大学士管理吏部户部理藩院事务领侍卫内大臣正白旗满洲都统步军统领三等忠义伯臣和珅……等人（后19人均署吏部侍郎、郎中、员外郎、主事等衔）

纪昀着降一级留任。[1]

---

〔1〕 中国第一历史档案馆：内阁全宗，档案号：02-01-03-08177-010。

案中“自行交部议处”是指纪昀向吏部自请处分，若系自首，在处罚程度上会有减轻，但此案系皇帝发现在前，自请只能算是认罪态度较好，因此无论是吏部上奏拟判还是最后皇帝谕旨决定，都按照则例规定予以降一级留任处分。

3. 革职

革职也分留任和实际去职。前所言及的降级之中的“革职留任”也算是革职处分。再举二例：乾隆朝《钦定吏部处分则例》卷二十五“盘查道府库贮钱粮”条：“……如有亏那（通挪，笔者按）等弊，将藩司照例革职分赔。”[1]光绪朝《钦定台规》卷三十六“巡察一”对在内河失风船只五只以上的运弁进行革职处分。[2]

4. 笞、杖、徒、流

如“商贩”一节所引乾隆朝《钦定户部则例》卷五十“商人欠课”条，其对商人未完盐课扣限仍不能完成者按所欠分数治罪的规定，便有详细的笞、杖、枷号、徒，以及锁禁、严查家产、革退商名、发配等多种惩罚规定。[3]还有前面也曾举过的光绪朝《钦定台规》卷二十五“五城七”条刻印与买看淫辞小说的军民也是分别处以“杖一百、流三千里”“杖一百”等处罚。[4]

笞、杖等刑罚多与律例有关，请参看第四部分“各部院则例与《大清律例》配合适用”部分。

5. 鞭

鞭刑从鞭十下至一百下不等，一般适用于旗民、旗官。《督捕则例》对待旗人脱逃犯罪一般惩罚均用鞭刑。《总管内务府会计司现行则例》规定庄头、园头、领催等未完欠课、催征按成施以鞭刑、枷号处罚。[5]罚俸降级与鞭责

---

〔1〕《钦定吏部处分则例（乾隆朝）》卷二十五“盘查道府库贮钱粮”条，蝠池书院出版有限公司2004年版，第292页。

〔2〕《钦定台规（光绪朝）》卷三十六“巡察一”条，蝠池书院出版有限公司2004年版，第511页。

〔3〕《钦定户部则例（乾隆朝）》卷五十“商人欠课”条，蝠池书院出版有限公司2004年版，第472页。

〔4〕《钦定台规（光绪朝）》卷二十五“五城七”条，蝠池书院出版有限公司2004年版，第366页。

〔5〕具体参见《总管内务府会计司现行则例》卷一“安设瓜菜园头”条、卷三“承催官员赏罚”条，蝠池书院出版有限公司2012年版，第114~115、340页。

数目在一定身份犯罪中可以互相换算："犯应罚俸一个月之案鞭一十，罚俸两个月之案鞭二十，罚俸三个月之案鞭三十，罚俸六个月之案鞭四十，罚俸九个月之案鞭五十，罚俸一年之案鞭六十，降一级留任之案鞭七十，降一级调用及降二级留任之案鞭八十，降二级调用及降三级留任之案鞭九十，降三级调用以上及革职留任并革职之案，俱鞭一百。"〔1〕此虽规定为领催、族长、兵丁议处换算，恐不至如此胶柱鼓瑟，或为低等旗官处罚换算通例也未可知。

还需要说明一点，除了罚俸、降级等正式处罚，还有赔补、枷号等附加要求，上已略说到，至于具体例案已如"革职"一节中乾隆朝《钦定吏部处分则例》卷二十五"盘查道府库贮钱粮"条所言。

以上是从罚则形式探讨则例独立适用的情形。据笔者观察，惩罚性则例还可从责任性质角度认识，分为直接性责任条款和连带性责任条款。各部院则例规定对象多为官吏，其不仅有本职工作，还有对下级属官属吏工作监察的责任，因此有直接责任和连带责任的差别。其间接责任往往是直接责任人的上司，失于查察，或者直接被规定一并惩罚，只是略有降等。如乾隆朝《钦定吏部处分则例》卷一"赴选人员声明祖籍寄籍"条对赴选人员混冒出结行为的直接责任人和连带官员分别处以相应处罚："……如有混冒等弊，查出纠参治罪，并将滥行出结之地方官及同乡京官，不行查出之九卿科道并督抚提调等官均照例议处（照混出印结例：地方官革职；转详之府州降一级调用；道员降一级留任；督抚、布政使罚俸一年；同乡京官降一级调用。九卿、科道、提调等官照督抚例议处。至顺天府属大、宛二县出结之同乡京官后有专条，不在此例）。"〔2〕再如同书卷四十一"新疆改发内地遣犯逃脱"条："凡新疆改发内地遣犯，如系携带妻子逃脱者，初参专管官降二级留任，兼辖官降一级留任。俱限一年缉拿。不行查察之府厅罚俸一年，道员罚俸九个月……"〔3〕可见直接责任官员因违犯则例规定条款被直接处罚，其上司或关联之官员还有连带责任，也将被处罚，只是比直接责任人处罚略轻。

---

〔1〕《兵部处分则例（道光朝）》八旗卷一"领催族长议处通例"条，中国基本古籍库（电子数据资源），第11~12页。《钦定中枢政考（道光朝）》卷十"领催族长议处通例"条，蝠池书院出版有限公司2012年版，第1133~1135页。

〔2〕《钦定吏部处分则例（乾隆朝）》卷一"赴选人员声明祖籍寄籍"条，蝠池书院出版有限公司2004年版，第7页。"大宛二县冒籍出结"条在第12页。

〔3〕《钦定吏部处分则例（乾隆朝）》卷四十一"新疆改发内地遣犯逃脱"条，蝠池书院出版有限公司2004年版，第454页。

另外，还可从行为错误性质对则例惩罚性条款适用进行研析。各部院则例指导性条款除了作为规定标准被引用以外，多是程序性条款，这样惩罚性条款就有了程序错误惩罚和实体错误惩罚的区别。程序错误惩罚相对较轻，实体错误惩罚相对较重，且易适用刑律。前者如应规避不规避、违反限期、迟延、越次保题等行为，则例中均有明确罚则规定，单独适用情况较多；[1]后者如侵挪钱粮、亏空、[2]抑勒、诬捏妄揭等行为，或“案律、按例治罪”“正法”，或“交刑部治罪”，处罚得相对严重。[3]

总之，则例独立适用是清代则例适用最普遍的形式，可从多种视角予以分析。前已引证纪昀降级处分案例，兹再举一汇报清单之例，以便更好地了解则例单独适用的实际状况。乾隆时经吏部向皇帝题请，所有官员遇有议处议叙等案每于十日汇题一次，这里“每于十日”并不是每月初十题请一次，是每月每隔十天，于初十、二十、三十日（月末）共汇报三次。下面所列即是管理吏部事务和珅开列乾隆五十七年（1792年）二月初一至初十日所有官员遇有议处议叙等案之事。

……臣和珅等谨题为题明事。先经臣部题明，凡官员遇有议处议叙等案每于十日汇题一次等因在案，该臣等议得乾隆五十七年二月初一日起至初十日止所有官员承审迟延罚俸降级留任之案三十一件，承缉接缉不力住俸罚俸降级留任之案二十一件，疏脱军流徒罪人犯罚俸之案二十八件，交代迟延罚俸之案六件，造册迟延并造册舛错罚俸降级留任之案七件，承追不力降俸之案七件，估变迟延降俸之案一件，回任迟延罚俸之案二件，佥差不慎并疏脱安插人犯罚俸之案三件，失察赌博赌具罚俸之案三件，监毙军流人犯罚俸之案三件，失察私人围场偷砍木植罚俸之案一件，失察私盐拒捕降职之案一件，失察匪船出口降调抵销之案一件，失察捕役豢窃分赃降级留任之案一件，违例未经粘贴印花罚俸之案一件，违令公罪罚俸之案一案（件），留养人犯漏取

〔1〕具体例证条款可参见《钦定吏部处分则例（乾隆朝）》第7页“赴选人员声明祖籍寄籍”条、第10~11页“题升官员赴部逾限委署别缺”条、“降调人员赴部定限”条、第65页“督抚荐举历俸未满人员”条。

〔2〕《钦定吏部处分则例（乾隆朝）》卷二十六“亏空官员停止搜查家产”条“向后倘有侵欺亏空之员则按所定之例治罪。有应正法者即照例正法。”蝠池书院出版有限公司2004年版，第312页。

〔3〕具体内容参见《钦定吏部处分则例（乾隆朝）》卷六“抑勒交盘”条，蝠池书院出版有限公司2004年版，第93页。

父母年岁并未能确审实情罚俸降级留任之案三件，军流人犯未经审出实情罚俸之案一件，拟罪错误罚俸之案二件，承办错误降级留任之案一件，呈请纪录抵销罚俸之案一件，开复降俸降职之案二件，拿获邻境军流人犯议叙纪录之案三件，共一百三十五件，相应开列汇题，恭候命下臣部遵奉施行。臣等未敢擅便，谨题请旨。

以上先是总列了乾隆五十七年（1792年）二月初一日至初十日止所有官员议处议叙的案件种类及数量，共处分案件21种129件，级纪议抵1件，开复2件，议叙3件，共135件。接下来开列具体案件缘由及处分结果。但在正是开列每种案件之前均先罗列该种案件审断依据的则例条款，之后才一件一件列举具体案件。限于篇幅，本文只引用第一种犯罪所列则例条款及两件呈报案件，其余省略，也足以观清代独立适用则例处分官员实际运行状况。

计开：定例内："官员承审迟延如限内承审一月以上离任并逾限不及一月者，罚俸三个月；逾限一月以上者，罚俸一年。又定例，官员将事件迟延逾限不及一月者，罚俸三个月；逾限一月以上者，罚俸一年；逾限半年以上者，罚俸二年；逾限一年以上者，降一级留任"等语。一件为禀送事。准刑部咨称，广东巡抚郭世勋以南海县申详县民麦普辉诱拐章维卓婢女翠屏一案，将承审迟延职名开报等因前来，应将承审迟延逾分限一月以上之南海县知县赵鸿文照例罚俸一年。（中略一件类似案件。）一件为报明等事。准刑部咨称，广东巡抚郭世勋以茂名县申详县民林茂进致伤窃贼刘源广身死一案将接审迟逾职名开报等因前来，应将承审限内一月以上离任之署茂名县事试用知县唐錞照例于补官日罚俸三个月，接审迟延逾限一月以上之茂名县知县苏云青照例罚俸一年。(后面案件从略。)〔1〕

此件呈报清单不仅透露了官员经常或者容易违犯的罪名，〔2〕而且在列具

〔1〕 中国第一历史档案馆：内阁全宗，档案号：02-01-03-07889-008。本件是残件，仅列有38件案件，后即缺页。

〔2〕 笔者所见另一件乾隆五十七年（1792年）四月十四日礼部尚书兼吏部事常青题为会议本年各省官员承审案件应参应叙各案汇题请旨事（中国第一历史档案馆：内阁全宗，档案号：02-01-03-07925-001）所开列应参应叙案件491件，其所列犯罪种类与此件非常类似，处分案件23种，有三分之二罪名相同。可见此为官员常犯或容易违犯的罪名。

体案件之前将该种案件处分依据的则例内容罗列，亦是则例单独适用的佐证。具体案件中的“照例”后加具体罚种数额，即是指前列则例之规定。亦可见处分案件中单独适用则例审断较其他几种配合适用所占比例较大。则例单独适用是清代处分官员适用则例最普遍的形式。

二、本部院则例内部条款之间配合适用

各部院则例中某条规定有详细惩罚情况，同书中其他条遇有相似情况，不再重复叙说处罚规则，直接指向规定有详细罚则的条款，适用该条处罚，“照例议处”“照某某例议处”的字样比比皆是，这也反映了立法技术的高超。先以《吏部则例》为例。乾隆朝《钦定吏部处分则例》卷三有“上司不揭参劣员分别议处”条，其中详细规定了各种上司不揭参如何处分的规定，如“总督贪婪，巡抚不行纠参，巡抚贪婪，总督不行纠参，如发觉审实，不论同城不同城，俱各降三级调用，藩臬两司免议。若官员贪婪，劣迹已经昭著，该管各官不行揭报，经督抚访察题参者，同城之知府降三级调用，司道降二级调用；不同城之知府降一级留任，司道罚俸一年……”〔1〕后一条“题升调补官员贪劣事发”条则规定了有些罪照其他某则例处罚标准议处：“督抚遵例题请升调官员，如原任及信任内有贪劣等事，该督抚自行查出参奏，免议；如不行参奏，别经发觉者，俱照不揭报劣员例分别议处”。〔2〕

另有在则例中规定了某官职犯某种错误如何惩罚，其他官职犯某种错误时比照某官惩处。上面所引“上司不揭参劣员分别议处”条即有此规定：“……以上直隶知州照知府例议处；知府、直隶知州贪婪，司道不揭，照知府例处分……不题参之督抚照司道例议处……”〔3〕又如同书卷一“大宛二县冒籍出结”条：“地方官不详细确查，致有混冒，亦照出结官例议处。”前面已规定“如有假冒情弊，别经发觉，出结官照狥情给结例降二级调用”，〔4〕后

〔1〕《钦定吏部处分则例（乾隆朝）》卷三“上司不揭参劣员分别议处”条，蝠池书院出版有限公司2004年版，第49~50页。

〔2〕《钦定吏部处分则例（乾隆朝）》卷三“题升调补官员贪劣事发”条，蝠池书院出版有限公司2004年版，第50~51页。

〔3〕《钦定吏部处分则例（乾隆朝）》卷三“上司不揭参劣员分别议处”条，蝠池书院出版有限公司2004年版，第50页。

〔4〕《钦定吏部处分则例（乾隆朝）》卷一“大宛二县冒籍出结”条，蝠池书院出版有限公司2004年版，第12页。

面即照此处罚标准议处。再如卷六“南河厅员交代”条：“河工厅员新旧交代照直隶州例。”〔1〕卷二“办事贝子等罚俸”条：“照宗人府管理旗务之王公等一体办理。”〔2〕

《铨选则例》与《处分则例》的配合适用更为密切。如乾隆朝《钦定吏部处分则例》卷一“接壤回避”条：“……或应在部呈明或应在本籍本任督抚处呈明回避，俱详载《铨选则例》……”〔3〕同卷“贡监期满考职”条亦是：“坐监限期载入铨选例内。”〔4〕同书卷三“滥行题请调补”条也有规定：“滥行奏请升用条款详载铨选例内。”〔5〕

实际审理官员犯罪案件时也有“照某某例”适用的例证。乾隆三十四年（1769年）讬庸题参蒲县训导叶作揖即是佐证：

太子少保议政大臣兵部尚书暂署吏部尚书事务正黄旗满洲都统臣讬庸等谨题为参奏事。该臣等议得内阁抄出山西学政吴严奏称，窃惟教职一官，训饬士子，乃其专责。臣自莅任后即檄行各属月课送臣批阅，借以整饬士习，检束身心，业经通饬在案，讵有漫无约束，任意容隐如蒲县训导叶作揖者。缘臣正在考试平定州属，于叁月贰拾柒日接有蒲县知县陈宣详禀到臣，据称，该县出借谷仓接济农民籽种，有蒲县学生员王易命请领谷石，该县以违例不准给领，该生不服，即肆咆哮，详请斥革。并据该县禀称，生员王易命素不安静，叠经戒饬有案，臣当即批令将该生斥革衣顶，飞檄本州隰县知州穆丹提讯王易命如何咆哮，有无纠众滋事之处，即严审究拟。乃该学训导叶作揖并未详禀到臣，实属有心容隐。如此废弛溺职之员，既不能约束于前，又复讳匿于后，未便姑容，相应据实恭奏，伏乞皇上睿鉴等因。乾隆叁拾肆年肆月初陆日奉硃批：该部严察议奏。钦此。钦遵。于肆月初玖日抄出到部。查

〔1〕《钦定吏部处分则例（乾隆朝）》卷六“南河厅员交代”条，蝠池书院出版有限公司2004年版，第89页。

〔2〕《钦定吏部处分则例（乾隆朝）》卷二“办事贝子等罚俸”条，蝠池书院出版有限公司2004年版，第23页。

〔3〕《钦定吏部处分则例（乾隆朝）》卷一“接壤回避”条，蝠池书院出版有限公司2004年版，第6~7页。

〔4〕《钦定吏部处分则例（乾隆朝）》卷一“贡监期满考职”条，蝠池书院出版有限公司2004年版，第14页。

〔5〕《钦定吏部处分则例（乾隆朝）》卷三“滥行题请调补”条，蝠池书院出版有限公司2004年版，第44页。

教官有约束士子之责，今蒲县生员王易命领出借农民籽种，该县以违例不准即肆行咆哮，该教官既不能约束于前，又复讳匿于后，殊属溺职，应将蒲县训导叶作揖照溺职例革职，恭候命下，臣部遵奉施行。臣等未敢擅便，谨题请旨。

乾隆叁拾肆年肆月拾柒日

太子少保议政大臣兵部尚书暂署吏部尚书事务正黄旗满洲都统臣讬庸……等人（后19人均署兵部侍郎、郎中、员外郎、主事等衔）

依议。〔1〕

教导约束生员本是基层教官职责。生员因细事咆哮公堂，实有辱斯文，教官难辞教导不利之责。纵不能约束好，也应及时调解、制止，至少也应及时上报。种种延搁，殊属溺职，实难辞其咎。针对具体行为，并无一定罪名规范，但分析行为性质，可堪适用此则例予以惩戒，故比照“溺职例”予以蒲县教官叶作揖革职处分。法有一定，伪有无穷，“照某例”处罚赋予办案者以自由裁量权力，符合当时社会管理统治需要，与当局目标一致，此处虽举一例，但实践中此种例案一定不少。

除《吏部则例》外，其他部院则例如户部、工部则例亦有内部条款配合适用规定。乾隆朝《钦定户部则例》卷二“奴仆”条就规定驻防各官不准收买本省民人为仆，如果纵令家人私买及嘱托兵丁买的话，“照本官买人例议处”。〔2〕同条还规定八旗绝户家奴赎身银两比照绝户财产例办理：“八旗绝户家奴如无族主可归者，该旗查明如系远年旧仆及乾隆元年以前契买奴仆造册送部转行地方官收入民籍，其乾隆元年以后契买奴仆令其赎身为民，身价银两照绝户财产例办理（绝户财产例详见田赋门）。”〔3〕光绪朝《钦定工部则例》卷二十六“铅子库盘查年限”条的按语使用指示引用立法技术，也即则例条款之间配合适用的样证：“铅子库满汉监督现改额设题缺满员外郎汉主事各一员，详通例。”〔4〕“详通例”即是参看该书卷百二“通例五”之“司员

---

〔1〕中国第一历史档案馆：内阁全宗，档案号：02-01-03-06346-008。

〔2〕《钦定户部则例（乾隆朝）》卷二“奴仆”条，蝠池书院出版有限公司2004年版，第58页。

〔3〕《钦定户部则例（乾隆朝）》卷二“奴仆”条，蝠池书院出版有限公司2004年版，第59页。

〔4〕《钦定工部则例（光绪朝）》卷二十六“铅子库盘查年限”条，蝠池书院出版有限公司2004年版，第231页。

笔帖式差委”条规定。[1]

三、本部院则例与其他部院则例配合适用

各部院职责各有执掌，但有些事务、案件却需多部门合作。则例基本是各部院因各自职责制定，其适用自然也会多有各部则例互相配合的情形。在同治朝《户部则例》编纂“凡例”中则已明白说明：“至议叙议处事隶吏、兵二部，臣部（户部，笔者按）例内毋庸详载。此次概从节删，以符体制。”[2]《吏部处分则例》分为吏、户、礼、兵、刑、工六门，即针对各部犯罪进行相应惩处。除了兵部在管理兵丁、旗人、武官上有与吏部并列的处分权限、刑部有《大清律例》适用以外，户部、礼部、工部则例少有规定罚则，多为指导性条款，若有违犯不遵，其犯罪构成在本部院则例内规定，其处罚则需适用《吏部处分则例》。反过来《吏部处分则例》规定犯罪构成要件有时也会指示到各部院则例。当然，在其文本陈述上，有时明白标明载于何种则例，有时则是用“照例”这样的笼统字眼，有时则是直接引用其他则例中的条款名目。举例为证，乾隆朝《钦定吏部处分则例》卷二“降革人员分别捐复”条第三款：“……革职之外问拟笞杖徒罪及军台已满换回赎回者，俱令其加等报捐（银两数目详载户部捐例内）……”[3]这里的“户部捐例”就是指户部关于官员捐纳的则例，其乾隆朝做法已不得而知，但其同等性质条款可于《光绪朝捐纳则例》窥见一斑。又乾隆朝《钦定工部则例》卷二十四“起运京铜限期”条规定运官回任部给执照，限一百一十天，“若……无故违限，照赴任迟延例议处”。[4]同书卷一百十九“考核笔帖式”条对各司笔帖式专责该司官考核进行了规定：“……如郎中等不据实揭报照正印官不行查报佐贰例议处。”[5]道光朝《钦定礼部则例》卷四十六“颁发印信”条小字按语对违

---

〔1〕《钦定工部则例（光绪朝）》卷百二“司笔帖式差委”条，蝠池书院出版有限公司 2004 年版，第 717 页。

〔2〕《钦定户部则例（同治朝）》“凡例”，蝠池书院出版有限公司 2012 年版，第 31 页。

〔3〕《钦定吏部处分则例（乾隆朝）》卷二“降革人员分别捐复”条，蝠池书院出版有限公司 2004 年版，第 30 页。

〔4〕《钦定工部则例（乾隆朝）》卷二十四“起运京铜限期”条，蝠池书院出版有限公司 2004 年版，第 128 页。

〔5〕《钦定工部则例（乾隆朝）》卷一百十九“考核笔帖式”条，蝠池书院出版有限公司 2004 年版，第 442 页。

反缴销旧印期限者参处的依据进行了标记："谨按：道光十七年……当经吏部奏准：嗣后各省官员请领新印缴销旧印逾限四月以外，应由礼部核明迟延月日咨部，照钦部事件迟延例按逾限远近分别议处。其接到新印不缴还旧印者，逾限一年以上照例降一级留任，上司不行催领及不行催缴者俱罚俸三个月。"[1]此三例中"照赴任迟延例""照正印官不行查报佐贰例""照钦部事件迟延例"议处均系《吏部处分则例》之中条款。再如乾隆朝《钦定工部则例》卷一百二十四"禁令"条对违反《工部则例》规定与拒结事件出结者予以"照例加重议处（降二级调用）"。[2]此处"降二级调用"系提示作用，提示加重议处的结果会"降二级调用"。同时也提醒我们，这里所依照的则例是《吏部处分则例》。

正是因为几乎《吏部处分则例》所有条款都是惩罚性条款，《吏部处分则例》被引用得最广泛。除了上述与没有罚则的条款构成官员犯罪完整审断依据以外，它还被广泛应用至其他有处分权限的部分则例，或者成为其他部院则例的法源。如《钦定王公处分则例》卷二，很多处都用小字标有"吏部则例"字样。如"京察保送不实"条："京察保送不实，降二级留任（公罪。吏部则例）。"[3]再如"误填六法"条："京察误填六法者，降二级调用（公罪。吏部则例）。"[4]此条直接引用"六法"字样。具体"六法""八法"则规定在《吏部处分则例》中。[5]

另外，《吏部处分则例》还作为其他有处分权的部院于本部院则例未备时咨取比照适用文本。如前引道光朝《钦定理藩院则例》卷四十三"蒙古处分例无专条，咨取吏、兵、刑等部则例比照引用"条的规定，蒙古王公等犯罪，如果《蒙古律例》没有规定的，准许咨取比照引用吏部、兵部、刑部则例，

---

〔1〕《钦定礼部则例（道光朝）》卷四十六"颁发印信"条，蝠池书院出版有限公司 2004 年版，第 298 页。

〔2〕《钦定工部则例（乾隆朝）》卷一百二十四"禁令"条，蝠池书院出版有限公司 2004 年版，第 459 页。

〔3〕《钦定王公处分则例》卷二"京察保送不实"条，载杨一凡、田涛主编：《中国珍稀法律典籍续编》（第 6 册），黑龙江人民出版社 2002 年版，第 323 页。( ) 内是小字。

〔4〕《钦定王公处分则例》卷二"误填六法"条，载杨一凡、田涛主编：《中国珍稀法律典籍续编》（第 6 册），黑龙江人民出版社 2002 年版，第 325 页。

〔5〕《钦定吏部处分则例（乾隆朝）》卷四"八法"条、"大计六法官员引见"条等，蝠池书院出版有限公司 2004 年版，第 68~71 页。

然后根据蒙古情形定拟。[1]《续纂内务府现行则例》慎刑司“处分官员”也载有“康熙十一年七月奏准，议处内府职员，有与吏部、兵部颁定律例相符者，即照依吏部、兵（部）律例定议”。[2]与《吏部处分则例》并列的《兵部处分则例》也规定有绿营中奉旨记名升用人员如果需要用升用纪录抵降级的话，“应照《吏部奏定章程》俱准其销去升用一次，抵降一级调用。”[3]

《吏部处分条例》诚然是与其他则例配合得最密切的则例，但其他则例之间也有密切配合，如《礼部则例》与《光禄寺则例》《科场条例》《学政全书》，《户部则例》与《漕运全书》《赋役全书》《捐纳则例》等。乾隆朝《钦定户部则例》卷三“民壮”条就规定直省州县召募防卫仓库、协缉盗贼的民壮的公食名数详载《赋役全书》。[4]

四、各部院则例与《大清律例》配合适用

则例与《大清律例》配合适用的情形较多，可从则例中指引适用《大清律例》《大清律例》参考则例适用两个方面探视。

先看则例中指示适用《大清律例》的情况。

罚俸、降级、革职惩罚对象是官员，今日所谓行政处罚。笞、杖、徒、流、死五刑适用于惩罚触犯《大清律例》规定的犯罪行为。二者有无关联？在光绪朝《吏部处分则例》卷一“公式”门中将律的规定稍作变通地移到则例中，将二者作了会通折算，尤其是笞、杖二刑。这样就使得官员若犯《大清律例》中笞、杖处罚的犯罪时，可转化为行政处罚。具体规定如下：

“官员公罪私罪按照刑律分别定议。系公罪笞一十者，罚俸一个月；笞二十者，罚俸两个月；笞三十者，罚俸三个月；笞四十者，罚俸六个月；笞五十者，罚俸九个月；杖六十者，罚俸一年；杖七十者，降一级留任；杖八十者，降二级留任；杖九十者，降三级留任；杖一百者，革职留任。系私罪，

---

〔1〕《钦定理藩院则例（道光朝）》卷四十三“蒙古处分例无专条，咨取吏、兵、刑等部则例比照引用”条，蝠池书院出版有限公司2004年版，第623页。

〔2〕《续纂内务府现行则例（乾隆朝内府稿本）》都虞司“处分官员”条，蝠池书院出版有限公司2012年版，第109页。

〔3〕《兵部处分则例（道光朝）》绿营卷一“加级纪录分别抵销”条，中国基本古籍库（电子数据资源），第164页。

〔4〕《钦定户部则例（乾隆朝）》卷三“民壮”条，蝠池书院出版有限公司2004年版，第65页。

笞一十者，罚俸两个月……”私罪均比公罪重一级惩罚。后面还有数条“律载违令者”“律载事应奏而不奏者”“律载申文错误者”等公罪私罪如何惩罚的规定。[1]

“笞杖”与“罚俸”换算的规定详载于《大清律例》卷四名例律上“文武官犯公罪”条中。律文又将则例里对律条的修正作了说明。如律文中“杖七十，降一级”。则例则是“杖七十者，降一级留任”。[2]

再如乾隆朝《钦定吏部处分则例》卷一“代写履程”条规定月选各官不准请人代写考试履历，如果被查出代写，“将代写之人及本人一并照违制律革职。”[3]同书卷七“接任官造旗员家口清册”条规定如果官员“因闻讣奔丧，不后咨文先行归旗，中途并无逗遛者，照违令私罪律于补官日罚俸一年。”[4]

对于书吏、幕友、平民无官者，有些则例条款直接按照《大清律例》规定惩罚。例如，乾隆朝《钦定吏部处分则例》卷一“考校律例”条规定每年岁底对官吏考校律例，律典载有“若有不能讲解不晓律意者，官罚俸一月，吏笞四十”“……各衙门吏典……如有不能讲解者照律笞四十。”[5]

亦有虽未明确说明罚则，但指示照某律治罪。乾隆朝《钦定吏部处分则例》卷三“降革官员督抚保留”条规定，百姓不准保留降调革职官员。若有此种情形，“将为首保留之人交刑部治罪。其有贿嘱百姓保留者，将官民俱照枉法律治罪”。[6]

往往官员犯诬告、受贿或侵挪亏空等罪，除予以行政处罚革职外，还要进一步交刑部治罪。治兵丁之武官、管旗人之旗官交兵部治罪。“交刑部治

〔1〕《吏部处分则例（光绪朝）》卷一“公罪私罪案（同按，笔者按）律定议”条，蝠池书院出版有限公司2004年版，第2~3页。

〔2〕田涛、郑秦点校：《大清律例》卷四“文武官犯公罪”条，法律出版社1999年版，第90页。

〔3〕《钦定吏部处分则例（乾隆朝）》卷一“代写履程”条，蝠池书院出版有限公司2004年版，第9页。

〔4〕《钦定吏部处分则例（乾隆朝）》卷七“接任官造旗员家口清册”条，蝠池书院出版有限公司2004年版，第98页。

〔5〕《钦定吏部处分则例（乾隆朝）》卷一“考校律例”条，蝠池书院出版有限公司2004年版，第15~16页。

〔6〕《钦定吏部处分则例（乾隆朝）》卷三“降革官员督抚保留”条，蝠池书院出版有限公司2004年版，第47页。

罪”“以某罪论”字样在《吏部处分则例》中有很多。[1]

值得注意的是，在官员犯罪处分上，则例优先于《大清律例》适用。在光绪朝《吏部处分则例》卷一“公罪私罪案（同按，笔者按）律定议”条有明确规定，[2]本章第一节中“优先适用则例”对此有详细论述，此处暂略。

除了《吏部处分则例》对官员处分多涉《大清律例》配合适用以外，其他各部院则例对民众、奴仆、士子、武举等人群涉有处罚规定更多是与《大清律例》配合适用。乾隆朝《钦定户部则例》卷六“民人典买”条规定民人、旗下家奴、养子、开户另记档案人等人群若有典买旗地，清查时却隐匿不主动说明，“事后查出，地亩入官，业主、售主均照隐匿官田律治罪。若清查后违例典卖，业主售主俱照违制律治罪，地亩价银一并撤追入官……”[3]据该条记载：“民人典买，乾隆十九年二月二十七日定例；旗下家奴人等典买，乾隆十八年九月初六日定例；盛京民人典买，乾隆三十四年十二月二十五日定例。”[4]同书卷四十七“蒙古盐斤”条规定除直隶省宣化府属延庆州等十州以外，蒙古盐斤不准侵越长芦行盐地界，“违者照私盐法”惩治。[5]该书卷五十一“私茶禁令”条规定造作假茶售卖、店户窝顿、兴贩私茶卖与外国人、未经入番数私贩、批验截角退引影射照茶等种种行为，或在一定斤数以上或不拘斤数，或限定在某些地域或不拘地点，均以私茶论，将“本商及知情歇家、牙保各照刑例科罪”，即适用私盐例予以处分。[6]

另如同治朝《钦定户部则例》卷二“迷失幼丁”条规定若有隐匿寄养捏报八旗迷失幼丁，将“寄养受寄之人照隐漏丁口律治罪，族长人等照里长失

---

〔1〕如《钦定吏部处分则例（乾隆朝）》卷二“议处官员不得擅用‘加倍’字样”条“违者，以故入人罪论”。蝠池书院出版有限公司2004年版，第21页。

〔2〕《吏部处分则例（光绪朝）》卷一“公罪私罪案（同按，笔者按）律定议”条，蝠池书院出版有限公司2004年版，第2页。

〔3〕《钦定户部则例（乾隆朝）》卷六“民人典买”条，蝠池书院出版有限公司2004年版，第83页。

〔4〕《钦定户部则例（乾隆朝）》卷六“民人典买”条，蝠池书院出版有限公司2004年版，第83页。

〔5〕《钦定户部则例（乾隆朝）》卷四十七“蒙古盐斤”条，蝠池书院出版有限公司2004年版，第423页。

〔6〕《钦定户部则例（乾隆朝）》卷五十一“私茶禁令”条，蝠池书院出版有限公司2004年版，第489页。

于查勘律治罪"。[1]同卷"民人奴仆"条限制地方各级官员买所属良民为奴，更不许转相馈送奴仆，"违者照略买良民例治罪。"[2]

不仅管理民人如是，则例对士子、武举、书商等人的处罚规定亦多指示适用《大清律例》。嘉庆朝《钦定学政全书》卷十四"书坊禁例"条规定限期尽数呈缴销毁坊间所有存贮的删节经书版片，"如逾限不交，一经查出，照违制律治罪……"[3]

道光朝《钦定科场条例》对士子作弊、书商滥刊滥售、考官监考阅卷录取受贿、影响考场秩序等不当行为的惩罚较为严厉，多用刑典治罪。与前列嘉庆朝《钦定学政全书》卷十四"书坊禁例"条处罚规定相似者较多，"从重治罪""严拿送刑部重处"等字样比比皆是，如卷三十五"冒籍"条规定挟仇诬告从重治罪、[4]卷三十一"巡绰员役"条如有抢劫之徒即行严拿送刑部重处，[5]情节严重者如考官士子交通作弊甚至斩立决。[6]咸丰朝《钦定武场条例》卷十"本生事故不准应试"条规定"武生、武童遇本生父母之丧期年内不准应试，违者照匿丧律治罪。"[7]同书卷十二"士子罢考"条规定："凡聚众罢市罢考殴官胁制等事，将为首为从及逼勒同行之武生、武童照依光棍例分别治罪。"[8]"光棍例"系《大清律例》卷二十五"恐吓取财"律下所载条例。

---

〔1〕《钦定户部则例（同治朝）》卷二"迷失幼丁"条，蝠池书院出版有限公司2004年版，第219~220页。

〔2〕《钦定户部则例（同治朝）》卷三"民人奴仆"条，蝠池书院出版有限公司2004年版，第306~307页。

〔3〕《钦定学政全书（嘉庆朝）》卷十四"书坊禁例"条，蝠池书院出版有限公司2004年版，第149页。另见《钦定科场条例（道光朝）》卷三十四"禁止刊卖删经时务策"条，蝠池书院出版有限公司2004年版，第380页。

〔4〕《钦定科场条例（道光朝）》卷三十五"冒籍"条，蝠池书院出版有限公司2004年版，第382页。

〔5〕《钦定科场条例（道光朝）》卷三十一"巡绰员役"条，蝠池书院出版有限公司2004年版，第360页。

〔6〕《钦定科场条例（道光朝）》卷三十三"严禁夤缘诸弊"条，蝠池书院出版有限公司2004年版，第370页。

〔7〕《钦定武场条例（咸丰朝）》卷十"本生事故不准应试"条，蝠池书院出版有限公司2004年版，第278页。

〔8〕《钦定武场条例（咸丰朝）》卷十二"士子罢考"条，蝠池书院出版有限公司2004年版，第297页。

以上探讨的多为则例中规定对某些犯罪处罚适用《大清律例》的情形，其实，刑部在审断司法案件适用《大清律例》时很多时候亦需要查照各部院则例配合适用。比如前引“文武官犯公罪”条规定“如吏、兵二部《处分则例》，应降级、革职戴罪留任者，仍照例留任。”[1]此处系则例对官员犯罪处分与《大清律例》不同，需要适用则例而不是《大清律例》。此种规定在《大清律例》文本中较少，但在实践操作中却有不少配合适用的地方。薛允升在其《读例存疑》一书中对此有不少说明。他在该书《例言》中阐明则例与刑例的关系：“各部则例俱系功令之书，有与刑例互相发明者，亦有与刑例显相参差者。兹采录数十条，或以补刑例之缺，或以匡刑例之误，彼此参考，其得失亦可灼然矣。”[2]比如他在该书“除名当差”律下第二款条例所加按语中说道：“应与文武官犯公罪一条及《户部则例》廪禄门‘免追官员罚俸’一条参看。”接着又发表自己意见说：“户部既有专条，此例无关引用，似应删除。”[3]类似意见通书随处可见。有时薛允升直接将《吏部则例》、吏部与兵部《处分则例》《户部则例》《工部则例》《督捕则例》《中枢政考》《学政全书》等条款直接列在按语里，以证或则例规定较刑例更为具体详细，或二者参差，建议刑例需修改。[4]有时薛允升还会通过点明“交部”“送部”等字眼中的“部”是指六部中的哪一部，说明刑例与则例的配合适用。如“脱漏户口”条下按语示明：“与《户部例》户口门‘比丁’各条参看。此例‘送部’及‘经部察出’，均指户部而言。户部定有专条，较为详明。此例无关引用，似应删除。”[5]有时他还会讨论则例与《大清律例》刑例条款兴废改易原因及过程，以观二者竞合适用的动态过程。在“典买田宅”律下最后一条条例按语中他说道：“《户部则例》旗民交产各条内有‘无论京旗屯田、老圈、自置，俱准旗户民人互相卖买，照例税契升科’等语，俱与此例不符。光绪十五年，复经户部奏明仍照原例。即此一事，而数十年间屡经改易，盖

---

〔1〕田涛、郑秦点校：《大清律例》卷四“文武官犯公罪”条，法律出版社 1999 年版，第 90 页。

〔2〕胡星桥、邓又天主编：《读例存疑点注》卷首“例言”（未排页码），中国人民公安大学出版社 1994 年版。

〔3〕胡星桥、邓又天主编：《读例存疑点注》，中国人民公安大学出版社 1994 年版，第 27 页。

〔4〕具体例证见胡星桥、邓又天主编：《读例存疑点注》，中国人民公安大学出版社 1994 年版，第 67、70~71、109、133、139、201、883 页。

〔5〕胡星桥、邓又天主编：《读例存疑点注》，中国人民公安大学出版社 1994 年版，第 163 页。

一则为多收税银起见，一则为关系八旗生计起见也。"[1]

总之，薛允升《读例存疑》一书记录了清代刑部审案实践中的操作细节，展现了《大清律例》与各部院则例如何配合、竞合适用的过程，以及他对不协调的地方解决方法的思考，对今天探讨各部院则例与《大清律例》配合适用有非常大的价值。[2]

关于各部院则例与《大清律例》配合适用的例证在咸丰朝《钦定王公处分则例》有不少记载，笔者已将这些例证整理成表，附录文后，请寻找参看。在此谨举内阁全宗中的一例，以便更好地了解则例与《大清律例》在清代审理案件中是如何配合适用的，并作为本节束尾。例为乾隆二年（1737 年）五月三十日大学士兼管吏部尚书事务张廷玉题为遵议河南特参署唐县知县汪运正、分巡道李慎修未奉部复巡县查监违例保释照律降级留任事。

总理事务经筵讲官少保兼太子太保保和殿大学士兼管吏部户部尚书事加拾级臣张廷玉等谨题为据揭题参事。吏科抄出原任河南巡抚富德题前事，内开，该臣看得唐县私铸案内李林瑞，经臣审拟斩决，石得福审拟绞决，援赦具题部覆奉旨，李林瑞改为应斩，石得福改为应绞。俱着监候，秋后处决。钦此。钦遵转行，去后，讵意南汝道李慎修于乾隆元年拾月贰拾陆日未奉部覆之先巡县查监，因各犯俱系援赦人犯，随檄饬唐县取保候释，并未令解回原籍，而该县知县汪运正亦未先即详明，遽将李林瑞递回原籍江南阜阳县关移取保候释，该犯虽未脱逃，即在原籍服毒身死，但不候部覆遽行保释，殊属违例。所有署唐县知县汪运正、分巡南汝二府光州一州道李慎修理合指参。兹据署布政使司布政使温而逊按察使司按察使隋人鹏揭报前来相应具题，伏乞敕部议处施行。再照南汝道檄饬唐县牌内原系七犯，除殴妻身死之闫仁私铸案内之黄奇高、郭甫、曹自新四犯已奉恩旨免罪无庸拿禁，其私铸案内之石得福现已收监。奸妇被夫杀死将奸夫拟抵之温而立曾否收禁商未据详报，现在饬查合并陈明谨题请旨。乾隆贰年叁月贰拾捌日题，肆月拾玖日奉旨，汪运正等着议处具奏，该部知道。钦此。于乾隆贰年肆月贰拾日抄出到部，该臣等议得原任河南巡抚富德疏称唐县私铸案内李林瑞，经臣审拟斩决，石

〔1〕胡星桥、邓又天主编：《读例存疑点注》，中国人民公安大学出版社 1994 年版，第 204 页。

〔2〕在笔者撰写论文期间，蒙陈煜老师信任，示以其未公开发表大作《论大清律例与各部院则例的衔接》，给予笔者不少启发，在此谨致谢忱！

得福审拟绞决，援赦具题部覆奉旨，李林瑞改为应斩，石得福改为应绞。俱着监候，秋后处决。钦此。钦遵转行去后讵意南汝道李慎修之先巡县查监，因各犯俱系援赦人犯，随檄饬唐县取保候释，并未令解回原籍而该县知县汪运正亦未先即详明遽将李林瑞递回原籍江南阜阳县关移取保候释，该犯即在原籍服毒身死，但不候部覆遽行保释，殊属违例。所有署唐县知县汪运正、分巡道李慎修理合指参等因具题前来。查斩绞人犯应行援赦具题之案理应候部核明奉旨允准始行释放，今该道李慎修等将私铸案内人犯李林瑞等不候题覆明文，遽行饬令保释，殊属不合，查律内"凡事已奏申不待回报而辄施行者杖捌拾，官员犯杖捌拾，系公罪降贰级留任"等语，应将署唐县知县汪运正、分巡道李慎修均照律降贰级留任。查汪运正有加贰级应销去加贰级抵降贰级，免其降级。恭候命下，臣部遵奉施行，臣等未敢擅便谨题请旨。

乾隆贰年伍月叁拾日

总理事务……臣张廷玉……等人（后20人都是吏部侍郎、员外郎、主事衔）。[1]

本案中署唐县知县汪运正、分巡道李慎修没有等到刑部覆文自作主张先将犯人保释，"殊属违例"，故吏部堂官引《大清律例》律条规定议处。本案中所说"查律内'凡事已奏申不待回报而辄施行者杖捌拾，官员犯杖捌拾，系公罪降贰级留任'等语"有所简省合并，《大清律例》卷七"事应奏不奏"律条规定："若已奏、已申不待回报而辄施行者，并同不奏、不申之罪。"不奏之罪处罚在前款规定："事应奏而不奏者，杖八十。"[2]再根据卷四"文武官犯公罪"条："该杖者……八十，降二级……俱留任。"[3]因此拟判"降二级留任"，之后又根据则例中关于官员级纪抵销的规定，允许有加二级纪录的汪运正用其纪录将此次处罚抵销。由此案可见吏部处分官员时将则例与《大清律例》配合适用的复杂。

〔1〕 中国第一历史档案馆：内阁全宗，档案号：02-01-03-03434-011。

〔2〕 田涛、郑秦点校：《大清律例》卷七"事应奏不奏"条，法律出版社1999年版，第160~161页。

〔3〕 田涛、郑秦点校：《大清律例》卷四"文武官犯公罪"条，法律出版社1999年版，第90页。

五、各部院则例与《大清会典》配合适用

《大清会典》所载多为具体品秩、数额、仪式等，未加罚则，违反规定之罚则仍在则例中规定。同治朝《户部则例》凡例明白说明："（上谕）其无关例意者，已归《会典》恭载，例内不复恭录。"〔1〕因此，则例与《会典》也有配合适用的情形。因本朝修《会典》耗时较长，则例与《会典》配合适用一般是当朝则例与前朝《会典》配合适用。

乾隆朝《钦定吏部处分则例》卷十二"官员更名复姓归籍分别题咨"条规定旗员、各省官员请求更名复姓的事件，"俱照《会典》开载按照品级分别咨题，准其更复。如有假冒等情，将该员革职治罪；出结官照代顶冒人员出结例革职。"〔2〕查雍正朝《会典》卷二十二"更名复姓"条："凡更复名姓，康熙三年题准，汉军、汉人、现任官员，在内中、行、评、博，在外知县以上，及候选进士，皆令具题。其余现任及候选官员，止呈堂注册。旗下取该都统印结；汉人在京，取同乡京官印结；在外，具呈地方官咨部，准其更复。旗下移咨户、兵二部，及该都统；汉人止咨户部。又题准，督抚有更名复姓者，许互相代题。"〔3〕该条详细规定了官员更名复姓的操作流程，但惩罚条款还在则例中。

乾隆朝《钦定吏部处分则例》卷十九"盘查私茶"条："凡茶商赴楚买茶照《会典》每茶一千斤准带附茶一百四十斤……如部引之外有搭行印票及附茶不依所定斤数，多带私茶者，即查拿，照私盐律治罪。如查验地方官故纵失察者，照失察私盐例议处。"〔4〕查雍正朝《会典》卷五十三"茶课"条："十年。覆准：茶商旧例，大引附茶六十篦，小引附茶六十七斤零。今定：每茶一千斤，概准附茶一百四十斤。如有夹带，严查治罪。"〔5〕《会典》上说"严查治罪"，并未有具体罚则，规定在则例中；则例说"照私盐律治罪"，"私盐律"又规定在《大清律例》卷十三户律"盐法"条中。

---

〔1〕《钦定户部则例（同治朝）》"凡例"，蝠池书院出版有限公司 2012 年版，第 27 页。

〔2〕《钦定吏部处分则例（乾隆朝）》卷十二"官员更名复姓归籍分别题咨"条，蝠池书院出版有限公司 2004 年版，第 149 页。

〔3〕《大清五朝会典》（雍正朝）（第 3 册），线装书局 2006 年版，第 266 页。

〔4〕《钦定吏部处分则例（乾隆朝）》卷十九"盘查私茶"条，蝠池书院出版有限公司 2004 年版，第 233 页。

〔5〕《大清五朝会典》（雍正朝）（第 4 册），线装书局 2006 年版，第 806 页。

光绪朝《吏部处分则例》卷三十一“婚丧务遵定制”条：“嘉庆二十五年十月初四日奉上谕……着步军统领及直省督抚各饬所属，将民间婚丧等事悉照《会典》所载规条刊发，遍行晓谕，务令祇遵，不得习尚浮华，有违定制。仍着该管各衙门随时稽察。如有不遵例制者，严行究办，以副朕敦本务实至意。钦此。”后又有例条：“民间丧祭之事，诵经礼忏仍听其自便外，其有丝竹管弦演唱佛戏者，地方官失于查禁，罚俸一年。”〔1〕而在雍正朝《会典》卷六十五“官民婚礼”条中详细规定了官民婚礼嫁娶礼制：“崇德间……军民人等，行纳币礼。布衣一袭，布衾，褥一床，银耳坠全副。定婚日，宴，用牲一。娶日，宴，用牲二。自超品公以下，至军民人等婚娶，若违定例多用者，多用之物入官。两家俱议罪。”此处罚则存于崇德年间，至下面顺治、康熙、雍正均只规定规制，并无罚则。〔2〕

据笔者目前所见，则例与《大清会典》配合适用的情形主要有四种：第一种关乎礼仪方面，此方面规定所占比重最大；第二种是关于官员职位、品级、身份的规定；第三种是关于商人合理经营许可的规定；第四种是办理管辖地理区域案件的规定。

第一种关于礼仪方面规定。前引光绪朝《吏部处分则例》卷三十一“婚丧务遵定制”条的内容就是关于民间婚丧嫁娶礼仪、规制的规定。所防范者怕其僭越失礼。再如道光朝《钦定礼部则例》卷三十二“亲王以下凡品官冠服”条的按语也规定嘉庆五年（1800年）以后八九品官员和未入流的官员的帽顶“俱当谨遵《会典》分别戴用，毋许僭越……”〔3〕雍正朝《钦定吏部处分则例》卷三十一“相见不遵仪注”条也规定督抚、提镇等官相见“务遵《会典》所载仪注”，朝衣与补服的穿戴各有场合，不许擅穿，“违者均照错误仪注例议处”。〔4〕其他如直省督抚、主事等内外衙门大小官员关于仪从器杖、

---

〔1〕《吏部处分则例（光绪朝）》卷三十一“婚丧务遵定制”条，蝠池书院出版有限公司2004年版，第413~414页。

〔2〕《大清五朝会典》（雍正朝）（第5册），线装书局2006年版，第1044页。

〔3〕《钦定礼部则例（道光朝）》卷三十二“亲王以下凡品官冠服”条，蝠池书院出版有限公司2004年版，第234页。

〔4〕《钦定吏部处分则例（雍正朝）》卷三十一“相见不遵仪注”条，蝠池书院出版有限公司2004年版，第260页。

数珠的使用，也要遵守《大清会典》定制，如果违反均会“照违制律议处”。[1]

第二种关于官员职位、品级、身份、籍贯变动的规定。上面所引乾隆朝《钦定吏部处分则例》卷十二“官员更名复姓归籍分别题咨”条即是例证。

第三种关于商人合理经营许可的规定。乾隆朝《钦定吏部处分则例》卷十九“盘查私茶”条所引茶引的数额规定即是《大清会典》所载，此限额即是合理经营许可范围，超出《会典》所载茶引份额就要受到惩罚。

第四种关于分理管辖地理区域内案件事宜的规定。乾隆朝《钦定吏部处分则例》卷四十一“司坊官按地分理事宜”条规定五城司坊各官职守区域范围“仍遵《会典》旧例”，按地分理指挥人命、窃盗案件云云。[2]

以上四种情形系笔者所见则例与《大清会典》配合适用的领域，其他领域则例适用是否仍有遵从《大清会典》定制之处，尚待有识君子披寻发掘。

六、各部院则例与上谕协调适用

上谕是形成则例条款渊源之一，本文在第二部分已述及。在中国古代，皇权至上，皇帝诏旨即是法律渊源之一，且效力往往最高。但皇帝统治国家，法条稳定也必不可少。因此皇帝也不是随意随时都是破坏既有法律规定，凌驾于法律之上的。前朝流传下来的法官抗皇命不遵的故事便能说明这个道理。[3]清朝统治者亦不例外。皇帝在某种程度上具有创制、修改法律的权力，甚至有凌驾法律之上的特旨、特恩，但也有一定范围内遵守法律的固有规定的情况。因此上谕与则例的关系也很微妙复杂。

首先，律例均无正条，亦无可比之案时，吏部需“司员与堂官公同定议，上奏请旨，着为定例，以备引用。”具体已见前引光绪朝《吏部处分则例》卷一“公罪私罪案律定议”条。

---

〔1〕《钦定吏部处分则例（乾隆朝）》卷二十九“督抚仪从器杖 违制”条、卷三十一“越分擅用数珠”条，蝠池书院出版有限公司2004年版，第339、346页。

〔2〕《钦定吏部处分则例（乾隆朝）》卷四十一“司坊官按地分理事宜”条，蝠池书院出版有限公司2004年版，第448页。

〔3〕如张释之审县人犯跸案，帝欲杀之，张释之仅根据法令处以罚金。他解释：法者，天子所与天下公共也。今法如是，更重之，是法不信于民也。且方其时，上使诛之则已。今已下廷尉，廷尉，天下之平也，一倾，天下用法皆为之轻重，民安所措其手足？

其次，官员不得擅用“加倍”字样，否则按故入人罪论。亦见前述。皇帝方有加倍灵活处罚或特旨、特恩减等权力。这时则凌越了既有的则例规定。

再次，皇帝将案件交给吏部或三法司、九卿等讨论，吏部领衔议覆后，皇帝予以或认可“依部议”，或予以辨析矫正。

最后，吏部每年办理五万七千多件案件，[1]更多的是按照既有则例办理，上奏，如果皇帝认同则批以“知道了”“依议”，如果不认同，则或直接改判，或发交吏部或别部重审。翻看硃批奏折，这种情况更普遍。

需要说明的是，即使皇帝裁决与既有律例规定不同，也并不是随意任性为之。一般皇帝都会予以解释，多从例意、天理、人情等方面考量增减，或从程序上不当之处。光绪朝《钦定吏部处分则例》卷一“检举减议”条在则例条文前记载有三个皇帝意见，即本条则例制定理由及来源。其中第一则系嘉庆皇帝于十一年（1806 年）十二月十七日对吏部免议户部堂司官失察失职后自行检举之案“所办非是”的指示。吏部是按照则例办理，但嘉庆皇帝认为：“此事户部堂司等官……其疏忽之咎究有难辞……今吏部即因检举旧例堂官有免议之条，亦止当于本内声明请旨，何得遽尔免议……所有户部出结不慎之司官着罚俸一年，失察检举之司官着罚俸六个月。其堂官等均着罚俸一个月。吏部堂官率行定议，亦着罚俸一个月，均准其抵销。钦此。”[2]从这则谕旨中可以看出，吏部、户部办案是要遵行则例规定，但皇帝有权根据自己的判断，或天理，或国法，或人情，对吏部所做符合则例的处理进行更改，予以改判。上谕的法律效力最高。另外还需要注意皇帝的个人想法。“家天下”使皇帝更加认真，反倒会责怪臣子图安逸简单了事，或假手书吏，被书吏幕宾营私舞弊。不必档案奏折，则例中所载上谕，语气皆谆谆教诲、鼓励防弊，比比皆是。

小　结

本文总结了清代则例适用的具体方式，可谓多样且复杂。则例大体可分为指导性条款和惩罚性条款。指导性条款和直接规定具体罚则的惩罚性条款

---

〔1〕《钦定吏部则例（道光朝）》奏疏，蝠池书院出版有限公司 2004 年版，第 1 页。

〔2〕《吏部处分则例（光绪朝）》卷一“检举减议”条，蝠池书院出版有限公司 2004 年版，第 7 页。亦见光绪朝《钦定六部处分则例》卷一“检举减议”条，文海出版社 1971 年版，第 33 页。

作为各部院日常办理案件、参处办事人员的依据，多数是独立适用的条款。随着立法技术的成熟，立法中的指示技巧助成了则例在适用中既有本则例条款之间的配合适用，还有各部则例之间的配合适用，当然也包括与其他法律形式——《大清律例》《大清会典》的配合适用。各部院则例之间的配合适用较多表现是吏部、兵部《处分则例》几乎囊括规定了所有违犯其他各部院则例的处罚条款，加上内府系统《宗人府则例》《钦定宫中现行则例》，以及咸丰朝以后王公适用的《钦定王公处分则例》，涵盖了除皇帝以外所有人员的职责规范及其处分标准。则例与《大清会典》配合适用的条款、例证较少，集中在礼仪、官员身份籍贯变动、商人经营许可、官员管辖界域四个方面，其中关于礼仪方面的配合适用最多。与则例配合适用最多的是上谕和《大清律例》。上谕不仅是则例的制定来源之一，它在适用上有时维护则例的效力、保障则例的实施，有时又陵越则例的规定、凭己意加减恩免。则例与《大清律例》的配合适用最为广泛，也最复杂。二者既可互相转化，共同配合惩治某种犯罪，又有互相竞合优先适用何者的情形。在则例中多有适用《大清律例》条款，尤其是在雍正朝以前《处分则例》罚则不完善时，或者针对无官职之监生、举人、幕友、书吏、普通民众、奴仆等人，多指示适用《大清律例》。在《大清律例》方面，有些规定疏漏简省，并不如则例详细，有时需要参看则例规定进行审断。

清代则例的协调适用原则

对法条进行抽象概括反映了人们对律意认识的深化，律典中“名例”篇即是对律典一般原则的概括规定。探讨作为清代重要法律形式之一的则例的适用，在上文讨论了适用的具体方式之后，我们也有必要对其适用的一般原则进行探析。

在讨论之前，先需说明一个问题：本文所要讨论的则例适用的一般原则是基于对惩处性则例进行探讨。理由如下：则例的指导性条款大多具体而微，其适用方式尽如前文所言，或单独适用，或条款配合，或与其他则例、《大清律例》等配合，用以指导各部院日常工作。适用方式较为简单，基本都是一事一例模式，不易归纳提炼一般适用原则。而惩处性条款的适用非常复杂，其内部适用的逻辑关系层层深入、环环相扣，其突出表现在“公式”门的适用。则例的“公式”门之地位相当于律典的“名例”篇。并非所有则例都有“公式”一门，目前就笔者掌握近百种则例中只有六种则例有“公式”（实为七种，《钦定王公处分则例》有两个版本）——道光朝《兵部处分则例》《钦定中枢政考》，光绪朝《吏部处分则例》（蝠池书院将其错误标为《钦定吏部则例（嘉庆朝）》）、《钦定六部处分则例》、咸丰朝《钦定王公处分则例》（另有不详朝代更正本《钦定王公处分则例》[1]）、乾隆朝《钦定户部旗务则例》。当然这里需要澄清的是：其一，并非有“公式”一门才有类似“公式”的条款。“公式”门内的条款有很多均形成于乾隆、嘉庆朝，甚至还有少量形成于雍正朝。据笔者所见，雍正朝、乾隆朝《钦定吏部处分则例》无“公式”门，这些此时形成的条款散布在“降罚”等门。因有“公式”一门的集

---

〔1〕《钦定王公处分则例（朝代不明）》，载杨一凡、田涛主编：《中国珍稀法律典籍续编》（第6册），黑龙江人民出版社2002年版。

中纂辑，其一般规则的逻辑性更容易窥见、提炼。其二，笔者掌握的则例版本有限，尚不及十几分之一，但也基本涵盖了各个部院常用则例，所缺多是各朝版本问题。乾隆朝《钦定户部旗务则例》虽有“公式”之称，仍偏于指导性质，讨论俸银发放扣缴问题，与“名例”意义上的“公式”有很大区别。光绪朝《钦定吏部处分则例》《钦定六部处分则例》均有“公式”，虽然缺乏道光、咸丰、同治等朝版本，但可以想见，道光四年（1824年）及其以后时间的《吏部处分则例》应均有“公式”一门。另外，光绪朝《钦定吏部处分则例》《钦定六部处分则例》除了卷一“公式”，尚有部分类似“公式”条款规定在卷二“降罚”中。因此，需将此部分纳入考察范围。其三，咸丰朝《钦定王公处分则例》“公式”附在奏疏之后，但不详朝代更正本《钦定王公处分则例》“公式”仅有一条，且是具体条款，其类似“公式”的规定俱载在卷首“查例章程”“议处旧章”等目之内。综上所言，本文所探讨的则例一般适用原则主要依据的材料是道光朝《兵部处分则》八旗、绿营“公式”，道光朝《钦定中枢政考》“公式”，光绪朝《钦定吏部处分则例》《钦定六部处分则例》“公式”及“降罚”部分条款，咸丰朝《钦定王公处分则例》“公式”及不详朝代更正本《钦定王公处分则例》“查例章程”“议处旧章”等目；辅之以乾隆朝《钦定户部旗务则例》“公式”门及其他则例等材料。

一、优先适用则例与不得裁剪征引法条

各部院为办理国家政事重要机构，它的办事依据便是则例。如嘉庆十九年（1814年）理藩院堂官所言：“部院衙门为政事总汇之区，慎守纪纲，必以定例为凭。”[1]可知例有专条明确规定，办案必依则例办理。然则例不能事事周遍，在例无专条时如何办理？当依《大清律例》，律例俱无专条，得比照援引。比照援引不得剪裁征引法条。现分述如下：

1. 优先适用则例

光绪朝《吏部处分则例》卷一“公罪私罪案律定议”条第二款规定：“凡公罪私罪，俱案照本例议处定拟。其例无正条者，方准引律。若律文又无可引，则将例内情事相近者援引比照。倘律例俱无正条，又无可比照之例，该司员将案情详细察核酌议处分，回明堂官，公同定议，于本内声明，请旨，

〔1〕《钦定理藩院则例》，原修则例原奏，蝠池书院出版有限公司2004年版，第2页。

着为定例，以备引用。”〔1〕咸丰朝《钦定王公处分则例》“引律议处”条亦有相同规定。〔2〕可见官员、王公犯罪优先适用《处分则例》，例无正条才引《大清律例》断罪；律例无正条，比照例内相近案例；上述三者均无，请旨裁定。对于八分公以上王公、守护陵寝者、特旨交宗人府议处者之处分在咸丰六年（1856年）《钦定王公处分则例》修成之前亦均遵循吏、兵二部《处分则例》办理（视王公所领职任文武而定），《钦定王公处分则例》纂成之后则照此办理。“嗣后本府凡遇王公处分……如系本府应议者，先查分门则例，例有专条，照例核议，例无专条，查其情节轻重，核准应得笞杖罪名，分别公、私，按律科断。”〔3〕

《大清律例》惩罚手段系用五刑——笞、杖、徒、流、死，《处分则例》惩罚方式乃罚俸、降级留任、降级调用、革职留任、革职数种，引用《大清律例》断罪，二者如何换算？上文第四部分所引光绪朝《吏部处分则例》卷一“公罪私罪案律定议”条第一款有详细规定：“……系公罪笞一十者，罚俸一个月……杖七十者，降一级留任……系私罪，笞一十者，罚俸两个月……杖一百者，革职。”〔4〕道光朝《兵部处分则例》卷之一八旗、绿营“引律议处”条也有此项规定，只是文字有繁略之差：“凡议处官员例无正条援引律文按照笞杖等罪定拟者，分别公私予以处分。系公罪，笞一十，议以罚俸一个月；笞二十，议以罚俸两个月……杖一百，议以革职留任。系私罪，笞一十，议以罚俸两个月……杖一百，议以革职。”〔5〕同样的记载亦见于《钦定王公

〔1〕《吏部处分则例（光绪朝）》卷一“公罪私罪案（同按，笔者按）律定议”条，蝠池书院出版有限公司2004年版，第2页。亦见光绪朝《钦定六部处分则例》卷一“公罪私罪按律定议”条，文海出版社1971年版，第24页。

〔2〕《钦定王公处分则例（咸丰朝）》“引律议处”条，蝠池书院出版有限公司2004年版，第364~365页。

〔3〕《钦定王公处分则例（朝代不明）》，卷首“查例章程”，载杨一凡、田涛主编：《中国珍稀法律典籍续编》（第6册），黑龙江人民出版社2002年版，第309页。

〔4〕《吏部处分则例（光绪朝）》卷一“公罪私罪案（同按，笔者按）律定议”条，蝠池书院出版有限公司2004年版，第2页。亦见光绪朝《钦定六部处分则例》卷一“公罪私罪按律定议”条，文海出版社1971年版，第24页。

〔5〕《兵部处分则例（道光朝）》八旗卷一、绿营卷一“引律议处”条，中国基本古籍库（电子数据资源），第2、162页。《钦定中枢政考（道光朝）》《钦定王公处分则例（咸丰朝）》“引律议处”条规定措辞与《兵部处分则例（道光朝）》相同。见《钦定中枢政考（道光朝）》卷十“引律议处”条，蝠池书院出版有限公司2012年版，第1115~1117页。《钦定王公处分则例（咸丰朝）》“引律议处”条，蝠池书院出版有限公司2004年版，第363~364页。

处分则例》卷首“查例章程”：“引律议处（须看‘查例章程’内载小字何为公罪私罪）：一凡议处例无正条援引律文，按照笞杖等罪定议者，分别公私予以处分。公罪：笞一十，议以罚俸一个月；笞二十，议以罚俸两个月；……杖一百，议以革职留任。私罪：笞一十，议以罚俸两个月……杖六十，议以降一级；……杖九十，议以降四级，俱调用；杖一百，议以革职。（其如何分别应得笞、杖罪名，均有定律详载于后。惟笞一十至笞三十，律载未备，盖非减等科断不能有此罪名。）”[1]吏部、兵部、都察院及宗人府议处官员、王公时，有时会援引《大清律例》。当适用《大清律例》作为审断依据时，《大清律例》惩罚方式需转换成《处分则例》适用。具体可参见上文第四部分。在两种处罚方式换算之后，列举例违制、违令等罪惩罚转换，既是特意标出重要条款，亦算对此换算举以例证。光绪朝《吏部处分则例》规定：

一、律载：制书有违，杖一百。凡官员违制者，系公罪，革职留任；系私罪，革职。

一、律载：违令者，笞五十（凡违诏旨者坐违制，违奏准事例者坐违令）。系公罪，罚俸九个月；系私罪，罚俸一年。

一、律载：事应奏而不奏者，杖八十。系公罪，降二级留任；系私罪，降三级调用。

一、律载：事应申上而不申上者，笞四十。系公罪，罚俸六个月；系私罪，罚俸九个月。

一、律载：凡不应得为而为之事，理轻者，笞四十。系公罪，罚俸六个月；系私罪，罚俸九个月。事理重者，杖八十。系公罪，降二级留任；系私罪，降三级调用。

一、律载：上书奏事错误者，杖六十。系公罪，罚俸一年。

一、律载：申文错误者，笞四十。系公罪，罚俸六个月。[2]

---

〔1〕《钦定王公处分则例（朝代不明）》“议处旧章”，载杨一凡、田涛主编：《中国珍稀法律典籍续编》（第6册），黑龙江人民出版社2002年版，第312页。

〔2〕《吏部处分则例（光绪朝）》卷一“公罪私罪案（同按，笔者按）律定议”条，蝠池书院出版有限公司2004年版，第2~3页。亦见光绪朝《钦定六部处分则例》卷一“公罪私罪按律定议”条，文海出版社1971年版，第24~25页。

上述条文亦见于《钦定王公处分则例》。〔1〕第三章第四节“各部院则例与《大清律例》配合适用”所引例证“乾隆二年吏部议处署唐县知县汪运正、分巡道李慎修”即是引用“事应奏不奏”为依据拟的处分结果。道光朝《兵部处分则例》《钦定中枢政考》除列举“犯违制律”“犯违令律”之外，还列举了“犯不应重律、不应轻律”例证：“官员犯不应重律，杖八十。公罪，降二级留任；私罪，降三级调用。犯不应轻律，笞四十。公罪，罚俸六个月；私罪，罚俸九个月。”〔2〕之所以将这九项单独列出，是因为在办理处分官员案件中，这几项是最常用罪名。

咸丰朝《钦定王公处分则例》为此提供了一些例证：“嘉庆二十五年多罗贝勒奕绍于已革钦天监司书遽补食量天文生成案，系引例（照违令笞五十公罪罚俸九个月）。”〔3〕“道光二年宗人府堂官议处和硕庄亲王绵课，处分失之过轻成案，引例（照违令公罪例罚俸九个月）。”〔4〕“道光十八年奉恩辅国公奕颢为拣选佐领向功普嘱托，将前锋校吉庆选入成案，查律载，监临势要为人嘱托者，杖一百。又例载官员犯私罪杖一百，革职离任等语，系照例……”〔5〕前两例均是按“违令律”审断，后一例违犯“监临势要为人嘱托”律结合律例折算予以“革职”处分。《钦定王公处分则例》还有不少这样的例证，请参看笔者整理的附录。

2. 不得裁剪征引法条

则例依法适用原则的另一个方面表现即是不得裁剪所征引的法条。

光绪朝《吏部处分则例》卷二“降罚”第一条“议处事件不得增删例文”条规定：“承办议处事件，务将律例正条或全文或一段或数语载入稿内，

〔1〕《钦定王公处分则例（朝代不明）》“议处旧章”，载杨一凡、田涛主编：《中国珍稀法律典籍续编》（第6册），黑龙江人民出版社2002年版，第312~313页。

〔2〕《兵部处分则例（道光朝）》八旗卷一、绿营卷一“引律议处”条，中国基本古籍库（电子数据资源），第2、162页。亦见《钦定中枢政考（道光朝）》卷十“引律议处”条，蝠池书院出版有限公司2012年版，第1116页。

〔3〕《钦定王公处分则例（咸丰朝）》“挑补未协”条下案例，蝠池书院出版有限公司2004年版，第31页。

〔4〕《钦定王公处分则例（咸丰朝）》“议处失轻”条下案例，蝠池书院出版有限公司2004年版，第27页。

〔5〕《钦定王公处分则例（咸丰朝）》“嘱托营私”条下案例，蝠池书院出版有限公司2004年版，第89页。

不得徒取字面相似以滋高下之弊。”〔1〕并对不遵守此条的“自作”“书吏舞弊而失察”等行为规定了罚则：“若将别条割裂增删援引比照，致应行议处之员或免议或减议者，将承办之员参革审拟（私罪）。系失察书吏舞弊照失察书吏舞文弄法例分别议处（例载书役门）。若将应议之员不引情罪相符之例，将别条割裂增删加重处分，以致被议之员革职降调离任者，别经发觉，除将本员处分改正外，将承办之员照所议之降革议处。如将应行免议、减议之员增删例文致令降革离任者，亦照此例行（俱私罪）。系失察书吏舞弊亦照前例议处。如于未经发觉之先自行查出改正，准其免议。”〔2〕此规定在于防范书吏任意剪裁、高下其手，官员故入人误参。制定重处条款亦是保证则例威重令行。《钦定王公处分则例》亦将此条规定照搬载入，唯将指示词“例载书役门”改为“例载部例书役门”，即指《吏部处分则例》“书役”门。〔3〕

则例在议处官员犯罪时不仅优先适用，还要严格具引例文，尤其是在比照援引例文定拟时不得增删所引例文以滋高下，可见则例适用规矩之严。雍正帝曾就援例议处发过谕旨，要求不可用“新例”字样，要标出定例年份（不必具体月日），一是不必强调新旧耸人视听，二是避免含糊牵混。“雍正二年闰四月奉上谕：嗣后本内援引新例之处不可用新例字样，系何年所定之例只将年份写出。”〔4〕

虽然则例比律典优先适用，且可比照，但是否如学界有些学者所言“以例破律”？谨请略辨之。律典除了规范作用，还有宣化教育作用，律条越少，越显示王朝皇帝仁慈，所以很多条款都是纲领性的。且王朝草创之初，一切从简，譬如刘邦初入帝都仅“约法三章”，但到王朝后期，社会稳定，经济发展，日常法律需求日益增多，而律文“乃祖宗之法”，不可变更，象征意义更

〔1〕《吏部处分则例（光绪朝）》卷二“议处事件不得增删例文”条，蝠池书院出版有限公司2004年版，第13页。

〔2〕《吏部处分则例（光绪朝）》卷二“议处事件不得增删例文”条，蝠池书院出版有限公司2004年版，第13页。光绪朝《钦定六部处分则例》卷二“议处事件不得增删例文”条亦有此规定，唯将“照失察书吏舞文弄法例分别议处（例载书役门）”改为具体罚则“降二级调用（公罪）”。

〔3〕具见《钦定王公处分则例（咸丰朝）》“议处事件不得增删例文”条，蝠池书院出版有限公司2004年版，第379页。《钦定王公处分则例（朝代不明）》卷首“议处事件不得增删例文”，载杨一凡、田涛主编：《中国珍稀法律典籍续编》（第6册），黑龙江人民出版社2002年版，第321页。

〔4〕《钦定中枢政考（道光朝）》卷十“援例议处不可用新例字样”条，蝠池书院出版有限公司2012年版，第1101页。

大于实际规范意义，因此要解决复杂的社会情况，就出现了诸多例文。但所有例文的例意，即法理均不超出律典所制，律典规定虽然纲领，却全面且根本，所以后世制定例无不根据法理，仅在轻重缓急上有所偏重。这就是说则例与律典具有相同法源。《钦定王公处分则例》卷首“查例章程”有言：“要知例之专条系以办过与律相符之案，纂为则例，以作后世之则……盖例因案入，例实由律出也。”[1]故例即使被优先适用，也非破律。但是，例文繁多，更全面详细覆盖法律层面，更易被应用到解决社会问题上，不得不说这是例比律更优长的特点。

二、因身份不同而差别适用

则例虽因部门或事务纂辑成册，但在适用上，也便出现了因身份不同而差别适用的情况，且成为一种基本原则。其包含有三个含义：其一，不同身份的人适用不同的则例；其二，不同品级的官员适用不同的参奏方式；其三，不同身份的人犯罪惩处方式不同。

1. 不同身份的人适用不同的则例

则例乃是各部院日常办理公事的指导依据，多局限于本部院工作范围，与《大清律例》调适社会生活不一样。虽然则例数量庞大，适用对象也囊括了多种身份人群，吏部、兵部《处分则例》也针对官员犯罪跨部门适用，但从单独则例及其规范对象来看，其适用仍因身份不同而由不同则例完成。比如官员与百姓不同，其有俸禄、级纪折抵，八旗与军人和普通民人也不同，因此，《吏部处分则例》规范对象多为文职官员，《兵部处分则例》规范对象则是八旗、绿营等武职官员和兵丁。再如，俸禄乃因职任所给，普通文武官员依凭全在此，但对于王公来说俸禄并不是唯一依凭，他们还有普通官员没有的世职，因此，对王公与普通官员惩罚也不同。另如太监、宫女等，与普通奴仆不同，其日常管理奖惩适用《钦定宫中现行则例》。当然，则例与律典并非替代关系，其相辅相成、互补关系（律例如何配合适用已如前文所述，请参见）共同织成了清代庞大的法律网络，在则例调整的范围，因身份差别适用不同，但若在律典的调整范畴，则适用同一。《钦定王公处分则例》在卷

〔1〕《钦定王公处分则例（朝代不明）》卷首“查例章程”，载杨一凡、田涛主编：《中国珍稀法律典籍续编》（第6册），黑龙江人民出版社2002年版，第309页。

首“查例章程”即指出了适用律与例的不同：“向来文武官员处分，吏、兵二部，原有定例。惟王公多系世职，处分固亦相同，爵俸原属有间，是以不能一体办理。本府特定《王公处分则例》，其例虽与文武各员有殊，而其律仍与文武各员无异。何则？律者，法也。如笞杖罪名，自王公以至庶人同一，按法科断，律无二致。例者，比也。如罚俸、降留、降调、革留、革职等罪，在王公应比照庶人，如何分别折罚，例有专条。”〔1〕虽然此节阐述的是王公与文武官员、庶人在适用律与例的同与不同，但其所阐发的意义可通推至所有不同身份人对律与例的适用，也可从中理解律与例的适用差别。具体而言，《钦定王公处分则例》适用于八分公王室以上人群，八分公以下王室仍根据文武职任适用《吏部处分则例》或《兵部处分则例》，遇世职，方按《王公处分则例》折罚换算，比照办理。这不仅涉及则例适用对象的问题，也关系到宗人府和吏部、兵部受理案件管辖及适用则例原则问题。具体如朝代不明《钦定王公处分则例》卷首“议处旧章”规定，已在则例适用主体“宗人府”一节引用说明了，请参看。文武官员惩处适用《吏部处分则例》《兵部处分则例》，满族人适用《八旗则例》《旗务则例》，书吏、幕宾、平民则多适用《大清律例》。

2. 不同品级的官员适用不同的参奏方式

即使同是官员，因品级大小不同，在犯罪参奏时使用方式亦有差别。五品以上用题参，六品以下用咨参。道光朝《钦定中枢政考》卷十一“降罚等案分别题咨”条对此区别作了明确规定：“内外五品以上武职旗员遇有议处案件□（即？）经各部院核实查取职名者，毋庸复行题参……至六品以下等官降革罚俸等案俱令咨参兵部汇题完结。”〔2〕其后又规定了适用题参、咨参方式错误对承办官员的惩罚：“五品以上旗员遇有缘事议处应题参而误用咨参者，将承办各官并该管大臣均照例分别议处（例载《处分则例》公式门）。”〔3〕查道光朝《兵部处分则例》八旗卷一（公式门）“降罚等案分别题咨”条果然规定有具体的罚则：“五品以上旗员遇有缘事议处应题参而误用咨参者，将承办

〔1〕《钦定王公处分则例（朝代不明）》卷首“查例章程”，载杨一凡、田涛主编：《中国珍稀法律典籍续编》（第6册），黑龙江人民出版社2002年版，第309页。

〔2〕《钦定中枢政考（道光朝）》卷十一“降罚等案分别题咨”条，蝠池书院出版有限公司2012年版，第1251页。

〔3〕《钦定中枢政考（道光朝）》卷十一“降罚等案分别题咨”条，蝠池书院出版有限公司2012年版，第1251~1252页。

各官罚俸一年（公罪），该管大臣罚俸九个月（公罪）。”[1]

另外王等属员斥革、各省驻防休革官员办理适用分别奏咨。道光朝《钦定中枢政考》卷九“王等属员斥革分别奏咨”条记载了本条形成的道光朝两道谕旨，从道光四年（1824年）以后王等属员斥革即分别适用奏咨：“道光四年八月十四日奉上谕，前据兵部奏惇亲王门上二等护卫恒廉遗误膳牌，咨部革退。经该部查明旧例，王等所属五品以上官员如有过犯应行斥革者，该王等参奏后交部查议，入于半月汇题。自嘉庆三年以后，王等从未参奏交部，该部亦即据咨斥革，归入汇题，与例不符，当经降旨仍照旧例办理。惟思此项官员究系王府所属，遇有过犯，该王等动辄奏闻，未免烦琐。其应如何变通成例，分别应奏不应奏之处。着兵部妥议具奏。钦此。”[2]至二十日兵部回复后得旨：“嗣后王等所属长史、司仪长等官遇有过犯应行斥革者，由该王等据实参奏，如奉旨交部查议，由兵部专案具体。至护卫五品典仪以上等官应行斥革者，无庸具奏，即由该王等转咨兵部核议汇题，并着兵部于接到该王等咨文时仍核其过犯情节，如果轻重悬殊，该部即行据实奏闻请旨。其六品以下等官如有过犯应行斥革者，仍照旧例咨行兵部革退，并着该部纂入则例。钦此。”[3]

各省驻防休革官员亦以五品为分线是否专案题奏或随时咨部：“各省驻防及东三省、察哈尔、新疆等处遇有告休革退官员，如五品以上者由该管大臣或奏或题，声明请旨。俟奉旨后再行开缺。至六品以下所犯情节较重仍照旧例参奏，如仅止年老技庸、差使懒惰准令该管大臣随时咨部入于汇题，毋庸专案题奏。”由此可见，五品与六品是分野，其所适用的参奏方式的差别，反映了身份与等级的区别。

3. 不同身份的人犯罪惩处方式不同

古代身份等级所享有的权利义务差别，在《吏部处分则例》《兵部处分则例》中体现得非常明显。比如前引《吏部处分则例》“公罪私罪案律定议”条，文武官员犯罪优先适用则例，例无正条方准引律。当然我们根据这条并

---

〔1〕《兵部处分则例（道光朝）》八旗卷一“降罚等案分别题咨”条，中国基本古籍库（电子数据资源），第4页。

〔2〕《钦定中枢政考（道光朝）》卷九“王等属员斥革分别奏咨”条，蝠池书院出版有限公司2012年版，第1091~1092页。

〔3〕《钦定中枢政考（道光朝）》卷九“王等属员斥革分别奏咨”条，蝠池书院出版有限公司2012年版，第1092~1093页。

不能说律的惩罚比则例更重，但我们从同等条件下比较，笞、杖、徒、流、死五刑还是要比罚俸、降级、革职残酷。官员优先用行政惩罚代替刑罚，无论如何，还是惩罚比平民等要轻，而且官员还有纪录、捐纳等折抵，王公宗室更有世职可抵。在《吏部处分则例》中，几乎对待书吏、幕宾、平民犯错都是交刑部治罪。如乾隆朝《钦定吏部处分则例》卷六“部院衙门案卷交代”条对与官合伙作弊盗改案卷的经管书吏“交刑部治罪”。〔1〕再如同书卷一“贡监期满考职”条对索取陋规倒提年月的书吏等人要求“严加治罪”。〔2〕另如卷三“狥私保举幕宾”条：若被保举幕宾出身不正，“将保送官降二级调用；保题之督抚均罚俸一年；本人（幕宾）送刑部治罪”。〔3〕还有前已述及“考校律例”按律笞罚书吏〔4〕、“降革官员督抚保留”条中将为首保留之百姓“交刑部治罪”。〔5〕通过以上列举例证可以做如下总结：王公和文武官员多数适用罚俸、降级等处罚；书吏、幕宾、平民等适用五刑体系的惩罚，即多适用《大清律例》；旗人以及领催、族长、兵丁还单独适用鞭刑处罚。〔6〕

三、区分公罪私罪

公罪、私罪，在《大清律例》卷四“名例律上”中有“文武官犯公罪”“文武官犯私罪”两条，并就什么是公罪、什么是私罪从为公还是为己角度给出了定义：“凡一应不系私己而因公事得罪者，曰公罪”〔7〕“凡不因公事，已所自犯，皆为私罪。”〔8〕《钦定王公处分则例》卷首“查例章程”从有心还是

---

〔1〕《钦定吏部处分则例（乾隆朝）》卷六“部院衙门案卷交代”条，蝠池书院出版有限公司2004年版，第94页。

〔2〕《钦定吏部处分则例（乾隆朝）》卷一“贡监期满考职”条，蝠池书院出版有限公司2004年版，第14页。

〔3〕《钦定吏部处分则例（乾隆朝）》卷三“狥私保举幕宾”条，蝠池书院出版有限公司2004年版，第48页。

〔4〕《钦定吏部处分则例（乾隆朝）》卷一“考校律例”，蝠池书院出版有限公司2004年版，第15页。

〔5〕《钦定吏部处分则例（乾隆朝）》卷三“降革官员督抚保留”条，蝠池书院出版有限公司2004年版，第47页。

〔6〕《兵部处分则例（道光朝）》八旗卷一“领催族长议处通例”条，中国基本古籍库（电子数据资源），第11~12页。《钦定中枢政考（道光朝）》卷十“领催族长议处通例”条，蝠池书院出版有限公司2012年版，第1133~1135页。

〔7〕田涛、郑秦点校：《大清律例》“文武官犯公罪”条，法律出版社1999年版，第90页。

〔8〕田涛、郑秦点校：《大清律例》“文武官犯公罪”条，法律出版社1999年版，第90页。

无心犯错的角度给出了如下定义："何为公罪，无论公事、私事，凡一切无心错误罪非自取者，皆是。""何为私罪，无论公事、私事，凡一切有心错误罪由自取者，皆是。"〔1〕二者同异须略辨明。在行为达到犯罪程度前提下，按照《大清律例》规定，只有因公事不系私己者方算公罪；不因公事无论如何，和因公事私己者均是私罪。《钦定王公处分则例》则认为，无论公事、私事，无心错误（相当于今世的过失）都是公罪，有心错误（相当于今世的故意）都是私罪。仔细比较二者定义差异非常有意思，不仅能看出古人制定法律用词严谨，还能看出不同法律文本背后反映的不同哲学。细绎文本，二者有以下几点值得注意的地方：其一，《大清律例》只用了公事，没用私事（"因公事""不因公事"）；《钦定王公处分则例》用了公事、私事。其二，《大清律例》用"不系私己"作为公罪要件，私罪未用；《钦定王公处分则例》用了"有心""无心"。其三，按照《大清律例》，不因公事均为私罪，无公罪；《钦定王公处分则例》则认为公事、私事中均有私罪、公罪。

首先，要了解《钦定王公处分则例》如何定义"公事""私事"："所谓公事者，其过非由该爵家事所致""所谓私事者，其咎非因办理国事而得"。〔2〕该则例用了否定句式阐述了"公事""私事"形成的原因，不算真正定义。但由此及结合后面王公"公事""私事"惩罚与《大清律例》规范对象不同，我们可知，王公身份与普通官吏不同，他们享有更多特权，处罚方式与普通官吏不同（见后），而针对他们的"公事""私事""国事""家事"也与普通官员的"公事"、私人之事不尽相同。

其次，《大清律例》用"私己"、《钦定王公处分则例》用"有心""无心"反映了法律文本背后不同的哲学。"有心""无心"强调的是故意与否，反映的是朴素的行为哲学、思考模式。而"私心"显然是程朱理学一脉下来的儒家哲学，"天理"大公、"人欲"狭私。规范调整满蒙王公的《钦定王公处分则例》用的是朴素的接近少数民族自然哲学的术语，而调整汉地官吏（仅就此条而言）的《大清律例》则用的是儒家哲学。这种哲学支撑也便有了第三个结果：在《大清律例》，公事中尚有私欲，不因公事全是私心，自然

〔1〕《钦定王公处分则例（朝代不明）》卷首"查例章程"，载杨一凡、田涛主编：《中国珍稀法律典籍续编》（第6册），黑龙江人民出版社2002年版，第310页。

〔2〕《钦定王公处分则例（朝代不明）》卷首"查例章程"，载杨一凡、田涛主编：《中国珍稀法律典籍续编》（第6册），黑龙江人民出版社2002年版，第310页。

都是私罪。而在《钦定王公处分则例》则无论“家事”“国事”“公事”“私事”都有有心之过、无心之过，对有心为者定私罪，对无心为者定公罪。

正是因为公罪与私罪性质存在很大不同，二者的惩罚也不同。从《吏部处分则例》《兵部处分则例》《王公处分则例》《大清律例》规定条款看，王公犯公事于职任议处、犯私事于世爵议处，犯公罪准许抵销（有三种虽系公罪不准抵销特例），犯私罪不准抵销。[1]在文武官职，无世爵，都在职任俸上处罚，但同样公罪可用级纪抵销，私罪不准抵销。乾隆三十三年（1768 年）议处古州总兵德兴时确定此条款，以后议处区分公罪、私罪，均适用公罪可抵销、私罪不可抵原则。“因公者事虽重大其情实轻；因私者，事虽细微，其情实重。自来宥过无大，刑故无小，真古今不易之论。”[2]另外犯同样罪，其惩罚折算，公罪比私罪低一等，如“犯公罪，该笞者，一十，罚俸一个月……”而私罪“笞十”则“罚俸两个月”，其他依此类推。[3]“然罚俸有公罪、私罪之分，而降留、革留内无私罪，降调、革职内无公罪。盖按律科罪之时，因系公罪，始议降留、革留；因系私罪，始议降调、革职。”[4]在《大清律例》实际条文之下，并未标明公罪、私罪，需要断案者根据律意案情判断拟罪，这样就很容易忽略公罪与私罪的性质差别，混淆犯罪性质，致使惩罚不当，以致“公罪繁多，贤吏或因之废黜，不肖者巧于规避，部书得以舞文纳贿，皆由于此”。[5]则例则在第一卷第一条开宗明义明确规定“处分

---

〔1〕《钦定王公处分则例》卷首“查例章程”规定：“所谓公事者……是以例应只就职任议处。所谓私事者……是以例应即由本爵议处。”“何为公罪……所以例准抵销者，因其情有可原，亦宥过无大之意也。何为私罪……所以例不准抵者，因其情不可恕亦刑故无小之意也。惟武围弓刀、石力不符，守护陵寝失于防范，与奉特旨罚俸者，虽系公罪，不准抵销。”详见《钦定王公处分则例（朝代不明）》卷首“查例章程”，载杨一凡、田涛主编：《中国珍稀法律典籍续编》（第 6 册），黑龙江人民出版社 2002 年版，第 310 页。

〔2〕《钦定中枢政考（道光朝）》卷九“分别公私抵销处分”条，蝠池书院出版有限公司 2012 年版，第 998 页。亦见《吏部处分则例（光绪朝）》卷一“级纪抵销分别公罪私罪”条，蝠池书院出版有限公司 2004 年版，第 3 页。光绪朝《钦定六部处分则例》卷一“级纪抵销分别公罪私罪”条，文海出版社 1971 年版，第 25 页。

〔3〕田涛、郑秦点校：《大清律例》“文武官犯公罪”“文武官犯私罪”条，法律出版社 1999 年版，第 90~91 页。

〔4〕《钦定王公处分则例（朝代不明）》卷首“查例章程”，载杨一凡、田涛主编：《中国珍稀法律典籍续编》（第 6 册），黑龙江人民出版社 2002 年版，第 310 页。

〔5〕《吏部处分则例（光绪朝）》卷一“处分条例注明公罪私罪”条，蝠池书院出版有限公司 2004 年版，第 1 页。

条例注明公罪私罪”，接下来才规定“公罪私罪案律定议”。其具体规定源自嘉庆二十五年（1820年）十月二十四日的一道上谕：“军机大臣六部议覆整饬部务条陈一折所议甚是。六部律令务在持其大纲则政清易理……嘉庆十年曾敕吏、兵二部删减条例，该部未能实力遵行；又谕题调要缺不计因公处分，而该部续议章程仍复牵混。殊不知公罪从严，则中材以下之官益多巧避……着吏、兵二部各将《处分则例》悉心确核，于各条下皆注明公罪、私罪字样。其公罪有至降调革职非事关重大者，酌改从宽。各部凡苛无当处分例文互商裁汰，务归简明。其公罪处分除盗案及正项钱粮停升外，余皆不罣推升。至题调要缺，则一切因公处分皆无庸计算。各纂成例册呈览等因。钦此。”〔1〕从流传后世所见的则例文本看，绝大多数条款下均标明了“公罪”“私罪”字样，〔2〕甚至或在援引则例条款时将“公罪”“私罪”嵌入例条名使用，或在援引则例时也将“公罪”“私罪”字样一并抄写。〔3〕可见该谕旨自此以后执行得非常好，也说明区分公罪、私罪对于则例适用判断极其重要。

区分公罪、私罪，相当于今世犯罪区分“故意”与“过失”，适用法条惩处有轻重之别、是否允抵、原宥之分。对因公事犯无心之过之官员持谅解态度，在法律规定“纤细密布、动辄有犯”的情况下，对官员的办事态度和效率有一定的鼓励作用，对其人身财产有一定的保护作用。而对私罪重处的一面又反映出对儒家哲学的落实，对国家利益的至上保护，也达到了宣化示警作用。

四、罪名相因

前面讨论的都是一案一罚，但在法律的适用中还会遇到一个犯罪触犯数

〔1〕《吏部处分则例（光绪朝）》卷一“处分条例注明公罪私罪”条，蝠池书院出版有限公司2004年版，第1~2页。道光朝《兵部处分则例》《钦定中枢政考》也收录了该道谕旨，见《兵部处分则例（道光朝）》八旗卷一、绿营卷一“议处官员分别公私”条，中国基本古籍库（电子数据资源），第1、161页。《钦定中枢政考（道光朝）》卷九“议处官员分别公私”条，蝠池书院出版有限公司2012年版，第1001~1003页。亦见光绪朝《钦定六部处分则例》卷一“公罪私罪按律定议”条，文海出版社1971年版，第23页。

〔2〕道光朝以后编纂的涉及犯罪行为定性的地方都用小字标明“公罪”“私罪”。因这种现象极其普遍，此处不再列举。

〔3〕此种例证也较多，略举一二以为佐证。嵌名使用例证如咸丰朝《钦定王公处分则例》“派人进内探听公事”条例证处罚即用了“照不应重公罪降二级留任例”字样，援引抄写例证如同书“仓库苦短”条，“查例载……查出亏空者，将该道府革职分赔私罪等语……”分别见《钦定王公处分则例（咸丰朝）》“议处事件不得增删例文”条，蝠池书院出版有限公司2004年版，第85、95页。

个法条，还有数个案件多个惩罚，即今世法律所谓的“法条竞合”与“数罪并罚”，在清代这些情况叫“罪名相因”。《钦定王公处分则例》卷首“查例章程”规定：“一案而有两层罪名者，或应罪不重科，或应分款核议，须查‘罪名相因’专条，核其情节，照例办理。”〔1〕

两部《钦定王公处分则例》及光绪朝两部《处分则例》——《吏部处分则例》与《钦定六部处分则例》均含有“罪名相因”一条，其内容一致。而道光朝《兵部处分则例》《钦定中枢政考》并没有“罪名相因”专条，类似规定有“罪不重科”条：“一事有两罪名者，不便重科，惟按罪名大者议处。至事非一案或一时同发或先后并发参送到部者，俱逐款查议。不得援‘罪不重科’之例致有遗漏。”〔2〕相比之下，咸丰朝以后的吏部、王公等四部处分则例规定更明确，且举有例证帮助理解：“议处案件，有实系一事而其中有两罪名相因而致者，从其重者议处（如承审事件错拟罪名，一案内有失出而复有失入者，则从失入例议处，不必再科失出之罪）。若一案内犯罪各有数人，或先发觉者一起，后发觉者一起，查参既分二次，失察亦属各项，即应分款议处（如一案内失察书吏舞弊，又失察家人得赃，是所犯之人不同，先经该上司以失察书吏舞弊查参议处，事后又究出家人得赃，仍应按其罪名照例议处，不得以本案先经议处遂可免其再议也）。再如列款纠参一案之内而罪名实不相同，刑名钱谷一人之事而款件各不相涉，俱应分款核议。”〔3〕上述条款辨析了三种犯罪并分别规定了惩罚：第一种犯罪情形是一罪触犯数条法律，即法条竞合，从重一条处罚。第二种犯罪情形是一案数人犯数罪，第三种犯罪情形是一案一人犯数罪，这两种都是数罪并罚情形，则例也规定了“分款核议”并罚。从这一点也可以看出古今法律适用所遇问题具有一定的相似性，

〔1〕《钦定王公处分则例（朝代不明）》卷首“查例章程”，载杨一凡、田涛主编：《中国珍稀法律典籍续编》（第6册），黑龙江人民出版社2002年版，第310页。

〔2〕《兵部处分则例（道光朝）》八旗卷一、绿营卷一“罪不重科”条，中国基本古籍库（电子数据资源），第11、169页。亦见《钦定中枢政考（道光朝）》卷十“罪不重科”条，蝠池书院出版有限公司2012年版，第1127页。

〔3〕《吏部处分则例（光绪朝）》卷一“公罪私罪按律定议”条，蝠池书院出版有限公司2004年版，第6~7页。亦见光绪朝《钦定六部处分则例》卷一“公罪私罪按律定议”条，文海出版社1971年版，第31页。《钦定王公处分则例（咸丰朝）》“议处事件不得增删例文”条，蝠池书院出版有限公司2004年版，第387~388页。《钦定王公处分则例（朝代不明）》卷首“查例章程”，载杨一凡、田涛主编：《中国珍稀法律典籍续编》（第6册），黑龙江人民出版社2002年版，第310页。

对我们研讨则例适用这样的议题的意义也是一种证明、鼓励。

五、加等与减免

"议处"乃是按照则例规定的处罚强度正常科断。"议处者，照例议处。"[1]"交部议处""照例议处"字样在各部院则例及各朝实录中经常看到，一般都是皇帝给予臣下的批复或指令，此种指示如果是给予除刑部以外的各部院，尤其是吏部、兵部时即是按照则例（刑部适用《大清律例》附例）规定程度拟断，不需加减。

有正常"照例议处"，即有非完全照例议处的情况。正如《钦定王公处分则例》卷首"查例章程"所言："所奉谕旨犹有严议、议处、察议之分。"[2]"议处"是"照例议处"，什么是"严议""察议"？"严议者，加等议处；察议者，减等议处。"[3]以上三种情形常用，如在光绪朝《钦定台规》卷十一"宪纲三"一条内即可全见："方泽大祀……所有本日来园并未陪祀之各部院堂官等俱着查明，交部议处。其查班之科道等亦未查奏并着交部察议。五年奉上谕：嗣后坛、庙大祀执事官员遇有错误，于参奏时应请交部严议。"[4]谕旨中除了这三种议处方式，还有恩诏免除议处的情况。

其实奉旨严议、察议或恩诏免除只是部院办理案件议处加减、宽免的其中一个原因，还有其他或则例中直接规定或斟酌情节应该加等、减等、免除议处的情况。以下就加等议处、减等议处、恩免免议三个方面予以分别论述。

1. 加等议处

在"加等议处"方面，奉旨严议是最重要也是最常见的原因，因在则例条款规定中很少见"加等议处"情况，即使有也多数来源于皇帝谕旨，以谕旨形式记载在则例中，有的甚至经过不久即被皇帝新的谕旨取消。一般均是在实际处理案件时斟酌案情，情节重大方可使用。但在实际督抚参劾中，有时督

---

〔1〕《钦定王公处分则例（朝代不明）》卷首"查例章程"，载杨一凡、田涛主编：《中国珍稀法律典籍续编》（第6册），黑龙江人民出版社2002年版，第310页。

〔2〕《钦定王公处分则例（朝代不明）》卷首"查例章程"，载杨一凡、田涛主编：《中国珍稀法律典籍续编》（第6册），黑龙江人民出版社2002年版，第310页。

〔3〕《钦定王公处分则例（朝代不明）》卷首"查例章程"，载杨一凡、田涛主编：《中国珍稀法律典籍续编》（第6册），黑龙江人民出版社2002年版，第310页。

〔4〕《钦定台规（光绪朝）》卷十一"宪纲三"条，蝠池书院出版有限公司2004年版，第142~143页。

抚会认为正常规定不足蔽辜，使用“严加议处”字样，但在部议往往会遵从则例规定予以驳斥；于皇帝，认识也因人而异，有时认为则例规定自有道理，将“加等议处”作为特权收在皇帝掌控之中，有时也认为规定不灵活，适当将“加等议处”权力放松，这也都是则例适用加减调适的过程。以下分别言之。

第一，奉旨严议。许是“严议”等字样在皇帝批复奏折时使用较为频繁，而皇帝的旨意亦具有最高法律效力，各部院在《处分则例》（包括兵部《钦定中枢政考》）中专门制定了“特旨严议”或“奉旨交部严议处分”条款。

道光朝《兵部处分则例》“奉旨交部严议处分”条第一款规定：“官员议处有奉旨交部严加议处者，自当加等仿照刑部加等之例一体办理。《处分则例》内罚俸之例……凡七等。降级留任之例……凡四等。降调之例……凡五等。有奉旨交部严议，查照本例酌量加等。其由罚俸加等者，止于降一级留任。由降留加等者，止于革职留任。仿照刑律徒杖加等罪止满流之意，不得加至降调。由降调加等，仿照刑律绞不加斩之意，不得加至革职。其应否抵销之处，仍分别公私，照例办理。”〔1〕此条规定了“严议”的操作标准，在基准点上如何加等，不同惩罚之间如何过渡，加等上限如何等方面均有规定。道光朝《钦定中枢政考》与咸丰朝《钦定王公处分则例》与之规定一致。〔2〕另一版《钦定王公处分则例》卷首“奉旨交部严议处分”正文虽相同，但在文末有一行小字：“至奉旨加等严议，自应由严议处分上再加一等。”〔3〕又规定了在“严议”基础上再“加等”的情形。

光绪朝《吏部处分则例》与《钦定六部处分则例》用“特旨严议”题目规定了上述情形，内容略有不同〔4〕：“官员有奉旨交部严加议处者查照本例酌量加等。罚俸之例自一个月……凡七等。降级留任之例……凡四等。降调之例……凡五等。其由罚俸加等者，自一个月至二年酌量递加，止于降一级

---

〔1〕《兵部处分则例（道光朝）》八旗卷一、绿营卷一“奉旨交部严议处分”条，中国基本古籍库（电子数据资源），第10、168页。

〔2〕详见《钦定中枢政考（道光朝）》卷十“奉旨交部严议处分”条，蝠池书院出版有限公司2012年版，第1127页。《钦定王公处分则例（咸丰朝）》，蝠池书院出版有限公司2004年版，第371~372页。

〔3〕《钦定王公处分则例（朝代不明）》卷首“奉旨交部严议处分”条，载杨一凡、田涛主编：《中国珍稀法律典籍续编》（第6册），黑龙江人民出版社2002年版，第318页。

〔4〕光绪朝《吏部处分则例》与《钦定六部处分则例》内容一致，二者与道光朝《兵部处分则例》《钦定中枢政考》、咸丰朝《钦定王公处分则例》内容稍有不同。

留任，不得加至革留。由降留加等者，自一级至三级酌量递加，止于革职留任，不得加至降调。由降调加等者，自一级至五级酌量递加，不得加至革职。除本例原系不准抵销者仍不准抵销外，其余均不得议以不准抵销。"〔1〕

上述两个版本在加等截至点规定上是一致的，唯《兵部处分则例》《钦定中枢政考》与《钦定王公处分则例》将截至理由道明——仿照刑部之例及其法意立此规定。《吏部处分则例》与《钦定六部处分则例》则略此解释，直奔主题，依本例办理即可。在是否允许抵销方面，《兵部处分则例》《钦定中枢政考》与《钦定王公处分则例》规定"照例办理"，《吏部处分则例》与《钦定六部处分则例》则在适用范围上予以放宽：本例规定不准抵销的仍不准抵销，其他规定可以抵销或没有规定可否抵销情节的都允许抵销。至于另一版《钦定王公处分则例》规定的"加等严议"情形恐实际操作中并不普遍，抑或王公与普通官吏不同，"加等严议"仅适用于有世职的王公，因在当时的观念里，王公、旗人有特权，若"不知自爱"，给予更严厉一等的处罚或者有之。〔2〕比如下面"加减调适"所引的乾隆五十五年（1790年）的谕旨就反映了这种观念。虽然很快在乾隆五十六年（1791年）纠正到平等处罚，并在以后均以乾隆五十六年（1791年）谕旨作为援引依据，乾隆五十五年（1790年）谕旨不准再被援引，但其对王公处罚有偏重处的倾向已漏出端倪（因王公一般有世爵、职任双份俸禄，对剥夺生命亦有特权保护，因此在财产惩罚上略偏重处。这一点从以一品将军俸禄折算即可看出）。〔3〕

第二，加减调适。对于案件的"加等议处"与"平允"的权衡，即使"睿鉴""金口"的皇帝也不能每次都把握准确，有时也难免偏于一方面考虑，率尔遽行，时隔不久，又觉不妥，再发谕旨改变。由此也可见，通过加减实现平当也不容易，需要有调适的过程。《钦定王公处分则例》卷首"处分条款"便记录了两道反映"圣明"的乾隆皇帝权衡平允加减调改议处的调适过程的谕旨。

乾隆五十五年（1790年），在审议绥远城将军兴兆、副都统七十五犯罪时，乾隆皇帝发布谕旨："据兵部所议，绥远城将军兴兆、副都统七十五承审

〔1〕《吏部处分则例（光绪朝）》卷一"特旨严议"条，蝠池书院出版有限公司2004年版，第5页。亦见光绪朝《钦定六部处分则例》卷一"特旨严议"条，文海出版社1971年版，第29页。

〔2〕在惩治旗人犯罪的案例里常常看到"不知自爱"等加重理由。

〔3〕当然，偏重归于偏重，多用"严议"已足反映偏重之念。目前材料所见，"严议"较多，"加等严议"仅见数例，尚不多见。

失入一案，向例‘各省秋审人犯，问拟情实者，由刑部改拟缓决，即照承审失入例，实降一级调用，不准抵销’等语。此案兴兆、七十五俱应降级调用，因兴兆身系宗室公爵，议以折罚将军俸二年，抵降一级，免其降调；七十五议以实降一级调用。此兵部虽系照例办理，但过同罚异，似与成例未符。嗣后宗室王公等有兼将军、都统之任者，如遇与副都统一体降级留任之咎，仍着照例罚俸。若因获重咎与副都统应降级调用者，其王公倍加一等，着罚职任俸四年，以昭平允。兴兆即按此例办理。七十五着照部议降一级调用，仍送部引见。着为令。钦此。”〔1〕而在乾隆五十六年（1791 年）审议因管辖内库银两被盗一案受惩的崇尚、斌英时则又停止了乾隆五十五年（1790 年）谕旨中颁布的“着为令”的“加倍罚俸抵销之例”：“向来定例，兼将军、副都统之宗室王公等，遇有案件，应与同事大臣降调者，每降一级，俱加倍罚，该管职任俸四年抵销。第念因一案将同事大臣等既行实降，王公等仅于兼管职任内罚俸抵销，并不降级，仍行留任，未免于宗室王公等稍有袒护，殊失平允。本日因偷盗内库银两一事，业经降旨，将崇尚、斌英所兼职任俱行实降，着交宗人府及该部。嗣后凡兼其职任之宗室王公等，遇有案件，应与同事大臣降级调用者，均着照此次之例，将宗室王公等所降职任实行议降。其加倍罚俸抵销之例，着即停止。况所降者，仅兼任之级，于伊等承袭原爵殊无干涉。钦此。”〔2〕《钦定王公处分则例》在这两道谕旨下分别记载了一行小字。在乾隆五十五年（1790 年）谕旨下写道：“谨按：次年又奉谕旨，将此加倍罚俸抵销之例，业经停止。以后议处，自不准再引此例。”〔3〕在乾隆五十六年（1791 年）谕旨下标识：“此条自应钦遵谕旨办理。惟敬绎谕旨内，系将所兼职任实行议降，并非全行议降。嗣后谨按公事降调专条引用。”〔4〕宗人府对皇帝谕旨的遵行随其调整而变得格外小心谨慎，因为一旦错引便得咎罚。

另外，法律制定以后，在执行过程中，并非所有执行者均能明白立法意

〔1〕《钦定王公处分则例（朝代不明）》卷首“处分条款”，载杨一凡、田涛主编：《中国珍稀法律典籍续编》（第 6 册），黑龙江人民出版社 2002 年版，第 314~315 页。

〔2〕《钦定王公处分则例（朝代不明）》卷首“处分条款”，载杨一凡、田涛主编：《中国珍稀法律典籍续编》（第 6 册），黑龙江人民出版社 2002 年版，第 315 页。

〔3〕《钦定王公处分则例（朝代不明）》卷首“处分条款”，载杨一凡、田涛主编：《中国珍稀法律典籍续编》（第 6 册），黑龙江人民出版社 2002 年版，第 315 页。

〔4〕《钦定王公处分则例（朝代不明）》卷首“处分条款”，载杨一凡、田涛主编：《中国珍稀法律典籍续编》（第 6 册），黑龙江人民出版社 2002 年版，第 315 页。

图，往往在适用过程中会出现认为既有法律规定对犯罪惩罚不力这种认识。清代则例在适用过程中也出现过这种情况。“奉旨严议”本是皇帝对“加等议处”特权的持有，平常臣工奏请均照例办理。但“严议”使用频繁时，臣工也或受“严刑峻法”观念影响或观上峰风候，渐渐在奏请中使用“严加议处”字样。皇帝对此也有不同态度。基本在嘉庆八年（1803年）以前对特权持保留态度，之后予以一定放权。嘉庆八年（1803年）发布谕旨重申了“奉旨严议”效力，并对臣工奏请使用“严加议处”进行了限制，要求慎用，“不得轻用”，并制定了臣工参劾属员轻用“严加议处”及议处擅用“加等”的处罚规定。“嘉庆八年十一月十八日奉旨：前因御史乔达瑛奏，本年查办贵州陕西经理军需各员案内有原参‘严加议处’而吏部仍照常例核议者，有原参‘分别严议’而吏部不案（笔者注：同按，下同）银数多寡，概议以降五级调用者，特发交该部详查军需处分例案妥议具奏。兹据奏称，定例：各省督抚参劾属员不得用‘严加议处’字样，吏部办理此二案时核其情节均属滥支滥应，各员经理不善，咎实相同，而例无案其银数多寡分别轻重之例，是以均照军需钱粮擅自动用常例一律定议等语。外省参劾属员定例固有不应奏请‘严加议处’之条，但既有此请，经朕阅看，其中或有不应严议者，朕必即行更改，若既发交部议，即同‘奉旨严议’，岂可不遵？该部如以严议一节惟特旨交部之员照例加等，若系臣工奏请者仍照常例办理，即当随案声明，或将违例参劾之大员据实参奏，方为正办。今吏部于黔、陕军需两案未经详晰声叙，未免拘泥。嗣后除特旨交部严议之案仍加等核议外，其各省参劾属员如有情节本轻而上司遽请严议，或情节较重仅请议处者，着该部即将奏请处分未协之原参督抚随折声明，候朕定夺。钦此。”[1]后载因此谕旨下达制定的两条则例：“一、督抚参劾属员不得轻用‘严加议处’字样，违者照误揭属员例议处（例载举劾门）。一、凡议处官员俱照本条律例，不得擅用‘加倍’字样，违者以故入人罪论。”[2]由此可见，嘉庆八年（1803年）以后皇帝将“严加议处”的加权权力收归己有，严格限制官员使用。要求官员无论是参劾还是议处都要遵循则例规定，按照则例规定办理，不得擅自加重。如

〔1〕《吏部处分则例（光绪朝）》卷一“特旨严议”条，蝠池书院出版有限公司2004年版，第6页。亦见光绪朝《钦定六部处分则例》卷一“特旨严议”条，文海出版社1971年版，第29~30页。

〔2〕《吏部处分则例（光绪朝）》卷一“特旨严议”条，蝠池书院出版有限公司2004年版，第6页。亦见光绪朝《钦定六部处分则例》卷一“特旨严议”条，文海出版社1971年版，第29~30页。

果再有违犯均予以相应处罚。

2. 减等议处

在则例适用过程中，除加等议处外，尚有减等议处情况。上文所述“察议”（还包括“减等察议”，与“加等严议”情况相对，律意相同）即是减等议处情况之一，另有恩诏宽减（详见“恩免免议”一节）亦是出于皇帝特恩减等议处。除此，比照适用相似例文、官员自行检举、邻境获犯、护任官失职，以及部分失察获犯行为〔1〕都是比照正条减等议处的原因。

第一，比照适用相似例文。咸丰朝《钦定王公处分则例》“照例减议”条明白规定了与则例条文相似但案情差别较大的议处事件予以加减定拟的标准：“系革职之案，改为降三级调用。降五级、四级调用之案，改为降二级调用。降三级、二级调用之案，改为降一级调用。其降一级调用并革职留任之案，俱改为降一级留任。降级留任之案，俱改为罚俸一年。其止于罚俸二年、一年、九个月、六个月、三个月者，均依次递减。（如内外官员被参及自请议处，奉旨交部察议者，亦应减等。然须按其应得处分递减一等为止。）若例轻而案情较重者，即照加等之例办理。至奉旨减等察议，自应由察议处分上再减一等。”〔2〕本条虽用“照例减议”标题，但在条末附带规定了例轻案重适用加等议处和减等察议两种情形。在道光朝《兵部处分则例》《钦定中枢政考》类似规定记载在“奉旨交部严议处分”条第二款。除了并未规定“加等察议”情况外，在阐述上也较慎重：“凡议处事件有与例文相似而案情过殊者，即照本条处分加减定议。”〔3〕后面规定了“应减者”如何减等议处及“例轻案重”的加等议处。虽然《王公处分则例》题目与内容不完全吻合，但从法律文本宣教效果看，“减等议处”要比“奉旨交部严议处分”好。上述规定在光绪朝《吏部处分则例》《钦定六部处分则例》中未见。

第二，官员自行检举。自行检举在今天相当于“自首”，能自我纠错及自请处分自应减等处分（有意作假为之掩饰及断罪失入论决再自行检举者除

---

〔1〕 光绪朝《吏部处分则例》和《钦定六部处分则例》“失察处分分别核办”条中对官员失察获犯行为分几种情况，有的适用减等议处，有的照例议处，有的宽免免议，因此此处说“部分失察获犯行为”。

〔2〕《钦定王公处分则例（朝代不明）》卷首“照例减议”，载杨一凡、田涛主编：《中国珍稀法律典籍续编》（第6册），黑龙江人民出版社2002年版，第319页。

〔3〕《兵部处分则例（道光朝）》八旗卷一、绿营卷一“奉旨交部严议处分”条，中国基本古籍库（电子数据资源），第10、168~169页。亦见《钦定中枢政考（道光朝）》卷十“罪不重科”条，蝠池书院出版有限公司2012年版，第1120~1121页。

外）。

道光朝《兵部处分则例》八旗卷一“自行检举”条规定了大小员弁自行检举处分减等的执行标准：“在京副都统以上、在外将军、都统、副都统等，如办理事件始初失于觉察，后经自行查出检举者，兵部将照例减等处分及宽免之处两议，请旨。在京参领等官以下，其无心错误自行检举者，各按应得处分减议。如应革职者，即革职留任。应革职留任者，即降三级留任。应降级调用者，即降一级留任。应降级留任及罚俸二年者，即罚俸一年。应罚俸一年、九个月者，即罚俸六个月。应罚俸六个月者，即罚俸三个月。应罚俸三个月者，即行免议。本员既经检举减等，其失察之该管上司，兵部仍将照例减等处分及宽免之处两议，请旨。倘有意营私，别经发觉，希图宽免、倒提月日及断罪失入已经论决者，虽自行检举，不准宽免。再，该管上司并未随同检举已经离任者，仍照本例议处。”〔1〕此处《兵部处分则例》主旨是规定“自行检举”适用减等处分，但仍有“但书”：如果官员犯了有意营私掩饰或断罪失入论决这两种情况，即使自行检举也仍然不准许减等议处。咸丰朝《钦定王公处分则例》除本员检举由“该衙门”即宗人府而不是兵部以外，其他规定完全相同。〔2〕但在《钦定王公处分则例》卷首“查例章程”内强调了适用时要分别真伪自行检举情况，照例办理，不得率尔为之：“如实系自行检举者，应查自行检举之条，按例减等，不得以自请议处，率皆误作自行检举，巧为开脱。”〔3〕光绪朝吏部对文官自行检举减等议处的适用条款则规定在光绪朝《吏部处分则例》《钦定六部处分则例》“检举减议”条：“官员办理事件始初失于觉察后经自行查出检举，在内自京堂以上、在外自藩臬以上，该部将照例应得处分及检举后可否宽免之处声明请旨。其余在京各员

---

〔1〕《兵部处分则例（道光朝）》八旗卷一“自行检举”条，中国基本古籍库（电子数据资源），第10~11页。《兵部处分则例（道光朝）》绿营卷一“检举处分”条规定与八旗卷一“自行检举”条内容类似，只不过是将规范对象改为“提督总兵大员”，详见《兵部处分则例（道光朝）》绿营卷一“检举处分”条，中国基本古籍库（电子数据资源），169页。亦见《钦定中枢政考（道光朝）》卷十“检举处分”条，蝠池书院出版有限公司2012年版，第1109~1113页。

〔2〕详见《钦定王公处分则例（咸丰朝）》蝠池书院出版有限公司2004年版，第397~399页。亦见《钦定王公处分则例（朝代不明）》卷首“自行检举”，载杨一凡、田涛主编：《中国珍稀法律典籍续编》（第6册），黑龙江人民出版社2002年版，第319~320页。

〔3〕《钦定王公处分则例（朝代不明）》卷首“查例章程”，载杨一凡、田涛主编：《中国珍稀法律典籍续编》（第6册），黑龙江人民出版社2002年版，第310页。

处分可否宽减亦声明请旨。在外道府以下等官凡自行检举案件各案（笔者注：同按）本例应得处分酌加宽减。例应革职者，即减为革职留任……若所犯之事实系有意营私或虽经检举而其事已不可改正者仍不准宽减。"[1]当属员减等处分，失察之上司则适用本条第二款，京堂藩臬以上官员请旨听皇帝是否允许宽免，其他级别官员直接按照则例减等："属员过误上司例有失察处分者，其属员既因检举减议，该上司在内系京堂以上在外藩臬以上失察处分可否宽免之处，声明请旨。其余失察之各上司仍案失察所属本例减等议处。"[2]

办理完结一件案件后上奏奏折末尾往往署名十数个承办部院官员，有时办错的是同一案件，但承办部院有的官员上奏自行检举，有的并未随同检举，这时对自行检举的官员适用"减等议处"，对并未随同自行检举者仍照原例规定议处，不予减等。嘉庆二十二年（1817 年）谕旨对此有规定，应予适用。[3]

第三，邻境获犯减议。"王事之急莫急于贼盗。"缉拿贼与盗也是地方官最重要的职责之一。案件之多，动辄得咎，因此对于一些承缉盗案情节或有减议，如邻境获犯即予减议；对于部分失察之行为亦适用减议。《兵部处分则例》"邻境获犯酌减议处"条规定了武职缉犯减等议处的适用："凡承缉盗案及各项限缉人犯，其初参、二参、三参、四参限内并非该汛武弁自行拿获（如犯被邻境别汛拿获，或经文职拿获，或经事主拿获送官及盗犯自行投首之类），承缉之员应行酌减议处。"[4]具体减法如下："限满应议降职、降俸者，以罚俸一年完结。住俸、停升者以罚俸六个月完结。罚俸三个月者以罚俸一

〔1〕《吏部处分则例（光绪朝）》卷一"检举减议"条，蝠池书院出版有限公司 2004 年版，第 8 页。亦见光绪朝《钦定六部处分则例》卷一"检举减议"条，文海出版社 1971 年版，第 32 页。

〔2〕《吏部处分则例（光绪朝）》卷一"检举减议"条，蝠池书院出版有限公司 2004 年版，第 8 页。亦见光绪朝《钦定六部处分则例》卷一"检举减议"条，文海出版社 1971 年版，第 32 页。

〔3〕具体规定如下："嘉庆二十二年四月二十九日奉旨：向例，各衙门办理事件错误后经自行检举，京堂以上各官该部将照例处分及检举后宽免之处两议请旨内阁票拟双签进呈。原以该员失误于前后经自行查出检举，是以朕披阅时每多加恩宽免。若前此办理错误及查出检举时该员已经离任，并未随同具奏亦一体免其处分，殊未平允。此案刑部办理减等遗漏之堂司各官内彭希濂、成格、崇禄系自行检举者，所议罚俸处分俱着加恩宽免。帅承瀛、穆克登、额成宁、熙昌、宋镕、韩葑、章煦并未随同检举，俱着照例议罚。嗣后如有似此之案均着照此分别办理。余依议。钦此。"详见《吏部处分则例（光绪朝）》卷一"检举减议"条，蝠池书院出版有限公司 2004 年版，第 7~8 页。亦见光绪朝《钦定六部处分则例》卷一"检举减议"条，文海出版社 1971 年版，第 33 页。

〔4〕《兵部处分则例（道光朝）》八旗卷一、绿营卷一"邻境获犯酌减议处"条，中国基本古籍库（电子数据资源），第 7~8、167 页。亦见《钦定中枢政考（道光朝）》卷九"邻境获犯酌减议处"条，蝠池书院出版有限公司 2012 年版，第 1083 页。

个月完结，罚俸六个月者以三个月完结，罚俸九个月者以六个月完结。一年者以九个月完结，二年者以一年完结。其限满应降级留任者，以罚俸二年完结。其本系降级留任限满再留任一年缉拿者，以罚俸三年完结。应罚俸一个月者即免议。其限满应革职留任者以降三级留任完结。其应降级调用者，改为照所降之级留任，三年无过开复。应行革职者，改为革职留任，四年无过开复。至兼统上司系所属员弁代为拿获，仍照旧例免议。系别属员弁拿获，照承缉官酌减例于各该上司本例酌减议处。令该管大臣将是否所属员弁之处随案声明办理。如一案盗犯拿获首伙及半，内有承缉武职拿获数名，又有邻境别汛文武拿获数名或事主拿获，及盗犯自行投首□□（笔者按：此处缺失二字当为“数名”）[1]者（如一案盗犯十人、九人，均以拿获五名为及半。承缉官仅拿获一二名之类）□（笔者按：此处缺失之字当为“承”）[2]督缉各官于酌减之中再行酌减议处（如应议降职、降俸减为罚俸一年者，再减则为罚俸九个月。其余照此递减）。”[3]在罚俸、降级留任减等议处上，外委官“俱照千把总应得处分酌减议处”。[4]如果系革职留任三年、四年开复者，外委官革去顶戴三年、四年开复。[5]地方文职官员缉盗减等议处标准与武职基本相同，仅有以下几种情况不同：其一，期限已满再被留任一年继续缉拿的文官官员

---

〔1〕笔者据《兵部处分则例（道光朝）》绿营卷一、《钦定中枢政考（道光朝）》卷九“邻境获犯酌减议处”条补，详见《兵部处分则例（道光朝）》绿营卷一“邻境获犯酌减议处”条，中国基本古籍库（电子数据资源），第167页。《钦定中枢政考（道光朝）》卷九“邻境获犯酌减议处”条，蝠池书院出版有限公司2012年版，第1084页。另需要说明的是，《兵部处分则例（道光朝）》系电子资源，其在转化过程有许多错误，错字、串行……比比皆是，原版系武英殿刻本，应该没有这么多错误，因无原本比较，只能用手中现有其他则例予以互校。

〔2〕笔者据《兵部处分则例（道光朝）》绿营卷一、《钦定中枢政考（道光朝）》卷九“邻境获犯酌减议处”条补，详见《兵部处分则例（道光朝）》绿营卷一“邻境获犯酌减议处”条，中国基本古籍库（电子数据资源），第167页。《钦定中枢政考（道光朝）》卷九“邻境获犯酌减议处”条，蝠池书院出版有限公司2012年版，第1084页。

〔3〕《兵部处分则例（道光朝）》八旗卷一、绿营卷一“邻境获犯酌减议处”条，中国基本古籍库（电子数据资源），第8、167页。《钦定中枢政考（道光朝）》载有“至兼统上司”以下规定，未载前面这段具体规定，其用指示条款规定：“详《处分则例》公式门”“一案盗犯拿获首伙及半……”关于承督官的惩罚适用条款举例亦用此指示规定。详见《钦定中枢政考（道光朝）》卷九“邻境获犯酌减议处”条，蝠池书院出版有限公司2012年版，第1083页。

〔4〕《兵部处分则例（道光朝）》绿营卷一“邻境获犯酌减议处”条，中国基本古籍库（电子数据资源），第167页。

〔5〕《兵部处分则例（道光朝）》绿营卷一“邻境获犯酌减议处”条，中国基本古籍库（电子数据资源），第167页。

罚俸二年完结，武官罚俸三年完结；其二，限期满后仍然没有抓获盗贼应该被议以降级调用的官员改为照应降的级别留任；其三，应该议以革职的官员改为革职留任，并且允许开复；其四，如果是承缉官，协同缉获盗贼则免除议处。〔1〕该管上司所属州县、别属州县拿获适用条款与兼统上司系所属员弁、别属员弁相同。“其有应缉人犯自行投首者承督各官亦照此例减等议结。”〔2〕此处“减等议结”是指在此减等规定基础上再行减等，即如《兵部处分则例》所举例子“应议降职降俸减为罚俸一年者再减则为罚俸九个月，其余照此递减”〔3〕之意。至于失察官员处分则有减等议处、免议，以及仍照例议处之分别。《吏部处分则例（光绪朝）》、光绪朝《钦定六部处分则例》卷一“失察处分分别核办”条就规定了这种情况——如果是官员自己访闻拿获罪犯予以宽免；如果是别人告诉随即自己拿获，或者是自己在前已有访闻，后任据此拿获罪犯的，比照邻境获犯例减等议处；如果虽有访闻信息却没有拿获罪犯则仍然要照例议处。〔4〕《兵部处分则例》绿营卷一“协缉官员丁忧回籍接任官获犯酌减议处”条亦规定：“各省总督、巡抚参奏降调革职留于地方协缉奉旨准行及奉特旨革职留缉官员，协缉限内遇有丁忧治丧事故，准其给假百日回籍经理丧事。假满仍赴协缉地方协缉。如接任官将应缉人犯拿获者，其给假回籍守制等官限满应降调革职并革职留任者，悉照邻境拿获之例酌减议结。”〔5〕如果因失察官员武弁、衙役、旗丁、兵丁、家人等滋事酿成人命案

---

〔1〕《吏部处分则例（光绪朝）》卷一“邻境获犯减议”条，蝠池书院出版有限公司 2004 年版，第 9 页。亦见光绪朝《钦定六部处分则例》卷一“邻境获犯减议”条，文海出版社 1971 年版，第 34 页。

〔2〕《吏部处分则例（光绪朝）》卷一“邻境获犯减议”条，蝠池书院出版有限公司 2004 年版，第 9 页。亦见光绪朝《钦定六部处分则例》卷一“邻境获犯减议”条，文海出版社 1971 年版，第 34 页。

〔3〕《兵部处分则例（道光朝）》八旗卷一、绿营卷一“邻境获犯酌减议处”条，中国基本古籍库（电子数据资源），第 8、167 页。

〔4〕《吏部处分则例（光绪朝）》卷一“失察处分分别核办”条，蝠池书院出版有限公司 2004 年版，第 9 页。亦见光绪朝《钦定六部处分则例》卷一“失察处分分别核办”条，文海出版社 1971 年版，第 34 页。《兵部处分则例》无“若自行访闻并未获犯究办因卸事而移交后任仍未获犯则访闻系属空言，应不准减议，仍照例议处”，其他规定相同，详见《兵部处分则例（道光朝）》八旗卷一、绿营卷一“邻境获犯酌减议处”条，中国基本古籍库（电子数据资源），第 8、167 页。亦见《钦定中枢政考（道光朝）》卷九“邻境获犯酌减议处”条，蝠池书院出版有限公司 2012 年版，第 1084～1085 页。

〔5〕 兵部处分则例（道光朝）》绿营卷一“协缉官员丁忧回籍接任官获犯酌减议处”条，中国基本古籍库（电子数据资源），第 168 页。

件则不予减等，“虽访获究办仍应照例议处”。[1]没有酿成人命案件经访获究办仍适用免议条款，“其未经酿命而访获者仍免议”。[2]

第四，护任官失职。武职有暂行委护之护任官，其某些失职行为均照正印官例减一等议处。《兵部处分则例》“护任官减等议处”条：“武职护任官于属员年衰技疏、差使怠惰等事不随时揭报者，均照正印官例减一等议处。正印官议以降调者，护任官议以降留；正印官应议降留者，护任官议以罚俸。该将军等于题参时将该员系暂行委护之处于疏内声明。”[3]

此条款在光绪朝咸丰《钦定王公处分则例》与光绪朝《吏部处分则例》《钦定六部处分则例》中未见。但其同样被记载在《钦定中枢政考》中，条目亦相同，并且在该条下还记载了此则例的来由，富德也是第一个被适用此条罚则的护任官。[4]

以上四种乃是除了上谕“特旨减议”以外的减等议处情况，其适用条款虽或在此或在彼处，并未全部收入到同一版本中，但其减等议处的精神是一致的，不妨碍我们将之放到此处共同探讨。

3. 恩免免议

除了加等、减等议处，尚有免议。免议亦有奉旨免议和照例免议两种情形。

---

〔1〕《吏部处分则例（光绪朝）》卷一“失察处分分别核办”条，蝠池书院出版有限公司 2004 年版，第 9 页。亦见光绪朝《钦定六部处分则例》卷一“失察处分分别核办”条，文海出版社 1971 年版，第 34 页。《兵部处分则例（道光朝）》八旗卷一、绿营卷一“邻境获犯酌减议处”条，中国基本古籍库（电子数据资源），第 8、167 页。亦见《钦定中枢政考（道光朝）》卷九“邻境获犯酌减议处”条，蝠池书院出版有限公司 2012 年版，第 1085 页。

〔2〕《吏部处分则例（光绪朝）》卷一“失察处分分别核办”条，蝠池书院出版有限公司 2004 年版，第 9 页。亦见光绪朝《钦定六部处分则例》卷一“失察处分分别核办”条，文海出版社 1971 年版，第 34 页。《兵部处分则例（道光朝）》八旗卷一、绿营卷一“邻境获犯酌减议处”条，中国基本古籍库（电子数据资源），第 8、167 页。亦见《钦定中枢政考（道光朝）》卷九“邻境获犯酌减议处”条，蝠池书院出版有限公司 2012 年版，第 1085 页。

〔3〕《兵部处分则例（道光朝）》八旗卷一、绿营卷一“护任官减等议处”条，中国基本古籍库（电子数据资源），第 5、165 页。亦见《钦定中枢政考（道光朝）》卷九“护任官减等议处”条，蝠池书院出版有限公司 2012 年版，第 1060 页。

〔4〕“嘉庆四年十一月内奉旨：兵部议处太原镇印务参将富德降一级调用一本，固属按例办理，但此案若系本任总兵狗庇自听按例降调。富德系参将暂护总兵，未必不以官职与恩特赫默相等，是以不行揭报。若竟予降调与本任总兵无所区别。富德着改为降二级从宽留任。嗣后遇有似此案件皆当分别本任、护任，照此办理。并着该部纂入例册。钦此。”详见《钦定中枢政考（道光朝）》卷九“护任官减等议处”条，蝠池书院出版有限公司 2012 年版，第 1059 页。

第一，奉旨免议。奉旨免议又分为针对个人赦免处分和实施普遍恩诏宽免。针对个人赦免处分往往是皇帝出于对犯罪人以往表现、功绩，或情理法权衡考虑，打破部院照例议处的结果，这也往往是新则例形成的原因之一。此种例证较为常见，在硃批奏折、录副奏折中常见“免议”。因出于个人考虑，未形成制度，故此处不予篇幅讨论。恩诏一般出于登基、祝寿、册封、灾害，或对法网繁密反思、出于慈恩等情况普遍适用的情况。恩诏宽免已形成办理程式，并已载入则例，可以说则例形成以后后世再按恩诏办理也算“照例免议”，但考虑其来源，仍将之归为“奉旨免议”。道光朝《兵部处分则例》与《钦定中枢政考》规定了“恩诏宽免处分”和“遇赦处分”，光绪朝《吏部处分则例》《钦定六部处分则例》则丰富成洋洋十数条大观的“恩诏核办事宜”和“宽免章程”，分别述之。

据《兵部处分则例》与《钦定中枢政考》“恩诏宽免处分”条规定，受革职留任、降留、罚、停、住俸处分的官员遇有与恩诏并符合诏内宽免情形即予查销办理，不用再具题。但是实降、实革的普通官员，以及用半俸抵免实降的世职之官，则不在宽免之限。[1]此将职任罚与世职罚分别对待，恩诏宽免仅适用于职任罚，对于世职罚不适用恩诏宽免。

《兵部处分则例》与《钦定中枢政考》“遇赦处分”条亦区分了原议限满和展参两种适用情况：“官员原议处分遇恩旨赦免，其承缉限满应行议结之案与赦款相符者，均免其处分，毋庸起限外，至展参案件无论初参、二参、三参、四参限内遇赦，均准其自内阁颁诏之日另起限期，限满仍照例议处。”[2]原议限满之案免除处分，而展参案件所免系恩诏颁发以前的期限，颁诏之日以后另起限期核算仍照例议处，并不免除处分。《兵部处分则例》绿营卷一“武职员弁获罪遇赦”条又规定了武职员弁遇赦赦免治罪不包括革职处分：“各省武职员弁，该总督、巡抚、提督、总兵参奏有以暴虐兵丁、巡防怠惰、盗劫频闻诸事、废弛私离汛地等项革职治罪者，如遇恩赦，只免治罪。其革

〔1〕《兵部处分则例（道光朝）》八旗卷一、绿营卷一“恩诏宽免处分”条，中国基本古籍库（电子数据资源），第7、166页。亦见《钦定中枢政考（道光朝）》卷十“恩诏宽免处分”条，蝠池书院出版有限公司2012年版，第1163页。

〔2〕《兵部处分则例（道光朝）》八旗卷一、绿营卷一“遇赦处分”条，中国基本古籍库（电子数据资源），第7、166页。亦见《钦定中枢政考（道光朝）》卷十“遇赦处分”条，蝠池书院出版有限公司2012年版，第1165页。

职之处不准援免。”〔1〕官员办差钦奉恩旨也适用宽免处分条款，应缴银两核其完缴与恩诏日期给还与否，在《兵部处分则例》绿营卷一“办差宽免处分”条也有规定。〔2〕

到了光绪朝，办理恩诏事宜成为较常规的事件，〔3〕宽免与不免情况变得复杂，道光朝几条宽免赦免条款已不敷使用，遂吸收二款形成十数条“章程”规模。光绪朝《吏部处分则例》与《钦定六部处分则例》“恩诏核办事宜”对如何办理恩诏事宜进行了指导：

一、承催督催钱粮钦奉恩旨赦免，该员虽在原任已无承督之责，应将现参及原参各案一并查销。

一、官员恭遇恩诏开复原议处分，凡历任现任内所定降革等项事故，但与诏内开复之款相符者即予销册，毋庸具题（宗人府、内务府各官处分不由吏部核议者居多，应听本衙门自行查销）。若恩诏宽免现议处分，凡任内承督未完事件已无展参之责处分与诏内宽免之款相符者，即予援免，至尚有展参之案如于初参、二参限内遇有恩诏，准其另起。三参、四参限期，俟限满日仍照例议处。

一、官员承审交代已逾初参例限，适于二参限内恭遇恩诏，准将诏前迟延月日扣除不计，止将诏后迟延月日计算议处。

一、圣驾时巡各省，地方官恭奉恩旨开复处分者，系督抚藩臬大员，俟咨册汇齐到日另本具题。其四五品以下各官令该督抚造册送部归入汇题，无庸俟到齐再办。其未经造册以前遇有升调，该督抚随本另备咨文，逐案声叙，吏部即于议覆本内核明开复，仍令入于汇咨册内备查。

一、各省恭办大差人员钦奉恩旨开复处分或加级或议叙者，该督抚于差竣之日起限三个月内查明造册报部分别核办，如有迟逾，将该督抚照钦部事

〔1〕《兵部处分则例（道光朝）》绿营卷一“武职员弁获罪遇赦”条，中国基本古籍库（电子数据资源），第167页。

〔2〕“官员办差钦奉恩旨宽免处分应议降革留任及降俸罚俸等项，核其事犯在钦奉恩旨以前、议处在恩旨以后者均一体宽免。其已经议结处分应缴降罚银两，核其完缴日期在钦奉恩旨以后者准其缴过银两给还，若完缴在钦奉恩旨以前者毋庸给还。”详见《兵部处分则例（道光朝）》绿营卷一“办差宽免处分”条，中国基本古籍库（电子数据资源），第167页。

〔3〕据笔者所见，即有嘉庆、道光、光绪朝数次恩诏宽免。

件迟延例议处（例载限期门）。[1]

上述五款指导核办恩诏事宜可分三个层次理解：前三款系第一层，规定了恩免对象。第四款系第二层，核办汇报操作。第五款系第三层，核办期限及迟延惩罚标准。其中催督钱粮单独列为第一款，可见征收钱粮责任之重，也侧面反映了此项任务不易完成，官员常常因此受处分。如果此为经常之事或是常态，[2]皇帝不得不对此处分时常进行赦免。

《钦定六部处分则例》在此"恩诏核办事宜"指导意见基础上形成了具体操作条款——《宽免章程》九条，详晰了各种应予宽免和不应宽免以及或自行或照例办理的情况：

一、京外四品以下官员从前部议降革留任奉旨改为从宽留任限年开复，并引见复用原官其降革带于本任之案，以及降职、降俸、住俸、罚俸、带罪停升例无展参事在恩诏以前者，将来到部亦予免议。

一、京外三品以上官员钦奉特旨交议尚未议结之案虽在恩诏以前仍照例办理，四品以下官员现议处分仍行宽免。

一、丁忧终养告病及候补候选试用并已经降调人员，所有从前正署任内前项处分，现在之员一体准其开复。

一、例有展参之案免其从前处分，仍于恩诏之日另行起限查参限开照例议处。

一、已经革（职）人员有另案试册处分不准开复，现议注册处分亦不准宽免。

一、例应实降实革处分仍照例办理。

一、文职兼武职人员，如有武职任内处分及内务府、宗人府自行议处之案应由兵部及各该衙门自行查办。

一、现议降调人员因带有革职留任之案应行革任者，恭逢此次恩诏，其革留处分准予开复，仍议降调；如应查询居官者，仍准查询居官；如已开缺者，会同文选司照例办理。其自嘉庆二十五年八月二十七日以后应行降调人员因有革留之案革任者，事越多年，员数不一，其间或已经病故，或案经捐

[1]《吏部处分则例（光绪朝）》卷一"恩诏核办事宜"条，蝠池书院出版有限公司 2004 年版，第 10~11 页。亦见光绪朝《钦定六部处分则例》卷一"恩诏核办事宜"条，文海出版社 1971 年版，第 35~36 页。

[2] 不少学者认为明清征收钱粮均不能足额完成，黄仁宇为其代表。

复补缺后有升迁降革事故，碍难据册开复，应由各督抚专案奏请，或由本员自行具呈到部再行核办。再，此次人员革留由恩诏开复，与本案开复革留改议者不同，所有原任内加级纪录不准给还，及革职后声请议叙各案，一概不准再行核办。

一、各省盗案经该督抚奏请勒限严缉之案，核其勒限，应于此次恩诏之后限满者，其勒限日期仍照原参限期于恩诏之日另行起限，限满查参，照例议处。

一、承审交代已逾初参例限，适于二参限内恭遇恩诏，准将诏前迟延月日扣除不计，止将诏后迟延月日计算议处（通行内开其自嘉庆廿五年八月十七日以后应行降调人员因有革留之案革撤者，饬令自行开明案由即日呈请专案详咨）。[1]

此《宽免章程》系道光三十年（1850 年）增修，一直被记载至光绪朝，可见其一直在实践操作中适用。它强调了这样几点：其一，规定恩诏宽免适用的范围。并不是所有的罪名处分都适用恩诏，有些处分或官员状态不适用恩诏宽免。其二，办理主体及方式有吏部、兵部办理和宗人府、内务府自行办理之别。其三，准许恩免的事项如何办理及其后果如何。

综合以上“恩诏核办事宜”“宽免章程”两条则例可以看出，恩诏所宽免的对象有的是处分本身，有的是治罪，有的是期限，有的是开复与否的条件。恩诏适用较为复杂。也并非所有案件都适用恩诏，与“常赦所不原”意同。具体如何适用，各部院则需遵查此二条核办。

至于恩免案件在当时实践中是如何办理的，我们可以通过道光六年（1826 年）吏部尚书文孚办理宽免绵课等员因铨选错误自行检举一案作一管窥。

吏部等衙门经筵讲官太子少保吏部尚书镶蓝旗满洲都统臣文孚等谨题为查议具题事。该臣等会议得准宗人府咨称，据经历司掌印理事官宗室祥康禀称，本衙门现出有选缺理事官一缺，例应论俸铨选，按照选册俸次应以本衙门副理事官宗室文山拟正，其次应以户部员外郎宗室绵能拟陪。惟详查，绵能从前历俸年分，系由理事官缘事降肆级调用，于嘉庆拾壹年玖月补授七品笔帖式，应除其以前食俸年分例不接算外，于拾肆年伍月题升委署主事，于拾柒年玖月因病呈请开缺，贰拾年贰月又呈递病痊，是年拾月内补缺，贰拾

[1] 光绪朝《钦定六部处分则例》卷一“宽免章程”条，文海出版社 1971 年版，第 36~38 页。此章程仅见光绪朝《钦定六部处分则例》，其他几部则例均未见记载。

壹年拾壹月题升经历，贰拾叁年贰月选升户部员外郎，统计该员自嘉庆拾壹年玖月降补笔帖式食俸起扣至本年计食俸拾玖年零两个月，此内应扣去告病假贰年零肆个月，又病痊候补在候补任内捌个月，共应扣除叁年未食俸不计俸外，是该员实食俸仅止拾陆年零两个月。此次所出选缺理事官一缺即不应以绵能拟陪，应以食俸已历拾陆年零玖个月之吏部员外郎宗室博拣拟陪。再查，嘉庆贰拾贰年拾月选升副理事官将该员拟正，均系自其降补笔帖式年分起统计其食俸，并未详查将其告病年分暨病痊候补月分扣去以致误行铨选。今查出禀明更正等语，臣等复行确查无异，惟从前选用时因未能将绵能告病年分暨病痊候补月分详细扣算，以致误行铨选。今既查出自应据实检举奏明更正，并请旨将从前两次承办铨选错误之堂司各官交部照例分别查议等因，于道光伍年拾贰月初肆日具奏本日奉旨依议。钦此。钦遵。于道光伍年拾贰月初伍日知照到部，当经查取职名，去后，今于道光伍年拾贰月初拾日咨送到部。查定例，“凡遇不应升选之员误拟升选者，将承办错误之司员降壹级留任”。又定例，“官员办理事件始初失于觉察后经自行查出检举在内，自京堂以上该部将照例应得处分及检举后可否宽免之处声明请旨。其余在京各员，凡自行检举案件各按本例应得处分酌加宽减，例应降级留任者即减为罚俸壹年，或虽经检举而其事已不可改正者仍不准宽减”等语。除贰拾叁年户部员外郎缺出，将绵能拟正之承办官宗人府副理事官已升翰林院侍讲学士宗室德遐例止降留，业经休致，应免其查议。及前任宗人府左宗正和硕成亲王永理、右宗正和硕肃亲王永锡均经病故毋庸议外，此案宗人府堂司各官于嘉庆贰拾贰年副理事官缺出未将绵能告病病痊候补年分详晰扣除，将该员误行拟陪贰拾叁年户部员外郎缺出，复将该员拟正，实属升选错误，经该堂司官自行检举奏请交部分别查议。臣等公同核议，查其事已不可改正，虽经自行检举仍应照例议处，应将贰拾贰年副理事官缺出将绵能拟陪之承办官前任宗人府理事官现任理藩院郎中宗室玉昌照例降壹级留任，该堂官前任宗人府宗令和硕庄亲王绵课、前任宗人府左宗人多罗贝勒永珠、右宗人今绥远城将军宗室奕颢，及贰拾叁年户部员外郎缺出将绵能拟正之堂官左宗人固山贝子已袭和硕定亲王现任右宗正奕绍均应于理事官玉昌降壹级留任例上各减为罚俸壹年。绵课、奕颢又于贰拾叁年户部员外郎缺出将绵能拟正，应照例各再罚俸壹年。所有此案降留处分俱事在嘉庆贰拾伍年拾月贰拾贰日钦奉恩诏以前，应行宽免，恭候命下，臣部等衙门遵奉施行。再，此本咨文于道光伍年拾贰月初拾日到部，于拾贰月拾贰日送都察院会议，于拾柒日送回，又于道光陆年正月贰拾壹日送兵部会议，于贰拾伍日送回，臣部于叁月初叁日办理具题，此本系吏部主稿，合并声明。臣等未敢擅便，谨题请旨。

道光陆年叁月初叁日

经筵讲官太子少保吏部尚书……镶蓝旗满洲都统臣文孚……等人（后38人皆是吏部侍郎、郎中、主事等衔，以及兵部尚书、侍郎，都察院都御史等衔）（档案前奉谕旨批复）绵课、永珠、奕颢、奕绍罚俸之处俱着准其宽免，余依议。[1]

此案先是援引《吏部处分则例》予以处罚，之后因其在嘉庆二十五年（1820年）恩诏以前，其处分应行宽免，据此声明请旨，最后皇帝将罚俸之处分根据恩诏情节予以宽免。但因事不可更改自行议处仍不减议而得降一级留任处分之玉昌未在宽免之限。从整个议定处分过程看，吏部均照则例规定适用执行，皇帝在最后决策时也充分考虑了则例规定以及恩诏适用因素，但在宽免范围取舍上又加入了个人的考量。此案件较完整地再现了清代吏部处分官员办事的过程，既体现了则例在吏部办理官员处分案件中被单独适用的做法，又体现了上谕与则例适用的复杂关系，从中可以看到在办理案件的整个过程中则例、恩诏、皇帝谕旨起到的作用。

第二，照例免议。除了奉旨免议以外，则例中亦有免议条款，比如前面“失察处分分别核办”条中“失察家人未经酿成命案而访获者免议”的规定，除此之外，因公外出、新上任官员不及一月失察行为亦系则例规定的免议行为，应适用免议处罚条款。

道光朝《兵部处分则例》八旗卷一和《钦定中枢政考》卷十“因公他往免议”条规定了因公他往分别先后适用免议与否的情况：“内外八旗官员因公他往，遇有失察事件，该管大臣将本员公出日期随咨报部查核，如在公出以后者，免其议处。如发觉在公出以后，而失察在公出以前者仍行议处。”[2]

光绪朝《吏部处分则例》与《钦定六部处分则例》“因公出境免议”条将此犯罪构成要件规定得更为详细具体：一是外出理由缩小：上级指派或者

[1] 中国第一历史档案馆：内阁全宗，档案号：02-01-03-09645-007。

[2]《兵部处分则例（道光朝）》八旗卷一“因公他往免议”条，中国基本古籍库（电子数据资源），第7页。亦见《钦定中枢政考（道光朝）》卷十“因公他往免议”条，蝠池书院出版有限公司2012年版，第1137页。

是亲自赴省当面禀报机宜，必须是公出且是要事才成；二是已经离开辖境：州县等级官员出本州县直辖之境，道府等级官员已出道府衙门所属之境；三是遇有特种案情：包括疏防、失察等性质的案件。符合以上条件才允许受处分之官员向上司申明公出事由、日期、去向处所等，没有虚捏、情况属实，免议。[1]若虚捏谎报如何处罚？失察上司、接任官如何处罚？适用如下标准："系规避罚俸并降留、革留处分将该员降一级调用（私罪）。失察之上司罚俸一年（公罪）。例应实降、实革者即照规避例革职（私罪），失察之上司降二级调用（公罪）。若接任之员于前官公出月日失于查核，误将前官职名开送者罚俸一年（公罪）。因而致前官降革离任者，除将前官处分开复外，将误开之接任官降二级调用（公罪）。"[2]道光朝《兵部处分则例》绿营卷一"因公出境"条对此有类似规定，只是较之光绪朝惩罚之具体，其对上述行为的惩罚规定更具有概括性的特点。[3]

除了因公外出免议，京内衙门堂官新上任不及一月失察行为也适用免议条款。[4]同样内容的规定在光绪朝《吏部处分则例》中并未独立成条，而是作为"失察处分分别核办"条第二款被规定记述下来。[5]署事官员署任不到一个月也是同样享有免议待遇，这一点记载在道光朝《兵部处分则例》八旗、绿营卷一与《钦定中枢政考》卷九"历任署事官员分别议处"条中。[6]

---

〔1〕《吏部处分则例（光绪朝）》卷一"因公出境免议"条，蝠池书院出版有限公司 2004 年版，第8~9 页。亦见光绪朝《钦定六部处分则例》卷一"因公出境免议"条，文海出版社 1971 年版，第 34 页。

〔2〕《吏部处分则例（光绪朝）》卷一"因公出境免议"条，蝠池书院出版有限公司 2004 年版，第8~9 页。亦见光绪朝《钦定六部处分则例》卷一"因公出境免议"条，文海出版社 1971 年版，第 34 页。

〔3〕"……如并未因公出境捏报规避者，按其规避何项处分照本例加等议处。如属员捏报公出，上司狥情转报者，照本员一律议处。若止于失察者，照本员应得处分减一等议处。其升迁降调及有事故离任之员原任内遇有疏防失察等案，果系因公出境，接任官……如将前官公出之处误行开送，照误揭属员例分别议处。"《兵部处分则例（道光朝）》绿营卷一"因公出境"条，中国基本古籍库（电子数据资源），第 176 页。

〔4〕"在京堂司各官遇有失察之案，如到任不及一月者免其议处（新增）。"参见光绪朝《钦定六部处分则例》卷一"在京官员失察免议"条，文海出版社 1971 年版，第 35 页。

〔5〕详见《吏部处分则例（光绪朝）》卷一"失察处分分别核办"条，蝠池书院出版有限公司 2004 年版，第 9~10 页。

〔6〕《兵部处分则例（道光朝）》八旗卷一、绿营卷一"历任署事官员分别议处"条，中国基本古籍库（电子数据资源），第 5、165 页。亦见《钦定中枢政考（道光朝）》卷九"历任署事官员分别议处"条，蝠池书院出版有限公司 2012 年版，第 1061 页。

六、官员特权

官员在古代是优秀的人才，国家出于保护人才的考虑予以官员阶层以特权。此种考量也反映在立法及法律适用上。作为以官员为主要适用对象的则例，其适用中最突出的一个原则就是官员特权原则，这一点与其他法律形式如律典所有的等级特权原则〔1〕近似，但其具体表现与律典原则不尽相同。则例适用中的官员特权原则主要表现在三个方面：其一，级纪可以抵罪；其二，降处官员限期无罪许开复、捐复；其三，议叙议处仅就一任。

1. 级纪抵罪

则例区分公罪、私罪的其中一个原因就是公罪可以用级纪抵销，私罪不准抵销。诚如《钦定王公处分则例》卷首“查例章程”所言：“例准抵销者，因其情有可原，亦宥过无大之意也……例不准抵者，因其情不可恕，亦刑故无小之意也。”〔2〕该原则系因兵部于乾隆三十三年（1768 年）处分古州总兵德兴案件确立。道光朝《钦定中枢政考》卷九“分别公私抵销处分”条载有此案。〔3〕道光朝《兵部处分则例》“分别公私抵销降级罚俸处分”条通过分别部议、特旨交议和各衙门核议三种应否准抵的来源进而申述了是否准许抵销处分的条件及操作步骤：“官员遇有部议降调、降留、罚俸各处分，核其所

---

〔1〕 钱大群《唐律研究》中总结唐律有四个基本原则，其一就是等级特权原则。《大清律例》也保有此项原则。关于唐律基本原则，参见钱大群：《唐律研究》第四章，法律出版社 2000 年版，第 75~108 页。

〔2〕《钦定王公处分则例（朝代不明）》卷首“查例章程”，载杨一凡、田涛主编：《中国珍稀法律典籍续编》（第 6 册），黑龙江人民出版社 2002 年版，第 310 页。

〔3〕“乾隆三十三年十一月内奉上谕，兵部议处古州总兵德兴一案，前经降旨，俟德兴来京再降谕旨。今德兴到京，核其被劾情节乃系嘱令属员买物发价迟延，又将随带使令之人拔补名粮，皆系自犯私罪，非因公罣误可比。该部议以降调题覆内外文武各官遇有承办事务如失察迟延之类，其错误本属因公，自应将加级纪录准其抵销。若意涉营私，于政事、官箴皆有关系，而该员得借加级纪录为护身符，吏意不能持其后，殊非黜陟公明本义。况内阁票拟现以公罪、私罪分别夹签，独吏、兵二部所定准抵条例，未能明晰周备，岂独书吏得以为撞骗之媒，苟非朕留心察查，即堂司官亦得以高下其手。且因公者事虽重大其情实轻；因私者，事虽细微，其情实重。自来宥过无大，刑故无小，真古今不易之论。嗣后吏部、兵部议处文武各官一以公罪、私罪为断，其被议之事本属因公者，仍照例准抵外，其因私罪交部议处者，一概不准抵销。庶办公者得邀宽典而营私者不致长奸，于澄叙官方之道更为允协。着为令。钦此。（凡公罪内有例内声明不准抵销者仍不准抵销。）”《钦定中枢政考（道光朝）》卷九“分别公私抵销处分”条，蝠池书院出版有限公司 2012 年版，第 997~999 页。亦见《吏部处分则例（光绪朝）》卷一“级纪抵销分别公罪私罪”条，蝠池书院出版有限公司 2004 年版，第 3 页。光绪朝《钦定六部处分则例》卷一“级纪抵销分别公罪私罪”条，文海出版社 1971 年版，第 25~26 页。

犯情节实系因公者，准其将任内加级纪录按次抵销外，若系私罪，不准议抵。至不□（由）[1]部议钦奉特旨降调、降留、罚俸之件，毋庸复行请旨抵销。若系特旨交议之案，由部于折内声明，系私罪毋庸议抵外，若系公罪，应于折内声明，恭候钦定。其部议降调奉旨加恩改为降留，部议降留奉旨加恩改为罚俸，部议罚俸奉旨加恩改为减半议罚，如系公罪奉旨准其抵销，由部查明加级纪录抵销具题。若不由部议经各该衙门核议处分（如领侍卫内大臣议处侍卫之类），亦令各该衙门于具奏时分别叙明公罪、私罪，奉旨依议者移咨到部，由部查明遵旨分别应否准其抵销具题。"[2]可见抵销是有一定条件的，要看案件的性质和来源，且很多情况能否抵销是需要请旨待皇帝裁决的。

按照《钦定王公处分则例》归类，罚俸处分有时可抵有时不可抵，降留、革留可抵，降调、革职不可抵，因为"罚俸有公罪、私罪之分，而降留、革留内无私罪，降调、革职内无公罪。盖按律科罪之时，因系公罪，始议降留、革留；因系私罪，始议降调、革职。"[3]如此，则有罚俸抵销，降级抵销，降级兼罚俸分别抵销三种情形。至于公罪不准抵销者，则需查照开复条款予以办理，留待下一部分讨论。本部分仅就以上三种准抵的情况予以论述。因《兵部处分则例》与《吏部处分则例》将罚俸、降级抵销合在一条规定中，为行文方便，不致剪裁零碎，本文亦将罚俸、降级议抵合并讨论，将降级兼罚俸分别抵销单独讨论。

第一，罚俸、降级议抵。级纪与罚俸、降级的抵销次序及其标准则例有明文规定。《兵部处分则例》八旗卷一"加级纪录分别抵销"条："官员因公罣误，遇有议处之案应降一级者，以加一级或纪录四次抵销。应罚俸一年者以纪录二次抵销。应罚俸六个月者，以纪录一次抵销。如系军功，纪录二次准其抵销降一级，纪录一次准其抵销罚俸一年。如遇有罚俸六个月之案，将军功加一级准其抵销，降二级如遇有降一级调用之案，将军功加一级抵销，

---

〔1〕 据《钦定中枢政考（道光朝）》卷九"分别公私抵销降级罚俸处分"条补。参见《钦定中枢政考（道光朝）》卷九"分别公私抵销降级罚俸处分"条，蝠池书院出版有限公司 2012 年版，第 1017 页。

〔2〕《兵部处分则例（道光朝）》八旗卷一"分别公私抵销降级罚俸处分"条，中国基本古籍库（电子数据资源），第 4 页。亦见《钦定中枢政考（道光朝）》卷九"分别公私抵销降级罚俸处分"条，蝠池书院出版有限公司 2012 年版，第 1017~1019 页。

〔3〕《钦定王公处分则例（朝代不明）》卷首"查例章程"，载杨一凡、田涛主编：《中国珍稀法律典籍续编》（第 6 册），黑龙江人民出版社 2002 年版，第 310 页。

免其降调，仍给还军功纪录二次。凡议处官员任内有军功并随带加级纪录及寻常加级纪录例准抵销者，兵部于议处时查明，将该员任内所有之加级纪录分别先将寻常加级纪录抵销，再将军功随带加级纪录议抵。同日到部之案核其犯事日期，先后议抵。系同日犯事先仅处分重者议抵；其事涉营私及例有专条不准抵销者，于议处本内将不准抵销之处声明；若例无专条，比照议处者，除实系私罪外，其余所比之例，虽原有不准抵销字样，仍准其抵销。如任内遇有因公降级调用之案，因级纪不敷抵销者，或任内有俸满保送引见，奉旨记名遇有缺出升用一次或保送应升之缺拟陪引见奉旨记名遇有应升缺出坐补一次，或保送堪胜绿营引见奉旨记名照例升用一次或保荐卓异一次等项亦俱准其销去一次抵降一级调用。"[1]寻常加级、纪录和军功加级、纪录与罚俸、降级的抵销比例以及它们之间的换算、四者议抵适用先后顺序、可能遇到的特殊情况均在此条中予以清晰规定。《钦定中枢政考》卷九"加级纪录分别抵销"条与此规定完全相同。[2]《兵部处分则例》绿营卷一"加级纪录分别抵销"条与此规定大略相同，唯于"级纪不敷抵销"后规定略有不同，绿营规定得更为具体："如任内遇有因公降级调用之案，因级纪不敷抵销者，或任内有卓异荐举、保举堪胜保列一等边俸俸满豫行保举、俸满甄别保送分别营卫回任候升，并漕粮全完议叙升用、孳生马匹、承筑土坝、办理工程保题升用，及拿获各项案犯以应升之缺升用并引见，奉旨记名升用人员亦应照吏部奏定章程俱准其销去升用一次抵降一级调用。"[3]另该书同卷"功加作为军功加级抵免降级"条规定了营卫各官功加级作为军功加级可以抵免降级："营卫各官有军功议叙功加遇有降级之案，准将功加一等作为军功加一级议抵。若系降一级者，销去功加一等抵免，仍给还军功纪录二次。"[4]咸丰朝《钦定王公处分则例》"加级纪录分别抵销"条规定了其中一部分，计有寻常

---

〔1〕《兵部处分则例（道光朝）》八旗卷一"加级纪录分别抵销"条，中国基本古籍库（电子数据资源），第2~3页。

〔2〕《钦定中枢政考（道光朝）》卷九"加级纪录分别抵销"条，蝠池书院出版有限公司2012年版，第1023~1026页。

〔3〕《兵部处分则例（道光朝）》绿营卷一"加级纪录分别抵销"条，中国基本古籍库（电子数据资源），第163~164页。

〔4〕《兵部处分则例（道光朝）》绿营卷一"功加作为军功加级抵免降级"条，中国基本古籍库（电子数据资源），第164页。

纪录与军功纪录抵销先后，以及同日犯案、不准抵销情况。[1]光绪朝《吏部处分则例》与《钦定六部处分则例》“级纪抵销分别公罪私罪”条与《兵部处分则例》八旗卷一“加级纪录分别抵销”条规定大致相同，[2]但补有其他条款辅助施行。

第一，现任恩诏议叙加级许准抵销以前案件处分，但新任恩诏不抵旧任案件；捐输所得级纪不准抵销以前案件。《吏部处分则例》卷二“恩诏议叙加级准抵前案降留”条：“其现在各官任内有降级留任之案，事后遇有恩诏加级、议叙加级俱准其呈明抵销。其罚俸之案事后遇有议叙纪录亦准其呈明抵销。若系捐级捐纪仍不准抵销前案。至京外四品以下各官有部议降调奉旨从宽改为留任并赴部引见，以原官复用，将降级之案带于新任者，遇有恩诏加级、议叙加级均不准其抵销。”[3]在雍正三年（1725年）以前，恩诏加级不能抵销前案，后来雍正皇帝认为这不是准许官员补过自新之本义，于是在雍正三年（1725年）规定除了处分以后捐纳所得加级不准抵销之外，恩诏加级和议叙加级都准许以加一级抵销降一级，用以鼓舞勉励吏治。[4]道光朝《钦定中枢政考》卷九“因公降级留任罚俸案件抵销”条下亦记载了此道谕旨，[5]但到了道光朝，除了恩诏加级、议叙加级仍然准许抵销以前的案件以外，对于捐纳所得加级纪录抵销以前案件也在一定条件下放宽了。“部议降级留任之员

---

〔1〕《钦定王公处分则例（咸丰朝）》“加级纪录分别抵销”条，蝠池书院出版有限公司2004年版，第377~378页。

〔2〕详见《吏部处分则例（光绪朝）》卷一“级纪抵销分别公罪私罪”条，蝠池书院出版有限公司2004年版，第3~4页。光绪朝《钦定六部处分则例》卷一“级纪抵销分别公罪私罪”条，文海出版社1971年版，第25~27页。

〔3〕《吏部处分则例（光绪朝）》卷一“恩诏议叙加级准抵前案降留”条，蝠池书院出版有限公司2004年版，第24~25页。亦见光绪朝《钦定六部处分则例》卷一“恩诏议叙加级准抵前案降留”条，文海出版社1971年版，第60页。咸丰朝《钦定王公处分则例》“因公降级留任罚俸案件抵销”条规定有其中部分条款，但该书此条款在《钦定王公处分则例（朝代不明）》则被吸收至“降级兼议罚俸分别抵销”条，详见《钦定王公处分则例（咸丰朝）》“因公降级留任罚俸案件抵销”条，蝠池书院出版有限公司2004年版，第373页。《钦定王公处分则例（朝代不明）》卷首“降级兼议罚俸分别抵销”，载杨一凡、田涛主编：《中国珍稀法律典籍续编》（第6册），黑龙江人民出版社2002年版，第317页。

〔4〕《吏部处分则例（光绪朝）》卷一“恩诏议叙加级准抵前案降留”条，蝠池书院出版有限公司2004年版，第24页。亦见光绪朝《钦定六部处分则例》卷一“恩诏议叙加级准抵前案降留”条，文海出版社1971年版，第60页。

〔5〕《钦定中枢政考（道光朝）》卷九“因公降级留任罚俸案件抵销”条，蝠池书院出版有限公司2012年版，第993~994页。

除戴罪图功并承督未完等案应俟本案完结日开复，不准先行抵销外，其因公罣误降级留任随案议结者加级纪录俱准抵销。至降级留任以后遇有恩诏加级及议叙加级俱准抵销。如罚俸案件并无展参事属因公者，续有议叙纪录亦准抵销。若捐纳加级纪录查其上库日期如在该将军、都统、副都统等未经具奏及初次具题、初次出咨之前者，准其抵销。若已在该将军等题奏出咨以后者概不准抵销。至命案四参降级之案，其未起四参之前捐纳加级准其抵销；已起四参之后捐纳加级不准抵销。”〔1〕此条细化且部分改变了之前捐纳加级纪录不能抵销以前案件的具体标准，变成有条件地准许捐纳加级纪录抵销以前案件且使适用操作变得更加容易。

第二，加级与纪录可以合计抵销处分。《钦定中枢政考》卷九“旗员纪录合计抵销”条规定了旗员级纪合计抵销适用情况：“内外旗员因公议处罚俸一个月至五个月，不至销去纪录一次者俱准注于纪录，再遇罚俸合计抵销。如任内有纪录四次，又有罚俸注抵之案，再遇因公降级处分仍准其将纪录四次抵销降一级。其前议罚俸注抵之案改为补行实罚。”〔2〕纪录一次按标准可抵罚俸六个月，如果罚俸处分低于六个月，用不上纪录一次，则允许将犯罪标注积累，再遇罚俸处分合并用纪录抵销；纪录四次按标准能抵销降一级，如果有纪录四次，但处分却有降级和罚俸两种，则将纪录抵免大处分降级，罚俸仍实罚。此条则例是据乾隆七年（1742 年）六月上谕制定。〔3〕《钦定中枢政考》据此上谕制定了适用旗员罚俸一至五个月合并记录抵销以及再遇降级罚俸抵销的情况。乾隆八年（1743 年）又发布谕旨，因在京衙门均有满汉职官公同办理事务，汉员也照旗员例准合计抵销。因此形成了京官合计抵销适用

〔1〕《钦定中枢政考（道光朝）》卷九“因公降级留任罚俸案件抵销”条，蝠池书院出版有限公司 2012 年版，第 994~995 页。亦见兵部处分则例（道光朝）》绿营卷一“因公降级留任罚俸案件抵销”条，中国基本古籍库（电子数据资源），第 163 页。

〔2〕《钦定中枢政考（道光朝）》卷九“旗员纪录合计抵销”条，蝠池书院出版有限公司 2012 年版，第 1022 页。亦见《兵部处分则例（道光朝）》八旗卷一“降级兼议罚俸分别抵销”条第二款，中国基本古籍库（电子数据资源），第 3~4 页。

〔3〕“乾隆七年十月内奉谕：定例，官员纪录一次抵罚俸半年。若遇罚俸一个月至五个月者，因不至销去一次纪录，遂不准抵销，照常罚俸。又有因两三案并发，所罚之俸虽至销去一次纪录，亦不准抵销。但官员等有因公事（类绳去丝）勉议叙纪录乃因所罚俸少不至销去纪录，遂不准抵销，照常罚俸于伊等生计亦属无益。嗣后旗员应罚之俸不至销去一次纪录者，照王等纪录之例暂行注册，俟再遇罚俸案件合计抵销，以示朕体恤之至意。钦此。”《钦定中枢政考（道光朝）》卷九“旗员纪录合计抵销”条，蝠池书院出版有限公司 2012 年版，第 1022 页。

的条款。此谕旨与条款在光绪朝仍被适用，规定在光绪朝《吏部处分则例》与《钦定六部处分则例》卷二“京官罚俸合计抵销”条中。[1]据此，所有王公与满员、京官汉员均准将级纪合计抵销处分。

第三，军营及翰詹大考议抵适用。光绪朝《钦定六部处分则例》卷一“军营因公处分抵销分别核办”条：“官员处分事关军务惟失守城池、统带兵勇所得处分不准查抵，其余因公处分仍照例准其抵销。”[2]此条系咸丰十一年（1861年）七月呈堂备案新增。同书继军营条后又记有咸丰二年（1852年）六月十七日奏定新增“翰詹大考罚俸不准抵销”条款。[3]

除了现任降罚议抵，降补官员于两任之间级纪议抵如何适用?《兵部处分则例》《钦定中枢政考》“加级纪录分别抵销”条第二款规定：“降补官员所有前任内加级纪录俱准其带于降补任内，若原任内有卓异加级应即销除，不准随带。至军政议降各官虽任内有军功加级及各项加级纪录，均不准抵销，降补时仍准随带。”[4]

关于文武官员因公罪级纪准抵与否及其议抵次序，《吏部处分则例》与《钦定六部处分则例》作了总结性规定：

一、官员任内有加数级，如遇降级处分，先将捐纳加级案上库年月先后抵完，再将恩诏加级、议叙加级、随带加级及钱粮军功加级挨次查抵，或军功纪录二次及寻常纪录四次亦各准抵降一级（此系通指降留、降调而言）。若降调之员级不敷抵方以不论俸满即升一次，或俸满即升一次，或卓异保题一次，或俸满保荐一次议抵。

---

〔1〕“乾隆八年六月十二日奉上谕：在京各衙门事务俱系满汉堂司公同办理，至遇罚俸处分，旗员则注册核算，汉员则照常罚俸，例未画一。嗣后凡在京臣工有罚俸案件不至销去纪录一次者俱照旗员之例注册合算。钦此。”该条则例规定：“京官罚俸案件例应合计抵销，如该员只有纪录四次先有罚俸之案注抵，又遇降级处分，将纪录四次销去，即将原议罚俸之案补行罚俸。”《吏部处分则例（光绪朝）》卷二“京官罚俸合计抵销”条，蝠池书院出版有限公司2004年版，第26页。光绪朝《钦定六部处分则例》卷二“京官罚俸合计抵销”条，文海出版社1971年版，第62~63页。

〔2〕光绪朝《钦定六部处分则例》卷一“军营因公处分抵销分别核办”条，文海出版社1971年版，第27页。

〔3〕“翰詹因大考罚俸者不准抵销。”见光绪朝《钦定六部处分则例》卷一“翰詹大考罚俸不准抵销”条，文海出版社1971年版，第27页。

〔4〕《兵部处分则例（道光朝）》八旗卷一、绿营卷一“加级纪录分别抵销”条，中国基本古籍库（电子数据资源），第3、163页。《钦定中枢政考（道光朝）》卷九“加级纪录分别抵销”条，蝠池书院出版有限公司2012年版，第1026页。

一、官员有议处降级之案，其捐纳加级纪录上库日期，系京官，在各部院参奏奉旨之前者准其抵销，在参奏之后者不准抵销。系外官在该督抚题参咨参之前者准其抵销，在题参咨参之后者不准抵销。至部中查取职名之案总以该督抚初次具题、初次出咨之月日为断，在前者准其抵销，在后者不准抵销。

一、例、经征钱粮未完例应降调之员如有军功加级纪录、钱粮加级纪录方准抵销，其别项级纪俱不准抵销。

一、凡降级之案系戴罪完纳、戴罪承追督催督运，赔补赔修，及限年承督等案，必俟本案限满之日方可照例议结，现在虽有级纪不准抵销（案限满之日方准查级抵销，所以杜规避取巧，如例有展参捐升不准离任人员于未经限满之先呈请作为限满将加级纪录先行抵销原案者应照此例不准行）。

一、地方官承缉情重命案（擅杀期功尊长之类）于未经报官以前捐纳加级者准其抵销，既经报官以后者不准抵销。

一、地方官承缉盗案于未经失事之前捐纳加级者准其抵销，在疏防之后者不准抵销。

一、地方官承缉抢夺良家妇女之案于未经报官以前捐纳加级者准其抵销，既经报官以后者不准抵销。

一、刑部会稿到部时，如该员例应降罚即案到部先后挨次查明级纪抵销，于会稿内叙入，毋庸俟刑部将原稿送改事故时始行查抵。"[1]

据此总结可以看出三个突出特点：其一，捐纳加级虽是加级中最易得效力不高，但此时已经扩大了不少允许抵销处分的领域，且被优先适用，虽然仍受不少限制。其二，军功加级和钱粮加级仍较恩诏、议叙、随带等其他加级纪录效力高，适用抵销范围最广。其三，适用加级纪录抵销处分对于声明时间要求较多，要把握恰当。

在实践中，用加级纪录抵罪的情况非常多，谨以嘉庆五年（1800年）吏

[1]《吏部处分则例（光绪朝）》卷二“级纪抵销次第”条，蝠池书院出版有限公司2004年版，第23~24页。光绪朝《钦定六部处分则例》卷二“级纪抵销次第”条无最后一款“刑部会稿”，该书将之作为道光十九年（1839年）六月初三日奏定新增之条款单独列为一条“刑部会议处分抵销”，放置在卷一“公式”门中。详见光绪朝《钦定六部处分则例》卷二“级纪抵销次第”条，卷一“刑部会议处分抵销（新增）”条，文海出版社1971年版，第58~60、27页。

部议处礼部尚书管理太常寺事务之德明等人事为证，一窥文武官员罚俸降级议抵情形。

经筵讲官太子太傅文渊阁大学士内大臣暂领吏部尚书管理户部三库事务正蓝旗满洲都统臣庆桂等谨题为遵旨查议具题事。该臣等议得先经内阁抄出大学士庆桂等奏称，遵旨询问德明等于缮写仪注内因何将“恭代”“行礼”字样三抬之处，据称向来典礼本章奏折内凡遇遣官恭代俱将“恭代”二字双抬，此次所进仪注系皇上恭代高宗纯皇帝行礼，是以将“恭代”二字三抬。但德明等未能悉心斟酌，拘泥成式，率行缮写，实属疏忽。今蒙皇上指示，不胜惶悚，请旨将德明等交部议处。谨奏。嘉庆五年闰四月二十九日奉旨，着从宽改为交部察议。钦此。钦遵。抄出到部，臣部随札行太常寺将应议职名开送过部，以便查办。去后，于嘉庆五年六月初九日开送前来。查定例，“本章错误者，罚俸一个月”等语。今礼部尚书管理太常寺事务德明等于缮写仪注奏折内将应行双抬之“恭代”二字误写三抬，其缮写错误之处应行议处。应将礼部尚书管理太常寺事务德明、礼部左侍郎管理太常寺事务多永武、内阁学士管理太常寺事务扎郎阿、太常寺卿闻嘉言、少卿哈宁阿、曹师曾均照例罚俸一个月。多永武有纪录壹次，闻嘉言有纪录贰次，哈宁阿、曹师曾俱有纪录叁次，均应注于纪录，合计抵销。恭候命下，臣部遵奉施行。臣等未敢擅便，谨题请旨。

嘉庆伍年柒月初贰日

经筵讲官……臣庆桂……等人（后24人均署吏部侍郎、郎中、员外郎、主事、行走等衔）

德明、扎郎阿俱着罚俸一个月，多永武、闻嘉言、哈宁阿、曹师曾罚俸一个月之处俱着注于纪录抵销。〔1〕

此案判决依据本不重，罚俸一个月已是最低惩罚，故仍照例未按察议减等，最终照例判决得旨亦基本依议，其处罚不重，均为罚俸一个月，与纪录一次允许准抵的罚俸六个月的标准相差较远，故有纪录的官员均将此次处罚注于纪录，与以往或未来的处罚合计一起亦俟将来加够六个月数再行抵销。

〔1〕 中国第一历史档案馆：内阁全宗，档案号：02-01-03-08421-009 。

如果没有纪录的官员则实行实罚。

至于王公议抵，与普通文武官员不同，除有职任纪录可予抵销，尚有世爵折抵。

《钦定王公处分则例》对罚俸、降级的因公准抵情况均规定在“处分条款”之罚俸、降级本条之下，欲明如何适用，当往寻之。

《钦定王公处分则例》卷首“处分条款”之罚俸、降级留任等本条规定了王公处分如何抵销办法：“公罪准抵者，查其系因公事，每职任俸一年以纪录二次抵免。若罚俸六个月者，以纪录一次抵免。不及六个月者，注册。如只有加级而无纪录者，每一级改为纪录四次。若军功纪录一次，准抵罚俸一年。如罚俸六个月，亦以军功纪录一次抵罚，仍给还寻常纪录一次。如并无级纪，仍应实罚。或虽有级纪，不敷抵者，除将所有级纪准抵外，其不敷抵者，仍实罚。（查其无级纪可抵之职任俸，若干年月有职任者，于职任俸内计数实罚；无职任者，按武职一品俸计数扣罚。）王公本爵内有勤劳议叙，每纪录一次，抵本爵俸二年。（如遇罚职任俸准其抵销者，应将现罚职任俸若干注于纪录，合计作抵非抵。至本爵俸二年之数，不得销去纪录一次。）私罪不准抵者，查其应罚之俸若干年月，私事罚本爵俸，公事罚职任俸。若未兼职任之王公因公罚俸，即照武职一品职任，于本爵俸内计数扣罚。私事公罪亦应准其抵销。（如级纪不敷抵者，应由本爵俸内计数实罚。）”[1]该条规定的王公处分抵销情形很复杂，归纳起来有这样几个要点：其一，对王公而言，原则上与普通官员相同，多数公罪都可以使用级纪抵销，私罪不准抵销。其二，有职任的王公无论公事还是私事，只要是公罪都允许用职任级纪抵销，用职任俸实罚，其标准与普通官员相同（普通官员不分公事私事，公罪都是公事），不同的是，职任级纪、职任俸不够时，允许用本爵俸实罚。其三，私罪不准抵销的情况下，所有王公都用本爵俸实罚。其四，无职任王公无论公罪私罪都罚本爵俸。其五，罚本爵俸的使用标准是按武职一品俸标准计算扣罚。从后文看，一般是罚半俸。其六，本爵也有议叙级纪，凡遇实罚本爵俸情况均可用本爵内的议叙级纪抵销。其七，职任级纪、职任俸与本爵级纪、本爵

〔1〕《钦定王公处分则例（朝代不明）》卷首“处分条款”，载杨一凡、田涛主编：《中国珍稀法律典籍续编》（第6册），黑龙江人民出版社2002年版，第313~314页。咸丰朝《钦定王公处分则例》“现定则例”条规定与此大致相同。详见《钦定王公处分则例（咸丰朝）》“现定则例”条，蝠池书院出版有限公司2004年版，第351~352页。

俸有一定的换算关系，可以换算加减代抵、续抵，但职任级纪与本爵俸不直接换算抵免。

该条也规定了几种虽是公罪仍不准议抵的情况："惟武围弓刀、石力不符，守护陵寝失于防范，与奉特旨罚俸者，虽系公罪，不准抵销。"〔1〕"降级留任"条下又有规定："（按律，降留内无私罪，盖因公罪乃科留任，自应准其抵销。然须折尾声明，请旨可否准其抵销。）公事准抵者，每一级以加一级或纪录四次抵销，军功纪录二次，准抵降一级。军功加一级，准抵降二级。如遇有降一级之案，将军功加一级注销抵免降一级外，仍给还军功纪录二次。无级纪及不敷抵者，照不准抵例按级实罚。（查其无级纪可抵者，系属几级兼职任者，于所兼职任按级扣罚。不兼职任者，亦照武职一品职任俸，按级扣罚。均罚一年为止，与私罪罚俸三年开复者以示区别。）公事如奉旨改为不准抵者，现兼职任之王公，即照兼摄职任品级按级实罚。未兼职任之王公，照武职一品职任按级扣俸，均于王公本爵俸内计扣，三年开复。（其每一级应扣俸银若干，应由户部办理，按级扣罚。）"〔2〕这里除了重申寻常级纪与军功级纪抵销处分的标准以外，还规定了王公兼职者得抵销罚职任俸、本爵俸的具体标准。

降级调用处分本无公罪，故不涉及议抵适用，但有时奉特旨改为降级留任，此时虽然改为降留，仍不准抵销，"应照降留不准抵办理"。〔3〕

第二，降级兼议罚俸分别抵销。一般情况下均是罚俸与降级罚则分别适用，但有时也有降级兼议罚俸的情况。此种情况如何抵销？道光朝《兵部处分则例》八旗卷一、《钦定中枢政考》卷九"降级兼议罚俸分别抵销"条规定："官员缘事处分应降一级二级留任兼罚俸一年二年者，除该员加级纪录足抵降罚之数均准其抵销外如加级纪录不足抵降罚之数，将现有加级先抵降级，仍行罚俸，或现有纪录仅敷抵销降级，准其先抵降级，仍行罚俸。如现有纪录不敷抵销降级先抵罚俸，仍行降级。所议降级俟三年无过开复。未经开复

---

〔1〕《钦定王公处分则例（朝代不明）》卷首"处分条款"，载杨一凡、田涛主编：《中国珍稀法律典籍续编》（第6册），黑龙江人民出版社2002年版，第313页。

〔2〕《钦定王公处分则例（朝代不明）》卷首"处分条款"，载杨一凡、田涛主编：《中国珍稀法律典籍续编》（第6册），黑龙江人民出版社2002年版，第314页。亦见《钦定王公处分则例（咸丰朝）》"现定则例"条，蝠池书院出版有限公司2004年版，第353~354页。

〔3〕"处分条款"之"降级调用"后小字记载，详见《钦定王公处分则例（朝代不明）》卷首"处分条款"，载杨一凡、田涛主编：《中国珍稀法律典籍续编》（第6册），黑龙江人民出版社2002年版，第314页。

之先照所降之级食俸。”〔1〕咸丰朝《钦定王公处分则例》“降级兼议罚俸分别抵销”条规定与道光朝《兵部处分则例》《钦定中枢政考》相同。〔2〕但不明朝代《钦定王公处分则例》卷首“降级兼议罚俸分别抵销”条规定了更多情形，较道光朝《兵部处分则例》与《钦定中枢政考》更为详细：

一、缘事处分应议降一级、二级留任，兼罚俸一年、二年者，除该员加级纪录足抵降罚之数，均准其抵销外，如加级纪录不足抵降罚之数，将现有级纪先抵降级，仍行罚俸。或现有纪录仅敷抵销降级，准其先抵降级仍行罚俸。如现在有纪录不敷抵销降级，先抵罚俸，仍行降级。所议降级俟三年无过，开复。未经开复之先，照所降之级食俸。

一、未由本府议处钦奉特旨降留罚俸之件，毋庸复行请旨抵销。若系特旨交议之案，私罪即于折内声明，毋庸议抵。公罪应于折内声明，例准抵销。可否准其抵销之处，恭候钦定。（不得将特旨交议之案，误作特旨降留、罚俸之件，亦不准其抵销。）

一、因公诖误，遇有议处之案，凡议处官员任内有军功，并随带加级纪录及寻常加级纪录，例准抵销者，于议处时查明。将该员任内所有之加级纪录分别，先将寻常加级纪录抵销，再将军功随带加级纪录议抵。同日到部之案，核其犯事日期先后议抵。系同日犯事，先仅处分重者议抵。其事涉营私及例有专条不准抵销者，于议处本内将不准抵销之处声明。若例无专条，比照议处者，除实系私罪外，其余所比之例虽原有不准抵销字样，仍准抵销。

一、因公诖误，降级留任随案议结者，加级纪录俱准抵销。至降级留任以后，遇有恩诏加级，及议叙加级，俱准抵销。如罚俸案件，续有议叙纪录，亦准抵销。

一、职任兼世职等官，有缘事革去职任仍留世职者，其由世职任内所得加级纪录，仍准其随带。〔3〕

---

〔1〕《兵部处分则例（道光朝）》八旗卷一“降级兼议罚俸分别抵销”条，中国基本古籍库（电子数据资源），第3页。《钦定中枢政考（道光朝）》卷九“加级纪录分别抵销”条，蝠池书院出版有限公司2012年版，第1027页。

〔2〕《钦定王公处分则例（咸丰朝）》“降级兼议罚俸分别抵销”条，蝠池书院出版有限公司2004年版，第391~392页。

〔3〕《钦定王公处分则例（朝代不明）》卷首“降级兼议罚俸分别抵销”条，载杨一凡、田涛主编：《中国珍稀法律典籍续编》（第6册），黑龙江人民出版社2002年版，第317~318页。

前已分析，王公处分议抵与文武官员处分议抵有同有异。若王公兼有职任，在职任中议抵抵时销标准与文武官员相同；若王公无职任，则于世职爵禄议抵是其独有，与文武官员抵销不同。上面不明朝代《钦定王公处分则例》卷首“降级兼议罚俸分别抵销”条所规定的五款内容，均是指导宗人府办理王公议处案件的大原则，何种案件准许抵销，何种不许抵销，何种需要请旨上裁？如何抵销？例无专条比照议处如何适用级纪抵销？兼有职任王公世职内所得级纪在其革去职任保留世职时是否允许随带？可谓考虑周全精细，真非熟悉则例适用者不能道也。

前面可知加一级与纪录四次均可以抵销降一级的处罚，但二者是否允许互换？据笔者所见，有些加级允许转换成纪录，但纪录转成加级尚不确定可否。另外在旗员，因出征立功所得功牌或不敷议给世职之数情愿更换加级纪录者亦有。道光朝《钦定中枢政考》对此均有规定。前者如该书卷九《加级准改纪录》条：“内外旗员遇有罚俸案件，若任内有因事出力钦奉特旨恩赏加级，及交部议叙加级愿改为纪录抵销罚俸者，准其呈明该管大臣咨部，每一级改为纪录四次，照数抵销……至覃恩所加之级不准改抵。”〔1〕但升任之官除随带之加级，“其余一切加级每一级改为纪录一次”。〔2〕很多品级相等的官员补放均照升任官之例加级改为纪录。例如，绿营提督补放八旗都统、各驻防将军八旗副都统补放前锋统领、健锐营前锋校补放委署前锋参领等。〔3〕“其余对品调补各官、本任兼摄各官、委署升衔仍兼本任不开原缺各官任内加级均毋庸改为纪录。”〔4〕升任调任允许加级改为纪录各官若系军政卓异之员，“将卓异查销一并改为纪录”。〔5〕后者如同卷“功牌准换加级纪录”条：“旗员出征立功所得功牌或不敷议给世职之数有情愿送部请换加级纪录者，一等

〔1〕《钦定中枢政考（道光朝）》卷九“加级准改纪录”条，蝠池书院出版有限公司 2012 年版，第 1029~1030 页。

〔2〕《钦定中枢政考（道光朝）》卷九“加级随带”条，蝠池书院出版有限公司 2012 年版，第 983 页。

〔3〕《钦定中枢政考（道光朝）》卷九“旗员品级相等加级改纪”条，蝠池书院出版有限公司 2012 年版，第 987~989 页。

〔4〕《钦定中枢政考（道光朝）》卷九“旗员品级相等加级改纪”条，蝠池书院出版有限公司 2012 年版，第 989~990 页。

〔5〕《钦定中枢政考（道光朝）》卷九“旗员品级相等加级改纪”条，蝠池书院出版有限公司 2012 年版，第 990 页。

功牌一个换给军功加一级纪录二次，二等功牌一个换给军功加一级，三等功牌一个换给军功纪录三次，四等功牌一个换给军功纪录二次，五等功牌一个换给军功纪录一次，即将功牌查销。如遇有降级、罚俸准其抵销。”[1]

探讨至此，仍有一个问题需要解答：官员职任不断流转，或升或降或平调，其原来的加级纪录有的准予抵销处分，有的不准抵销处分，那么不准抵销与抵销剩余级纪在官员职任流转时如何处理？随带还是注销（给还问题容在后面开复捐复再讨论）？

道光朝《钦定中枢政考》“加级随带”和“加级准改纪录”条部分回答了此问题。“加级随带”条规定了升任和世职加级随带情况：“升任各官并满洲侍卫等官补放绿营，查系升任者，原任内所有军功加级准其随带，其曾经奉旨赏给随带之级并议叙，及捐纳所加之级原有随带字样者，仍准随带……如对品调补之官所有一应加级均准带于新任。”[2]“世职所得加级后经补授职任官，其职任品级与世职相等，或较小于世职者，俱准随带；若职任品级较大于世职者，查明应随带者准其随带，应改纪录者改为纪录。至职任所得加级后经承袭世职，无论职任兼与不兼，若世职品级与职任相等，或较小于职任者，查明应随带者准其随带，应改纪录者改为纪录。其佐领所得加级后升参领以上等官，虽仍兼佐领者，亦将加级查明应随带者准其随带，应改纪录者改为纪录。”[3]可见多数均准许随带或改换纪录，唯有捐纳多得加级有的有不许随带之限制。“加级准改纪录”条回答了升任抵销剩余纪录随带问题：“内外旗员……遇升任时查系随带之级所改者，毋论剩有几次，仍准随带。其非随带之级所改者，若在前任抵销过一次二次或三次者，其余概行注销。若所改纪录并未抵销罚俸，只准其以纪录一次带于新任……”[4]如此看来，随带之级改换的纪录效力要比寻常纪录高，允许全额带到新任，寻常纪录如果用过，剩余部分要么注销，要么只准保留一次随带。光绪朝《吏部处分则例》

---

〔1〕《钦定中枢政考（道光朝）》卷九“功牌准换加级纪录”条，蝠池书院出版有限公司2012年版，第1031页。

〔2〕《钦定中枢政考（道光朝）》卷九“加级随带”条，蝠池书院出版有限公司2012年版，第983页。

〔3〕《钦定中枢政考（道光朝）》卷九“加级随带”条，蝠池书院出版有限公司2012年版，第983~984页。

〔4〕《钦定中枢政考（道光朝）》卷九“加级准改纪录”条，蝠池书院出版有限公司2012年版，第1029~1030页。

卷二“级纪给还随带”条对京外各官作上述相同规定时，补有小字但书：“各项升补人员升补咨文到部尚未引见概不准将任内加级改为纪录抵销罚俸。”〔1〕光绪朝《钦定六部处分则例》卷二“级纪给还随带”条则将此小字但书升格成正条一款。〔2〕俱是防范将级纪改换纪录以便带到新任的不良企图。除此之外，二书“级纪给还随带”条亦补有对军功和京察大计降调官员级纪随带的规定：“军功加级不论曾否题明，悉准随带新任。”〔3〕“京察大计降调官员原任内虽有即升卓异及卓异加级不准抵销，亦不准随带，若别项加级纪录不准抵销仍准随带。”〔4〕

另外需说明的是，本部分探讨罚俸、降级与降级兼议罚俸议抵三种情况，其革职无论留任或实革，在文武官员、有职任王公均无抵销之说，在无职任王公则仍以世爵折抵。若将爵职革除，则无从说抵销。若文武官员、有职任王公死亡，一般“毋庸议”，无职任王公世爵继承给后代，更无抵销之数。因此这几种情况均不在本部分讨论范围内。

如此大的篇幅讨论级纪抵销处分，可见其复杂程度。不仅级纪种类多样，效力存在差异，决定主体多元，准否情况纷繁，换算关系复杂，王公身份特殊，以及流转升黜随带情形不一，每一个因素都会影响到一个层面，可以想象此工作之复杂。在实际政治中如何操作呢？谨举笔者所见档案全宗中所载二例，以见级纪抵销处分复杂之一二。

例证一，乾隆五十七年（1792 年）三月二十六日署吏部事常青题为遵议乾隆五十六年（1791 年）各督抚奏报各地方官失察次数依例处分事。

经筵讲官礼部尚书署理吏部事务镶蓝旗汉军都统臣常青等谨题为查议具题事。该臣等议得乾隆四十七年正月二十九日经臣部议奏，各省查禁民间私

〔1〕《吏部处分则例（光绪朝）》卷二“级纪给还随带”条，蝠池书院出版有限公司 2004 年版，第 25 页。

〔2〕光绪朝《钦定六部处分则例》卷二“级纪给还随带”条，文海出版社 1971 年版，第 62 页。

〔3〕《吏部处分则例（光绪朝）》卷二“级纪给还随带”条，蝠池书院出版有限公司 2004 年版，第 25 页。亦见光绪朝《钦定六部处分则例》卷二“级纪给还随带”条，文海出版社 1971 年版，第 61 页。

〔4〕《吏部处分则例（光绪朝）》卷二“级纪给还随带”条，蝠池书院出版有限公司 2004 年版，第 25 页。亦见光绪朝《钦定六部处分则例》卷二“级纪给还随带”条，文海出版社 1971 年版，第 61 页。

铸鸟枪一折内开，臣部向例“失察私造私藏鸟枪处分地方官仅议罚俸一年”，今请严定处分，以儆懈弛。嗣后州县失察一次者降壹级留任，二次者，降壹级调用。该管道府失察所属一次者罚俸一年，二次者降壹级留任。各该督抚于年终汇奏时即将该地方失察次数查参，照甄别教职佐杂之例于年内汇折具奏臣部于汇奏到齐时列为一本议处具题。再，各省有必需鸟枪之州县，其编号鸟枪仍准民间备用。该管官失察私造私藏处分应照旧例随案附参办理。仍令各督抚查明情形具奏存案，以备查核。其余应行查禁地方概令收销。倘收销未尽，一经查出，即照新例一律处分等因具奏奉旨依议。钦此。嗣据直省督抚将应存应禁各地方情形分别覆奏。臣部俱按照折内所奏将各该州县应存应禁之处详细登注册档，以备查核等因各在案。今乾隆五十六年分据各该督抚将各地方官失察次数开参并声明并无失察之员陆续汇奏到部。除山西、湖北、江苏、浙江、江西、广东、广西、陕西、甘肃、云南、贵州各省并无失察之员，山东省蒙阴县并湖南省湘潭县失察各职名均俟各该抚查明参送到日再议。宁乡县知县夏岳已经病故毋庸议，武职失察职名应听兵部查议外，应将失察鸟枪一次之州县官直隶省玉田县知县钱端、署抚宁县事卢龙县知县金际会、安徽省六安州知州杨有源、四川省垫江县知县许祖武、署大竹县事名山县知县七宝、河南省内黄县知县许长浩、福建省漳浦县知县阮曙均照例降壹级留任。查杨有源已升广东肇庆府知府，应于现任内降壹级留任，钱端已经革职，其降级之处应行注册。失察所属鸟枪一次之该管官安徽庐凤道述德、四川忠州直隶州知州吉兴、川东道王启焜、顺庆府知府崔修绅、川北道博纯、河南署彰德府知府事开封府通判叶大奇、彰卫怀道唐侍陛、福建漳州府知府史梦琦、汀漳龙道特克慎、湖南长沙府知府陈嘉谟、护长宝道事长沙府知府潘成栋均照例罚俸一年。查史梦琦已升汀漳龙道，特克慎已升山西按察使，均于现任内罚俸一年。唐侍陛已治丧卸事，陈嘉谟已升江南河库道降调援例开复，述德已降调留省以同知用均应于补官日罚俸一年。查杨有源、金际会、许祖武、阮曙俱有加贰级、七宝有加壹级，许长浩有加叁级，应各销去，加壹级抵降壹级，均免其降级。吉兴有纪录捌次，唐侍陛有纪录贰次，应各销去纪录贰次抵罚俸一年，均免其罚俸。博纯有纪录壹次，应销去纪录壹次抵罚俸六个月，仍罚俸六个月。再查，直隶失察之道府职名未据该督一并开送，仍令该督查明补参到日再行核议。恭候命下臣部遵奉施行。臣等未敢擅便，谨题请旨。

乾隆伍拾柒年叁月贰拾陆日

经筵讲官礼部尚书署理吏部事务镶蓝旗汉军都统臣常青……等人（后23人均署吏部侍郎、郎中、员外郎、主事、行走等衔）

特克慎着于现任内罚俸一年，余依议。〔1〕

总结起来，此案中共有以下几种处罚方式：一是现任内处罚。二是已离原职升任者在现任内处罚。三是革职的议以降级处罚先注册。四是治丧卸事、降调援例开复、降调留省的官员的处罚等到补官日再行处罚。以上四种情形加上有纪录准许议抵，不足者实罚，无纪录的实罚，组合成多少情形？可以想见级纪抵罪一定是吏部、兵部议处工作最重的一宗。

例证二，道光十七年（1837年）五月十四日吏部尚书奕经题为查议大学士长龄等失察生员顶名冒考照例处分事。

经筵讲官吏部尚书步军统领正红旗汉军都统臣宗室奕经等谨题为核议具题事。该臣等议得先准内阁典籍厅移称内阁具奏，道光拾陆年拾壹月叁拾日内阁中书龄福着先行革职，交刑部提同全案人证秉公质讯，务得确情，按律惩办。钦此。查中书龄福于此次考试译汉官胆敢代塔克兴阿冒名入场考试，臣等未能先为觉察均有应得之咎，相应请旨将臣等交部议处。谨奏。道光拾陆年拾贰月初壹日奉旨依议。钦此。相应抄录原奏移会吏部查照办理等因。当经臣部移会内阁典籍厅，将应议职名查明开送过部，再行核办等因，去后，今于道光拾柒年肆月拾捌日准内阁典籍厅移称，除将道光拾陆年拾贰月初壹日具奏之时协办大学士琦善，现任直隶总督协办大学士王鼎告假毋庸开列外，今将本衙门应议职名系大学士长龄、潘世恩、穆彰阿、阮元开送吏部查照办理等因到部。查定例“生员代作枪手顶名冒考等弊如在别处枪冒犯案，原籍教官罚俸壹年”等语，除协办大学士琦善系现任直隶总督协办大学士王鼎系在告假期内，均毋庸议外，此案内阁中书龄福冒名考试大学士长龄等未能先为觉察自请交部议处，应将大学士长龄、潘世恩、穆彰阿、阮元均照失察生员在别处枪冒犯案原籍教官罚俸壹年例罚俸壹年。查长龄任内有军功纪录贰次、寻常纪录肆次，穆彰阿任内有军功纪录叁次、寻常纪录贰拾陆次，长龄、

〔1〕 中国第一历史档案馆：内阁全宗，档案号：02-01-03-07924-018。

穆彰阿应各销去寻常纪录贰次，抵罚俸壹年，免其罚俸。潘世恩任内有寻常纪录壹次罚俸两个月注抵，今议罚俸壹年，连前共罚俸壹年贰个月，应销去寻常纪录壹次，抵罚俸陆个月，仍罚俸捌个月。阮元任内并无纪录抵销。恭候命下，臣部遵奉施行。再，臣部左侍郎桂轮系大学士长龄之子，例应回避未经列衔。此本咨文于肆月拾捌日到部，臣部于伍月拾肆日办理具题，合并声明。臣等未敢擅便，谨题请旨。

道光拾柒年伍月拾肆日

经筵讲官吏部尚书步军统领正红旗汉军都统臣宗室奕经……等人（后17人皆是吏部侍郎、员外郎、郎中、主事等衔）

阮元着罚俸一年，潘世恩着销去寻常纪录一次，仍罚俸八个月。长龄、穆彰阿俱着销去寻常纪录二次，免其罚俸。余依议。[1]

看硃批意见似乎此案处分较简单，但实际上吏部在题请议处时考量的因素或者处断的方面是多于硃批意见的。其一，议处范围不包括奏请处分之时该衙门外任和告假之官；其二，自行请议发生在案发之后，故仍照例议处，并未定性为察议改为减等；其三，有加级纪录者准许议抵，无有级纪实罚；其四，级纪议抵中有的和前所注册合计抵销，不足处仍实罚；其五，有军功纪录、寻常纪录且寻常纪录够此次抵销先用寻常纪录抵销，适用次序俨然。

不得不说，抵销情况非常复杂，在实际适用操作中亦兵部、吏部、宗人府等有处分权职能部门特别大的工作量之一大端。从嘉庆皇帝关于议处适用原则叠降谕旨及对被参职员上司咨送职名加级纪录与议处办理官员重抵漏抵制定法律惩罚亦可见一二。《钦定中枢政考》卷九“议处事件抵销”条分别记录了嘉庆十一年（1806年）五月、十四年（1809年）四月、二十年（1815年）三月发布的三道上谕，既反映出臣工对此复杂繁琐的工作的抵触，欲将怨愆推与皇帝，又透露出皇帝对此洞察与不满，以及对部院议抵的适用和时限、工作次序反复的指导。“嘉庆十一年五月内奉上谕：近来吏、兵二部于议处文武官员例应降调者往往有援引定例仍于折尾声叙应否准抵，请旨定夺，其意不过以部臣原系声明双请，凡从严处分者，系属出自上裁，归怨于朕，朕为天下共主，原应任怨而诸大臣必欲市恩邀誉，其意何居，文武官员

〔1〕中国第一历史档案馆：内阁全宗，档案号：02-01-03-10308-024。

公私罪案处分，如应降若干级及应否留任准抵之处，均有定例可循，部臣自应参酌案情按照定议即或例文有未尽赅备，亦当比照确切酌中定议具奏俟奏上披阅时或其人照例处分本重，经朕特加宽宥，此则恩出自上，其或照例处分较轻而特改从严者，朕必降旨宣示，如果部臣原议于定例并未舛误，朕亦断不加之责备，若将例应严议之案，动以请旨定夺为词，是部臣欲博宽厚之名，而转以严刻归之于上，殊非实心任事之道。嗣后吏、兵二部办理议处案件，务当屏除积习，详细核例，公同悉心定议，不得辄用请旨定夺字样，为调停两可之说。钦此。"〔1〕自此议处事件应否抵销不得双请。〔2〕嘉庆十四年（1809 年）兵部议处上交之成都副都统东林声明抵销办理不妥，受到嘉庆皇帝申饬，认为"殊属非是"，兵部堂官"率行议抵""未免狥情"，遂规定"嗣后再有自行奏请来京者即着照此办理，亦毋庸再交部议"。〔3〕竟剥夺了兵部对此类事件的处分议决权。嘉庆二十二年（1817 年）又因抵销情况复杂，查抵费时，影响公文行转限期，故发谕旨指导议覆声明查抵之次序："嘉庆二十二年三月内奉上谕，向来部院遇有议处事件，每因查被议之员有无加级纪录，以致议奏迟延。嗣后着于奉旨五日之内即行议上，其例不准抵者，于折尾声明，即系应以级纪议抵者亦毋庸先行查计，着于折尾声叙，均系应行议抵之案，可准其抵销请旨遵行，如奉旨不准抵销，毋庸查计，若准其抵销再行查明核办。钦此。(谨遵嘉庆二十二年三月内钦奉谕旨并奏准条例，凡特旨交议及谕令查参议处事件，均分别公私办理。如系私罪于折尾声明，系属私罪，毋庸查抵。若系公罪，于折尾声明可否将级纪抵销之处恭候钦定。至不由部议钦奉特旨降调降留罚俸之件，兵部毋庸复行请旨抵销。)"〔4〕此谕旨后小字标识所奏定则例将嘉庆十四年（1809 年）议处东林之上裁纳入其中。

从嘉庆皇帝对此连下圣旨，无论是从心理推测还是实际操作，都可以看出级纪议抵之复杂费时难办。故而在程序上不得不越来越简省，以减轻工作

---

〔1〕《钦定中枢政考（道光朝）》卷九"议处事件抵销"条，蝠池书院出版有限公司 2012 年版，第 1005~1006 页。

〔2〕《钦定中枢政考（道光朝）》卷九"议处事件应否抵销不得双请"条，蝠池书院出版有限公司 2012 年版，第 1015~1019 页。

〔3〕《钦定中枢政考（道光朝）》卷九"议处事件抵销"条，蝠池书院出版有限公司 2012 年版，第 1007~1008 页。

〔4〕《钦定中枢政考（道光朝）》卷九"议处事件抵销"条，蝠池书院出版有限公司 2012 年版，第 1008~1009 页。

量，节省时间，提高效率。

为保证查抵准确无徇私之弊，则例亦对被议之员上司咨送职名加级纪录与承办抵销官员规定有咨送舛错、重抵、漏抵的处罚。道光朝《兵部处分则例》八旗卷一“参处旗员随案咨送职名加级纪录”条规定得具体而详细，并且直接规定有处罚标准：“武职旗员遇有参处事件，无论题参、咨参，各该上司将被议之员有无兼衔、世职、加级纪录，于何年月日、何任内、何项加级纪录，曾否将纪录于别案注抵罚俸，及佐领是否世袭之处，分晰声明，随案另造妥册送部。至参后复有事故亦即行补报。如有舛错遗漏将承办官罚俸三个月（公罪），转报官罚俸一个月（公罪）。”〔1〕《钦定中枢政考》卷十一“参处旗员随案咨送职名加级纪录”条规定了相同情节，只是在具体罚则上用了指示条款：“如有舛错遗漏，将承办官并转报官均照例分别议处（例载《处分则例》公式门）。”〔2〕此时的规定较为笼统，定罪单一。至光绪朝《吏部处分则例》《钦定六部处分则例》卷二“级纪重抵漏抵”条规定时，在法理上大为进步：“承办抵销降罚事件，如将官员级纪抵过前案又行重抵，后案或应行抵销而漏未查抵，系一时失检者，重抵漏抵，均罚俸两个月（公罪）。因漏抵以致该员降调离任者，除更正外，将承办之员降一级留任（公罪）。如于未经发觉之先自行查出改正者，免议。如系徇情受贿及有意苛刻者，严参究办。”〔3〕此条数行而已，信息量却非常丰富：首先，区分了犯罪的主观因素是故意还是过失。其次，确定结果犯，根据结果确定议处与否，处罚轻重。如果结果严重致人离任，对漏抵之官处罚也比一般未发生严重后果时重得多。二者处罚相差数个等级。如果还没有发生结果未被别人发觉就改正者，免除处分。再次，错办形式包括重抵和漏抵，二者在主观不是故意并且没有发生严重后果时处罚是一样的。但比起来，显然漏抵容易对被议处对象造成不利后果，因此也就格外规定因漏抵而对被议处人员造成不利后果时的重罚。最后，对主观故意犯罪的震慑已然超出此条规定的罪名本身，反映了立法者对

〔1〕《兵部处分则例（道光朝）》八旗卷一“参处旗员随案咨送职名加级纪录”条，中国基本古籍库（电子数据资源），第14页。

〔2〕《钦定中枢政考（道光朝）》卷十一“参处旗员随案咨送职名加级纪录”条，蝠池书院出版有限公司2012年版，第1259页。

〔3〕《吏部处分则例（光绪朝）》卷二“级纪重抵漏抵”条，蝠池书院出版有限公司2004年版，第25页。亦见光绪朝《钦定六部处分则例》卷二“级纪重抵漏抵”条，文海出版社1971年版，第62页。

官吏主观故意犯罪的嫌恶与重罚的态度。

这几条规定既可见级纪抵销之复杂与重要，又可见其对级纪议抵适用落实起的驾护航作用。

2. 限期无罪许开复捐复

与级纪抵销同样复杂且重要的一端即是开复、捐复。从广义上说，开复包括一切复职，也包括捐复。这里将开复、捐复并举，是取开复狭义，即指官员降革以后遵照则例规定正常复职。《钦定王公处分则例》卷首“查例章程”：“若办降留、革留不准抵销处分，查明降革奉旨留任官员计案分别开复专条，以定开复年份，方不舛错。”[1]除照例开复以外，尚有捐复亦是复职途径之一。什么样的罪名或职务准许开复、捐复？什么情况不准？开复、捐复的条件是什么？如何办理？原任、现任及升降之任的处分、级纪如何恢复、给还、随带、流转？这些都是部分本节要探讨的问题。以下分开复、捐复分别讨论。

第一，开复。前面《钦定王公处分则例》“查例章程”所说“降革奉旨留任官员计案分别开复”专条，在多种则例中均有，是照例办理开复的基本条款。它规定了官员降革后正常照例开复的年限以及办理过程。例如，道光朝《兵部处分则例》八旗卷一、绿营卷一“降革奉旨留任官员计案分别开复”条规定：

一、内外大小职任及世职各官，缘事降级留任者，三年无过，开复。革职留任者，四年无过，开复。其议以降级留任者，三年内复有降、革留任案件，议以革职留任；四年内复有降、革留任案件，俱以后降后革之日为始，计满年限，一体开复。

一、部议革职、降调奉旨从宽改为留任官员再遇处分，例应革职降调，复奉旨留任者，其留任出自特恩，开复时应逐案扣算，将前案或三年、或四年扣满，再将后案接扣三年、四年，满日准其一体开复。有数案俱系奉旨留任者，计案扣算。如特旨留任之案，未经限满以前再遇有部议留任之案或先有部议留任之案，未经限满，续有特旨留任之案者，均毋庸逐案扣算。其部

[1] 《钦定王公处分则例（朝代不明）》卷首“查例章程”，载杨一凡、田涛主编：《中国珍稀法律典籍续编》（第6册），黑龙江人民出版社2002年版，第310页。

议之案□（限）[1]满，在特旨留任限满之先，俟扣满特旨留任之案，将部议留任之案一并开复。若部议留任之案限满在后，即俟后案计满年限，准共（其）[2]一体开复。[3]

一、缘事降革留任并钦奉特旨降革留任官员年限已满，经该管大臣声明，该员降革俸银及限内另案降罚各项俸银业经扣缴完结咨请开复者，兵部照例题请开复，仍于题准后移咨户部查核，若降罚俸银曾否扣缴完结之处，文内未经声明者，仍行文户部查核，已经全完者，准其开复；未经全完者，俟该员完缴之日再行开复。

一、降级留任、革职留任之员年限以内遇有罚俸者，如将罚俸银两全数缴完及按季扣完，免其扣除罚俸年月，各按年限计满开复。降革留任各员罚俸银两如有未经全完者按未完银数扣除罚俸年月，其全未扣缴者，全将罚俸年月扣除，俱令开具事实报部详核，题请开复。

一、降级留任、革职留任之员届当开复年限，本官已经声明开复，转详官不为详请，及转详官已经详请，该管大臣不为咨请者，查系转详官或该管大臣有心捺搁，罚俸一年（私罪）。若系遗漏稽延，罚俸六个月（公罪）。若本官隐匿巳（已）[4]身续有降革留任罚俸事故，遽请开复者，除不准开复外，仍罚

[1] 据《钦定中枢政考》及《钦定王公处分则例》补正。见《钦定中枢政考（道光朝）》卷十“降革奉旨留任官员计案分别开复”条，蝠池书院出版有限公司2012年版，第1148页。亦见《钦定王公处分则例（咸丰朝）》“降革奉旨留任官员计案分别开复”条，蝠池书院出版有限公司2004年版，第385页。《钦定王公处分则例（朝代不明）》卷首“降革奉旨留任官员计案分别开复”条，载杨一凡、田涛主编：《中国珍稀法律典籍续编》（第6册），黑龙江人民出版社2002年版，第318页。

[2] 据《钦定中枢政考》及《钦定王公处分则例》补正。见《钦定中枢政考（道光朝）》卷十“降革奉旨留任官员计案分别开复”条，蝠池书院出版有限公司2012年版，第1148页。亦见《钦定王公处分则例（咸丰朝）》“降革奉旨留任官员计案分别开复”条，蝠池书院出版有限公司2004年版，第385页。《钦定王公处分则例（朝代不明）》卷首“降革奉旨留任官员计案分别开复”条，载杨一凡、田涛主编：《中国珍稀法律典籍续编》（第6册），黑龙江人民出版社2002年版，第318页。

[3] 以上两条系《钦定王公处分则例》“降革奉旨留任官员计案分别开复”条包含内容，以下数条无。详见《钦定王公处分则例（咸丰朝）》“降革奉旨留任官员计案分别开复”条，蝠池书院出版有限公司2004年版，第383~385页。《钦定王公处分则例（朝代不明）》卷首“降革奉旨留任官员计案分别开复”条，载杨一凡、田涛主编：《中国珍稀法律典籍续编》（第6册），黑龙江人民出版社2002年版，第318页。

[4] 据《钦定中枢政考》补正。见《钦定中枢政考（道光朝）》卷十“降革奉旨留任官员计案分别开复”条，蝠池书院出版有限公司2012年版，第1149页。

俸一年（私罪）。至后遇有降革案件系在前案年限以外，准其将前案先行开复。[1]

一、官员先任文职后任武职，文职任内降革留任处分限满开复，由兵部核办。先任武职后任文职，其武职任内降革留任处分限满开复移咨吏部核办。”[2]

《兵部处分则例》这一条六款规定向我们透露了这样的信息：其一，开复对象范围既包括文武官员，也包括世职官。其二，开复的重要条件一个是时间，一个是处罚的钱数缴纳扣除是否完成。其三，降调待开复期内再遇处分，采用累加原则计算开复期限。特殊者可超越此累加原则不计。其四，申请开复流程及防治上司抑勒延搁、本任隐匿谎报制定罚则以重其事。其五，文武官职轮任过的官员开复事宜的办理主体机构以最后一任属性为准，文职由吏部办理，武职由兵部核办。其中最重要的还是第二条和第三条，在实践中此二款最为重要。

《钦定中枢政考》卷十“降革奉旨留任官员计案分别开复”条则例内容与此相同，只是次序略有不同，及具体罚则用指示条款“照例分别议处（例载《处分则例》公式门）”规定。[3]另外《钦定中枢政考》该条保留了雍正六年（1728 年）九月上谕一道规定则例第二款内容，即革职降调留任之员复有续降革处分特恩留任如何适用办理。[4]光绪朝《吏部处分则例》《钦定六部处分则例》卷二“开复降留革留”条规定了上述部分条款，或者更为具体到职官，或对其中某些条款如何适用进行举例。后者如对应实革实降官员奉旨留任后又遇实革实降复奉旨留任数案开复时间计算方法举例：“如甲年正月有奉特旨改降调为降留之案，应扣至丁年限满，而乙年十月又有一案则当于丁年正月前案限满之日再起扣。乙年十月改为降留之案至庚年正月后案限满

〔1〕《兵部处分则例（道光朝）》绿营卷一“降革奉旨留任官员计案分别开复”条仅有以上数条，后一条无，疑原版有，转录时漏录。详见《兵部处分则例（道光朝）》绿营卷一“降革奉旨留任官员计案分别开复”条，中国基本古籍库（电子数据资源），第 169~170 页。

〔2〕《兵部处分则例（道光朝）》八旗卷一、绿营卷一“降革奉旨留任官员计案分别开复”条，中国基本古籍库（电子数据资源），第 12~13、169~170 页。

〔3〕《钦定中枢政考（道光朝）》卷十“降革奉旨留任官员计案分别开复”条，蝠池书院出版有限公司 2012 年版，第 1145~1151 页。

〔4〕《钦定中枢政考（道光朝）》卷十“降革奉旨留任官员计案分别开复”条，蝠池书院出版有限公司 2012 年版，第 1145 页。

之日方准一并开复。其由革职改为革留四年限满开复者亦仿此。"[1]前者近似第五款规定，但直接针对地方官、督抚、司道府、在京堂司各官。[2]光绪朝《吏部处分则例》《钦定六部处分则例》卷二另有"开复降调革职"条则规定了数条道光、咸丰、同治等朝陆续增订的条款：

一、外官缘事降革后经本案开复令该督抚出具考语送部引见，其引见后奉旨准其开复原官人员应比照钱粮开复准其留任留省之例分别办理（例载"催征"门）。道光二十九年十月初七日奏定（新增）。

一、降调革职官员不应开复，该督抚滥行保题奉旨交议者，将该督抚降一级留任（私罪）。如将应行开复官员遏抑不为题请者，亦降一级留任（私罪）。

一、降革人员或尚未保奏开复或开复之案已驳，或行查尚未议准，或开复之案已准，仍饬令补缴银两；如续有劳绩保举令该员将前案曾否开复有无准驳自行详细呈明，于保案内声叙以便稽查。如不呈明前案，致后案朦混照准，一经发觉照规避例革职（私罪）。同治五年十二月二十五日奏定。

一、私罪降革人员投效军营保奏开复并请免缴捐复银两，系奉旨允准者即钦遵办理，系奉旨交议者仍令分别补缴加五、加倍、加倍半捐复银两，俟银两缴清给咨送部引见，其开复后续有劳绩暂行存记，俟引见时一并声明。咸丰二年九月三十日奏定。

一、降革人员开复后续因劳绩保奏仍于清单内将开复之案详细注明，以凭核办。如并未开复有案遽保官阶随时奏请撤销，毋庸另给奖叙。[3]

---

[1]《吏部处分则例（光绪朝）》卷二"开复降留革留"条，蝠池书院出版有限公司2004年版，第29页。光绪朝《钦定六部处分则例》卷二"开复降留革留"条，文海出版社1971年版，第67页。

[2]"官员限年开复之案，该督抚务将年限内该员有无降罚之案逐一查明咨部详核。倘不扣查清楚即为咨请开复，将督抚罚俸六个月；转详之司道府等官罚俸一年（俱公罪）。其在京官员由该堂官出咨者，堂官照督抚例议处。若本员呈请开复而上司有勒措不行者，将勒措之员罚俸一年（私罪）。如本员自未扣清遽行呈请开复亦罚俸一年（私罪）。"《吏部处分则例（光绪朝）》卷二"开复降留革留"条，蝠池书院出版有限公司2004年版，第30页。光绪朝《钦定六部处分则例》卷二"开复降留革留"条，文海出版社1971年版，第67~68页。

[3]《吏部处分则例（光绪朝）》卷二"开复降调革职"条，蝠池书院出版有限公司2004年版，第26~27页。光绪朝《钦定六部处分则例》卷二"开复降调革职"条，文海出版社1971年版，第63~64页。

这数款规定虽然文字表述与上述条款不相同但其例意仍一脉相承，强调遵从办理程序、时间扣足罚银缴足、防治抑勒与错办朦混、特例允捐、开复注明等数种情形。二者互为发明，显示了开复之重要性非同小可。今天的研究者也不可轻忽视之。

以上系对降留、革留正常照例开复的适用，尚有戴罪图功官员开复、审虚错降开复及无级可降微员开复适用专条。

道光朝《兵部处分则例》八旗卷一、绿营卷一“开复戴罪图功”条适用于戴罪图功官员另立军功、原案盗贼全获、逢赦题明即予开复情形：“凡戴罪图功各官或另立军功，或将原案盗贼全获，或遇赦者，题明即准开复，若三年之内原案盗贼拿获及半、地方安静并无罪过者亦准其开复。”〔1〕无级可降之微员或甫经任事未定贤平之员降革是否留任开复及其限期长短端在考察平时居官好坏。〔2〕

降革后著有劳绩亦是开复的重要条件。现在所见，一般因著有劳绩开复，均与捐复银两有关，故留待下面捐复讨论。请往参见。

除了上述真实犯罪受降革处分以外，有时还会出现错罚或故意诬参审虚而其员已离原职，此种情形如何开复？在乾隆二十四年（1759年），兵部议准题请开复参革台拱营参将郑纯等人之事即属此情，亦是针对错罚诬参审虚开复制定则例之缘起。实属关系吏治之一大情节。〔3〕且由此制定了“原参降

---

〔1〕《兵部处分则例（道光朝）》八旗卷一、绿营卷一“开复戴罪图功”条，中国基本古籍库（电子数据资源），第13、170页。道光朝《钦定中枢政考》卷十目录有“开复戴罪图功”条目，但正文缺失。详见《钦定中枢政考（道光朝）》卷十目录及“检举处分”条，蝠池书院出版有限公司2012年版，第1097、1153、1113页。

〔2〕“内外骁骑校以下无级可降等官如缘事应行降级留任者，仍议以降级留任三年无过开复；因公应行降级调用者，如在三级以内，兵部行查该管大臣将该员平日居官如何之处出具切实考语声明送部，兵部于议覆本内将居官好者议以革职留任三年无过开复。平常者议以无级可降照例革职。如议处之员甫经任事尚未定其贤否，该管大臣声明到部，议以暂行留任，令该管大臣试看一年，如能供职效力报部注册，于奉文试看之日扣限起至三年无过开复；如不能供职效力即行参革，如因私罪议以降级调用及一案内所降调之级过于三级者即行革职，不准留任。或已经革职留任未经开复，又遇别案降调即行革任；如遇降级留任之案仍准其留任逐案开复。”《兵部处分则例（道光朝）》八旗卷一“微员因公降调行查居官”条，中国基本古籍库（电子数据资源），第14页。亦见《钦定中枢政考（道光朝）》卷十“微员因公降调行查居官”条，蝠池书院出版有限公司2012年版，第1143~1144页。

〔3〕“乾隆二十四年十一月内奉上谕，兵部议准题请开复参革台拱营参将郑纯等应照例引见。该员始以侵扣营私经原任总督恒文参革发审，及该抚周人骥审明定谳，实系因公挪移，以限内全完免罪题结。夫因公挪移其去侵冒甚远，今定案得实，则原参之诬罔可知。封疆大臣表率属员，其责綦重，

革官员分别开复”条款，防止再发生类似审虚诬参致人离职或抑勒不得开复的冤情：

一、被参革职发审之员，本案审系全虚者，俱声明奏请开复，不得称已经革职毋庸议；完结，如革职发审之员先经别案降革者，本案审虚，止将审虚之案开复，其前案应降应革之处不得概予开复。其先经别案革职留任、降级留任者，本案审虚，亦止将审虚之案开复，补官之日，仍将从前降革留任之案带于新任。至原参重罪审虚而该员尚有轻罪应降级罚俸者，该总督、巡抚等[1]将该员原参革职之案，随本声请开复，按其所犯轻罪，应降级者降级，应罚俸者罚俸。原任内所有加级纪录等项应抵销者仍准抵销。[2]

一、提督、总兵挟嫌参奏属员革职，审讯，承审官审明所参重款全属虚罔者，将该提督、总兵革职（私罪）。查系该管上司挟嫌诬报者，将诬报上司革职（私罪）。[3]

一、凡武职官员被参革职发审者，审系全虚，其案已结，将被参之员声请开复。倘该上司有意苛驳，不为题请，经本人赴部告理，查核得实，除将本人照例题请开复外，将有意苛驳不行题请之大臣降二级调用（私罪）。若案已审属全虚，该大臣及承审官仅止拘泥原参不即声请开复者，将一级留任（公罪）。其重款审虚，因尚有轻罪应议，未经题请开复者，毋庸议处。如所

(接上页）倘于平日意所不惬者，或因事捏搆重款，登诸白简，以冀耸听，即审属全虚，而其人去官涉讼，经年沉滞，已抱不平之冤，在原参者转得以风闻未确、立身无过之地。可乎？且即事经昭雪，例当复职而上官又或拘牵斥驳，无可控诉，其情尤属可悯！即如此案，设非爱必达为之奏请开复，该员等岂不终于废斥乎？嗣后各省督抚等参劾属员务在虚公持正，悉心体访，固不得姑息市恩，亦岂容挟嫌诬奏！倘有所参重款一加审讯全属子虚者，将原参之人作何议处？至审案已结，该员例得开复而督抚不为题请……钦此。（分别议处各条俱详载《处分则例》公式门。）”《钦定中枢政考（道光朝）》卷十“原参降革官员分别开复”条，蝠池书院出版有限公司 2012 年版，第 1155~1157 页。

〔1〕 道光朝《兵部处分则例》八旗卷一“原参降革官员分别开复”条规定的是将军、都统、副都统参奏属员情况。详见《兵部处分则例（道光朝）》八旗卷一“原参降革官员分别开复”条，中国基本古籍库（电子数据资源），第 13 页。

〔2〕 道光朝《钦定中枢政考》卷十“原参降革官员分别开复”条只有此一条则例，以下诸款均无。详见《钦定中枢政考（道光朝）》卷十“原参降革官员分别开复”条，蝠池书院出版有限公司 2012 年版，第 1157~1158 页。

〔3〕 道光朝《兵部处分则例》八旗卷一“原参降革官员分别开复”条规定的是将军、都统、副都统挟嫌参奏属员情况。详见《兵部处分则例（道光朝）》八旗卷一“原参降革官员分别开复”条，中国基本古籍库（电子数据资源），第 13 页。

控虚捏不实，将本人交刑部照例治罪。

一、承审之员因原参上司已经去任，有意审虚，使参员幸图开复者，革职（私罪）。或原参重罪全属虚罔，承审官回护原参上司不行审雪有心锻炼者，革职（私罪）。并有重款虽已审虚捋撦一二轻款以实之代原参掩饰者，照徇情例降二级调用（私罪）。[1]

一、被参革职发审之员本案审虚奏请开复并因公挪用银两革职，监追限内交赃免罪，及因公缘事降革留于地方效力，案犯未获缉人员如续立功绩，并缉获本案之犯，总督、巡抚核其功过相抵请旨开复者，千总以上官员均令该总督、巡抚出与考语，送部引见。其引见时，外海水师官员应请旨仍发往原省，以原官补用。内河水师及陆路官员副将以下卫千总以上或仍发往原省，以原官补用或留部选用之处，恭候钦定。营千总请旨仍发回原省，以千总补用。把总外委微员应请开复之案，兵部核与定例相符者题请开复，毋庸送部引见。"[2]

与前面列举的条款多为规定标准、办理程序、考核要件多适用正常开复案件不同，本处所列条款针对的开复对象离职原因完全是审虚诬告，从这一点上看，此数款具有纠错机制属性，针对不正常原因且为错误做法造成严重后果的行为的补救措施及其程序。这个意义上又有指导属性，对未来的操议处权者未尝不是一种防范、警示。此为此五款多重意义所在。

误揭属员是常被引用的则例条款，可见其情较为常见。如属员被误揭如何开复与上述条款实有互为发明之用。光绪朝《吏部处分则例》《钦定六部处分则例》卷二"误揭人员开复分别办理"条："误被揭参官员后经查明开复，如该员未经离任，即准其仍留本任；若员缺到部业经拟补有人，于尚未引见之先即已开复者，亦准其仍留本任；如原缺拟补之人已经引见奉旨则令新任官前往赴任，将原任官留省候补，毋庸送部引见。至误被揭参之员久离本省始行查明开复者，该员已无任可回，其在州县以上则令原籍督抚给咨送部引

〔1〕 道光朝《兵部处分则例》八旗卷一"原参降革官员分别开复"条规定的是承审官回护原参大臣情况。另八旗卷一"原参降革官员分别开复"条规定至此，比绿营卷一"原参降革官员分别开复"条少下面一款。详见《兵部处分则例（道光朝）》八旗卷一"原参降革官员分别开复"条，中国基本古籍库（电子数据资源），第13页。

〔2〕《兵部处分则例（道光朝）》绿营卷一"原参降革官员分别开复"条，中国基本古籍库（电子数据资源），第170~171页。

见；系佐杂等官则令原籍督抚验看给咨，仍赴原省补用。”[1]此条规定可与上面五款互相参看、互相发明，唯此条规定从结果犯着眼，误揭之后会发生几个阶段不同结果，对如何对误揭人员开复安置作了细致周密的规定。

开复案件是吏部、兵部办理较多的案件，谨就二部各举一开复例，再举一不准开复例，以观实效。

例一：吏部承办恩诏开复。道光十七年（1837年）七月初八日吏部尚书奕经题为查核各省因公挂误革职留任应行开复各官事。

经筵讲官吏部尚书步军统领正红旗汉军都统臣宗室奕经等谨题为查核具题事。该臣等议得，先准礼部咨称，道光拾伍年拾月初拾日钦奉恩诏内开内外官员有因公罣误革职留任处分者，该部查明奏请开复等因。钦此。当经臣部行文各该衙门，将应行开复职名于文到叁月内造册送部，臣部奏请开复，如例有展参者仍于钦奉恩诏之日另行起限，俟扣满例限查参到日照例议处等因在案。今据直隶总督、福建、巡抚、广西巡抚等衙门将应行开复职名咨送到部。查现据咨送到部之前任直隶丰润县告病典史傅廷松等革职留任处分，臣等查系例无展参之案，并非因私获咎，核与钦奉恩诏内开因公罣误奏请开复条款相符，理合缮写清单恭呈御览，伏候钦定。俟命下之日臣部遵奉施行。臣等未敢擅便谨题请旨。

道光拾柒（?）年柒月初捌（?）日

经筵讲官吏部尚书步军统领正红旗汉军都统臣宗室奕经……等人（后15人皆是吏部侍郎、员外郎、郎中、主事等衔）

单并发。[2]

此案较为简单，遇有恩诏符合恩诏内条款即可奏请开复。这里提到两种情况：第一种，如果例有展参的情况，恩诏颁下之日就可以重新起算期限日期，等扣满以后再照例办理。第二种，如果不是展参情况，原来的降调处罚也不是因为私罪，那么与恩诏内条款相符就可以题请办理开复。此也与《吏

---

〔1〕《吏部处分则例（光绪朝）》卷二“误揭人员开复分别办理”条，蝠池书院出版有限公司2004年版，第30页。光绪朝《钦定六部处分则例》卷二“误揭人员开复分别办理”条，文海出版社1971年版，第68页。

〔2〕中国第一历史档案馆：内阁全宗，档案号：02-01-03-10314-007。

部处分则例》卷二“恩诏议叙加级准抵前案降留”条、道光朝《钦定中枢政考》卷九“因公降级留任罚俸案件抵销”条规定相符。

例二：兵部照例办理开复。道光二年（1822 年）九月二十九日兵部尚书那清安为安徽巡抚孙尔准将安徽省嘉庆二十五年（1820 年）分东流县未完佃欠稻石业已征收全完所有原议处分题请开复兵吏两部核准开复事。

兵部等部经筵讲官兵部尚书臣那清安等谨题为续完马稻开复处分事。兵科抄出，安徽巡抚孙尔准将安徽省嘉庆贰拾伍年分东流县未完佃欠稻石业已征收全完，除饬变价造报完结外，所有原议降俸壹级处分应请开复照例具题等因，道光贰年陆月拾陆日题捌月拾壹日奉旨，该部查议具奏。钦此。钦遵。抄出到部。兵部随定稿于捌月贰拾日，会吏部准，吏部于玖月初柒日会回，又于初捌日仍将原稿咨送吏部更改事故准，吏部于拾伍日将会稿咨送到部，该臣等会议得，安徽巡抚孙尔准将安徽省嘉庆贰拾伍年分东流县未完佃欠稻石业已征收全完，除饬变价解司报拨，所有原议降俸壹级处分应请开复，理合照例具题等因。具题前来。查安徽省嘉庆贰拾伍年分征收马田租稻，如有佃欠未完稻石按未完分数，于奏销案内将经征、接征、督征各职名附疏题参，会同吏部照盛京旗地奏销未完议处例按照分数议处仍以具题之日为始，勒限壹年照数全完，如有限内照数征收完结准其开复等语。查该省嘉庆贰拾伍年分马田租稻奏销案内佃欠未完稻石之经征、接征、督征各职名，先据该抚附疏分别题参，经兵部会同吏部按照盛京旗地未完议处例分别核议各在案，兹据该抚疏称东流县未完贰拾伍年分佃欠稻壹百玖拾陆石肆斗陆升伍合玖勺业已征收全完，除饬变价批解照例题请开复等情。兵部核与该年马稻奏销案内该县佃欠数目相符，应令该抚照例变价报明户部拨用。所有东流县改教知县王吉士嘉庆贰拾伍年分原奉部议降俸壹级戴罪督催，照例题请开复之处。吏部查定例“钱粮未完各官参后续报全完者将该员原参议处之案题请开复”等语，应将续报全完之前任东流县改教知县王吉士原议降俸壹级戴罪督催之案照例准其开复。再此本吏部咨文于玖月拾伍日到部，贰拾玖日具题恭候命下，兵部行文该抚并吏部、户部一体遵奉施行。此案系兵部主稿合并声明。臣等未敢擅便谨题请旨。

道光贰年玖月贰拾玖日

经筵讲官武英殿总裁兵部尚书管理光禄寺事务镶黄旗汉军都统臣那清

安……等人（后33人均是兵部郎中员外郎等衔）

依议。[1]

此案涉及多个部门，其办理开复较为复杂。综合要点，可得如下认识：其一，开复对象虽系知县但原降原因系马稻征收即属八旗军务，故开复题请主体是兵部。其二，办理依据在《兵部处分则例》中没有规定，须咨取《吏部处分则例》规定适用。其三，补足续征租佃要交到户部，故是否足数需经户部核准。所以此案系兵部主稿行文，会同吏、户二部办理。另外该开复对象戴罪图功，其开复条件及其办理程序均符合《吏部处分则例》与《钦定六部处分则例》卷二“级纪抵销次第”条第四款规定。可见兵部完全是适用则例规定办理该案。

例三：不准开复。乾隆五年（1740年）七月二十五日大学士兼吏部尚书张廷玉题为遵议原署安徽庐江县知县高式矩开复事。

经筵讲官太保保和殿大学士三等伯兼管吏部尚书事加拾贰级臣张廷玉等谨题为微员效力年久呈请查案援例开复事。吏科抄出，原署江南总督郝玉麟题前事，内开该臣看得原署庐江县知县留南委用人员高式矩，系雍正伍年奉旨以知县委署试用之员，因初署无锡县任内相验不实降贰级调用例得叁年无过开复。今据苏州布政使徐士林、江宁布政使包括等详称，原署庐江县知县高式矩丁忧回籍服满来江，查办蒙城、太和两县赈务，前后效用柒载，据请援照现署石埭县知县陶士偰降调留南委用效力无过请题开复之例呈请前来。查现署石埭县知县陶士偰于镇洋县任内降陆级留南委用，因系无级可降，比照肆年无过开复之例，业蒙题准在案。今高式矩系降贰级例得叁年无过开复。该员于雍正捌年拾贰月差委效力起扣除闲空候委及丁忧并给假回籍各年月，应于雍正拾叁年陆月内叁年届满历俸差委均无贻误，续奉委署金坛、庐江贰县印务，继闻讣丁父忧回籍，服满来江，详请开复前来，臣覆查无异，臣谨会同苏州抚臣张渠、安庆抚臣陈大受合词具题，伏乞皇上睿鉴，敕部议覆施行。谨题请旨。乾隆伍年陆月拾柒日题，闰陆月初拾日奉旨该部察议具奏。钦此。于乾隆伍年闰陆月拾壹日抄出到部。该臣等议得原署江南总督郝玉麟

〔1〕中国第一历史档案馆：内阁全宗，档案号：02-01-02-2805-010。

疏称，原署庐江县知县留南委用人员高式矩系雍正伍年奉旨以知县委署试用之员，因初署无锡县任内相验不实降贰级调用例得叁年无过开复。今据苏州布政使徐士林等详称，原署庐江县知县高式矩丁忧回籍服满来江，查办蒙城、太和两县赈务，前后效用柒载，据请援照现署石埭县知县陶士偰降调留南委用效力无过请题开复之例呈请前来。查现署石埭县知县陶士偰于镇洋县任内降陆级留南委用，因系无级可降，比照肆年无过开复之例，业蒙题准在案。今高式矩系降贰级例得叁年无过开复。该员于雍正捌年拾贰月差委效力起扣除闲空候委及丁忧并给假回籍各年月，应于雍正拾叁年陆月内叁年届满历俸差委均无贻误，续奉委署金坛、庐江贰县印务，继闻讣丁父忧回籍，服满来江，详请开复前来，臣覆查无异，相应具题等因前来查原署庐江县知县高式矩，该署督虽称该员于雍正捌年拾贰月差委效力起扣除闲空候委及丁忧并给假回籍各年月，应于雍正拾叁年陆月内叁年届满历俸差委均无贻误，援照署石埭县知县陶士偰降调留南委用效力无过开复之例题请开复等语，但查陶士偰先于原任江苏镇洋县任内因征收芦课未完等案降陆级调用，经升任总督尹继善奏请该员为人谨慎，才具可用留于江省差遣效力，酌量委用，奉硃批照该督所请，着留江省酌量委用，钦遵在案。续经升任巡抚赵国麟题请署理石埭县知县，臣部查，陶士偰由知县降陆级调用系无级可降之员，今题请委署知县应比照肆年无过开复之例题请开复再行实授。又据升任总督那苏图以该员奉文留南已经陆年有余，历经差委，并无过愆题请开复。臣部将该员罚俸月日照例扣除，已逾肆年之限，与开复之例相符，准其开复在案。今原署庐江县知县高式矩前署无锡县任内相验不实降贰级调用，奉旨问督抚，好降级从宽留任，平常奏闻。捌年柒月奉旨，该督既称平常，照部议降调。钦此。是该员系业经降调之员例应照所降之级候补，且该员并未奏准留江与署石埭县知县陶士偰奏准留江委用照肆年无过开复之例不符。应将该署督所请高式矩开复之处毋庸议。恭候命下，臣部遵奉施行。臣等未敢擅便，谨题请旨。

乾隆伍年柒月贰拾伍日

经筵讲官太保保和殿大学士三等伯兼管吏部尚书事加拾贰级臣张廷玉……等人（后19人均是吏部侍郎、郎中、主事、行走衔）

依议。[1]

---

〔1〕 中国第一历史档案馆：内阁全宗，档案号：02-01-03-03802-007。

此案涉及比照前例适用的情形。故需将案中开复对象的情况与比照案例中开复对象的条件加以对比，决定是否可以援引照办。经比对，并不相同，故最终不准开复。结果说来简单，但其分析过程实复杂有趣，不妨探析一下。前案开复对象的条件：一是降六级调用，无级可降；二是总督认为是有用之才，奉文差委留在南方当地有六年时间之久，且无过愆，扣除罚俸日期也满四年以上，故按照则例规定比照四年无过开复题请委授实职。而本案中开复对象虽经七年，扣除丁忧等日期也超过三年、四年期限，但因其只是降二级调用，不是无级可降，且督抚评价平常，未被奏准留江，所以最后不能比照援引题请开复，要按照所降之级候补。需要指出的是，这两案发生在雍正朝和乾隆朝早年，其时尚未制定相应则例条款，故案中并无依据查定例记载之语，皆题请上裁决定，只是后案题请者可以援引比照他认为前面曾有的相似案件题请，究竟能否允许援引尚待吏部审核、皇帝决定。

第二，捐复。官员降革之后欲复职除照则例规定正常开复以外，亦有通过捐缴银两复职的途径，称为捐复。捐复途径在官员抵罪复职、增加国家收入等方面均有利处，故捐复在官员复职办理中占有重要比重。因其除了利处，对吏治亦有很多弊端，所以对其规范格外细致。

在兵部和吏部《处分则例》中都有针对捐复办理的基本适用条款。道光朝《兵部处分则例》八旗卷一、《钦定中枢政考》卷十“降革人员分别捐复”条对武职官员能否准许捐复作了基本规定：

一、内外武职降调、革职旗员除一二品大员不准捐复外，三品以下有情愿捐复者，在部具呈兵部查核缘事原案，凡事属因公情节稍轻，俱准其捐复，其事涉营私情节较重者俱不准捐复。

一、军政参劾及随时以□（阙）[1]冗懈弛等语参劾者，不准捐复。

一、原议永不叙用者不准捐复。

一、降调后业经补官者不准捐复。

一、情愿降等报捐者仍听其便。

---

〔1〕 笔者据《兵部处分则例（道光朝）》绿营卷一、《钦定中枢政考（道光朝）》卷十“降革人员分别捐复”条补，详见《兵部处分则例（道光朝）》绿营卷一“邻境获犯酌减议处”条，中国基本古籍库（电子数据资源），第 173 页。《钦定中枢政考（道光朝）》卷九“邻境获犯酌减议处”条，蝠池书院出版有限公司 2012 年版，第 1171 页。

一、降革人员呈请捐复原官已经奏驳，后以降等报捐者，准其报捐。如所犯原案有奸赃贪婪、行止不端等情仍不准降捐。

一、内外武职降级留任、革职留任，旗员除一二品大员不堆（准）捐复外，其余人员降级、革职留任例无展参，事属因公有情愿捐复者俱准其随时逐案报捐具呈户部，移咨兵部要（核）明案由，俱准其捐复，咨覆收捐后，知照兵部汇题销案。

一、部议降调革职奉旨从宽留任或奉旨留任给与年限开复人员，均照捐复寻常降革留任银数酌加十分之五一概准其报捐。如部议降革奉旨仍以原官补用，将降革之案带于新任，并降调、革职后经该管大臣奏留人员亦照此例办理。

一、侍卫及銮仪卫〔1〕因公降级留任、革职留任人员有情愿捐复者，俱准其随时逐案报捐。

一、武职缘事降革人员呈请捐复，无论应准应驳，俱核明情节具奏请旨遵行。〔2〕

一、革职有余罪人员仍查原案情节分别准驳具奏，如系问拟笞杖已经赎免者照革职捐复银数酌加十分之二，未经赎免者酌加十分之三。轻徒已竣者酌加十分之五；满徒已竣及军台已满换回、赎回者酌加十分之六，原拟军流赎免者酌加十分之八，原拟新疆已经放回、赎回者，加倍如在军营出力奏准捐复原官者酌加十分之五，其仅止捐复原衔，并降捐职衔仍照本例报捐，毋庸令其加等〔3〕(银两数目详载户部捐例内)。”〔4〕

---

〔1〕 道光朝《兵部处分则例》绿营卷一“降革人员分别捐复”条此处系对汉侍卫作出规定。见《兵部处分则例（道光朝）》绿营卷一“降革人员分别捐复”条，中国基本古籍库（电子数据资源），第173页。

〔2〕 道光朝《兵部处分则例》绿营卷一“降革人员分别捐复”条此处后接着规定：“至奏准捐复人员自营卫千总以上者带领引见，其把总以下微弁毋庸引见。”见《兵部处分则例（道光朝）》绿营卷一“降革人员分别捐复”条，中国基本古籍库（电子数据资源），第173页。

〔3〕 此条款与光绪朝《吏部处分则例》《钦定六部处分则例》卷二“捐项加成”条相同。见《吏部处分则例（光绪朝）》卷二“捐项加成”条，蝠池书院出版有限公司2004年版，第38页。亦见光绪朝《钦定六部处分则例》卷二“捐项加成”条，文海出版社1971年版，第80页。

〔4〕《兵部处分则例（道光朝）》八旗卷一“降革人员分别捐复”条，中国基本古籍库（电子数据资源），第14~15页。《钦定中枢政考（道光朝）》卷九“降革人员分别捐复”条，蝠池书院出版有限公司2012年版，第1171~1175页。

归纳而言，其一，武职中枢大员不准捐复，其余允许捐复。以三品为界，三品以下允许捐复，一二品不准。其二，原处分案件系出于公事、情节较轻，许捐复；若因私情节较重不许。其三，降革留任处分一般均听捐复。其四，捐复出于情愿。其五，捐复捐银可以超出标准，所捐之官可以较原任降等，但有些官职最高准许捐至原任等级。其六，微官可随时申请捐复，不受限制。其七，已补官或事犯贪婪、不胜任、永不叙用等原因不准捐复。其八，捐银与报呈销案由户部和兵部配合操作。其九，最后裁决权仍归皇帝。列举本不易穷尽，但能考虑这么多层面说明非常重视也非常慎重对待捐复一事。

道光朝《兵部处分则例》绿营卷一“降革人员分别捐复”条除了对以上情形有所规定以外，还有数条补充：

一、降革人员奉旨引见后仍照部议降革者，其原案情节本属因公，该员既踊跃急公，有心报效，亦准其一体报捐补用。

一、降革人员应将续参降革注册各案分别报捐，如具呈时漏报，续参降革处分核明该总督巡抚查参日期，在该员未经离任之先者，应将漏报之案令其加倍报捐，如系该员离任以后，兵部查明档册指出准其逐案报捐。

一、捐复人员定例于具呈时均令其呈明有无欠项，及完欠若干，由户部查系例限已逾或未逾，而数在三百两以下者即令照数全缴方准报捐。其有欠数较多，尚在例限以内者，准其先行报捐，仍将未完银两着落该员按照年限如数全完，一面知照兵部。倘逾限不完，已选者，即行解任，未选者，停其铨选。若报捐时将欠项隐匿不行声叙，事后别经发觉，将所捐之官注销，仍照隐匿例治罪。〔1〕

此补充条款性质亦较相近，前一款扩大准许捐复范围，后二款均是指向办理报捐对银钱标准的把握。第一款向众人表示皇帝对捐复的认识，认为是急公、报效，貌似嘉奖之意，实只是装点之辞，鼓动捐钱之意在，嘉奖认识却无。后两款对银钱数额的重视正反映了朝廷筹钱的真实心态。结合当时背景及以后操作，诚是更重视如何便于筹到银钱而已。〔2〕

---

〔1〕《兵部处分则例（道光朝）》绿营卷一“降革人员分别捐复”条，中国基本古籍库（电子数据资源），第173~174页。

〔2〕 非是今日认识如此，当年薛允升亦有如是慨叹。

光绪朝《吏部处分则例》《钦定六部处分则例》卷二“捐复降留革留”条和“捐复原衔”条，以及“捐复人员准许核办条款”“不准捐复条款”“加倍半不准捐复十三条”等条款构成文职官员捐复办理的基本款项。“捐复降留革留”条规定文官也是降革留任处分照例或特旨留任处分酌加方准捐复，且翰詹科道藩臬以下才准捐复，以上级别不准，呈请吏部、户部共同办理。〔1〕需要强调的是，奸赃不法的官员在捐复中受有限制，不能捐复原衔，也不能捐虚衔。捐原衔及其以上的也不能铨选补用。〔2〕

吏部对准予核办的文职官员捐复事件也有详细条款可以遵照办理，概括言之，主要包括这样几大类情形准予核办。第一类：身份适格例，允许核办。如翰詹科道藩臬以下品级的官员或废员赏衔。第二类：原降处罚之案所犯情节因公不重，准许核办。第三类：降捐、改捐，允准办理。第四类：宗室原系地方职任仍捐复地方职任由部办理，若改捐京官，移交宗人府办理。第五类：加成捐复、漏叙报捐需请旨听上裁。〔3〕

---

〔1〕“内外降级留任、革职留任人员除翰詹科道藩臬以上革职留任不准捐复外，其余革留、降留人员有情愿捐复者，俱令随时呈明户部移咨吏部核明，系例无展参之案，俱准其逐案报捐，俟收银知照到部附入汇题查销。若原议系实降、实革奉旨从宽留任者，或奉旨留任而限年开复者，以及送部引见人员奉旨仍以原官用，将降革之案带于新任者，均照寻常捐复之例，酌加十分之五一体准其报捐销案，附入汇题。”《吏部处分则例（光绪朝）》卷二“捐复降留革留”条，蝠池书院出版有限公司2004年版，第39页。亦见光绪朝《钦定六部处分则例》卷二“捐复降留革留”条，文海出版社1971年版，第82页。

〔2〕“一、内外降革离任等官有情愿捐复原衔者，吏部核明案由除实系奸赃不法者不准捐复外，其余俱准其报捐。凡例准捐复原衔者，并准捐至原衔以上俱不准其铨选补用。一、京察大计六法人员止因不能临民莅事究无奸赃情罪，准其捐复原衔，不准捐至原衔以上，亦不准其铨选补用。一、革职发遣废员如有报捐虚衔者，除实犯奸赃不法者不准报捐外，其余俱准其照常例报捐虚衔，仍不准其捐至原衔以上，亦不准其铨选补用。”《吏部处分则例（光绪朝）》卷二“捐复原衔”条，蝠池书院出版有限公司2004年版，第39页。亦见光绪朝《钦定六部处分则例》卷二“捐复原衔”条，文海出版社1971年版，第82~83页。

〔3〕“一、降调革职人员内官自翰詹科道以上、外官自藩臬以上仍照例不准捐复原官外，其余内外各官一切失防失察凡属因公获咎情愿呈请捐复者准予核办。一、废员迎銮祝嘏奉旨赏给职衔呈请捐复原官者准予核办。一、外官因公被议奉旨送部引见仍照部议降革呈请捐复原官者准予核办。一、科道因公降革呈请改捐部署编检因公降革呈请改捐中书者准予核办。一、捐复原官业经奏驳呈请降捐、改捐及由科目出身呈请捐入教职者准予核办。一、奉特旨加级纪录不准抵销之员不敢捐复原官呈请降捐、改捐者，准予核办。一、除实犯赃私奸伪等款呈请捐复仍即议驳外，其过误犯罪连累致罪情节尚轻者准予核办。一、宗室道府降革后呈请捐复道府原官者由部查核案情分别准驳，如请捐京职者由宗人府核办。一、除实犯奸赃不法在十三条不准捐复降捐之列者呈请捐复即行驳斥外。其有常例所不准捐复而情节尚有可原者分别降调人员准其加五，革职人员准其加倍具呈吏部详核案情开具清单随时奏

光绪朝《钦定六部处分则例》此条内容比之光绪朝《吏部处分则例》多出两款新增规定：

一、降捐业经捐复原官及降捐已补实缺之员毋庸再议外，如先行加成降捐及仅捐原衔，并降捐职衔者续行呈请捐复改捐，务须声明原案由户部咨行臣部分别加成、加倍、加半，方准捐复原官。设有捐至原官以上者，亦应查照筹饷定例，先令捐复原官始准捐升，以免牵混，而示区别。倘该员于加成降捐及仅捐职衔之后续行捐复改捐并不声明原案，至捐后自行检举呈明补缴，核明情节应准其捐复原官者，照不应重公罪律降二级留任。如系始终隐匿，至得缺时别经发觉，照不应重私罪律降三级调用。庶足以杜趋避取巧之私，而于筹饷定例亦相符合矣（新增）。[1]

一、官员失察亏短库项革职已将赔项交清而奉旨仍行革职者不准捐复。如奉旨赏有官职人员准其报捐，其曾任大员外官，止准 其捐至道员，京官止准其捐至郎中，科道准其对品改捐。其原任郎中、道府以下等官均各准其捐复降捐（新增）。[2]

除予以核办捐复之外还有不准捐复条款。光绪朝《吏部处分则例》《钦定六部处分则例》卷二“不准捐复条款”条概括总结了八种不准捐复的情形：第一种，降调处分原案情节较重；第二种，已经补官；第三种，废员受恩得以再用；第四种，威胁皇城安全办盗不力；第五种，奉旨不准；第六种，例载失察邪教致使发生滋事重案；第七种，地方官改捐同等级别京官；第八种，

（接上页）明请旨。如奉旨准其捐复，即行知户部案照例定银数加成收捐。一、各项降革例准捐复降捐人员，在外捐输，如该员原犯案由漏未声叙，系邻省督抚无从查核原案者，该督抚免其失察处分，将本员分别遗漏之轻重酌量议处。系本省督抚本有案卷可核者，折内如有漏叙，将本员与督抚分别议处，并将该员等降革原案漏叙情节之处分晰奏明，应否准其报捐恭候钦定。至该员等如有续降续革之案应照离任未离任定例，令其逐案报捐，及逐案加倍报捐州县以上各员捐项交清后由该督抚给咨送部引见。”《吏部处分则例（光绪朝）》卷二“捐复人员准予核办条款”条，蝠池书院出版有限公司2004年版，第32~33页。亦见光绪朝《钦定六部处分则例》卷二“捐复人员准予核办条款”条，文海出版社1971年版，第70~72页。

〔1〕光绪朝《吏部处分则例》卷二“降捐人员捐复改捐”条规定了此条内容中的部分内容。详见《吏部处分则例（光绪朝）》卷二“降捐人员捐复改捐”条，蝠池书院出版有限公司2004年版，第37页。

〔1〕光绪朝《钦定六部处分则例》卷二“捐复人员准予核办条款”条，文海出版社1971年版，第71页。

贿和。以上八种皆不准捐复。[1]光绪朝《钦定六部处分则例》除了将“官员失察亏短库项革职……不准捐复”条纳入“捐复人员准予核办条款”条，其他条款俱有外，还有以下数条类似《兵部处分则例》规定武职不准捐复条款补充，如奸赃不法、大计不称职、永不叙用等，另有添加不同者包括私罪赎免、确定改降、承审失入死刑而囚犯已被处决三种情形。[2]

光绪朝《吏部处分则例》和《钦定六部处分则例》卷二“加倍半不准捐复十三条”条规定有十三种情形加倍半亦不准捐复降捐，其条目与上述归纳有三种不同——有关名伦、吸食鸦片或身家不清的案件，失守城池、丰工缘事降革的案件，挟妓女优伶革职的案件。其余十款皆类同，不外前所归纳种类。[3]

上述准予捐复和不准捐复条款将同类事件归并规定，较为系统，便于翻查适用，避免了道光朝《钦定中枢政考》分条规定查询之苦。此为后世法律一大进步，也是适用的一大方便。

---

〔1〕“一、公罪中情节较重者不准捐复（如滥差毙命、因公派敛之类）。一、降调后已经补官者不准捐复。一、废员蒙恩录用者不准捐复。一、近京五百里内疏防盗案特参革职者不准捐复。一、官员失察亏短库项革职已将赔项交清而奉旨仍行革职者不准捐复（如奉旨赏有官职人员准其报捐。其曾任大员，外官止准捐至道府，京官止准其捐至郎中）。一、失察邪教酿成滋事重案系例不准抵者不准捐复。嘉庆二十四年十二月二十四日奉上谕……嗣后凡降调道员呈请改捐郎中降调知府呈请改捐员外郎者，吏部无庸奏请，俱照此例概行批驳。钦此。咸丰十年五月初二日奉上谕……嗣后各直省参员诬告上司者，除立案不行外，其有钦派大员审讯因诬告而罪应拟流徙者均不准赎罪。因贿和而被议革职者，亦不准捐复，以儆官邪而惩刁健。钦此。”《吏部处分则例（光绪朝）》卷二“不准捐复条款”条，蝠池书院出版有限公司 2004 年版，第 34~35 页。亦见光绪朝《钦定六部处分则例》卷二“不准捐复条款”条，文海出版社 1971 年版，第 73~74 页。

〔2〕“一、奸赃不法事涉营私者不准捐复。一、京察大计劾参各官及随时以阘冗懈弛等罪劾参者不准捐复。一、曾拟私罪后经赎免者不准捐复。一、革职永不叙用者不准捐复。一、承问故入人罪及失入斩绞而囚已决者不准捐复。一、外官送部引见奉旨改用京职及指明以何官降补者不准捐复。”光绪朝《钦定六部处分则例》卷二“不准捐复条款”条，文海出版社 1971 年版，第 73~74 页。

〔3〕“一、凡特旨降调革职者不准捐复、降捐。一、休致人员不准捐复、降捐。一、凡实犯奸赃酷虐不法者不准捐复、降捐。一、凡承问故入人罪及军流等犯错拟斩绞凌迟而囚已决，及因滥刑毙命擅受酿命降革者不准捐复、降捐。一、凡京察大计及随时甄别降调革职并指明以何官降补暨外官送部引见奉旨改用京职者俱不准其捐复、降捐。一、凡案关伦纪名节及吸食鸦片烟身家不清革职者不准捐复、降捐。一、军营失守城池降革人员及丰工缘事降革者不准捐复、降捐。一、凡降革人员案情过重例止准其捐复原衔降捐虚衔者不准捐复、降捐。一、凡事涉赃私听受书吏嘱托革职者不准捐复、降捐。一、凡因收受陋规革职者不准捐复、降捐。一、凡因挟妓挟优革职者不准捐复、降捐。一、凡因借端勒派、肆意诛求、罔念民瘼、致酿事端革职者虽无婪赃入己情事亦不准捐复、降捐。一、永不叙用人员不准捐复、降捐。”《吏部处分则例（光绪朝）》卷二“加倍半不准捐复十三条”条，蝠池书院出版有限公司 2004 年版，第 35~36 页。亦见光绪朝《钦定六部处分则例》卷二“加倍半不准捐复十三条”条，文海出版社 1971 年版，第 75~76 页。

捐复主要是通过缴银实现复职，其各官需缴银数标准规定在户部捐例内。但有些捐复条件亦与劳绩有关，尤其是涉及军事职任。关于缴银、劳绩捐复事宜，则例中规定有复杂的适用条款。

光绪朝《吏部处分则例》《钦定六部处分则例》卷二“失守人员开复分别劳绩次数”条对劳绩次数纪录及其附加银两允许捐复层次标准作了规定：

一、州县及同城知府捕盗等官失守城池革职减等议罪后戴罪留营人员，再次得有劳绩方准免罪，由刑部知照吏部暂行存记。三次得有劳绩给予虚衔顶带；四次得有劳绩准其开复免罪。留营人员再次得有劳绩给予虚衔顶戴（带）；三次得有劳绩准其开复。均令补缴加倍半捐复银两，不准奏请免缴。其例应引见之员俟捐项缴清给咨送部引见。至戴罪免罪留营各员必须克敌陷阵战功卓著方准保奏。其办理文案筹办粮饷等项寻常劳绩不准滥行保奏。

一、同城之道员及佐贰官失守城池革职无余罪者，如准其留营，督同克复，给予虚衔顶带；再有劳绩准其开复。均令补缴加倍捐复银两。至不同城之知府革职无余罪、不同城之道员例止降调。如准其留营督同克复著有劳绩，经该督抚奏报到日即予开复，亦令补缴加倍捐复银两，不准奏请免缴。其例应引见之员，俟捐项缴清给咨送部引见。

一、分防各官本无城池可守，如所辖地方猝被贼扰焚劫官署特参革职复能随同剿捕奏请开复原官者，准其开复，仍令补缴加倍捐复银两，不准奏请免缴。如该督抚声明所辖地方并无被贼滋扰请免置议者，应准免议。[1]

失守发遣人员积有劳绩保奏开复亦类似办理。[2]加倍半不准捐复人员寻

---

〔1〕《吏部处分则例（光绪朝）》卷二“失守人员开复分别劳绩次数”条，蝠池书院出版有限公司2004年版，第27~28页。光绪朝《钦定六部处分则例》该条在三款下分别标有“同治五年正月二十八日奏定”“同治二年十二月十四日奏定”“咸丰十一年十月 十六日奏定”字样，见光绪朝《钦定六部处分则例》卷二“失守人员开复分别劳绩次数”条，文海出版社1971年版，第64~65页。

〔2〕“失守发遣人员奏准释回复奏留在戍得有劳绩，准其保奏，给予虚衔顶带；再有劳绩准其保奏开复，仍饬令补缴加倍半捐复银两，不准奏请免缴。俟银两缴清给咨赴部引见。（此项人员必扣足三年之限始终出力，不得因偶有劳绩遽请开复。如非该员实能始终奋勉出力，该处办事实在需员，不得滥请留戍，预为保奏虚衔及开复原官地步。至发遣释回未经留戍已回籍者，得有寻常劳绩，不得援以为例。）”《吏部处分则例（光绪朝）》卷二“失守发遣人员保奏开复”条，蝠池书院出版有限公司2004年版，第29页。光绪朝《钦定六部处分则例》该条标有“同治三年七月十六日奏定”字样，见光绪朝《钦定六部处分则例》卷二“失守发遣人员保奏开复”条，文海出版社1971年版，第66页。

常劳绩不准保奏开复。[1]同治元年（1862年）因御史吕序程奏明制定了休致和永不叙用人员不允许随便被滥行保奏或是被代请捐复的规定。[2]

在军营获咎降革人员因奋勉立功保奏开复可以免缴捐复银两，但另案开复则不免缴："原在军营获咎降革人员旋因奋勉立功保奏开复准其免缴捐复银两。其另案降革后留营效力或投效军营者仍令补缴捐复银两。"[3]

捐复银两缴纳例有专条。

光绪朝《吏部处分则例》《钦定六部处分则例》卷二"捐复开复缴银"条先对守城降罚、私罪投效军营得有劳绩被保奏开复以及仅先遇缺如何缴纳加成加倍银两、如何逐层补缴减半银两作了较为具体的规定。[4]

缴纳银两与捐复人员铨选复职升任关系重大，则例制定有详细条款规定了缴纳人员范围、办理程序、定限延展期限与缴纳后铨选操作：

一、呈请捐复人员，吏部核明应准应驳，每月开单汇奏一次，将奉旨准其捐复者知照户部案（笔者注：同按）限收捐，户部于给照后知照吏部将州县以上官带领引见，教职佐杂等官无庸带领，并移付文选司照例铨补。

一、捐复人员自奏准奉旨之日起限三个月内将捐项上库（封印日期准其扣展）。倘逾限不交即行扣除不准捐复。如限内实因患病不能持银上库，系旗

〔1〕则例条款："凡加倍半不准捐复人员非军功劳绩不准保奏开复。"见《吏部处分则例（光绪朝）》卷二"加倍半不准捐复人员寻常劳绩不准保奏开复"条，蝠池书院出版有限公司2004年版，第36页。光绪朝《钦定六部处分则例》该条标有"同治元年正月二十日奏定"字样，见光绪朝《钦定六部处分则例》卷二"加倍半不准捐复人员寻常劳绩不准保奏开复"条，文海出版社1971年版，第76页。

〔2〕《吏部处分则例（光绪朝）》卷二"休致永不叙用人员不准滥入军营保奏开复"条，蝠池书院出版有限公司2004年版，第36页。亦见光绪朝《钦定六部处分则例》卷二"休致永不叙用人员不准滥入军营保奏开复"条，文海出版社1971年版，第77~78页。

〔3〕《吏部处分则例（光绪朝）》卷二"军营获咎人员开复免缴银两"条，蝠池书院出版有限公司2004年版，第28页。光绪朝《钦定六部处分则例》该条标有"咸丰五年四月初三日奏定"字样，见光绪朝《钦定六部处分则例》卷二"军营获咎人员开复免缴银两"条，文海出版社1971年版，第66页。

〔4〕"一、城池并未失守而地方被贼滋扰及地方失守本无城池降革人员，如得有劳绩，经督抚大臣保奏开复者，但令补缴加倍捐复银两，不准奏请免缴。一、失守被扰降革人员保奏开复，并仅先遇缺等项，除令其分别加成补缴捐复银两外，其仅先遇缺等项，并令逐层补缴减半银两，俟银两缴清给咨送部引见。一、私罪降革人员投效军营系常例不准捐复，而情节尚有可原者，如先行捐复降捐，续有劳绩保奏仅先遇缺等项，免其补缴银两。如未经捐复降捐得有军务劳绩保奏开复，除令其分别加成补缴捐复银两外，其仅先遇缺等项并令逐层补缴减半银两。俟银两缴清给咨送部引见。"《吏部处分则例（光绪朝）》卷二"捐复开复缴银"条，蝠池书院出版有限公司2004年版，第28页。亦见光绪朝《钦定六部处分则例》卷二"捐复开复缴银"条，文海出版社1971年版，第65~66页。

员，应由该旗佐领出具图片验报，系汉员由兵马司验报，吏、户二部有案者，准于呈报病痊之日起勒限二十日内上库。如又逾限不交，亦即扣除不准再展。至病痊后补缴捐项与依限上库者不同，其铨补班次自应量为区别。如州县以上系曾任实缺之员，引见时奉旨仍发原省者，则于到省后扣满一年方准补缺；奉旨照例用应归部选者，则于到班时扣选一次，俟再到班时方准铨选。其适用人员仍发原省者，亦于轮补到班时再扣足一年方准题署。至候选人员及例不引见之教职佐杂均照此办理。〔1〕

期限关乎开复计算时日，故特别重要。该条款不仅有正常缴纳的期限规定，还为缴纳者考虑到不测因素，准许宽展。

光绪朝《钦定六部处分则例》同条补有二款：一是嘉庆二十二年（1817年）四月十日上谕，不准先捐复后引见，不引见者请督抚代为观看；二是外省捐复人员就近交银，若奉旨照例用者由督抚决定是否奏留原省或给咨赴部。〔2〕道光朝《兵部处分则例》八旗卷一“捐复人员捐项上库定限”条与道光朝《钦定中枢政考》卷十“捐复人员捐项定限”条亦规定了其中部分条款。〔3〕

申请报捐不仅按时限缴清银两，还包括呈明续降、续革与有无欠项，〔4〕以及地方官员不能由督抚奏请捐复，只能由其详叙案由。〔5〕

捐复与普通开复或升迁调动有不同的后果，例之所举包括不得戴原翎、

---

〔1〕《吏部处分则例（光绪朝）》卷二“捐复人员交银定限”条，蝠池书院出版有限公司2004年版，第38~39页。亦见光绪朝《钦定六部处分则例》卷二“捐复人员交银定限”条，文海出版社1971年版，第80~81页。

〔2〕光绪朝《钦定六部处分则例》卷二“捐复人员交银定限”条，文海出版社1971年版，第81~82页。

〔3〕《兵部处分则例（道光朝）》八旗卷一“捐复人员捐项上库定限”条，中国基本古籍库（电子数据资源），第16页。《钦定中枢政考（道光朝）》卷十“捐复人员捐项定限”条，蝠池书院出版有限公司2012年版，第1191~1192页。

〔4〕此二款在道光朝《兵部处分则例》绿营卷一“降革人员分别捐复”条中，见注281。在光绪朝《吏部处分则例》《钦定六部处分则例》则为单独则例条款。详见《吏部处分则例（光绪朝）》卷二“捐复人员呈明续降续革”条与“捐复人员呈明有无欠项”条，蝠池书院出版有限公司2004年版，第36~37页。亦见光绪朝《钦定六部处分则例》卷二“捐复人员呈明续降续革”条与“捐复人员呈明有无欠项”条，文海出版社1971年版，第78~79页。

〔5〕督抚不准奏请见《吏部处分则例（光绪朝）》卷二“降革人员不准由该督抚奏请捐复”条，蝠池书院出版有限公司2004年版，第37~38页。详叙案由见光绪朝《钦定六部处分则例》卷二“外省捐复人员详叙案由”条，文海出版社1971年版，第79~80页。

回原省、留省留营三项。捐升人员特别议处之处在第八部分讨论，请参看，此处先略谈一下则例所举三种情形。

光绪朝《吏部处分则例》《钦定六部处分则例》卷二“另案开复及捐复人员不准戴用原翎”条系由同治四年（1865 年）形成规制之条，规定了捐复人员佩戴翎子的规范：“官员缘事降调并未奉旨拔去原翎者，一品至五品仍准戴用花翎，六品至从九品未入流仍准戴用蓝翎。其大员降至六品以下并凡革职人员一概不准戴用原翎。如因本案开复，或奉特旨赏还，并续有军功，经该大臣督抚奏请开复原翎者，均仍戴用。至另案开复或捐复原官不准仍戴，亦不准随案声请。”[1]此规定可见捐复人员地位不尊，在方方面面均有反映，不止升迁受限，在礼仪待遇上也有略低情形。

在同卷上一条“私罪降革捐复不准仍赴原省”条规定有因私罪降革捐复之员不准回原省复职：“私罪降革捐复人员如系曾任实缺应归部选者，遇到班时毋庸掣原省之缺。其从前未经得缺例应回省人员概不准仍赴原省，其私罪降捐及虽系公罪情节较重者（滥差毙命、因公派敛）照此办理。各该员报捐时如不声明降革缘由，径行指捐原省即照朦混捏饰例承办。”[2]光绪朝《钦定六部处分则例》卷二“加倍半不准捐复人员不得因有劳绩保留原省（新增）”条：

一、因公罣误奏请开复人员准其保留原省。至大计降革及随时甄别并凡加倍半不准捐复之员概不得因有劳绩保留原省。如经该大臣督抚保奏已奉旨允准应仍奏请撤销。

一、私罪人员不在加倍半不准捐复条款之内由劳绩开复保留原省，系奉旨交议者仍不准留省；奉旨允准者即钦遵办理。

---

〔1〕 光绪朝《吏部处分则例》系将该则例条款与同治四年（1865 年）上谕合并一条在“另案开复及捐复人员不准戴用原翎”之下，《钦定六部处分则例》则将上谕放在“另案开复及捐复人员不准戴用原翎”条，则例条款单独列为“捐复翎枝”一条。详见《吏部处分则例（光绪朝）》卷二“另案开复及捐复人员不准戴用原翎”条，蝠池书院出版有限公司 2004 年版，第 33~34 页。光绪朝《钦定六部处分则例》卷二“另案开复及捐复人员不准戴用原翎”条与“捐复翎枝”条，文海出版社 1971 年版，第 72~73 页。

〔2〕《吏部处分则例（光绪朝）》卷二“私罪降革捐复不准仍赴原省”条，蝠池书院出版有限公司 2004 年版，第 33~34 页。光绪朝《钦定六部处分则例》卷二“私罪降革捐复不准仍赴原省”条下标有“咸丰十年闰三月二十二日奏定”字样，详见光绪朝《钦定六部处分则例》卷二“私罪降革捐复不准仍赴原省”条，文海出版社 1971 年版，第 77 页。

一、失守城池及丰工缘事降革人员列于加倍半不准捐复条款之内如由劳绩开复保留原省，系奉旨允准者，即钦遵办理，仍令补缴减半留省银两。奉旨交议者仍不准留省。如先经奏准留营或奏准暂行留任续经保奏留省者，应即准其留省，毋庸补缴留省银两。其汛地被扰革职之员一律办理。同治六年五月十五日奏定。〔1〕

降革人员一般不允许留原省，为防止夤缘谋复，此种考量出于吏治需要，除非是确有专才，蒙督抚赏识奏请留省差委襄助，但最终决定权仍然在皇帝手中，从这三条可明确看出。当然皇帝决定前也会询问督抚该员表现以确定去留，这一点在前面开复一节所引案例“乾隆五年七月二十五日大学士兼吏部尚书张廷玉题为遵议原署安徽庐江县知县高式矩开复事”有例证。总之，留省与否关乎吏治，皇帝比其他官员更关心、更用心。

最后还要说明一点，捐复只适用职任，不适用世爵，因此王公在世职方面处分后只有开复，并无捐复一途。

3. 议叙议处仅就一任

俗语云：“铁打的衙门，流水的官。”官员时常处于升降对调，以及一身兼任数职的状态，一案如何议叙议处？在此变动中确立一种原则非常重要。雍正皇帝对此确立了一人一案一任议叙议处的原则。光绪朝《吏部处分则例》《钦定六部处分则例》卷一“事仅一案只就本任内议叙议处”条：“雍正十一年二月初十日奉旨依议，此本内黄廷桂议叙之处，该部照例于总督任内议叙，又于署提督任内议叙，但拿获赌具仅一案，以一人而两处议叙，未免重复。宪德、黄廷桂俱着纪录二次。嗣后有似此一人而兼数任者，遇有议叙事件，若仅止一案只就一任内议叙，如遇有处分事件，亦只就一任内处分。将此永著为例。钦此。”〔2〕道光朝《兵部处分则例》八旗、绿营卷一、《钦定中枢政考》卷十“议叙议处止就一任”条未录圣旨，直接规定有则例条款：“官员有一人而兼数任者，若事属一案，遇有议叙止就一任内议叙；遇有议处止就

〔1〕 光绪朝《钦定六部处分则例》卷二“加倍半不准捐复人员不得因有劳绩保留原省”条，文海出版社1971年版，第76~77页。

〔2〕《吏部处分则例（光绪朝）》卷一“事仅一案只就本任内议叙议处”条，蝠池书院出版有限公司2004年版，第6页。亦见光绪朝《钦定六部处分则例》卷一“事仅一案只就本任内议叙议处”条，文海出版社1971年版，第30~31页。

一任内议处。"[1]

此原则首先确认了现任内多种兼任中的议叙议处界限，分晰权责范围，避免重复议叙议处。结合"级纪随带"等原则即可分疏流转任之间的权责。无论横向兼任还是纵向流转接任，均是一人一案一任议叙议处原则。

七、特殊人群处分

世界有成住坏空，人有生老病死。官员、土司首领作为人的属性也符合这个自然规律。但官员、土司首领也有其职位、身份的特殊性，以及职任任免升降的流转性特点。在则例适用过程中必须将这两种情况考虑进来。概括而言，即是因职位身份特殊性而特殊处分与因职位身份处于特殊状态而特殊处分。

1. 因职位身份特殊性而特殊处分

有些职位身份本身具有特殊性，因此需适用单独规定。主要包括以下几种情形。

第一，宗室。宗室王公本有世职，一般兼有职任，其处罚与普通官员不同，在前"级纪抵罪"部分中已有论述。其兼任职任若遇降革适用乾隆五十六年（1791 年）五月初四日之上谕。[2]承办陵寝事务之贝子公等处分与此类似。[3]

第二，职任兼世职降革处分。在普通旗员中有的人亦有世职和职任相兼。遇有降革如何处分？道光朝《兵部处分则例》八旗卷一、《钦定中枢政考》卷九"职任兼世职降革处分"条规定了旗人关于职任和世职如何换算、分别处置的适用情形：

一、职任官兼世职若有犯贪污、行止不端、因私罪革职者应一并革退。

---

〔1〕《兵部处分则例（道光朝）》八旗、绿营卷一"议叙议处止就一任"条，中国基本古籍库（电子数据资源），第 9、168 页。《钦定中枢政考（道光朝）》卷十"议叙议处止就一任"条，蝠池书院出版有限公司 2012 年版，第 1125 页。

〔2〕田涛、郑秦点校：《大清律例》卷四"文武官犯公罪"条，法律出版社 1999 年版，第 90 页。

〔3〕《吏部处分则例（光绪朝）》卷二"贝子公等处分"条，蝠池书院出版有限公司 2004 年版，第 14 页。亦见光绪朝《钦定六部处分则例》卷二"贝子公等处分"条，文海出版社 1971 年版，第 46~47 页。

其世职该旗奏请另袭。若因公罪及照溺职例革职者，所兼世职应否存留，该旗具奏请旨，其因私罪应议降级调用者应一并议降所兼世职，每一级折罚世职半俸三年，议抵降级多者以次递增，免其降调世职。若因公罣误，于职任内议降，毋庸议及世职。革职留任者系由何任议处，即停何任之俸，所剩之职尚有余俸，仍行给与；降级留任者系由何任议处，即照何任品级扣俸。

一、职任官阶较大于世职者，由职任因私罪议降，所降之级不及世职品级者，毋庸议罚世职半俸。应降及世职者，按所降之级议罚世职半俸。其世职品级与职任相等或较大于职任者，遇职任内私罪议降，均按所降之级折罚世职半俸。

一、职任兼世职等官有缘事革去职任仍留世职者，其由世职任内所得加级纪录仍准其随带。〔1〕

此规定适用有世职兼任职任的旗人，与王公宗室处分近似，比之简略。至于汉世职处分与此基本相同。〔2〕

第三，文武兼职。文官由吏部管理，武职由兵部管理，若文武职兼有则需特别规定如何处理。道光朝《兵部处分则例》八旗卷一、《钦定中枢政考》卷九“文武职任兼衔降革处分”条：“武职兼任文职，若有犯贪污、行止不端、因私罪革职者，不论何任事发，将文武职衔一并革退。若因公罪照溺职例革职。及奉特旨革退者，查系武职任内之事，所兼文职应去应留，吏部具奏请旨；系文职任内之事，武职应去应留，兵部具奏请旨。其因私罪降级调用应一并议降；若因公罣误系武职任内之事就武职议降，文职任内之事就文职议降，应否留其兼衔之处，该部声明请旨。”〔3〕

---

〔1〕《兵部处分则例（道光朝）》八旗卷一“职任兼世职降革处分”条，中国基本古籍库（电子数据资源），第8~9页。《钦定中枢政考（道光朝）》卷九“职任兼世职降革处分”条，蝠池书院出版有限公司2012年版，第1049~1051页。光绪朝《吏部处分则例》《钦定六部处分则例》卷二“世职兼职任官处分”与此规定相近，详见《吏部处分则例（光绪朝）》卷二“世职兼职任官处分”条，蝠池书院出版有限公司2004年版，第15页。亦见光绪朝《钦定六部处分则例》卷二“世职兼职任官处分”条，文海出版社1971年版，第47~48页。

〔2〕《兵部处分则例（道光朝）》绿营卷一“汉世职补用营员降调处分”条，中国基本古籍库（电子数据资源），第178页。

〔3〕《兵部处分则例（道光朝）》八旗卷一“文武职任兼衔降革处分”条，中国基本古籍库（电子数据资源），第8页。《钦定中枢政考（道光朝）》卷九“文武职任兼衔降革处分”条，蝠池书院出版有限公司2012年版，第1045~1046页。

第四，领催族长兵丁等。道光朝《兵部处分则例》八旗卷一、《钦定中枢政考》卷十“领催族长议处通例”条规定了罚俸降级与鞭责数目的换算与革退等情，其中具体换算标准已于前文第一部分“鞭刑”中引用：

一、领催族长兵丁等遇有处分，除例有正条载明鞭责数目者照例遵行外，如仅称照例折鞭责者，犯应罚俸一个月之案鞭一十……降三级调用以上及革职留任并革职之案，俱鞭一百。其应否革退之处，除例内载明革退者照例遵行外，如例内并未载明革退字样，凡公罪革职之案仍留当差，私罪革职之案即行革退。至领催族长等得有注册纪录者，如犯公罪鞭责准其以所得注册纪录□次抵销鞭责四十。如犯私罪鞭责，虽有注册纪录亦不准其抵销。

一、八旗领催及兵丁身兼族长遇有应行议处之案即视骁骑校所得处分，均照例分别折鞭责发落。如族长系官仍照骁骑校处分。[1]

目前所见，鞭刑适用于旗人，特别说明且明确规定鞭责标准的即是此条对待领催、族长、兵丁。

第五，军营官员。军营官员管理与普通文武职员相比有其特殊性，允许先注册后罚俸：

一、派往军营官员遇有议处如例应罚俸者，准先注册，于事竣后补行罚俸；如应降留、革留者亦注册，仍案（笔者注：同按）年限题请开复；其有应降级调用者，准带所降之级仍留军营效力，事竣后该营官出具考语，送部引见请旨；若系例应革职之案，吏部即于议处本内将该员应否留营效力之处声明请旨，如准其留营效力亦俟事竣之日该管官出考给咨送部引见请旨。凡准留营效力之应实革实降官员俱暂免其开缺，仍照原缺支食俸饷，以资养赡。

一、伊犁、乌噜木齐、巴里坤三处驻防额缺大臣官员遇有降革罚俸等项处分毋庸注册，统照内地官员一律定议。[2]

一、官员处分事关军务，惟失守城池统带兵勇所得处分不准查抵，其余

---

〔1〕《兵部处分则例（道光朝）》八旗卷一“领催族长议处通例”条，中国基本古籍库（电子数据资源），第 11~12 页。《钦定中枢政考（道光朝）》卷十“领催族长议处通例”条，蝠池书院出版有限公司 2012 年版，第 1133~1135 页。

〔2〕光绪朝《钦定六部处分则例》卷二“军营官员处分”条仅包含上述两款，见光绪朝《钦定六部处分则例》卷二“军营官员处分”条，文海出版社 1971 年版，第 50~51 页。

因公处分仍照例准其抵销。[1]

本来先注册后罚俸与内地官员比是特殊管理，但对于军营人员却是常态管理，反倒是后面两款与内地官员基本一致，在军营边疆却是例外。

道光朝《兵部处分则例》八旗卷一、《钦定中枢政考》卷九“议处出师屯种人员”等条规定与之类似。[2]

第六，捐升人员。捐升人员官职与正常升调官职有差别，所以对其有特殊规定，捐升之衔在遇有处分时可否使用，并不是如正常升调官员以离任为判断依据，而是以是否取得交代文结报部为依据：“凡现任各官援例捐升报捐离任后已取有交代文结报部，即系实已离任候选之员，遇有降调处分应照捐升品级降调。如虽捐离任尚未有交代文结报部，仍系现任官，遇有降调处分，概不准照捐升品级降调。”[3]

第七，土官。土官与流官不同，因此土官管理系属特殊。光绪朝《吏部处分则例》《钦定六部处分则例》卷二“土官处分”条规定了土官犯罪议处的具体适用条款：

一、土官处分应降一级、二级、三级调用者，止降一级留任；应降四级、五级调用者，止降二级留任；应革职者，止降四级留任。如遇贪酷不法等罪，仍行革职。其余因公罣误例应革职等罪俱免革职，止降四级留任。

一、土官罚俸、降俸、降职等处分俱案（笔者注：同按）其品级计俸罚米，每俸银一两罚米一石（广西省仍照例罚银）。[4]

---

〔1〕《吏部处分则例（光绪朝）》卷二“军营官员处分”条，蝠池书院出版有限公司 2004 年版，第 17 页。

〔2〕详见《兵部处分则例（道光朝）》八旗、绿营卷一“议处出师屯种人员”条，中国基本古籍库（电子数据资源），第 6~7、166 页。《钦定中枢政考（道光朝）》卷九“议处出师屯种人员”条，蝠池书院出版有限公司 2012 年版，第 1071~1079 页。

〔3〕《吏部处分则例（光绪朝）》卷二“捐升人员处分”条，蝠池书院出版有限公司 2004 年版，第 31 页。亦见光绪朝《钦定六部处分则例》卷二“捐升人员处分”条，文海出版社 1971 年版，第 84~85 页。

〔4〕《吏部处分则例（光绪朝）》卷二“土官处分”条，蝠池书院出版有限公司 2004 年版，第 20 页。亦见光绪朝《钦定六部处分则例》卷二“土官处分”条，文海出版社 1971 年版，第 53~54 页。

2. 因职位身份处于特殊状态而特殊处分

除上述官职本身具有特殊性以外，还有官员本人或职任流转等特殊状态，亦与正常情况不同，因此适用的则例条款也有不同。主要包括以下几种情形。

第一，老病支食半俸王公处分。王公系宗室贵族，享有一定特权及其保障，老病支食半俸王公尤其如是："凡老病支食半俸王公，遇有前在职任内犯贪劣营私等项款迹，仍行核办外，至罚俸、降、革留任等项，俱免其查议。若前任有应降调处分，即按前任职任品级，每级扣俸若干，于王公半俸内计扣，拟照降级留任例，三年开复。应行革职者，即照前任职任品级，每级扣俸若干，于王公半俸内计扣，拟照革职留任例，四年开复。"〔1〕

第二，大衔借补小缺人员处分。大衔借补小缺情况较为特殊，这样的人员遇到处分适用光绪朝《吏部处分则例》《钦定六部处分则例》卷二"大衔借补小缺人员处分"条规定："系照原衔升转者，仍照原衔降调。其原有虚衔准其随带降调之任。倘现缺无级可降即行革任，仍给与所余职衔，不准铨选。至计参才力不及、浮躁等官无论是否照原衔升转，概照现缺降调。"〔2〕

第三，有承缉督缉未完案件升调离任官员处分。承缉、督缉是地方官员一大责任，最易因此得咎被处。官员或因别案降革，或因终养，或因病假，或因奉旨升调种种原因离任，其有承缉督缉未完案件原任处分不论是罚俸多少还是住停升降俸或是降级、革职，均"罚俸一年完结"。对于特旨升调人员则"罚俸之案仍以罚俸一年完结外，如应议降一级留任者，改为罚俸二年，降级调用者改为降级留任，应议革职者改为革职留任，均带于升任扣满年限开复"。〔3〕

第四，候补候选官员处分。官职有限，所谓僧多粥少，从官僚体制上看，

---

〔1〕《钦定王公处分则例（朝代不明）》卷首"老病支食半俸王公处分"，载杨一凡、田涛主编：《中国珍稀法律典籍续编》（第6册），黑龙江人民出版社2002年版，第320页。亦见《钦定王公处分则例（咸丰朝）》"现定则例"条，蝠池书院出版有限公司2004年版，第361~362页。

〔2〕《吏部处分则例（光绪朝）》卷二"大衔借补小缺人员处分"条，蝠池书院出版有限公司2004年版，第17页。亦见光绪朝《钦定六部处分则例》卷二"大衔借补小缺人员处分"条，文海出版社1971年版，第51页。《兵部处分则例（道光朝）》八旗卷一"参领兼佐领处分"条，中国基本古籍库（电子数据资源），第9页。《钦定中枢政考（道光朝）》卷十"参领兼佐领处分"条，蝠池书院出版有限公司2012年版，第1048页。

〔3〕《兵部处分则例（道光朝）》绿营卷一"承缉督缉官员离任分别限内限外应议处分"条，中国基本古籍库（电子数据资源），第165~166页。

官员候补候选本为常态，但从个人任职上看却是处于特殊状态，类似今天的失业状态。对这样的人处分例有专条：“罚俸处分候补官于补官日罚俸，候选官于得官日罚俸……其降革留任处分亦照此例行。若系降调之案俱云照例降几级调用，革职之案俱云照例革职。”〔1〕

第五，休致官员处分。官员休致亦属特殊状态，若遇处分分别情况适用特殊规定条款：“休致官员原任内应得加级纪录仍照例注册，遇有原任内处分例止罚俸及降留、革留者，俱准其免议，降调者，仍准其抵销；若例应降调而无级可抵或事属私罪系例不准抵者，仍案（笔者注：同按）级降其顶带，例应革职者仍革去职衔。”〔2〕

第六，查办废员。废员已是去官，非属官员状态，但有些官员并非与废员相同，其暂属非正常状态而已，如有官可补或邀赏过顶戴职衔的人，对于这些人若在此时遇有处分适用特别条款：“特旨查办废员，凡已邀恩赏过职衔顶带及有官可补人员概行扣除，毋庸与废员一律查办。”〔3〕

前述文本规定列举了特殊人群处分，现举一处分案例，以观对待特殊人群处分实际适用情况。道光十年（1830年）九月十六日署兵部尚书穆彰阿议处湖北罢软吉全湖南年老周系果事。

经筵日讲起居注官太子少保署兵部尚书工部尚书臣穆彰阿等谨题为官员劾参事。该臣等议得，兵科抄出湖广总督嵩孚题道光拾年已届贰年半荐举之期，查有罢软官壹员，系湖北郧阳镇标右营守备吉全，年老官壹员，系湖南辰州城守营右哨千总周系果，或操防疏懈，或精力渐衰，均难姑容，应请分别议处。再湖北湖南抚标均无应劾人员，合并陈明等因，于道光拾年柒月贰拾叁日题，捌月贰拾叁日奉旨，吉全等着分别议处具奏。该部知道。钦此。钦遵抄出到部。除湖北湖南抚标既无应劾之员毋庸议外，查定例，“副将参将

〔1〕《吏部处分则例（光绪朝）》卷二“候补候选等官处分”条，蝠池书院出版有限公司2004年版，第17~18页。亦见光绪朝《钦定六部处分则例》卷二“候补候选等官处分”条，文海出版社1971年版，第51页。

〔2〕《吏部处分则例（光绪朝）》卷二“休致官员处分”条，蝠池书院出版有限公司2004年版，第19页。光绪朝《钦定六部处分则例》卷二“老病休致官员处分”条尚包含有老病情形，见光绪朝《钦定六部处分则例》卷二“老病休致官员处分”条，文海出版社1971年版，第53页。

〔3〕《吏部处分则例（光绪朝）》卷二“查办废员”条，蝠池书院出版有限公司2004年版，第39页。亦见光绪朝《钦定六部处分则例》卷二“查办废员”条，文海出版社1971年版，第83页。

游击都司守备千总每贰年半荐举壹次，该总督巡抚等尽心详查，如有劣员一并纠参，照军政八法例分别议处”。又定例，“军政计典官员罢软者，革职；年老有疾者勒令休致。该总督巡抚提督总兵询问伊等有情愿赴部者，自部覆文到之日起限陆个月内呈请给咨赴部引见”等语。今湖北郧阳镇标右营守备吉全既据该督疏称操防疏懈，应照军政计典罢软官员之例革职。湖南辰州城守营右哨千总周系果精力渐衰，应照军政计典年老官员之例勒令休致，仍令该督询问各该员如有情愿赴部者照例给咨赴部引见。俟命下之日遵奉施行。再，此本科抄于捌月贰拾叁日到部，玖月拾陆日具题。臣等未敢擅便，谨题请旨。

道光拾年玖月拾陆日

经筵讲官内大臣兵部尚书镶白旗满洲都统臣松筠、经筵日讲起居注官太子少保署尚书工部尚书臣穆彰阿……等人（后13人均是兵部侍郎、员外郎、主事衔）

依议。[1]

小　结

在前文探讨的基础上，笔者进一步努力，试图归纳则例适用的基本原则。本文是三个“外部—内部”层次的最核心内部：从历史的发展视角看则例是外部观察的话，则例条款的适用以及与其他法律形式的关系可算内部观察视角，此为第一层；若将则例与其他法律形式关系视为外部观察视角的话，则例之间以及则例的条款之间如何适用可算更进一步的内部观察，此为第二层；如果将则例公式与其他具体条款关系视为外部观察的话，对公式亦即基本原则性条款探讨可谓有进一步的内部观察，此为第三层。笔者对则例公式观察，在此基础上探讨基本原则即是第三层最为核心的内部观察视角，因此本章也是全文的重心所在。

在层层深入的第三个内部观察层次，我们仍可从两个角度审视则例适用的基本原则：从纵向看，每一个基本原则都由不同方面构成，都和其他具体条款发生联系；从横向看，每一个基本原则之间既有相对的独立性质，又有在实际

〔1〕 中国第一历史档案馆：内阁全宗，档案号：02-01-02-2719-017。

适用过程当中形成的次序与逻辑。纵向构成与独立性从前面具体节目的设置已了然明晰，这里再对实际操作过程中反映出的这些基本原则之间的逻辑次序进行集中提炼，以期更为清楚地看到本章归纳基本原则的“背后原则”。

各部院各衙门以及内外臣工均有各自执掌，对各种法律形式的适用均与各部门职责有关，因此首先区分哪些案件适用则例，哪些不适用则例，确定适用则例的案件由哪个部门适用哪部则例亦需分别清楚，此为探讨则例适用基本原则的前提。优先适用则例原则，即是在各种法律形式比较中对各部院执掌需使用各种法律形式处理案件时的优先选择。但因有适用领域的差别，此处优先是指则例与其他法律形式均可被采取适用的情况，较为集中的体现即是六部与都察院、宗人府、内务府处理升降、日常事务时适用依据，尤其是吏部、兵部、宗人府的处分则例的适用最有代表性。

确定适用则例以后要根据不同身份选择不同的则例，在适用过程中不能随意增删剪裁则例条款。

这是首先从适用法条上考量。其次当分析被规范的犯罪情节。对没有职位的普通民众甚或奴仆，适用则例较为简单，基本直接适用罚则或《大清律例》；对有职任的官员则较为复杂，这也是此基本原则层层逻辑深入的所在，也是探析其意义的兴味之处。对王公，先要分别公事、私事，然后与文武职员一样，区分公罪、私罪，因公罪、私罪的处罚不一样。如果一人数案，则涉及法条竞合或吸收或数罪并罚，在清代称为“罪名相因”。定好如何处罚，则又有加等、减等、免除议处的考量。则例规定有各种情况，但更多的是出于上裁。区分公罪、私罪是一个非常重要的基础，对公罪准许级纪议抵，不准议抵的准许照例开复或者捐复。私罪并不允许议抵，只能适用开复或捐复，而条件同样比公罪严苛。但在技术操作和容忍范围上又给予了宽放考量，即无论议叙还是议处都只在官员一任，既避免重复，也防止混淆，但级纪议抵和开复捐复则不限于此。

人有生老病死，官有升降进黜。在不断变化流转的官任官员之间如何矜恤或特职特人适用特法，以及级纪处分如何计算随带注销等均是实际适用则例中需要特别考量的。这便是特殊人群处分有特殊适用。

至此，对官员处分适用则例的整个流程均已考量全面，在这个适用过程中，本文所归纳则例适用的基本原则环环相扣，构成较严密的逻辑链条，法律的周延性尽显。清代则例庞杂卷帙中的清晰逻辑凸显出来。

下　篇

条例与成案

因案生例的原因

关于清代律、条例、成案之间相互关系的问题，法史学界已经有过一些研究。但研讨条例生成的原因、程序及方法，尚未见到有专门的成果。《刑案汇览》成书于道光十四年（1834年），共八十八卷。作者是祝庆祺和鲍书芸，他们在书中收录了自乾隆元年（1736年）至道光四年（1824年）共八十八年间由中央刑部审理的五千六百四十多件成案。光绪九年（1883年），山阴朱梅臣将刑部司务厅司务全士潮等人编纂的《驳案新编》与无名氏编纂的《驳案续编》合并而成《驳案汇编》一书，其中就详细收录了很多乾嘉时期最终上升为条例的成案。“凡钦奉上谕指驳改拟及内外臣工援案奏准永为定例者，均依次编辑……俾阅者知某案因何驳正，并某条律例因何改定之处。”[1] 笔者将以《驳案汇编》《刑案汇览》中纂修入例的成案为基础，来分析清代因案生例的运作机制及其影响。

一、因案生例的背景

因案生例是清人将具体刑案中的法律结论提升到《大清律例》之中，以条例的形式使针对个案的法律规则具有更加普遍的法律效力。这并非中国的一个特有现象，古往今来，不论任何法律传统的国家、组织，都会有相似的法律现象。例如在大陆法系国家中，虽然一般并不会明确承认案例的效果，但是各级法院尤其是上级法院的先例，往往会对于其后的司法审判工作产生很大的影响，同时由于这种司法能动的结果，大陆法系国家的议会也往往会选取较有影响性、权威性的先例作为今后修订法律的重要参考，即将司法过程中产生的规则吸收到立法过程之中。而在判例法系国家，在先例的法律效

〔1〕《驳案新编·凡例》。

力得到明确承认的情况下，各上级法院产生的先例中的裁判意见更是被下级法院作为裁判依据，而具有了普遍的效力。同时，判例法系国家亦有部分成文法，其中有很多条款也都是对于经典判例的解释与整理。如果我们再来关注当今中国大陆地区的法律体系，我们就会发现同样存在着因案生例的现象。首先，最高人民法院、最高人民检察院每年都会发布一定数量的指导性案例，虽然这些案例并没有明确的法律效力，但是作为最高司法机关发布的文件，各级法院、检察院都会在具体的办案过程中将其作为重要的参考。这样，原本仅对于个案有效的裁判结果通过最高人民法院、最高人民检察院的这一行为，就具有更大范围的法律效力。其次，最高人民法院、最高人民检察院还会不定期地发布一些司法解释。这些司法解释的产生，多是由于法律体系本身存在漏洞或需要解释之处，各级法院在遇到相关案件时很难进行正确的法律适用，而导致最高人民法院、最高人民检察院进行法律续造和法律解释而发布的文件。司法解释的效力在当代中国大陆地区已经被广泛认可。各级法院均有义务将司法解释作为重要的法律渊源进行适用。而司法机关发布司法解释，其目的是正确地审判，而来源自然也是审判，这是司法机关自身职能的应有之义。因此，这也是一种形式的因案生例。最后，我国立法机关经常会修订相关法律、法规以适应社会的发展、完善既有的法律体系。在此过程中，作为重要参考的就是在相关法律的适用过程中出现的问题与解决方法。有很多个案中的裁判性规则与司法解释都会被直接变为最新的法律、法规。杨一凡、刘笃才两位先生认为："清朝为了使法律能够与不断变化的案情相适应，在法无明文的情况下，通常是把具有典型性的成案提升为定例，对法律进行修改和补充。"[1]对于清代的因案生例现象，既有一些与上述提到的各类法律体系的相同原因，也有一些独属于传统中国法律体系的特殊原因。下面，笔者将分几个方面来进行分析。

（一）清代法律的渊源

清代有律、条例、成案、通行等多种法律形式。其中最重要的是律，条例、成案、通行都是在律文的原则、精神、宗旨下对于律文进行的补充和修正。

乾隆时期已经明确规定此后对于乾隆五年（1740 年）律的律文不再进行

〔1〕 杨一凡、刘笃才：《历代例考》，社会科学文献出版社 2012 年版，第 282 页。

修订，那么也就只能通过增修条例的方式来改变法律，适应社会的变迁，以便更好地贯彻皇帝的意志，巩固帝国的统治秩序。姚旸先生认为，“法”与“情”是传统社会关系中所最重视的两种价值，而伴随具体民情而生的各类行为方式如果需要得到规制的话，在律文不可变动的情况下，“例”就应运而生成为了中国古代法律渊源的一种重要形式，或对各类法律关系进行调整，或者解释律典的文本。〔1〕

(二) 清代的立法技术

有学者认为，清代严格的条例、各级法司严密的审转制度以及特有的驳查风险，都使得清代裁判者在面对形式上符合律例规定的刑案时，无法充分发挥自由裁量的权力，而只能适用固定的律例。〔2〕但是现实社会中发生的大量“情伪无穷”的案件又无法让皇帝以及各级法司置之不理。在形式上应当适用同一律、例的不同案件，由于有着不同的具体情节，导致律、例的统一适用就会造成了个案裁判的不合理。由于任何法律都有着“相同情况相同处理”“不同情况不同处理”的基本精神，因此在绝对法定刑主义的背景下，清人只能够先认定那些机械适用律例或根本没有相关律例可适用的案件，然后根据一般的刑事司法审转程序通过各级法司上报皇帝，最后获得皇帝对于该案的具体裁判并据此执行。只有这种做法，才能够在实现个案正义的同时，又保证皇帝的意志能够在国家的任何一个角落都得到贯彻和执行。吕丽教授也认为，由于明清时期的统治者过分追求朝廷律典的稳定性，因此才最终造成了条例在清代律典中的重要地位。〔3〕

由于清人针对特殊案件采取了这样一种处理方式，因此便产生了许多特殊的裁判性规则。为了让它们对于当时律例体系起到修正、补充、解释的作用，清人就必须将其从个案中提炼出来，上升为一个较为正式的法律形式，使其拥有更高的法律效力。在乾隆五年（1740 年）已经规定律文不可变动之后，条例自然而然就成为了那些裁判性规则的变化的最终形态。与此同时，有两点值得关注：其一，条例是许多特殊案件即“成案”中裁判性规则的最

---

〔1〕 参见姚旸：“‘例’之辨——略论清代刑案律例的继承与创新”，载《故宫博物院院刊》2010 年第 1 期，第 102 页。

〔2〕 参见姚旸：“‘例’之辨——略论清代刑案律例的继承与创新”，载《故宫博物院院刊》2010 年第 1 期，第 105 页。

〔3〕 参见吕丽：“例与清代的法源体系”，载《当代法学》2011 年第 6 期，第 12 页。

终形态，而清代的修例并不会因为这些零星发生的成案就实时予以修订，而是采取“五年一小修、十年一大修”的定期修例模式。因此在成案发生后，裁判性规则往往经过“通行”这一过渡形态。所谓“通行”，据笔者所见，即是在题本、奏本、上谕中常见的“通行各省督抚一体遵照”的简称。“通”有全部、贯彻之意，“行”有执行、施行之意，合在一起的大致含义就是指将皇帝针对某事的特殊指令予以普遍化，在全国范围内予以施行。因此在两次修例的间隔时间内，很多裁判性规则实际是以“通行”的方式存在的，并对于清代刑事司法体系有所影响。其二，“情伪无穷”的社会现实一方面证明了原有律例体系无法囊括所有可能发生的罪行，另一方面也证明了一味地将所有成案中裁判性规则都变为通行、条例同样也是一种徒劳。因此，尽管诸如《刑案汇览》《驳案汇编》等书收纳了成千上万的成案，但最终能够逐渐演化为条例这一法律形式的成案只有不到数百件。因此，可想而知，清人也是根据案件的典型性、重要性予以选择生例的对象，否则若将所有成案都生成条例，不仅不会对于律例体系起到完善的作用，而且会对于其稳定性造成极大的破坏作用。毕竟，在有选择地生成条例的情况下，到了同治年间已经达到了一千八百九十二条。

（三）清代的司法运作

清代法律体系中有律、例、通行、成案等多种法律形式。其中清律具有很强的稳定性和继承性，其近袭明律，远宗唐律，并且在雍正律时基本定型，到乾隆时期则明确规定不可予以变动。相比之下，清例则是一种因时制宜的法律形式，附于各律文之后，尽力去弥补律文的固定与社会的变迁、立法技术有限与个案情节差异之间等诸多矛盾。成案是“例无专条、援引比附、加减定拟”之案。由于现行律例体系无法有效地保证裁判结果的合理性，因而清人采取了一定的法律技术如“比附援引”对个案进行特殊处理。通行则是介于成案与条例之间过渡时期的法律形式。

根据清代律典的规定，这四种法律形式其实有着不同的法律效力。关于律、例之间的效力，《大清律例·名例律》有“断罪依新颁律”规定：“凡律自颁降日为始，若犯在以前者，并依新律拟断。”同时小注云：“如事犯在未经定例之先，仍依律及已行之例定拟。其定例内有限以年月者，俱以限定年月为断。若例应轻者，照新例遵行。"〔1〕由此可见，尽管该律目名为"断罪依新颁律"，但是根据该律的小注可以得知，应当对该律进行目的性扩张的法律续造，即断罪不仅应当依照最新颁布的律文，而且应当依照最新颁布的条例。这种解释是合理的。因为雍正、乾隆时期，律文已经基本不再变动，根本无所谓"新颁律"。虽然说清律之中也有部分具文，但假如该律并非具文的话，那么唯一的解释就是在法律效力方面，条例与律一样，新法优于旧法，新条例优于旧条例。但考虑到条例本身的制定宗旨即为修正、完善律文，因此新条例的法律效力不仅高于旧条例，同时也高于律文。

关于律例、成案之间的效力，《大清律例·刑律·断狱下》中"断罪引律令"律规定："凡官司断罪，皆须具引律例……其特旨断罪，临时处治不为定律者，不得引比为律。若辄引比致断罪有出入者，以故失论。"乾隆五年（1740年）条例规定："除正律、正例外，凡属成案，未经通行着为定例，一概严禁，毋得混行牵引，致罪有出入。如督抚办理案件，果有与旧案相合可援为例者，许与本内声明，刑部详加查核，附请着为定例。"〔2〕该律、例是刑律之"断狱门"内的，主要规定的就是刑部以及各级法司在进行刑事审判时所应严禁的行为。该律文明确指出断罪必须援引律例，排斥了所谓"特旨断罪"但又未上升为律、例的成案的法律效力，并且规定将违反者以出入人罪论处。而乾隆五年（1740年）的条例又似乎对该律进行了修正，为未生例的成案取得法律效力打开了一个缺口，即允许督抚在题本、奏本中声明本案与先前某成案在情节上有所相同或相似，并据此将个案上升为条例。也就是说，清人允许将律文中排斥出去的那些并未生例的成案先变成条例，再适用于当下个案之中。出台该条例的宗旨有二：其一，再次强调被附律文的精神，即强调律、例在刑事司法审判中的决定性作用，禁止援引那些未生例之成案。其二，在一定程度上承认未生例之成案的法律效力，允许督抚在与刑部、皇帝商榷的情况下，说明先前某成案可以生例并进而适用的原因。其实如若这样理解该条例，也和笔者上文提到的并非所有成案都生成条例这一点有所联系。因为只有当某种成案重复发生，朝廷才会重视这一类裁判性规则，认为其具有典型性，将其上升为条例。特殊案件发生一次就直接上升为条例的情

〔1〕《大清律例根原》卷之十五，《名例律下·断罪依新颁律》。

〔2〕《大清律例根原》卷之一百十八，《刑律·断狱下·断罪引律令》。

况，在清代案例集中虽然常见，但恐怕未必是在乾隆五年（1740年）制定该条例的初衷。毕竟乾隆五年（1740年）律已经成为定本，倘若允许一旦发生特殊案件就轻易入例，从清律的稳定性、皇权的权威性上来说都会起到副作用。不论如何，笔者认为，成案，尤其是未生例的成案，实际上在清朝中前期，即乾隆五年（1740年）间，就已经处于一种立法者不愿意接受，但又不得不接受的尴尬境地，以至于竟然需要出台相关条例在律文和刑事司法活动的现状之间进行一种调和。可见，即使不能明确说未生例成案有某种法律效力，至少在清代刑事审转程序的实际运作中对于各级法司都有重要的指引、参照作用。

而通行与律、例、成案的关系在律典中并无相关规范予以明确。但笔者认为，从通行的出台目的与最终结果而言，通行应当具有较高的法律效力。因为一般来说，通行本身的起点是成案，因此通行一般是和原成案相一致，不会有所矛盾。而通行的最终结果是生成一条新的条例以完善律例体系，依照前引“断罪依新颁律”的精神可知，通行在两次修例之间，应当具有高于旧例的效力，否则通行就没有任何存在的必要。

上述分析是根据清代各法律形式的特点，并结合清律中明确规范而得出的。从表面上来看，这样的一种分析结果，和近现代法律科学中的法律渊源、法律位阶理论颇为相近，即尊重成文法，在一定程度上承认判例法。但相比于今天源自大陆法系成文法国家的刑事法律体系而言，清代的刑事法律体系更具有法律渊源种类繁多、效力不定的特点。据笔者所见，在清代案例中，律、例、通行、成案对于各级法司来说更像一种具有不同说服力的裁判参考材料。《大清律例·名例下》中“断罪无正条”律明确规定：“凡律令该载不尽事理，若断罪无正条者，援引他律比附，应加、应减，定拟罪名。”[1]可见，其实立法者们是充分认识到了“情伪无穷”这一现状，在秉持着有限的可知论的前提下，制定了相应的弥补措施，既可以防范各级法司擅断，又可以保证个案的处理结果公平、正义。笔者引这一条律，其目的即在于指出，只要我们能够承认清人已经认识到他们的刑律也有不足之处，需要进一步完善，那么就意味着唯有他们所认可的公平正义才是刑事司法的最终追求，在个案处理中，任何在形式上符合但实质上不符合这种追求的法律材料，都能够被一定的程序所否定。从上引“断罪依新颁律”可知，例可以破律，依

[1]《大清律例根原》卷之十五，《名例律下·断罪无正条》。

“断罪无正条”可知，个案可以突破律、例，依“断罪引律令”又可知，个案裁判必须依据律例，不能依据未生例的成案。很显然，仅仅从规范角度来看，清律自己对于律、例、成案的效力的叙述，亦在一定程度上有自相矛盾之处，显得较为混乱。倘若再研读实际发生的案例，我们更加可以发现这四种法律形式的法律效力参差不齐，相互之间关系在不同案件中可以有着显然相反的表现，似乎并不存在绝对、唯一的法律位阶。清代刑事司法的实际运作更显现出一种实用主义的司法观。因此，亡羊补牢的办法就是制定新的条例，对于实际司法运作中的各种法律形式的混乱局面尽可能地解决。

二、因案生例原因的法律依据与判定方法

从上文可知，清人对于“律条有限，情伪无穷”这一矛盾有着清晰的认识，并因此采取了将某些特殊、疑难案件中的裁判性规则制定为条例的方式予以解决。大清帝国幅员辽阔，刑案种类复杂、数量众多，因此无法适用律、例予以解决的案件也有相当规模。通过阅读《刑案汇览》《驳案新编》《驳案续编》所收录的大量案件，我们也确实能够得出这样的结论。所以，清人就必须将他们的解决方案以法律的形式确定下来，这样才可以更好地规范对于个案的裁决，保证皇权在刑事司法中不因为律、例在个案中的不适用而旁落。而解决方案本身亦有一定的步骤，首先，各级法司与皇帝需要判定律例体系在个案裁判中的不适用，其次才能够通过特殊程序生成条例，在解决个案的同时完善律例体系。笔者认为，《大清律例・名例律》中“断罪无正条”律是判定一个成案是否可以生例的法定依据。

（一）清代立法中因案生例原因的法律依据

鲍书芸、祝庆祺在《刑案汇览・凡例》中介绍了收录各类案件的来源，大致分为说帖、成案、通行、邸抄、坊本所见集、坊本平反节要、坊本驳案汇钞、坊本驳案新编、续编等多种类型。他们将成案定义为“成案俱系例无专条、援引比附加减定拟之案”。〔1〕而阮葵生在《驳案新编・序》中认为：“律一成而不易，例因时以制宜，谳狱之道，尽于斯二者而已。至情伪百变，非三尺所能该，则上比下比以协其中。此历年旧案，亦用刑之圭臬也。”〔2〕所

〔1〕《刑案汇览・序》。

〔2〕《驳案新编・序》。

谓“三尺”，即是传统中国法律的代指。因为秦汉时期将法律书写于竹简之上，而所用竹简多为三尺。结合具体语境，“三尺”指的便是他前文所说的清代律例，阮葵生的意思是存在不少“情伪百变”的“历年旧案”即成案在处理上无法适用律例予以裁决。从这几位成案集编者的叙述中，我们可以发现，解决“例无专条”成案的方法是一种被称为“比附”的司法技术，相应地有“比附加减”“上比下比”各类说法。而这种方法，其实在清律的“断罪无正条”律中有明确的规定。前文论及，清律近袭明律，远宗唐律。该律其实也有相当久远的沿革。因此笔者主要从历史、文义、目的等几个角度对该律进行解读。

《唐律疏议》中的“断罪无正条”律规定：“诸断罪而无正条，其应出罪者，则举重以明轻。［疏］议曰：断罪无正条者，一部律内，犯无罪名。‘其应出罪者’，依贼盗律：‘夜无故入人家，主人登时杀者，勿论。’假有折伤，灼然不坐。又条‘盗缌麻以上财物，节级减犯盗之罪。’若犯诈欺及坐赃之类，在律虽无减文，盗罪尚得减科，余犯明从减法。此并‘举重明轻’之类。其应入罪者，则举轻以明重。［疏］议曰：案贼盗律：‘谋杀期亲尊长，皆斩。’无已杀、已伤之文，如有杀、伤者，举始谋是轻，尚得死罪，杀及谋而已伤是重，明从皆斩之坐。又例云：‘殴告大功尊长、小功尊属，不得以荫论。’若有殴告期亲尊长，举大功是轻，期亲是重，亦不得用荫。是‘举轻明重’之类。”〔1〕

可见，唐人认为“断罪无正条”就是“举重以明轻”“举轻以明重”两种法律适用方法。疏议中也举了几个例子对其进行说明。首先，举轻以明重。比如，贼盗律中“夜无故入人家”律规定了主人杀死罪犯的行为无罪，倘若在实际案件中，主人仅仅是打伤了罪犯，那么推理可知，杀死罪犯的行为严重程度高于打伤罪犯，而杀死罪犯尚且无罪，那么打伤罪犯更应无罪。而盗缌麻以上亲属财物的行为，根据律条可以根据服制关系递减科罪，那么诈欺财物以及坐赃的行为明显轻于盗窃，因此在实际案件中，更应该予以递减处理。其次，举轻以明重。律文规定了谋杀期亲尊长的行为就要处以斩刑，因此已杀、已伤期亲尊长的行为更应该得到斩刑的处理。同理，殴告大功尊长、小功尊属的行为，不能够享受荫的特权，那么期亲尊长比大功的服制还要重，

〔1〕刘俊文点校：《唐律疏议》，法律出版社1999年版，第145页。

倘若发生殴告期亲尊长的行为，更不可减免处罚。因此，笔者认为，唐宋时期的“断罪无正条”其实就是我们今天法律解释理论中的当然解释。“当然解释，指法律虽无明文规定，但依规范目的的衡量，其事实较之法律所规定者更有适用理由，而径行适用该法律规定之一种法律解释方法。当然解释之法理依据，即所谓‘举重以明轻，举轻以明重。’”[1]结合中国传统刑律，举重以明轻，即根据法律规定，一种在性质、后果上较为严重的行为不入罪或能够获得某种减免，那么相比之下性质、后果较为轻微的行为就更应出罪或减刑。举轻以明重，即根据法律规定，一种情节较轻的行为已经得到了某种惩处，那么情节较重的行为更应该被惩处。

到了宋代，《宋刑统》在律文、“疏议”部分都在《唐律疏议》的基础上做了一些字词上的改动，该律的精神、内容都无太多变化。但不能忽视宋代的“敕”这一法律形式。因为众所周知，宋代主要有敕、律、令、格、式多种法律形式，敕的效力往往高于律，也就是《宋刑统》。而宋代的《庆元条法事类》中“断狱敕”规定了：“诸断罪无正条者，比附定刑，虑不中者，奏裁。”[2]可见，该律开始和“比附”技术进行了联系，并且只有当各级法司不能确保比附得当的情况下，才要求上报皇帝。

而到了明代，该律有所变化。《大明律·名例律》中“断罪无正条”律规定：“凡律令该载不尽事理，若断罪而无正条者，引律比附。应加应减，定拟罪名，转达刑部，议定奏闻。若辄断决，致罪有出入者，以故失论。”[3]可见，相比于唐宋，该律到了明代发生了几点变化：其一，从编纂形式来说，疏议的内容被删除。尽管该变化是明律的总体变化，但不可否认对该律的理解上亦有影响。其二，从律文内容来说，增加了“律令该载不尽事理”的适用情况，并且明确指出了实际的操作方法，即在比附现行律例的基础上，相应地加减刑罚，同时在程序上，要将拟判结果呈报刑部，最终由皇帝决定。

对于该律的解释，明代张楷的意见较为全面：“谓如有人犯罪，律令条款，或有其事而不曾细开，是为‘该载不尽’；或迹其所犯，无有正当条目以断，是为‘无正条’。凡若此，必当推察情理，援引他律以相比附。如京城锁

---

〔1〕 梁慧星：《民法解释学》，法律出版社2015年版，第227页。

〔2〕 戴建国点校：《庆元条法事类》卷七十三，载杨一凡、田涛主编：《中国珍稀法律典籍续编》（第1册），黑龙江人民出版社2002年版，第741页。

〔3〕 怀效锋点校：《大明律》，法律出版社1999年版，第23页。

钥，守门者失之，于律只有误不下锁钥，别无遗失之罪，是该载不尽也，则当以理推之，城门锁钥与印信、夜巡铜牌俱为关防之物，今既遗失，则比附遗失印信巡牌之律拟断。又如诈他人名字附水牌进入内府，出时故不勾销，及军官将带操军人，非理虐害，以致在逃，律无其款，是无正条也，则必援引别条以比附之。诈附水牌者，比依投匿名文书告言人罪律。虐害军人者，比依牧民官非理行事激变良民律。”〔1〕在这段文字中，张楷解释了“该载不尽”与“无正条”的具体含义。前者的含义同唐宋时期的“无正条”相同，都是对于现有律例的一种当然解释。张楷所说的“或有其事而不曾细开”指的就是律例条款包含个案中的案情，只是由于怕文字繁琐，而没有在律典中一一列出而已，但通过“举重明轻”“举轻明重”的解释方法完全可以合理地推导出。而明清律中的“无正条”则与唐宋时期的“无正条”不同，是指某种罪行完全超出了当初立法者的主观设想，因此不能简单通过解释现有律例扩大或缩小文义范围将该罪行纳入律例规制范围之内。在这种情况下，只能通过比附援引的方式进行处理。

该律在清代又发生了进一步的变化。《大清律例·名例律》中“断罪无正条”律规定：“凡律令该载不尽事理，若断罪无正条者，（援）引（他）律比附，应加、应减，定拟罪名，（申该上司）议定奏闻。若辄断绝，致罪有出入，以故失论。”乾隆五年（1740年）条例规定：“引用律例，如例内数事共一条，全引恐有不合者，许其止引所犯本罪。若一条止断一事，不得任意删减，以致罪有出入。其律例无可引用，援引别条比附者，刑部会同三法司，公同议定罪名，于疏内声明：律无正条，今比照某律、某例科断，或比照某律、某例加一等、减一等科断。详细奏明，恭候谕旨遵行。”〔2〕可见，清律在律文中添加了“援”“他”“申该上司”等小注，同时将明律中“转达刑部”的字样删除。同时，清律还增加了相应的条例，规定由三法司会同议定处理方式后向皇帝报告，并只能比照某律例或在其基础上加减一等科断，从而明确了比附的具体运作程序与比附的量刑幅度。总体来说，清律相较于明律，在具体操作上显得更加严谨、周密，比附这一技术也显得更加制度化、规

〔1〕（明）张楷：《律条疏议》卷一，载杨一凡编：《中国律学文献》（第1辑·第2册），黑龙江人民出版社2004年版，第245~246页。

〔2〕《大清律例根原》卷之十五，《名例律下·断罪无正条》。

模化。

沈之奇的《大清律辑注》对该律有所解读，“律后注”云：“法制有限，情变无穷。所犯之罪无正律可引者，参酌比附以定之，此以有限待无穷之道也。但其中又有情事不同处，或比附此罪，而情犹未尽，再议加等；或比附此罪，而情稍太过，再议减等。应加应减，全在用法者推其情理，合之律意，权衡允当，定拟罪名，达部奏闻。若不详议比附，而辄断决，致罪有出入，以故失出入人罪论。”“律后注”云：“该载不尽者，如城门钥无遗失律，旧比印信铜牌，以皆关防之物也。”[1]可见，沈之奇首先分析了制定该律的目的，即立法者希望采用比附的方法，用条款有限的律例去应对变化无穷的社会现状。这一点，和笔者上文分析的结果是相同的。此外，他简述了比附的具体操作方式，即由各级法司分别比较个案中罪行与律例中“情事”的相同处与不同之处，根据“情理”，在既有律例基础上予以加减。最后，他还在“律后注”里列举了一个同明代张楷所举的同样例子解释何为“该载不尽事理”。比如对于遗失城门锁钥的行为，在清律中并无明确的处理措施，但显然应当有所惩治，因此应当到清律中寻找“情事”相同或类似的条文。清律的“吏律”中“弃毁制书印书”规定：“若遗失制书、圣旨、印信者，杖九十，徒二年半，若官文书，杖七十。事干军机、钱粮者，杖九十，徒二年半，俱停俸。责寻三十日得见者，免罪。限外不获，依上科罪。”[2]沈之奇认为，考虑到城门锁钥和印信铜牌都是城关禁卫所用之物，因此遗失城门锁钥的后果同律文规定的遗失印信的后果并无太多不同，因此可以将其比照该律进行处置。

从上述对于“断罪无正条”的历史沿革梳理，我们可以得知，对于个案而言，律例“该载不尽事理”以及“断罪无正条”是允许各级司法采取比附技术的必要条件。而比附技术采取在现有律例上加减刑罚、定拟罪名的量刑方法，其目的自然是在个案中“尽其事理”。因此，若要想真正了解因案生例的原因，就必须深入推究清代各级法司对于律例“不尽事理”和“无正条”的认定标准。

（二）清代司法中因案生例原因的判定方法

通过阅读大量清代刑案，笔者认为，这一认定标准应该是刑案文书中题

〔1〕（清）沈之奇：《大清律辑注》，怀效锋、李俊点校，法律出版社2000年版，第116页。

〔2〕《大清律例根原》卷之二十三，《吏律·公式上·弃毁制书印信》。

本、奏本、上谕反复出现的“情罪未协”。用现代刑法学术语来说，就是“罪刑不相适应”。所谓的“情”，是指刑案中的各类情节，笔者认为大致可以分为主观情节、客观情节、主体情节、客体情节。主观情节主要是指罪犯的主观恶性，故意犯罪还是过失犯罪，犯罪的原因是什么，犯罪的意图是什么，等等。客观情节主要是指罪犯在案件中所采取的行为，比如说行为的性质、行为的程度。主体情节是指罪犯自身的各类情况，比如说罪犯是男子还是妇女，是否为老幼废疾之人，是否和被害人有一定的亲属关系，如果有，服制是远还是近，是否有特定的身份，比如僧道、良人、贱民、八旗、天文生、乐人、衙役、生员、官吏。客体情节是指犯罪行为所侵害的社会关系，例如危害皇权统治、危害国家行政管理秩序、危害国家司法裁判 、危害社会经济秩序、危害家庭内部伦理秩序、危害普通百姓人身安全、财产安全等。而所谓的“罪”，笔者认为，并非现代刑法中所谓的“罪名”，而是应该指代笞、杖、徒、流、死、枷号、充军、凌迟等刑名。这一点是值得我们关注的。正如律文所说，“若辄断决，致罪有出入者，以故失论”，也就是认为如果不经过刑部 、皇帝的认可而任意比附援引导致量刑有所偏颇，就要按照故出入人罪或失出入人罪进行处理。而《大清律例·刑律·断狱下》中“官司出入人罪”规定：“凡官司出入人罪，全出、全入者，（徒不折杖，流不折徒）。以全罪论。（谓官吏因受人财，及法外用刑，而故加以罪，故出脱之者，并坐官吏以全罪。）若（于罪不至全入，但）增轻作重、（于罪不至全出，但）减重作轻，以所增、减论至死者，坐以死罪。（若增轻作重，入至徒罪者，每徒一等，折杖二十；入至流罪者，每流一等，折徒半年；入至死罪已决者，坐以死罪。若减重作轻者，罪亦如之。）……若囚未决放，及放而还获，若囚自死，故出入、失出入各听减一等（其减一等，与上减三等、五等，并先减而后算，折其剩罪以坐。不然，则其失增、失减，剩杖、剩徒之罪，反有甚全出、全入者矣）。”[1]有一种容易引起混淆的理解是，由于传统中国的律典，比如清代的《大清律例》都是采取的绝对法定刑主义，所以如果“罪”是指某一个具体罪名，或者指代律目的话，那么就可以确定到某一个刑种，得到某一个具体的刑罚。对此，笔者需要说明的是，首先，像《大清律例》这类刑事法典确实是采取绝对法定刑，但同时也强调“情罪允协”，因此虽然只有

[1]《大清律例根原》卷之一百十二，《刑律·断狱下·官司出入人罪》。

436个律目，但每一个律目之中均包含各种不同的具体情节，而这些情节清人都规定了某一种刑罚。最典型的诸如“发塚”，该律规定了不下数十种具体情节。因此如果认为“罪”是指罪名或者律目的话，那么仍然无法通过确定触犯某罪名或律目来精确个案中的刑罚。其次，正如笔者引用的“官司出入人罪”，该律文中提到了所谓“全罪”“加以罪”“坐以死罪”“入至徒罪”“剩杖、剩徒之罪”，如果将“情罪未协”中的罪理解为诸如“谋杀人”“亲属相盗”这类“罪名”的话，那么无法解释何为“全罪”“剩杖、剩徒之罪”。因为“罪名”本身不可切割分离成不同部分，但不同的刑罚可以根据一定的换算方法互相抵消。

因此，所谓的“情罪未协”，就是指根据清代整个刑事法律体系，案件的情节与罪犯依照律例所应受到的刑罚并不协调。如果用一个更加普世性的法律原则或精神来解释的话，就可以称之为“相同、相似情况得到相同、相似的处理”，“不同、不相似的情况得到不同、不相似的处理”。下面，笔者就将根据清代案例来具体分析因案生例中“情罪未协”的判定标准。

1. 违反“相同、相似情况得到相同、相似的处理”

所谓“相同、相似情况得到相同、相似的处理”，就意味着如果不同的案件，具有相同、相似的具体案情，那么它们自然就都符合了相关法律规范的构成要件，自然也就应当会得到相同、相似的法律结论。从法律的内容上来说，这一原则体现了法律制度、法律体系的平等性、公平性，从法律的形式上来说，这一原则保证了法律的程序正义，即使得每个法律主体都能够通过分析法律规范的构成要件，来预测自己的行为后果。如果某个法律体系内有部分法律规范违反了这一原则，那么很显然这样的规范本身就不具有合理性，如果一味机械地进行实施的话，就会造成同类案件不同处理的结果，并最终导致社会包括司法官员在内对于该法律体系的不认可。并且由于同一行为可以得到两种不同的法律结论，可想而知，司法官员就可以具有很大的自由裁量权。现代刑事立法体系对于某一罪行规定了相对法定刑，从而赋予法官一定的自由裁量权，是为了能够使得应对司法实践中不同个案的具体情节，具有合理性。但如果清代乃至传统中国的律典也采取这样的做法的话，那么必然导致皇帝在刑事司法中的大权旁落，而使得各级法司能够上下其手，最终危害社会的稳定。

有道光九年（1829年）回民马六用长枪戳死了刘大和，并将他的尸体全部割碎一案。安徽省的郭六的堂兄叫作郭七，与名为李大本之人在私盐买卖方面具有竞争关系，于是发生斗殴事件，李大本将郭七殴死。郭六为了报复李大本，于是纠集马六、沙奉魁、马十二、郭允整、郭小六、马三、沙万仓、马万兴、沙玉瑞等二十多人，携带刀枪等各种器械寻机殴打李大本。李大本听闻消息，同样纠集了白金兰以及刘大和、杨文科、马得禄等二十多人准备迎战。在斗殴过程中，刘大和首先施放火枪，导致沙奉魁倒地死亡。于是马六赶忙上前，用枪将刘大和戳倒在地殒命。而郭六等人，同样用刀枪胡乱砍杀，导致蒋鸿有、杨文科、马得禄、孙潮贵等人死亡，但因为傍晚天黑，又是众人群殴，因此马六亦不曾看清究竟具体的杀伤情况。郭六为了毁尸灭迹，于是和马六将刘大和、杨文科、孙潮贵等五具尸身背到河边，并且行船将其扔入水中。马六看见刘大和身上有很多疤痕，害怕尸身沉入水中后一旦浮起，很容易被辨明身份从而暴露罪行，因此就将刘大和的头颅、四肢割落，刨开腹部，将阴茎割下，阴囊剖开，取出五脏六腑抛入湖心。

根据上述认定的事实，安徽巡抚将“斗杀”律其拟绞监候。其法律依据是“杀一家三人”律所附乾隆五年（1740年）条例规定：“支解人，如殴杀、故杀人后，欲求避罪，割碎死尸，弃置埋没，原无支解之心，各依殴、故杀论。若本欲支解，其人行凶时，势力不遂，乃先杀讫，随又支解，恶状昭著者，以支解论，俱奏请定夺。”“杀一家三人”律规定：“支解活人者，凌迟处死。”〔1〕“斗殴及故杀人”律规定：“凡斗殴杀人者，不问手足、他物、金刃，并绞监候。”〔2〕“发塚”律规定：“若残毁他人死尸，及弃尸水中者，各杖一百，流三千里。”〔3〕刑部照拟核覆。但是道光皇帝认为，马六杀死刘大和并且将其四肢割落，剖取内脏丢弃于水中的情节非常残忍，安徽巡抚在事实的认定上有所错误。因为如果想要毁尸灭迹，应当将五具尸身全部割碎，而不该仅仅将刘大和一具尸身支解。因此虽然马六并非原有支解刘大和之心，但亦并非为了避罪。道光皇帝在上谕中反问刑部，“仍依本例治罪，岂得情法之平”？这里的“情法之平”，指的就是皇帝认为该案的情节严重于原来引用的“为避罪而支解”情节，因此自然应该在一定程度上加重其刑罚。刑部看

〔1〕《大清律例根原》卷之七十七，《刑律·人命·杀一家三人》。

〔2〕《大清律例根原》卷之七十八，《刑律·人命·斗殴及故杀人》。

〔3〕《大清律例根原》卷之七十一，《刑律·贼盗下·发塚》。

出上谕中对于该案的处理倾向已经非常明显，于是他们就开始顺着皇帝的思路进行推理，为其寻找相关的依据。他们认为之所以将支解活人和残毁死尸两种行为分别处以凌迟和流刑，主要原因就在于罪犯是否原有支解被害人的主观恶性。而本案的这种情况，马六是在杀人之后泄愤、逞凶支解刘大和的。刑部完全赞同皇帝上谕，认为“情节极为残忍，若仍依本律拟以绞候，殊觉情浮于法”。而根据律例的解释，仅有支解活人、希望支解活人但力所不及于杀死后支解、不希望支解活人但为了避罪而支解这三种，并没有马六这种不希望支解活人但也不为避罪而是为了泄愤将被害人支解的情况。最终刑部奏请生成新例。“杀一家三人”律所附道光九年（1829 年）条例规定：“凡谋、故、斗、殴杀人，罪止斩、绞监候之犯，若与杀人后挟忿逞凶，将尸头、四肢全行割落，及剖腹取脏掷弃者，俱各照本律例拟罪，请旨即行正法。”[1]

在本案中，我们可以发现，最先认定原拟判不合理的是道光皇帝。他认为“情节极为残忍”，因此如果按照安徽巡抚和刑部的意见，将马六拟绞监候的话，那么就“岂得情法之平”。“情”指的就是马六挟忿支解刘大和的这一情节，而“法”指的是拟判的绞监候这一刑罚。皇帝认为的“情法之平”就是指支解刘大和的行为及其主观恶性极其严重，相比于寻常的斗杀行为要恶劣的多，但是安徽巡抚的拟罪将两者却处以同样的刑罚，很显然不合理，即在量刑上轻纵了马六。此外，刑部为了论证皇帝对于该案的判断，进而列举了相关律例，并且分析了为何支解活人被拟凌迟，而残碎死尸仅为流刑的原因。刑部和皇帝认为，马六这种挟忿支解被害人的行为，其实和支解活人或有支解之心但无支解活人之力，故先杀后支解的行为无论在客观行为还是主观恶性上都极其类似，但若马六按律仅仅拟绞监候，而后者则被拟凌迟，显然量刑不均，或者用刑部的话为“情浮于法”。因此在最终生成的新例中，将马六的行为照支解活人的刑罚进行拟罪。可见，安徽巡抚对于马六的原拟罪，就是违反了“相同、相似行为得到相同、相似的处理”这一基本精神，因而被皇帝认为是“未得情法之平”，其实也就是说原拟罪“情罪未协”。[2]

有乾隆五十年（1785 年）刘烺出语亵狎致梁氏身死一案。张季是堂邑县民，其妻为梁氏。一日，夫妻二人共同去田亩地内采收高粱，刘烺同行前往。

---

〔1〕《大清律例根原》卷之七十七，《刑律·人命·杀一家三人》。

〔2〕参见《刑案汇览》卷二十八，《杀一家三人·谋故斗杀之后割碎死尸》。

刘烺捆缚高粱不够坚实，于是梁氏要求将其扎牢，另换秫秸一棵。不料刘烺另外拔取秫秸之后，问梁氏这颗是否足够粗壮，是否喜欢。梁氏觉得刘烺是故意调戏于她，羞愤难忍，于是投缳自尽。山东巡抚认为刘烺并非存心调戏梁氏，因此将其拟流三千里。"威逼人致死"律所附乾隆五年（1740 年）条例规定："凡村野愚民本无图奸之心，又无手足勾引、挟制窘辱情状，不过出语亵狎，本妇一闻秽语，即便轻生，照强奸未成本妇羞忿自尽例减一等，杖一百，流三千里。"〔1〕刑部照拟核覆。但乾隆皇帝认为，这类由于调奸导致本妇自尽的案件，一般拟绞候，并于秋审中入于情实。但由于仅仅是语言调戏，没有外在肢体的勾引，所以从来不予勾决。该案中，刘烺出此言应当被定性为调戏，而山东巡抚因为刘烺本人口供就从绞监候改为了流三千里。"威逼人致死"律所附乾隆三十七年（1772 年）条例规定："但经调戏，本妇羞忿自尽者，俱拟绞监候。"〔2〕而皇帝认为所谓的"语言调戏"和"出语亵狎"一般在情节上并无不同，但是前者被绞监候，而后者拟流三千里，是"情同罪异"。于是命令刑部修订条例解决。刑部收到上谕后便开始了法律研究，认为之所以有不同的量刑，是考虑罪犯在主观上是否是有心调戏。但是在实际案件中，这种主观上的情节很难证明，往往被一些不肖之徒避重就轻得以减轻刑罚。刑部赞同皇帝所说的，认为"语言调戏问拟绞候者反觉屈抑，殊非情法之平"。刑部认为，如果罪犯是和本妇之夫以及亲属的交谈中说话随意，并未和本妇照面，导致本妇气忿自尽，以及罪犯确实因为别的事情与妇女发生口角，导致妇女自尽的，则可以证明确无调戏之心。于是奏请生成新例。"威逼人致死"律所附乾隆五十三年（1788 年）规定："凡妇女因人亵语戏谑，羞忿自尽之案，如系并无他故，辄以戏言觌面相狎者，即照但经调戏、本妇羞忿自尽例，拟绞监候。其因他事与妇女口角，彼此詈骂，妇女一闻秽言，气忿轻生，以及并未与妇女觌面相谑，止与其夫及亲属互相戏谑，妇女听闻秽语羞忿自尽者，仍照例杖一百、流三千里。"〔3〕

在本案中，对于同为调戏妇女，并且罪犯主观情节难以确定的两种行为，律例中规定了刑罚不同的两种处罚行为。乾隆皇帝在上谕中所提到的所谓

〔1〕《大清律例根原》卷之八十一，《刑律·人命·威逼人致死》。

〔2〕《大清律例根原》卷之八十一，《刑律·人命·威逼人致死》。

〔3〕《大清律例根原》卷之八十一，《刑律·人命·威逼人致死》。

"情同罪异"，刑部在回奏中也提到了"承审官即据该犯本无图奸之供，减拟杖流，以致情同罪异"，其意思均指的就是对于刘烺调戏梁氏这一行为的拟判，违反了"相同情况相同处理"的原则。最终制定的新例，将这两种行为统一起来，均处以绞监候，而对于那些确实有证据证明无图奸之心的行为，才减一等处理。值得注意的是，该案与上一个马六支解刘大和的案件有一个关键之处并不相同。即在前案之中，之所以将马六最终拟凌迟处死，是因为律例体系出现了法律漏洞，即对于挟忿支解人的行为并没有合适的量刑，而只能按照斗杀处理，是属于法律体系本身在立法上存在的问题，并且马六的行为是一种外在的客观行为。但是本案中，刘烺出语调戏张梁氏的行为，在《大清律例》中是有明确规定的，在法律体系中并不存在任何法律漏洞，只是由于两个条例之间的不同之处即在于案犯内在的主观恶性，而非支解人之类客观行为。因此各级法司要区分究竟适用哪个条例，需要通过举证，确定是否刘烺有所谓"图奸之心"比较困难。而恰恰是这种不同，容易使得有图奸之心的案犯狡辩翻供，改为杖流，而无图奸之心只出言亵狎的案犯被加重为绞监候。因此从法律适用的角度来说，案犯在主观上是否有图奸之心，对于这类案件的量刑是比较关键的。本想通奸而出语调戏致妇女自尽的案犯确实应该被拟绞监候，而本无通奸之意且无手足勾引，仅出言侮辱、调侃妇女的人，就应该被拟较轻的杖流刑。因此笔者认为，"相同、相似情况"的认定不仅仅应该从立法的角度进行分析，还应该从司法角度去判断法律规范中的构成要件是否能够有效地通过当事人、各级法司搜集的证据予以证明。如果在刑案中无法证明的话，那么就会导致立法上不同的构成要件，在实际办案过程中并不能得到有效区分，因此"相同、相似情况"应该是在司法过程中的证明结果的意义上的，而非仅对于立法体系中规范文本进行分析的意义上的。[1]

有乾隆三十九年（1774 年）杨玉等人行劫郭全家一案。杨玉籍隶直隶沧州，是五拨庄人。崔文起、魏近礼、王五等人与杨玉素来相识。该年十二月内，三人到杨玉家来，杨玉于是邀他们一起去偷窃别人家的驴马，分钱花用。正月初七，此四人一同从外面佣工归来，发现杨玉的母舅刘四在杨玉家闲坐。时近年关，五人一同怨诉贫苦，无钱过个好年。杨玉就询问刘四是否知道谁家有钱，他们便前去偷窃。刘四说营盘沟的郭全家有钱，而且家里人数不多，

〔1〕 参见《刑案汇览》卷三十五，《威逼人致死·觌面秽亵是否因事角口为断》。

方便盗取。杨玉就询问其余众人是否愿意前去偷窃郭全家，魏近礼等人均表示同意。紧接着，杨玉又邀了他的表连襟王二一同前去盗窃。杨玉带了绳鞭，魏近礼上了小刀，崔文起携带火煤，王五佩戴铁尺，王二、刘四空手，就在路上顺手偷了别人家的一根杉槁，魏近礼则用材料扎了一个软梯。刘四指引了到达郭全家的道路之后，就回家了，并未参与后来的抢劫行为。杨玉等五人将软梯搭在郭全家外墙边，然后翻进院内。杨玉用绳鞭吓唬郭全，王五、崔文起等人点起火煤，王五用铁尺把窗户打破，众人遂进去屋内将衣服、首饰等物强取，王二用郭全家的布袋把赃物全部背走。后来众人分赃，杨玉和魏近礼用赃物当了一百四十余千钱，分给了刘四十吊，王二十吊，崔文起五吊，剩下来的都被魏近礼和杨玉本人花用。最后众人又均被一一拿获。

“盗贼窝主”律规定：“窝主若不造意，而但为从者，行而不分赃，及分赃而不行，减造意一等，仍为从论。”该律所附乾隆五年（1740年）条例规定：“凡窝线同行上盗得财者，仍照强盗律定拟外，如不上盗又未得财，但为贼探听事主消息、通线引路者，应照强盗窝主不行又不分赃律，杖一百，流三千里。”[1]由于刘四确实并未与杨玉等五人同去郭全家进行抢劫，因此刑部认定应当被认定为从犯。但“强盗”律在乾隆二十六年（1761年）又被纂入新例，规定：“寻常盗劫未经伤人之伙犯，并未入室搜赃，并无凶恶情状者，仍以情有可原免死发遣。”而所谓的“情有可原”也是强盗律在乾隆八年（1743年）续纂的一个条例：“强盗重案，除定例所载杀人、放火、奸人妻女，打劫牢狱、仓库，干系城池、衙门，并积至百人以上，及响马强盗、江洋大盗、老瓜贼仍照定例遵行外，其余盗劫之案，各该督、抚严行究审，将法所难宥及情有可原者，一一分晰，于疏内声明。大学士会同三法司详议，将法所难宥者正法，情有可原者发遣。”[2]故而刘四被拟发遣黑龙江给披甲人为奴。但是乾隆皇帝并不认可刑部对于刘四的拟罪，于是驳令再审。刑部谨遵谕旨，认为在以往的案例中，如果是办理通线、引路的罪犯，如果并非起先造意抢劫之人，那么一般都会将其定性为“为从”的伙盗，而非盗首，再根据他是否曾经入室搜赃以及实际的抢劫次数定拟罪名。但是在本案中，为首的杨玉根本不知道哪家有钱可以前去抢劫而询问刘四，刘四不仅指出了郭

---

〔1〕《大清律例根原》卷之七十二，《刑律·贼盗下·盗贼窝主》。

〔2〕《大清律例根原》卷之五十八，《刑律·贼盗中·强盗》。

全家有钱，而且还告诉了行劫五人具体前往的道路，并且事后还分得了部分赃物。因此刑部认为，如果说此案并非刘四将郭全家的情况以及位置告诉杨玉等人，杨玉等人即使有抢劫之心也无被抢之地，所谓“揆其情与盗首无意。若因非其首先造意，即与从犯一例问拟，殊觉情重法轻”。最终奏定新例。“强盗”律所附乾隆四十二年（1777 年）条例规定：“强盗引线，除盗首首先已立意欲劫某家，仅止听从引路者，仍照例以从盗论罪外，如首盗并无立意欲劫之家，其事主姓名行劫道路息由引线指出，又经分得赃物者，虽未同行，即与盗首一体拟罪，不得以情有可原声请。”〔1〕

在本案中，杨玉属于盗首，并且得财，因此依律应当被斩立决。“强盗”律规定：“凡强盗已行但得事主财者，不分首、从，皆斩。”〔2〕但根据相关律例，指引之人刘四反倒因为通线、引路之故而可以依照情有可原条款予以减免。皇帝指出了这一不合理之处。刑部进一步分析，所谓“情重法轻”，即指的是刘四的罪行和盗首杨玉实属相同。其理由是，认定抢劫案件的首犯往往具有一定的标准，一是形成了准备抢劫的主观恶意，二是根据情况确定了实际被抢劫的对象。在本案中，杨玉符合前者，并且组织、策划了整起案件，并带头执行。而刘四则符合第二点，即为杨玉等人抢劫提供了明确的目标。但是根据《大清律例》，刘四这类人往往因为在案件中扮演通线、引路的角色，所以反倒被处以轻刑，从死刑立决减为了杖流刑。从死入生，不可谓差距不大。在皇帝和刑部看来，抢劫案件中的罪犯，只需要符合上述两点中的任何一点就可以将其认定为首犯，但在以往的情况下，首犯不仅仅组织整起抢劫案件，而且同时也明确了抢劫对象，所以以往的各级法司包括制定提到“通线、引路”条例的人，都会认为首犯需要同时符合这两个特征，并将带路的人仅仅认定为从犯。但本案中刘四的行为已经远远超越了寻常带路的性质，而是直接告诉杨玉营盘沟的郭全家比较有钱，而且家中人不多容易抢劫得手，所以刘四的行为对整起抢劫来说是非常关键的，如果没有他，就不会发生对于郭全家的抢劫。因此，同为“盗首”的行为依据不同条款得到了不同的处理，显然并不公平。刑部即认为“臣等前将刘四拟以情有可原发遣，实未允协。”也正是因为“情”和“法”或者说“罪”不相允协，所以皇帝和刑部

〔1〕《大清律例根原》卷之五十八，《刑律·贼盗中·强盗》。

〔2〕《大清律例根原》卷之五十八，《刑律·贼盗中·强盗》。

认为应当生成新的条例来对律例体系进行修正。而从生成的新例可以看出，明确了本案中刘四这种情节的法律适用，将其和盗首一体拟斩立决，并否定了“情有可原”例的适用。[1]

在上引的三个案件中，马六支解刘大和、刘煾调戏梁氏身死、刘四指引杨玉抢劫郭全家，这三个行为在朝廷律典中都有明确的律例予以规制。但拟罪之所以都被刑部或皇帝所否定，就是因为这三个罪犯的情节同其他犯罪行为相同或相似，但却得到了轻重不一的处理。马六先将刘大和杀死，挟忿将其支解抛尸一案，从客观情节来说，与那些支解活人以及由于力所不及，故先杀后支解的行为基本相同。从主观情节来说，律例规定了两种支解的情况，直接支解和先杀后支解，都要求罪犯主观上有支解人的犯罪动机，马六虽然并无此种动机，但是其专门为了挟忿而支解刘大和，将其四肢割落，刨去内脏的行为，与本欲支解活人的主观恶性是不相上下的。但是马六依律仅被拟绞监候，而支解活人的行为被拟凌迟处死。虽然都是死罪，可从死刑处理程序上来说，一个是绞，秋后处理，而且保留全尸，一个是凌迟，立即执行，千刀万剐。量刑差距太大。因此皇帝不能够接受这样“情同”而“罪异”的判决。刘煾调戏梁氏，律例中本应适用的为杖一百、流三千里，但和那些有调戏之心而致妇女自尽的情况，虽然在罪犯主观情节上，动机有恶性的差异，但司法实践中很难查明。法律证据重的是法律真实，而非绝对客观真实，因此如果主观动机很难查明的话，就应该一体视之，平等看待。但若除去主观动机之不同，调戏妇女致妇女自尽同一种情况就有了两种不同的处理，并且有生死出入，一为杖流，一为绞监候。又是“情同罪异”，因此皇帝同样否定了原拟判。杨玉抢劫郭全家一案中，刘四告诉杨玉郭全家有钱，并且指引道路，但由于并没有直接参与抢劫，因此本按照“情有可原”例发遣。但皇帝认为在客观情节上，刘四不仅指引了道路，而且帮助杨玉等人直接确定了抢劫对象，最后还参与分赃，在主观情节上，对于整个抢劫的这种行为是非常积极地参与。因此刘四这种特殊的指引道路的行为和强盗首领并没有不同。但盗首应当被拟斩立决，刘四仅为发遣，也是在量刑上有生死出入，因此亦要被否定。

---

〔1〕 参见《驳案新编》卷七，《刑律·贼盗上·现审强盗引线分赃例》。

2. 违反“不相同、不相似情节得到不相同、不相似的处理”

所谓“不相同、不相似情节得到不相同的处理”是指如果两个案件在具体情节方面达到了足以影响量刑程度的差异，那么就应当适用不同的刑罚，而不能采用相同的刑罚。其实这一原则和上一个原则是相辅相成的，其在本质上也是为了贯彻法律公平、正义的理念。试想，如果法律规定在罪行上有所差异的不同案犯仍然得到相同量刑的话，那么潜在的犯罪人就会宁愿做出更恶劣的罪行而不用担心受到更严厉的惩处，从而使得律例体系无法起到惩治犯罪、保障社会安定的作用。当然，笔者需要强调的一点是，这里所谓“不相同、不相似情节得到不相同的处理”是指分析、比较不同案件中的主客观各方面的情节，并将其予以综合，来认定需要给予的惩处。如果将各方面综合起来得到的结论相同或相似就应该适用相同、相似的量刑，反之则适用不同量刑。例如，将活人支解与杀祖父母、父母都应该被处凌迟处死，但很明显这是不同类型的案件，之所以均处凌迟，是因为均属于罪大恶极、罪无可恕的行为。

有乾隆三十四年（1769 年）卢将捉奸殴死奸夫梁亚受一案。卢将和梁亚受并不相识。同村的黄宁嫜是卢将自幼聘娶的未婚妻。乾隆三十四年（1769 年），黄宁嫜到梁亚受开设的烟铺中闲谈，梁亚受当即向其提出通奸的请求，但是黄宁嫜当时并未允从。十二日，梁亚受又来到了黄宁嫜的家中，正好其父母黄胜登等人外出有事，于是梁亚受继续调奸，并赠送了黄宁嫜一对银镯，于是两人发生了奸情。其后梁亚受找出各种理由来到黄胜登家借宿，黄胜登令其在外屋休息，但黄宁嫜希图通奸，因此将门虚掩。梁亚受于是趁黄胜登不注意，进入黄宁嫜屋内续奸。由于卢将屡次看到二人相互交好，于是心存怀疑。加上看到梁亚受从黄胜登家中走出，遂知道其借宿之事。于是到母舅陆文生家去求助，又邀集了邻人赵弟、赵囊等人一同捉奸。夜晚三更时分，众人到达了黄胜登家门前。卢将一人携带棍棒前去叫门，黄胜登听闻开门，卢将遂进屋向其询问。黄宁嫜听闻，赶紧将梁亚受推醒。梁亚受急忙跑出门外，卢将赶忙上前殴打，殴伤梁亚受左、右额顶，最终致其死亡。广西巡抚宫兆麟认为，虽然黄宁嫜是卢将已经聘娶的未婚妻，但是并未过门。而律例之内并没有允许未婚夫捉奸的文字。因此他将卢将依律拟绞监候。“罪人拒捕”律规定：“罪人虽逃走，不拒捕，而追捕之人恶其逃走，擅杀之，各以斗

杀、伤论。”〔1〕

但刑部在核覆时并不认可对于卢将的拟罪。刑部认为，黄宁嫜已经是卢将的聘定之妻，故有了夫妇之名。本夫卢将怀疑黄宁嫜通奸的话，就必须要有通奸的真凭实据。只有这样，才可以控告奸夫梁亚受，或者告官休妻。因此卢将前去捉梁亚受是情理之中的事情。如果奸夫当时已经逃脱或者被抓获，那么本夫将其杀死，自然应当被追究擅杀的责任。但是如果是在追逐奸夫的过程中，因为打斗或其他原因导致梁亚受死亡的话，由于没有相关律例而直接适用“罪人拒捕”律，又不合情理。于是刑部认为，本夫捉奸在律例体系中已经较为完备，而已经聘定但未过门的未婚妻与人通奸，未婚夫捉奸从而将奸夫杀死的情况，律例中并没有相关的条款。正所谓“设遇此等案件，外省问拟易致参差。与其往返驳诘，临事更张，莫若预定科条，易于遵守。”最终奏定新例。“杀死奸夫”律所附乾隆四十二年（1777年）条例规定：“凡聘定未婚之妻与人通奸，本夫闻知往捉，将奸夫杀死，审明奸情属实，除已离奸所，非登时杀死不拒捕奸夫者，仍照例拟绞外；起登时杀死及登时逐至门外杀之者，俱照本夫杀死已就拘执之奸夫，引夜无故入人家已就拘执而擅杀律拟徒例，拟徒。其虽在奸所捉获，非登时而杀者，即照本夫杀死已就拘执之奸夫满徒例，加一等，杖一百，流二千里。如奸夫逞凶拒捕，为本夫格杀，照应捕之人擒拿罪人格斗致死律，勿论。”〔2〕

从上述案例我们可以发现，之所以刑部认为需要续纂条例，是因为缺乏相关条例，只能将卢将完全按照普通人捉奸的律例进行处理。如果用刑部自己在题本中的话来说，就是“而事系登时、殴由追逐，若此等情节者应许其捉奸之亲属尚得援照捉奸各条问拟，而以聘定之夫竟同凡论，殊失平允”。很显然，刑部认为由于本案中卢将身份上的特殊性，导致他捉奸和常人捉奸决不能等同一起，一同科罪。如果仍按“罪人拒捕”来定罪量刑的话，就是忽略了未婚夫对于未婚妻捉奸的权利。但在传统中国社会，在婚姻礼俗方面，普遍采用所谓“纳采、问名、纳吉、纳征、请期、亲迎”的六礼过程，订婚是最终正式结婚的一个重要步骤，同时朝廷和民间往往也规定了较为严格的取消婚约的条件。因此一旦男女双方经过“父母之命，媒妁之言”订了婚，

〔1〕《大清律例根原》卷之一百三，《刑律·捕亡·罪人拒捕》。

〔2〕《大清律例根原》卷之七十五，《刑律·人命·杀死奸夫》。

那么他们之间至少在名义上已经基本建立了夫妻关系。如果法律不保护未婚夫的权利，就等于使得未婚夫妇之间连名义上的权利、义务都归于无。刑部所谓的“竟同凡论”指的正是在应对这类案件时机械适用律典所遭遇的这种窘境。毫无疑问，在捉奸案件中，捉奸者与被捉奸者的身份关系极为重要。朝廷现行律例也已经规定了本夫、本妇亲属捉奸的情形。律例在这方面的不足，就导致将未婚夫捉奸和常人捉奸这两种不同情况进行了相同的处理。因此，通过仿照本夫杀死奸夫的条例，刑部修订了新例，就可以针对未婚夫捉奸的各种类型予以规制。例如分为“已离奸所、非登时杀死”“登时杀死及登时逐至门外杀之”“奸所捉获、非登时而杀”“奸夫逞凶拒捕，为本夫格杀”四种情况。刑部认为这样处理，就可以让“罪名既各有区别，引断亦更加详密”。[1]

有嘉庆四年（1799 年）张猛与宋永德二人盗窃济尔哈朗图行宫一案。张猛和宋永德二人原来都是热河正白旗的包衣。乾隆四十七年（1782 年），宋永德在热河当兵，后来因为腿脚被车轧伤，于是退伍。乾隆四十八年（1783 年），张猛在热河当差，乾隆五十一年（1786 年）因为延误差使，最终被革退。二人由于均在热河多年，因此彼此较为熟悉。嘉庆四年（1799 年）六月，宋永德在十二脑海遇到了张猛，二人同行赶路。七月初九，二人一同到了济尔哈朗图。由于当地并无招工，二人相互抱怨。张猛首先起意，想要前去偷窃，而宋永德随声附和。张猛在路上捡拾到了木叉一根，和宋永德一起到了济尔哈朗图行宫的西北处，踩着木叉，翻墙进入行宫。张猛到库房盗窃了棉袄、铜锅等物件，又跑到大殿，偷取青缎帘刷二个，黄绸乞单一个，宋永德也偷取了帘刷四个。后来二人听闻有人前来，才携带赃物从原路返回，并将赃物放于高粱地内。二人后被热河地方兵丁抓获，并送到热河总管处讯问。后又被交往承德府进行审拟，并经过刑部，最终依律被拟斩立决。“盗内府财物”律规定：“凡盗内府财物者，皆斩。”[2]

但嘉庆皇帝认为这样的拟罪过重，他认为如果被盗的是圆明园、避暑山庄、静寄山庄、静明园、静宜园等处，应当按照该律办理。但是本案被盗的是济尔哈朗图行宫，该地距离京城路途遥远，在重要性上绝非大内可比。并

---

[1] 参见《驳案新编》卷十二，《刑律·人命·捉获聘妻奸夫》。
[2] 《大清律例根原》卷之五十五，《刑律·贼盗上·盗内府财物》。

且与每年皇帝驻跸临幸之地，也有很多不同。而且所盗窃的只是帘刷等物，并非乘舆服御之物。因此如果二人被拟斩决，那么如果其他大内禁地被盗，则刑罚无可复加。皇帝在上谕的最后提道："嗣后遇有此等偷窃之犯，较偷窃衙署者固应加等问拟，但竟援照盗内府财物之律不分首从定拟斩决，未免无所区别。"于是他命刑部重新拟罪。刑部接到上谕后，开始了法律分析。他们认为，内府禁地守卫森严，盗窃之犯竟然敢于前往作案，确实是性质非常恶劣的事情，因此必须将其严惩，律例规定了斩立决。但是偷窃外省的行宫，律例之中并没有给出相应的区分。刑部也在奏本中提道："若悉照'偷窃内府财物'律概予骈诛，未免无所区别。"于是，刑部草拟了新例草案，奏请皇帝批准。"盗内府财物"律所附嘉庆六年（1801年）条例规定："凡偷窃大内及圆明园、避暑山庄、静寄山庄、清漪园、静明园、静宜园、西苑、南苑等处乘舆、服物者，照律不分首、从，拟斩立决。至偷窃各省行宫乘舆、服物，为首，拟绞监候，为从者，发云贵、两广极边、烟瘴充军。其偷窃行宫内该班官员人等财物，仍照偷窃衙署例问拟。若遇翠华临幸之时，有犯偷窃行宫物件者，仍依偷窃大内服物例治罪。"〔1〕

本案并不复杂。关键之处即在于张猛、宋永德二人偷窃的地方及其赃物的性质。因为济尔哈朗图行宫远不如大内禁地重要，而"盗内府财物"律之所以规定斩立决恰恰是因为大内禁地关乎皇帝安全，所以一概将盗窃外省行宫之人也拟斩立决的话，不仅拟罪过重，而且使得盗窃真正的大内之人也被拟斩立决。这样的话，就很难利用刑罚的等差起到威慑的作用。因此潜在的罪犯必然会觉得，既然盗窃外省行宫与盗窃大内所获之刑相同，而大内明显比外省行宫具有更多值钱之物品，比如乘舆、服物，那么他们必然会更倾向于盗窃大内。那么这样的律例体系造成的结果反而与立法者即皇帝、刑部等人的立法初衷完全相反。显然，这不是他们所想看到的。不同的盗窃情节，受到的刑罚却一致，必然是不合理的。该新例的产生也正是由于原有律例中的这一矛盾。〔2〕

在上引的案件中，卢将捉奸打死梁亚受，张猛、宋永德二人偷盗济尔哈朗图行宫，这两个行为在朝廷律典中都有明确的律例予以规制。之所以原拟

〔1〕《大清律例根原》卷之五十五，《刑律·贼盗上·盗内府财物》。
〔2〕参见《驳案续编》卷一，《窃取行宫物件》。

罪都被否定，是因为虽然这些行为仅是形式上属于律例调整范围之内，但由于这两个案件都有一些与普通案件不同的特殊情节，所以导致了在实质上不应该适用原律例。由于卢将不是本夫，因此根据律例只能够适用常人擅杀不拒捕的有罪之人的律文。但是很明显的是，卢将与普通常人不同，他是黄宁嫜的未婚夫，因此在主体情节上，具有身份上的特殊性。这种特殊性足以令刑部、皇帝将其排斥在常人所应适用的条款之外。毕竟未婚夫这种伦理身份在捉奸案件中，显得是那么重要，不可能被忽略而与常人同等对待。而张猛、宋永德二人，行窃的是济尔哈朗图行宫，因此在形式上被拟“盗内府财物”律是没有任何问题的。但该律主要针对的是侵犯大内禁地以及偷窃与皇权紧密相关的乘舆、服物的行为，因此被盗地点和被盗物品是量刑时应当被重点考量而不应该被忽略的情节。本案被盗的地点济尔哈朗图行宫却是外省行宫，而且所盗窃的物品均是与皇权联系并不紧密的帘刷、棉袄等物。因此，这两个特殊情节可以说对于本案适用“盗内府财物”产生了实质上的影响，使得仍不分首从拟斩立决显得过为机械。

我们可以发现，这两个案件都是比与原律例适用范围中常见案件多了一些特殊情节，而这些情节又与该律例所保护的法益存在紧密联系，例如，捉奸案中的未婚夫，盗大内财物中的外省行宫与琐碎物品，因此就导致了这两个特殊案件与常见案件有了很大的不同。如果死板地适用原律例，就会违反“不同情况不同处理”的原则，因此必然要制定新例来分别应对不同的具体情况。

3. 不同情节不同处理但刑罚轻重不一

这种情况与前两种情况不同的是，有些行为在情节上与其他行为有所不同，因此立法者分别采取了不同的刑罚，故并没有违反“相同情况相同处理”“不同情况不同处理”的法律精神。但是尽管如此，如果量刑的轻重与案情的恶劣程度不能够形成一个良好的对应关系的话，即对于情节较轻的行为采取了较重的刑罚，对于情节较重的行为采取了较轻的刑罚，这样的法律规范仍然违反了清人“情罪允协”的司法目标，应当被否定，故而制定新例也是势在必行的事情。

有乾隆四十一年（1776 年）回民张四与沙振方预谋殴打赵君用，中途扎死葛有先一案。张四籍隶荷泽县，与被杀的葛有先并不认识。沙振方是定陶县的回民，一向和张四关系很好。乾隆四十一年（1776 年）春，沙振方和他的表弟定陶县的常耀在一起贩卖小鸡。三月间，常耀曾将一担小鸡赊给菏泽县的赵君用，当时计价大钱一千八百文，二人约定秋天再行偿还。沙振方并没有参与这件事情。后来到了六月十九日，沙振方自行向赵君用讨取其弟常耀的卖鸡钱，但是赵君用认为他是向常耀赊取的小鸡，因此应当向常耀还钱，而不是向沙振方，因此不允，同时还认为沙振方是回民，不识时务，出言侮辱。沙振方不甘心被辱骂，于是起意纠众报复。六月二十日，沙振方纠集平日熟识的荷泽县回民张四、米贵臣、马三畏、马八、沙开印、李三、李大小、查德元、沙宗义等人，向其诉说报复情由，希望他们能够给予帮助。张四等人认为回教被侮辱，因此愿意前去殴打赵君用。沙振方说赵君用家人数众多，因此大家需要携带器械防身。于是米贵臣等人执持枪刀、木杆，张四徒手，沙振方携带屠刀、防夜手枪，并且令儿子沙大小、沙二小带着木杆一同前往。沙振方、米贵臣、沙大小、沙二小、张四等人先走一步，其他人都在后面跟随。路过葛有先的花地时，正巧他在地里修剪棉花。沙振方路过时，便在花地上行走，践踏了不少棉花。葛有先看到，便急忙上前混骂沙振方。沙振方正要分辨，葛有先拾取了砖石砸向沙振方。沙振方于是同张四、米贵臣一起赶上殴打葛有先。葛有先先是被沙振方用枪扎伤右臂，其后又被张四用砖头砸伤胸膛，被米贵臣用枪扎伤右腿。葛有先疼痛难忍，混骂回教祖先，于是张四等人顿起杀机，用沙振方的屠刀扎伤了葛有先的囟门，最终葛有先不治而亡。当时，路过的和荣宗、吴世耀、房可行上前劝阻，正好撞见马三畏、马八、沙开印等人，马三畏等人以为和荣宗等人要帮助葛有先，于是用刀砍向和荣宗，马八用刀扎伤其右腿。沙开印用杆殴伤和荣宗左脚面、左右臀部。吴世耀、房可行也相继被殴打。众犯眼见已伤多人，因此四散而逃。护理山东巡抚将张四依律拟斩监侯，沙振方依例拟军从重改发乌鲁木齐为奴。“斗殴及故杀人”律规定：“故杀者，斩监侯。”[1]“斗殴”律所附乾隆五年（1740年）条例规定：“凶徒因事忿争，执持刀枪等凶器，但伤人及误伤旁人者，俱发近边充军。”[2]

刑部在核覆时，同意对于张四的拟罪，但不同意对于沙振方的拟罪。其原因是，沙振方是回民，仅仅因为一些口角就纠集多达十四五人，携带刀枪

〔1〕《大清律例根原》卷之七十八，《刑律·人命·斗殴及故杀人》。

〔2〕《大清律例根原》卷之八十三，《刑律·斗殴上·斗殴》。

殴打赵君用。途中遇到修剪棉花的葛有先，同样因为一句言语就将其杀死，情节极为恶劣。刑部进而认为，回民一向狂野成性，盗窃、抢劫、杀人不仅肆无忌惮，而且常常纠集众人，强横无理比常人有过之而无不及。因此在相关条例中，都对于回民有所加重。“窃盗”律所附乾隆三十二年（1767年）条例规定：“回民行窃，除赃数满贯，罪无可加，及无伙众持械情状者，均照律办理外，其结伙三人以上及执持绳鞭器械者，均不分首、从，不计赃数、次数，改发云贵、两广极边烟瘴充军。”〔1〕而对于回民纠集众人预谋殴打他人的案件，则按照一般律例定拟。但回民三人行窃尚且是一种较为隐匿的行为，因为他们还有畏惧朝廷法度之心。可纠集同党杀人则和白昼横行之强盗没有太大区别。刑部在题本中即认为“乃论罪转轻于行窃，于情法实未平允”。刑部认为，本案中回民沙振方先是纠集回民张四等至十五人之多，又携带各种凶器，路过葛有先花地，因为琐事将葛有先杀死，后来又将劝和的和荣宗等三人殴至重伤，如果不专门订立针对回民斗殴的条例，就不足以惩治凶暴之人。最后奏请生成新例。“斗殴”律所附乾隆四十二年（1777年）条例规定：“凡回民结伙二人以上，执持凶器殴人之案，除致毙人命罪应拟抵之犯，仍照民人定拟外，其余纠伙共殴之人，发云贵、两广极边烟瘴充军。如结伙虽在三人以上，而俱徒手争殴，并无执持凶器者，于军罪上减一等，杖一百，徒三年。结伙在十人以上，虽无执持凶器而但殴伤人者，仍照三人以上执持凶器之例定拟。”〔2〕

在本案中，刑部之所以请求奏定新例，就是因为回民行窃就被处以云贵、两广极边烟瘴充军，而回民执持凶器殴人的情节显然重于回民行窃。根据《大清律例》，针对回民执持凶器殴人的行为，立法者们并没有制定专条，反而仅仅按照一般民人进行处理，被拟近边充军。两种行为虽然在情节上不同，并且也被规定了不同的量刑，但是由于后者对于社会的危害性明显要强于前者，却规定了较轻的刑罚，因此同样也是不合理的。很显然，从刑罚的设置上来说，对于这两种行为，轻的情节对应重刑，重的情节对应轻刑，打乱了律例体系本身的和谐，所以刑部才说“情法实未平允”。而制定新例的目的，就是为了纠正这种量刑的混乱，并进而达到所谓“回匪皆知畏法敛迹，而良

〔1〕《大清律例根原》卷之六十三，《刑律·贼盗中·窃盗》。

〔2〕《大清律例根原》卷之八十三，《刑律·斗殴上·斗殴》。

善得免荼毒”的目的。[1]

从笔者总结的这三种“情罪不相允协”的类型，我们可以看出，清代各级法司以及皇帝在对于刑案进行裁判的过程中，并不是简单地在形式上适用律例，而是能动地从实质上分析适用律例的结果能否达到他们想要的司法目标。这个目标就是“情罪允协”，希图让各种犯罪行为，根据情节的轻重能够得到相应的量刑。律例对于清人来说是一种很重要的帮助他们达到这种司法目标的工具，正因为如此，他们才将《大清律例》中的很多律目都制定得那么繁杂，并且又附载了那么多条例。但是毫无疑问的是，律例即使再重要，对于皇权至上的帝国来说，其本质仍然是一种社会治理的工具，或者说是一种限制官吏、治理百姓、拱卫皇权的工具。因此，他们不会如同现代民主社会将保护人权作为刑法的重要价值之一，因而将保障罪刑法定原则具有很高的效力。如果律例并不能够帮助清人达到个案中的“情罪允协”，那么他们就会通过一定的程序去突破现有律例。虽然说他们也制定了一个较为慎重的程序，最典型的就是皇帝要介入其中，但是这种方式更多的考量是为了保护皇权，而非仅仅为了律例的稳定性。突破现有律例的结果，往往便是这种因案生例。清代有那么多的成案突破了律例，显得律例似乎效力不高，但突破之后的成果往往又成为新的条例，这确实是一种颇为吊诡的现象。笔者认为，相比较于通行、成案，律例在清人心目中的地位仍然是最高的，否则就不会有“断罪引律令”律的存在，并且沿袭上千年。“断罪无正条”律及其例文则针对的是适用律例而“情罪未协”的情况，更多体现为一种补充作用。同时，该律的立法宗旨是将生成新的条例视为成案的结果，因此成案突破现行律例是为了更好地制定新例、完善律例体系。从法律渊源的角度来看，成案和通行更多体现了一种阶段性的色彩，是清代各级法司以及皇帝对于律例体系进一步修订、补充、发展的尝试。因此，清代的因案生例不仅没有否定律例的作用，相反还增强了律例在国家治理中的地位。

三、因案生例原因的具体类型

德国学者魏德士认为：“法律适用可以分为以下四个步骤：认定事实；寻找相关的（一个或若干）法律规范；以整个法律秩序为准进行涵摄；宣布法

---

〔1〕 参见《驳案新编》卷十九，《刑律·斗殴上·回民纠伙共殴新例》。

律后果。”[1]但在现实的法律适用中，寻找相关的法律规范即司法三段论中的大前提常常成了一件困扰法官的事情。这主要是由于法律规范含义不清以及法律体系自身存在若干漏洞。这种情况同样存在于清代的刑事司法实践中，正所谓“有定者律令，无穷者情伪也”。[2]根据清代成案，笔者将因案生例的原因分为以下几种类型。

（一）律例无正条

有些案件事实被认定为具有一定社会危害性，但却无法在《大清律例》中找到足以适用的相关律例。现代法律方法论将这种情况称为“开放漏洞”。卡尔·拉伦茨认为：“就特定类型事件，法律欠缺——依其目的本应包含之——适用规则时，即有‘开放的’漏洞。”[3]齐佩利乌斯写道：“法律漏洞一个重要的基本类型是这样一种情况，即一条法律规范没有从公正的角度来看应当由其调整的某些情形作出规定。”[4]“法律欠缺”用我们现代的话来说，就是所谓的“无法可依”。由于社会的变迁与立法者视野与技术的局限，《大清律例》对于清代社会生活中的很多具有危害性的行为都没有予以规制。因此当发生此类案件的时候，各级法司就遇到了明知其“有罪”，但又无任何正式法律依据的问题。清代成案中就存在很多的这种开放漏洞。

有乾隆四十三年（1778年）葛锦等六犯明知贼情、说合赎赃一案。葛精怪、黄娜养、葛应科三人都住在广西柳城县欧阳村，该县与马平县疆界相连。乾隆三十九年（1774年）九月，葛精怪到马平县偷盗何自信家牛一只，被何自信拿获，捏成收留走失的耕牛，勒赎何自信钱三千文。葛精怪与沈祖应合伙贩卖粽子，至乾隆四十二年（1777年）年底，葛精怪在花完本钱之后，仍住沈祖应家。沈祖应贪图葛精怪供给之饮食，故虽明知葛精怪行窃，仍容留不报。乾隆四十三年（1778年）正月，葛精怪与黄娜养、葛应科相遇，由于三人均贫穷无法生计，因此决议合伙以偷盗牲畜的方式勒索事主钱财。正月十七日，三人在柳城县偷盗廖妹耕牛一只。二十二日，三人偷盗周朝庆羊八只，事主取钱请求秦尚积赎赃，三人得钱分用。三月十七日，黄精怪、黄娜

---

〔1〕［德］伯恩·魏德士：《法理学》，丁晓春、吴越译，法律出版社2005年版，第288~289页。

〔2〕《大清律例·御制〈大清律例序〉》。

〔3〕［德］卡尔·拉伦茨：《法学方法论》，陈爱娥译，商务印书馆2003年版，第254页。

〔4〕［德］齐佩利乌斯：《法学方法论》，金振豹译，法律出版社2009年版，第98页。

养在马平县偷盗牛一只，事主取钱请求葛锦赎赃，二人得钱分用。八月初三日，葛精怪、黄娜养偷盗羊四只，事主何自信请求葛应钜赎赃，但由于何自信无钱，二人卖羊分赃。九月初六日，葛精怪、黄娜养偷马一匹，事主请求姚英士走访并转托秦宗相帮助赎赃，葛精怪、黄娜养、葛应彩三人得钱分用。九月初八日，葛精怪、黄娜养偷盗韦神贤牛一只，事主请求姚英贤赎赃，三人得钱分用。十月初一日，葛精怪、黄娜养偷盗牛一只，事主请求龙登任赎赃，龙登任不允，故葛精怪三人卖牛分赃。十月十五日，葛精怪偷盗牛一只，事主侄婿葛锦查知为葛精怪等人所为，故由事主取钱赎赃。十月十八日，葛精怪等二人偷盗牛一只，事主请求葛应钜赎赃，三人得钱分用。十一月十五日，葛精怪、黄娜养偷盗牛一只，事主请求葛应彩赎赃，三人得钱分用。十一月十八日，葛精怪、黄娜养偷盗牛一只，事主请求姚英士赎赃，二人得钱分用。乾隆四十四年（1779 年）正月初六日，葛精怪、黄娜养偷盗牛一只，事主请求葛锦转托葛应彩赎赃，三人得钱分用。二月二十日，葛精怪、黄娜养偷盗牛一只，事主请求龙登任赎赃，二人得钱分用。

广西巡抚李世杰认为，应将葛精怪、黄娜养两人照“白昼抢夺三犯”例拟绞立决。“白昼抢夺”律所附乾隆五年（1740 年）条例：“凡白昼抢夺三犯者，拟绞立决。如抢夺、窃盗各不及三次者，免其并拟，各照所犯之罪发落。”〔1〕而将葛应科、葛应彩、姚英士等人照“积匪滑贼”例拟发往伊犁给兵丁为奴。“窃盗”律所附乾隆三十二年（1767 年）条例规定：“积匪、滑贼危害地方，审实，不论曾否刺字，改发云贵、两广极边、烟瘴充军。其余窃盗，仍照律以曾经刺字为坐，分别次数治罪。”〔2〕将沈祖应照例于葛精怪绞罪上减一等拟流。“盗贼窝主”律所附乾隆三十七年（1772 年）条例规定：“窝留积匪之家，果有造意及同行、分赃、代卖，即照本犯一例改发极边烟瘴充军，并于面上刺‘改遣’二字。如有脱逃被获，即照积匪脱逃例办理。其未经造意，又不同行，但经窝留分得些微财物，止代为卖赃者，均减本犯一等治罪。至窝藏回民行窃犯至遣戍者，亦照窝藏积匪例分别治罪。”〔3〕刑部认可广西巡抚李世杰对于上述人等的拟罪。但同时认为对于说合赎赃葛锦、秦尚

〔1〕《大清律例根原》卷之六十一，《刑律·贼盗中·白昼抢夺》。

〔2〕《大清律例根原》卷之六十三，《刑律·贼盗中·窃盗》。

〔3〕《大清律例根原》卷之七十二，《刑律·贼盗下·盗贼窝主》。

积、秦勇、秦宗相、龙登任等人亦应予以严惩。刑部提出的理由是，这些人“明知贼情，既不据实鸣官，又复为之查赃向赎，表里为奸，助贼获利，若不加以惩治，则此种恶习流风何由整顿……见今日两广、两湖及贵州诸省屡有此种案情，地方官不能早为禁止，及事犯到官，仍以并无不合，概不重治其罪。遂致习惯成风，接踵而起。必须严加惩治，已儆恶俗。”接着，刑部向乾隆皇帝提请纂修新例，并最终得到了皇帝的批准，并进而生成新例。“窃盗”律所附乾隆四十八年（1783 年）条例规定：“两广、两湖及云贵等省，凡有匪徒明知窃情，并不帮同鸣官，反表里为奸，逼令事主出钱赎赃，俾贼匪获利，以至肆无忌惮，深为民害者，照为贼探听事主消息、通线引道者，照强盗窝主不行又不分赃杖流律减一等，杖一百，徒二年。如有贪图分肥，但经得财者，不论多寡，即照强盗窝主律，杖一百，流三千里。”[1]

在本案中，对于葛锦等人说合赎赃的行为，《大清律例》并无相关的惩治措施。但通过阅读刑部的题本，我们可以得知，刑部认为由于律典并没有明确禁止该种行为，因此从这种做法的社会效果来看，该类案件在两广、两湖、贵州等省已经出现一种频发的趋势，如果朝廷不予以适当的管制甚至严惩，进一步任由其发展的话，那么说合赎赃的行为将会愈演愈烈，严重地危害地方秩序，使得将无法保证百姓的安居乐业。因此刑部向乾隆皇帝提出了应当针对该类行为专门制定新例予以惩治的意见，并希望以此能够达到“恶习可以渐除，而闾阎得以宁谧”的最终目的。很明显，《大清律例》对于该种具有社会危害性的行为无任何条文予以规制，是一个典型的开放式的法律漏洞。而刑部在同意广西巡抚李世杰对于主要人犯的拟罪之后，并没有忽略掉那些为虎作伥、说合赎赃的葛锦等人，而是考虑到该类案件的情节以及社会危害，将这些具有从属性的行为也纳入律典体系之内，而且就附于“窃盗”律门内。这样，以后各级法司能够依据正式的条例就能够对于窃盗以及说合赎赃行为形成较为全面的打击与规制。[2]

有道光四年（1824 年）刘玉茂将其妻杨氏与徐阿二捉奸后登时殴死杨氏一案。刘玉茂籍隶贵州省郎岱厅，其妻为刘杨氏。后徐阿二与刘杨氏在奸所通奸，正好被本夫刘玉茂当场抓获，徐阿二立刻逃跑，刘玉茂追赶不上，只

---

〔1〕《大清律例根原》卷之六十三，《刑律·贼盗中·窃盗》。

〔2〕参见《驳案新编》卷九，《刑律·贼盗下·明知贼情说合赎赃新例》。

能回家殴打刘杨氏，并要将徐阿二设法抓住一并送官究惩。刘杨氏畏惧不已，连忙赶到徐阿二家通风报信并躲避不见本夫刘玉茂。刘玉茂情急之下，到徐阿二家殴死了其妻。护理贵州巡抚对本案的处理有所疑问。“杀死奸夫”律所附乾隆四十二年（1777年）条例规定：“非奸所获奸，将奸妇逼供而杀，审无奸情确据者，依殴妻至死论。如本夫登时奸所获奸，将奸妇杀死，奸夫当场脱逃，后被拿获到官，审明奸情是实，奸夫供认不讳者，将奸夫拟绞监候，本夫杖八十。其非奸所获奸，或闻奸数日，杀死奸妇，奸夫到官供认不讳，确有实据者，将本夫照已就拘执而擅杀律，拟徒。奸夫，杖一百，徒三年。”[1]但本案的情况是，本夫刘玉茂于奸所当场捉奸，又于刘杨氏跑到徐阿二家后殴死刘杨氏，因此不属于条例的适用范围之内。最后，他只能将刘玉茂、徐阿二比照上述条例中“闻奸数日，杀死奸妇”将二人拟杖一百、徒三年。刑部在核拟时认为，本夫杀死奸妇的情形，条例的主要精神为了保证纲常名教、维持风化，因此倾向于原谅本夫捉奸情况下激情杀人的行为，而加重对于奸夫的惩处。因此，在奸所当场抓获通奸的奸夫、奸妇，又非登时杀死奸妇的本夫，对他的量刑应该比非奸所获奸、闻奸数日后杀死奸妇要轻一些，而对奸夫的量刑就应该重一些。只有这样做才能够更好地处理不同的案情。“杀死奸夫”律所附乾隆六十年（1795年）条例规定：“本夫、本妇有服亲属捉奸，登时杀死奸妇者，奸夫拟杖一百、流三千里。”[2]刑部认为，从捉奸人方面来说，本夫、本妇的有服亲属捉奸，尚且将奸夫拟满流，就本夫捉奸相较于有服亲属，案件性质更加严重，因此应当加重量刑；从杀死奸妇事件来说，非登时杀死又应当相较于登时杀死奸情量刑。加减相抵，最终刑部将奸夫徐阿二比照此条例，拟杖一百、流三千里，而将本夫刘玉茂则拟杖一百。最终生成条例。“杀死奸夫”律所附：“非奸所获奸，将奸妇逼供而杀，审无奸情确据者，依殴妻至死论。如本夫奸所获奸，登时将奸妇殴死，奸夫当时脱逃，后被拿获到官，审明奸情是实，奸夫供认不讳者，将奸夫拟绞监候，本夫杖八十。若奸所获奸，非登时将奸妇杀死，奸夫到官供认不讳，确有实据者，将奸夫拟杖一百、流三千里，本夫杖一百。其非奸所获奸，或闻奸数日，将奸妇杀死，奸夫到官供认不讳，确有实据者，将本夫照已就拘执而擅杀律，

[1]《大清律例根原》卷之七十六，《刑律·人命·杀死奸夫》。

[2]《大清律例根原》卷之七十五，《刑律·人命·杀死奸夫》。

拟徒。奸夫，杖一百、徒三年。”〔1〕

在本案中，护理贵州巡抚吴荣光首先列举了与该案情节最相类似的条例，但发现该条例只有“非奸所获奸、将奸妇逼供而杀，审无确据”“登时奸所获奸，将奸妇杀死，奸情属实”“非奸所获奸、闻奸数日杀死奸妇，确有实据”三种情况，恰恰没有本案这种“奸所获奸、非登时杀死”的情况。正如他在题本中所说：“至本夫奸所获奸，非登时杀死奸妇，本夫奸夫作何问拟，例未备载。”可以说，护理贵州巡抚也已经认识到本案属于“律无正条”的情形，因此他只能将本夫刘玉茂、奸夫徐阿二进行比附该条例进行论罪。〔2〕

上述两个案件显示出清代刑案中有的时候会出现没有明确可适用律例的情况。但根据案件情节，对于某些行为若不将其入罪，则明显会对社会产生较大的危害。葛锦等人明知贼情、说合赎赃，如果朝廷放任不管，那么必然会导致这类行为愈演愈烈。而刘玉茂奸所获奸，非登时杀死奸妇，在律例中也是并没有明确的条款能够适用。笔者认为，这类案件属于在形式上就无法顺利地进行裁判，因此根据案件生成条例并进而完善律例体系也是一种亡羊补牢的行为。

（二）律例中有正条但情罪不相允协

在很多清代成案中，案件事实能够找到相关律例予以适用，但其法律结论显然不合情理。这种情况在现代法律体系中也存在，常被称为“隐藏漏洞”。卡尔·拉伦茨认为：“就此类事件，法律虽然含有得以适用的规则，惟该规则——在评价上并未虑及此类事件的特质，因此，依其意义及目的而言——对此类事件并不适宜，于此即有‘隐藏的’漏洞。”〔3〕齐佩利乌斯认为：“通过类型化的案例比较，也可以发现从公正的角度来讲，应当从一条（过度一般化的）规范的适用范围中排除出去的案例类型。”〔4〕所谓的“此类事件的特质”“过度一般化”指的就是某些法律规范所覆盖的适用范围过于宽广，没有考虑到其中某些类型的事件具有特殊性，而应当从普通类型案件中被排除出来。因此，这种法律漏洞的产生原因主要是立法者没有对于某些行为、事件中的特殊性进行针对性的规制，而采用通常的办法对其进行规范。

---

〔1〕《大清律例根原》卷之七十六，《刑律·人命·杀死奸夫》。

〔2〕参见《刑案汇览》卷二十五，《杀死奸夫·奸所获奸非登时杀死奸妇》。

〔3〕［德］卡尔·拉伦茨：《法学方法论》，陈爱娥译，商务印书馆2003年版，第254页。

〔4〕［德］齐佩利乌斯：《法学方法论》，金振豹译，法律出版社2009年版，第100页。

而特殊性的认定，更涉及裁判者对于规范要件和案件内容进行的实质审查。对清代刑事法律体系而言，特殊性的认定就在于具体个案中是否存在能够足以影响量刑的情节。由于清代同帝制中国的其他时期一样，采取的是绝对法定刑主义，一种罪行对应一种刑罚，而幅员辽阔的有清一代每天发生的案件又纷繁复杂，所以律例本身的缺陷必然就导致在《大清律例》之中存在各种隐藏漏洞。陈小洁认为，清代刑案在审理过程中，存在着有正条但是根据情节进行适当予以加减刑罚的现象，其宗旨是达到“法”与“情”的两平。[1]她所谓的“有正条”而加减刑罚，其实就是指清代各级法司在面对个案情节使得直接适用律例的绝对法定刑而显得不合理时所采取的方法。

有乾隆四十一年（1776年）于添位殴伤胞兄于添金身死一案。于添位是于添金的同母胞弟，但二人分家居住。于大造和于二造均是于添金的无服族弟，从前之间并无任何嫌隙。乾隆四十年（1775年）十二月，于添金从陈光辉处买地一段，该地与于添位的地毗连，并立有碑石为界。历年以来，于添位由于翻犁的原因，对于于添金所买之地屡有侵占，但于添金并不知晓。乾隆四十一年（1776年）五月初十，于添位与其子于热儿在地工作，由于于添金看视所种棉花，故知晓于添位侵占其地亩一事，并与之理论、争吵。后于添金又同于大造由于地亩相连、来往出行车辆占用其地亩等原因发生矛盾。该年六月初三，于添金将于添位、于热儿、于大造、于二造等人以上述原因呈控至县。于添位担心缠上官司有误农时，并且认为于添金不念手足情份，于是纠集于大造等人寻找机会殴打于添金泄忿。当晚，于添金在于添位家门口夸口称告官便可将其置于死地，于大造、于二造、于添位、于热儿等人闻言便前往殴打于添金。于大造将于添金掀翻在地，于热儿用木棍殴伤于添金左胳膊、左手腕、左膝、右臁肕等处，于二造用铁尺殴伤于添金右手腕、左右脚腕等处。于添金之妻郭氏见夫被殴，情急声喊。于添金之子于瑞听闻，情切救父，取郭氏之木棍保护其父。但由于黑暗中视线较差，于瑞误伤于添位左眼角。于添位负痛声喊，于瑞知道误伤了胞叔，当即畏惧收手。后由于地方陈进奉闻之查问，于二造等人方才停止对于于添金的殴打。陈进奉问明情由，令于瑞同于大造将于添金扶回家中，但最后于添金由于重伤不治殒命。

---

[1] 参见陈小洁：“中国传统司法判例情理表达的方式——以《刑案汇览》中裁判依据的选取为视角”，载《政法论坛》2015年第3期，第116页。

直隶总督周元理认为，于添位、于热儿依律应拟斩立决。“殴期亲尊长”律规定：“凡弟妹殴同胞兄姊者，死者，不分首、从，皆斩。若侄殴伯叔父母、姑，至死者，亦皆斩。”[1]于二造用铁尺殴打于添金，虽然其造成的伤害并未致命，铁尺也并非寻常凶器，但造成了于添金右手腕左右脚腕骨折，因此将其依例量减一等为杖一百、徒三年。“斗殴及故杀人”律所附乾隆五年（1740 年）条例规定：“凡同谋共殴人，除下手致命伤重者依律处绞外，其共殴人，审系执持枪刀等项凶器，亦有致命伤痕者，发边卫充军。”[2]同时认为于瑞虽然是见到父亲被殴打而持棍救护，以至于误伤胞叔于添位，但“服制攸关，应仍照律问拟”，因此仍将于瑞依律问拟杖一百、流二千里。“殴期亲尊长”律规定：“凡弟妹殴同胞兄姊者，伤者，杖一百，徒三年；若侄殴伯叔父母，各加殴兄姊罪一等。”[3]刑部照拟核覆。但皇帝认为，将于添金之子于瑞拟杖一百、流二千里，“虽系按律办理，但细核案情，于瑞闻父被殴业经垂毙，引用木棍混打于黑暗中致伤伊叔，实属情切救父；且于添位主使子弟殴死胞兄，本系应得重罪之人，是于瑞与寻常侄殴伯叔者不同，自可量从末减”。因此，刑部将于瑞从杖一百、流二千里减为杖一百、徒三年，至配所折责四十板，并奏请皇帝以后遇到同类案件，亦以此为标准进行处理。并最终生成新例。“殴期亲尊长”律所附乾隆四十二年（1777 年）条例规定：“凡胞侄殴伤胞叔之案，审系父母被伯叔殴打垂毙，实系情切救护者，照律拟以杖一百、流二千里。刑部夹签声明，量减一等，奏请定夺。”[4]

在本案中，直隶总督周元理虽然承认于瑞是为了营救自己的父亲才误伤于添位，但是由于服制在家国同构的清代乃至整个中国古代具有重要地位，即所谓“服制攸关”，因此周元理仍然将于瑞依照“殴期亲尊长”律进行拟罪。作为中央刑事司法审判机关的刑部对此秉持着相同的态度，不敢轻易突破现行律例、轻视服制，因而同意直隶总督的拟罪，并具题皇帝。但乾隆皇帝认为虽系“按律办理”，但该行为包含黑夜中殴打、胞叔亦有罪两个客观情节以及情切救父、误伤胞叔而非有意两个主观情节，导致适用律文的法律结论在实质上并不合情理。所谓“按律办理”即表明，从法律推理的形式上，

[1] 《大清律例根原》卷之八十七，《刑律·斗殴下·殴期亲尊长》。
[2] 《大清律例根原》卷之七十八，《刑律·人命·斗殴及故杀人》。
[3] 《大清律例根原》卷之八十七，《刑律·斗殴下·殴期亲尊长》。
[4] 《大清律例根原》卷之八十七，《刑律·斗殴下·殴期亲尊长》。

虽然在《大清律例》中有明确的律例能够适用于该种行为并对其进行规制，但是由于案件中同时存在其他情节，导致了按照现行法律规范的处理并不能够达到立法本意而违背了法律精神，并最终造成了量刑的不均衡。在本案中，对于情切救父情况下误伤胞叔的行为直接适用“殴期亲尊长”律，并得到一种显然不合情理的法律结论，就是一种隐藏式的法律漏洞。它与前面所提到的开放式法律漏洞的区别就在于，开放式漏洞更多是一种形式上的法律漏洞，任何现行法律规范均无法在案件中得到适用，漏洞的存在是显而易见的；而隐藏漏洞却是一种实质上的法律漏洞，即在形式上有某条法律规范能够适用于某一行为，但所获得法律结论并不符合公平正义的要求，因此法律适用者需要首先排除原本可适用的法律规范，其次才能够确定该种漏洞的存在。排除或否定原律例的适用，就必须由异议者说明充足的理由并加以论证。我们可以看出，在本案中，直隶总督周元理和刑部其实也都看出了本案存在不少的特别之处，使得其与普通的“殴期亲尊长”案件并不相同，但是他们之所以不敢将其作为否定原律适用的理由，一方面确实是因为“服制攸关”的原因，还有一方面恐怕是因为“断罪引律令”律的影响。因为突破律例是一种非常态的情况，并不能经常使用，否则就在很大程度上否定了整个律例体系，因此朝廷对此有较为严格的条件予以限制。一旦认定错误，比附援引别条律例，就容易造成弄巧成拙的尴尬境地，使得各级法司被追究相关责任从而引火烧身。想必清代司法官员均是因为有此担心，所以多一事不如少一事，只会在题本中略微提及适用某律不合理之处，让更高级别的官员去进行尝试，或者说冒险。因为如果更高级别司法机关予以论证的话，相信也更容易得到皇帝批准。而如果是皇帝本人亦认为需要否定原律从而认定律例体系存在某些隐藏漏洞的话，那么因案生例自然就是更加顺理成章了。〔1〕

有赵兴文听从商密行窃，被事主发现逃跑中刃伤事主一案。赵兴文曾经因为和别人结伙偷窃牲畜被拟以徒刑，但是后因赦免而最终释放。嘉庆二年（1797 年）三月间，赵兴文又纠同他人行窃两次。同年十一月初七日夜间，赵兴文听从商密指挥，一起到事主崔玉占家行窃。商密负责实际行窃，而赵兴文负责在外把风守候。商密先是盗得衣服和钱褡，将其放在崔玉占家住房迤北地方的空地中，随后又返回崔玉占家二次行窃。赵兴文则到崔玉占家大

〔1〕 参见《驳案新编》卷二十四，《刑律 · 斗殴下 · 情切救父误伤胞叔》。

门内接取赃物。商密胆大包天，竟然直接入室偷拿崔玉占睡觉时所盖的衣服，终于使得崔玉占从睡梦中惊醒，进而反过来夺取其被盗衣服。商密见状，急忙携带赃物逃跑，崔玉占则裸身追赶商密，赵兴文看见此情景，同样向外奔逃，但不小心被崔玉占家门槛绊倒。赵兴文还未爬起，就已经被崔玉占从身后赶到，用手抱住，赵兴文无法挣脱逃跑，于是用随身佩戴的小刀向身后用力猛戳，导致崔玉占左胳膊受伤。但崔玉占仍然不松手，将赵兴文向后拉倒，并且同时大声叫喊。赵兴文见状情急，用刀猛扎崔玉占囟门相连额角。崔玉占疼痛难忍，不得已松手，故令赵兴文逃出门外。但崔玉占迅速爬起后，又将赵兴文发辫揪住，并且崔玉占之父崔治也前来抓捕赵兴文。于是赵兴文更加穷凶极恶，用刀扎伤崔治的左额角，划伤了崔玉占的左额角。崔汉是崔玉占的弟弟，听闻后打斗声喊后，拿起铁锨前往殴伤了赵兴文，赵兴文忍痛逃脱。此时，商密已经携带赃物回到家中，赵兴文逃跑后亦前来找寻商密，告诉了他扎伤事主的事情，并且互相商定要打听消息，随后二人分赃散去。次日，崔玉占就报告衙门该事。赵兴文听闻消息，心中畏惧，于是和商密二人将赃物从崔玉占家墙外扔回到崔玉占家，后又各自逃逸。崔玉占将失而复得的赃物呈交衙门，而赵兴文也同时被捕。刑部认为，在本案中，赵兴文由于被追捕情急，为了逃跑而扎伤事主，按例应该被拟绞监候。“窃盗”律所附乾隆五十三年（1788年）条例规定：“窃盗弃财逃走，及未经得财逃走，事主追逐，因而拒捕杀人者，首犯，拟斩监候；为从帮同下手有伤者，不论他物、金刃，俱拟绞监候。其虽曾拒捕，或亦持杖，而未经帮殴成伤者，应减首犯一等，杖一百，流三千里。若伤人未死，如刃伤及折伤以上者，首犯，拟绞监候；从犯，亦减等拟流。若伤非金刃、伤轻平复，并拒捕无伤者，仍依罪人拒捕本律科断。”[1]但本案特别之处在于，赵兴文事后由于畏惧不敢分赃，听闻事主报官之后又与商密二人将赃物送还，可见其尚有畏罪之心。因此如果将赵兴文与未还赃物的犯人一起拟以绞监候的话，那么就导致不同的情节有相同的处理方式，即“自觉无所区别”。同时“犯罪自首”律也规定：“若强、窃盗，诈欺取人财物，而于事主处首服，及受人枉法、不枉法赃，悔过回付还主者，与经官司自首同，皆得免罪。若知人欲告，而于财主处首还者，

〔1〕《大清律例根原》卷之六十三，《刑律·贼盗中·窃盗》。

亦得减罪二等。”[1]知人欲告，减罪二等，而犯罪已经事发，事主已经被报官较之相对严重，因此，刑部认为应当在按例处绞监候的基础上量减一等，改拟杖一百、流三千里。刑部于嘉庆四年（1799年）四月二十七日上题本于皇帝，二十九日皇帝下旨同意刑部题覆，并且命刑部将此案上升为条例。“强盗”律所附嘉庆六年（1801年）条例规定：“窃盗拒捕、刃伤事主，罪应拟绞之犯，如闻拿畏惧，将原赃送还事主，确有证据者，准其照闻拿投首例，量减拟流。若止系一面之词，别无证据，仍依例拟绞监候，秋审时入于缓决。”[2]

在本案中，如果仅仅考察赵兴文参与窃盗并拘捕杀人的行为，那么在《大清律例》中是有相应的条例予以规制的，即应当被拟绞监候。但是本案的特别之处在于，赵兴文在事主报官之后，出于畏惧的心理，遂将原赃物通过扔回崔玉占家中的方式返还给了事主。因此，在存在这样的情节的情形下，如果仍然按照原条例予以惩治，会导致赵兴文与事发后并不返还赃物的其他罪犯在量刑上没有差异。在一个秉持着“律贵诛心”司法政策的时代，赵兴文的这种事后畏惧的主观动机以及将赃物全部如数返还的客观事实，值得清代的各级法司们作出褒扬性的司法评价。如果不这么做的话，就无法起到鼓励同类案犯事后返还赃物、减轻社会危害性的作用。因此最终生成的新的条例，在一定程度修正了原条例的适用范围，从而更好地达到了“情罪允协”的司法目标。[3]

有嘉庆八年（1803年）杜老刁行窃弃赃图脱拒杀缌麻胞兄杜景华一案。杜老刁、万光、刘成等人经常互相念叨各自贫苦艰难，由于杜老刁知道其缌麻胞兄杜景华家底相对殷实，因此想要行窃杜景华一家，万光、刘成二人表示赞同。当晚，同伙三人相聚于杜景华家门口，由刘成负责在门外接递赃物，而杜老刁和万光则负责翻墙入院盗取财物。杜老刁推开房门，和万光一起进入屋内偷取衣服，然后用口袋进行包裹，放于门口。后杜老刁又进入屋内窃得其他财物，但不料杜景华突然惊觉，起身追捕二人。万光见状，则先从原路逃回，和刘成二人先行散去，而杜老刁刚跑至大门，由于门有暗锁，一时

[1]《大清律例根原》卷之十一，《名例律下·犯罪自首》。

[2]《大清律例根原》卷之五十九，《刑律·贼盗中·强盗》。

[3] 参见《刑案汇览》卷十三，《强盗·窃贼刃伤事主畏惧送还原赃》。

无法打开，遂被杜景华抓住发辫。杜老刁无法挣脱，于是拔刀戳向杜景华，导致杜景华左眼胞、腮颊、脖颈、手心等处均受伤。但杜景华仍然不放手，杜老刁害怕他人亦前往帮助抓捕，于是又用刀猛扎杜景华右侧肋部，导致杜景华当场毙命。不久后，杜老刁被抓获。河南巡抚将依照有关律、例拟斩监候。“亲属相盗”律规定：“凡各居本宗、外姻亲属相盗财物者，期亲，减凡人五等；大功，减四等；小功，减三等；缌麻，减二等；无服之亲，减一等……若有杀伤者，各以杀伤尊长、卑幼本律，从其重者论。”〔1〕“殴大功以下尊长”律规定：“凡卑幼殴本宗及外姻缌麻兄姊，但殴即坐，杖一百……死者，斩。”〔2〕“强盗”律所附嘉庆六年（1801年）条例规定：“窃盗弃财逃走，与未经得财逃走，被事主追逐拒捕，或伙贼携赃先遁，后逃之贼被追拒捕，及已经逃走，因见伙犯被获，帮护拒捕，因而杀人者，首犯，俱拟斩监候；为从帮殴，如刃伤及手足、他物至折伤以上者，俱拟绞监候。”〔3〕由于“殴大功以下尊长”律和“强盗”所附条例都规定了斩监候的刑罚，因此最终的刑罚亦被确定为斩监候。刑部照拟核覆。但皇帝认为，河南巡抚和刑部都将杜老刁拟斩监候，“固属按律办理”，但是由于该犯首先有窃盗的行为，其后又有拒捕杀伤缌麻服兄的行为，这种事关服制的案件，即使由于死刑监候到了秋审，最终仍然会被勾决。因此嘉庆皇帝认为，杜老刁应该被改为斩立决，并将该案上升为条例。“罪人拒捕”律所附嘉庆九年（1804年）条例规定：“凡卑幼因奸、因盗图脱，拒杀缌麻尊长、尊属者，按律问拟斩监候，仍请旨，即行正法。”〔4〕

在本案中，虽然按照现有律例已经可以对杜老刁进行拟罪，但是嘉庆皇帝认为当案件具有某种特殊情节时，看似“严谨”地适用法律反倒显得过于死板，并会导致量刑的不合理。杜老刁不仅有窃盗拒杀事主的行为，而且其侵害对象正是缌麻胞兄杜景华。在强调三纲五常的帝制中国，服制具有极其重要的地位。亲亲尊尊、长长幼幼的家庭秩序一旦被打破，就会导致家国同构的帝制也受到严重威胁。因此，从整个帝国统治的角度来说，中央刑部和皇帝都特别重视有关服制的犯罪，且往往对于相关犯罪人予以严惩。因此，

---

〔1〕《大清律例根原》卷之六十八，《刑律·贼盗中·亲属相盗》。

〔2〕《大清律例根原》卷之八十六，《刑律·斗殴下·殴大功以下尊长》。

〔3〕《大清律例根原》卷之六十四，《刑律·贼盗中·窃盗》。

〔4〕《大清律例根原》卷之一百三，《刑律·捕亡·罪人拒捕》。

皇帝认为不可按照寻常律例进行处理，而应该从斩监候加重为斩立决。同时需要注意的是，最终生成条例虽然明说是“拒杀缌麻尊长、尊属”，但根据“举轻以明重”或当然解释的思路去分析，既然缌麻尊长、尊属都要被请旨立决，那么诸如小功、大功、齐衰、斩衰等比缌麻更重的服制亲属被拒杀，就更应被加重为立决，甚至凌迟了。[1]

从上述三个案例，我们可以看出，清代的律例体系可以在形式上将这几种行为涵射于其适用范围之内，但是由于各案分别存在一些特殊的情节，导致了机械适用律例的不合理性。也就是说，清人不仅仅是在形式上审查律例是否可以在个案中得到适用，而且还要根据个案情节的不同，来判断律例得到的法律结论是否具有合理性、可接受性。我们都知道，天下没有任何两个案件在每一个情节上会是完全相同的，更多地表现为千差万别。而之所以立法者能够将不同的案件予以归类，就是因为认定某些情节具有更重要性，能够影响量刑，而有的情节不重要，可以忽略，也就是抓住了各类案件中最核心的情节，然后用立法的方式将这些情节以构成要件的形式表达出来。但由于立法者的疏漏，以及社会本身的变化万千，必然导致除了原立法的构成要件之外，还有一些特殊的情节能够左右量刑。因此就在实质上影响了原立法的正当性，但是又确实在形式上属于原立法的适用范围。在这样的情况下，就需要法官在司法过程中对于原立法有所突破。在清代，这种突破就表现为通过一定的程序，将案件上报刑部、皇帝，最终得到皇帝的首肯，才能够改变律例在个案中的适用。因为律例本身就是皇帝的旧的意志，那么如果要不适用律例，也必须得到皇帝的一个新的意志。在第一个案件中，于瑞误伤胞叔的行为有“情切救父”的主观动机，以及“黑夜误伤”的客观情况，直隶总督周元理和刑部虽然也认定了相关事实，但由于这是一个亲属相杀伤的案件，而服制、亲属伦理在古代具有极为重要的地位，因此将这两个情节认定为普通情节，并不认为足以达到改变量刑的程度。但皇帝则作出了不同的判断。在第二个案件中，赵兴文在事主报官之后，畏惧将原赃物返还事主。由于本案为窃盗案件，因此刑部认为这个情节足以影响该类案件的量刑，因此奏报皇帝，最终得到皇帝的认可，生成新例。第三个案件中，杜老刁在行窃时，弃赃图脱拒杀缌麻胞兄杜景华。相比于“殴大功以下尊长”律的构成要

〔1〕 参见《刑案汇览》卷十八，《亲属相盗·卑幼行窃弃赃图脱拒杀缌兄》。

件，杜老刁的行为在客观要件上有特殊性，即是在盗窃的过程中弃赃杀死缌麻胞兄，多了一个盗窃的情节；而相比于“强盗”所附条例规定的构成要件，杜老刁盗窃的对象是自己的缌麻胞兄，因此又在侵害的法益即客体情节上区别于一般的窃盗拒捕。而这两个条款都规定了斩监侯的刑罚，但由于均有这样一个足以影响量刑的情节，所以最后被加至斩立决。可见，其实这类案件最关键的就是在于判定个案中是否存在特殊情节能够排斥原律例的适用。各级法司、皇帝都能够作出判断，但根据专制集权的统治模式，起到决定性作用的仍然是皇帝对于个案的态度。

（三）律例文义含混模糊，法律适用不明确

前两种原因都是由于漏洞“违背计划的法律非完整性”〔1〕，因此会导致在成案中生成法律续造性的条例。而第三种原因则是因为法律解释的必要性。恩吉施认为：“一个具体的法律内容完全不能排除解释的必要性（禁止解释的不可能性）。”〔2〕法律需要被解释才可被适用，主要是由于法律落后于社会变迁、法律语言的专业化与不确定性所导致。《大清律例》体系庞大、内容繁杂，成案、通行、条例层出不穷，因此清代官员在裁判刑案的过程中，如果发现找到的相关律例并在文义上较为模糊，无法精准进行法律适用，那么他们往往就会通过各种法律解释方法对于律例进行阐释，以缩小律例与具体个案情节之间的距离，并以此作为裁判的依据。与此同时，往往由于被解释的律例具有较高的典型性，因此清代各级法司在刑案中对现行律例所作出的各种解释，常常被上升为条例，以备后人继续遵守。笔者认为，上文提到的两种情况都是超越了现行律例体系的文义涵盖范围，因此是一种法律漏洞填补式的新例，或者说是一种法律续造性的新例。而下面所要介绍的则是一种法律解释性的新例。陈小洁博士认为，这类解释性的新例不仅可以帮助《大清律例》在具体刑案中的裁判，而且还可以在很大程度上诠释《大清律例》的立法精神与原则，进而，她将此种情况分为了明确关键词义、明确适用条件、明确律例差别三种情况。〔3〕

有乾隆四十五年（1780年）山阳县民妇倪顾氏逼迫伊夫倪玉自缢身死一

---

〔1〕［德］伯恩·魏德士：《法理学》，丁晓春、吴越译，法律出版社2005年版，第352页。

〔2〕［德］卡尔·恩吉施：《法律思维导论》，郑永流译，法律出版社2014年版，第112页。

〔3〕参见陈小洁：“中国传统司法判例情理表达的方式——以《刑案汇览》中裁判依据的选取为视角”，载《政法论坛》2015年第3期，第118~119页。

案。倪玉与前妻生子倪四子，后于乾隆四十一年（1776 年）又娶倪顾氏为继妻。倪顾氏平日对待倪四子较为刻薄，两人时常吵闹争执。乾隆四十五年（1780 年）二月二十四日，倪玉见倪四子棉袄已经破烂，故将自己的棉袄给倪四子穿，但倪顾氏不允他这么做。当晚，倪玉又看见倪四子棉被较为单薄，故又将自己的棉袄覆盖在倪四子身上，同时抱怨其子无亲生母亲之苦。倪顾氏听闻遂与倪玉吵闹。倪玉无奈，将倪四子送至其妹杨倪氏家中，请求其代为抚养倪四子，杨倪氏应允。二十五日早，倪玉令倪四子起身前往杨倪氏处，并给本钱让其卖烧饼度日。倪顾氏又无法答应，倪玉无法忍受，向其斥骂，倪顾氏回骂，于是倪玉拳殴倪顾氏左胳膊，并且抓住倪顾氏脖子拉其下床。倪顾氏咬伤倪玉左手腕，倪玉用拳殴伤倪顾氏左腮颊，又用头撞伤倪顾氏左眼胞和右腮颊，倪顾氏被击晕倒地，倪玉亦因用头撞倪顾氏，自伤头部偏右部位。倪玉因为其妻不贤，无法平释心中忿怒，自缢身亡。待倪四子同杨倪氏到倪玉家发现倪玉时，已经无法救护。于是二人报县查验，倪顾氏供认不讳。

江苏巡抚吴坛认为，应将倪顾氏依例拟绞监候，奏请定夺。“威逼人致死”律所附乾隆三十七年（1772 年）条例规定：“若妻妾逼迫夫致死者，比依妻殴夫至笃疾者律，拟绞。奏请定夺。”〔1〕“妻妾殴夫”律则载：“妻殴夫至笃疾者，绞决。”〔2〕但刑部则认为，倪顾氏骄纵蛮横，不守妇道，导致其夫自尽，情节极为严重，但江苏巡抚仅将其拟绞监候，并不合乎律例本意。因此刑部将其拟绞立决、奏请定夺，并于乾隆四十五年（1780 年）十一月初五具题乾隆皇帝。次日，即乾隆四十五年（1780 年）十一月初六，皇帝便在上谕中回复刑部，认为江苏巡抚将倪顾氏拟绞监候、奏请定夺显然违背律例。内阁抄出乾隆上谕载：“妇之于夫，由臣之于君，子之于父，同列三纲，所关綦重。律载人子违犯教令致父母自尽者，皆处以立绞。岂妇之于夫，岂可从轻！今乃逼迫其夫致令自尽，此等泼悍之妇尚可令其偷生人世乎！此案倪顾氏薄待倪玉前妻之子，致相吵闹，已失妇道。嗣倪玉见伊子常受单寒，欲给钱营生。顾氏又与争殴，以致倪玉气忿情极自缢殒命。凶悍如此，该抚仅拟绞候，岂明刑弼教之意乎。”因此，乾隆皇帝认为，刑部推翻这一拟罪极有道理，并令刑部酌定新例，保证律例的正确适用。刑部领旨后，认为“妻妾殴

〔1〕《大清律例根原》卷之八十一，《刑律·人命·威逼人致死》。

〔2〕《大清律例根原》卷之八十六，《刑律·斗殴下·妻妾殴夫》。

夫”律虽然明确“妻殴夫至笃疾者”处以绞立决，但“威逼人致死”所附条例又称“比依”该律，并“奏请定夺”，并没有明确申明处以绞立决。而正如上谕所称，妻逼迫其夫致令自尽，不可复令其偷生，因此定例比依“妻妾殴夫”律定拟，亦应处以绞立决。因此，刑部为了“援引得免错误，而立法益昭明备”，最终生成了“妻妾逼迫夫致死者拟绞立决”例专条，明确了该类案件的法律适用。“威逼人致死”律所附乾隆四十八年（1783 年）条例规定：“妻、妾逼迫夫致死者，拟绞立决。”[1]

本案案情并不复杂，问题关键在于如何对于“妻妾殴夫”律以及“威逼人致死”律所附乾隆三十七年（1772 年）条例进行综合性的理解。由于“威逼人致死”律所附条例比依“妻妾殴夫”律，而“妻妾殴夫”律又明言“绞决”，因此就与条例中载明的“奏请定夺”四字，在语义上产生了矛盾。想必是由于“奏请定夺”四字，使得江苏巡抚吴坛误将绞立决改为了绞监候。而该错误的缘由，就在于吴坛、刑部、皇帝三者对于相关律、例文义上理解的不同所导致。乾隆皇帝及刑部均从三纲五常的角度，论证了妻妾逼迫夫自尽的严重性，从而解释了为何将律、例理解为绞立决而非绞监候。而吴坛则仅仅从字面进行理解，导致了法律适用中的错误。值得注意的是，本案中江苏巡抚吴坛为刑名世家出身，其父吴绍诗、其兄吴垣均为清代有名的刑律专家，吴坛本人亦历任刑部主事、刑部郎中、江苏按察使、刑部侍郎等职，同时也是清代著名律书《大清律例通考》的作者。乾隆上谕也载：“吴坛在刑部司员任内办理案件最为谙练，不应援引失当。”可见，《大清律例》在一定程度上具有文义上的模糊性，导致连吴坛这样律学精深的司法官员尚且容易理解错误，因此确实需要制定新的条例以明确法律适用。[2]

有比照伙盗情有可原例发遣的李添助和尹瑶光若脱逃被获如何处理一案。黑龙江将军咨文刑部，称其收到两名遣犯，一名是来自江苏省的李添助，一名是来自湖北省的尹瑶光。这两名遣犯都是比照“伙盗情有可原”例发遣，而并没有在相关司法文书上写明“免死减等”字样。因此黑龙江将军询问刑部，倘若这二人在发遣期间脱逃被获，那么是按照免死遣犯进行处理，还是按照寻常遣犯进行处理。刑部收到咨文以后，就对相关的案件进行了法律检

〔1〕《大清律例根原》卷之八十一，《刑律·人命·威逼人致死》。

〔2〕参见《驳案新编》卷十八，《刑律·人命·比依殴人至笃疾绞决律》。

索。刑部发现，李添助籍隶江苏省，在案件中，他同已经被正法的盗首张允受到海门贩卖茄子。当商船行抵天南沙洋面的时候，张允受突发行劫宋勇泰号船的意念。虽然李添助由于胆小不敢入伙，但由于被张允受所胁迫，无奈只能站在本船上负责接受赃物，但其事后也并未分得任何赃物。江苏巡抚当时将李添助按照情有可原例发遣为奴。“强盗”律所附乾隆二十六年（1761年）条例规定：“寻常盗劫未经伤人之伙犯，如曾经转纠党羽，持火执械，涂脸入室，助势搜赃，架押事主送路，到案诬扳良民，并犯案已至二次，及滨海、沿江行劫客船者，一经得财，俱拟斩立决，不得以情有可原声请。其止在外瞭望、接递财物，并未入室搜赃，并被人诱胁随行，及年岁尚未成丁，或行劫只此一次，并无凶恶情状者，仍以情有可原免死发遣。”[1]因此刑部认为，李添助实际上属于被逼入伙，也没有分赃，与主动自愿当江洋大盗者不同。因此如果遇到李添助脱逃的情况，就应该按照寻常遣犯脱逃例进行处理。“徒流人逃”律所附乾隆五十三年（1788年）条例规定：“免死减等发遣人犯，如不服伊主管束，脱逃后复行凶为匪，及拿获时有拒捕者，照原犯死罪即行正法……其非免死减等，系平常发遣人犯，如逃走后复行凶为匪，并拿获时拒捕者，即照现在所犯定拟：如犯该斩候者，改为立斩；犯该绞候者，改为立绞；犯该军、流发遣者，改为绞监候；犯该徒罪者，递回发遣处，枷号三个月；罪止笞、杖者，递回发遣处，枷号二个月；并无行凶为匪，亦无拒捕者，递回发遣处，枷号一个月，俱鞭一百。”[2]而刑部同时又检索出尹瑶光一案。尹瑶光是湖北省籍贯，由于知晓其族弟尹襄成家境殷实，于是想要结伙打劫尹襄成家。尹瑶光同已经被正法的刘安喜、已经被发遣的王么儿以及仍在逃逸的张八一同抵达尹襄成家门口。张八撬开房门进入屋内，而尹瑶光由于和尹襄成是同族的兄弟，因此怕被认出，所以就和王么儿在院里守候，由刘安喜等人入室偷盗。对于该案，当初的处理是将尹瑶光比照上引“伙盗情有可原”例发遣为奴。因此刑部认为，如果尹瑶光也脱逃被获，只要经过审讯并无行凶为匪的情况，那么就同李添助一样要被递回原发遣处以枷号、鞭责。黑龙江将军在咨文中声明，请求以后如有因为情有可原被发遣到黑龙江为奴的罪犯，如有脱逃应被正法者，应当在原案的司法文书中写明“免死

〔1〕《大清律例根原》卷之五十八，《刑律·贼盗中·强盗》。

〔2〕《大清律例根原》卷之十三，《名例律下·犯罪事发在逃》。

减等”字样。刑部认为，根据上引乾隆五十三年（1788 年）条例，情有可原的盗犯在配所脱逃，如果原来是从斩立决减为发遣的话，那么就属于从重刑减为轻刑，因此当被正法；但如果原本是流刑、充军刑被改为发遣，那么就属于从轻刑加为重刑，按例不应该被正法。黑龙江将军是为了“慎重刑章”，因此刑部予以同意。最终生成的条例，“强盗”律所附嘉庆九年（1804 年）条例规定：“凡强盗案内情有可原发遣之犯，如脱逃例应正法者，定案时均声明‘免死减等’字样。”〔1〕

在本案中，由于按照条例的规定，免死减等与非免死减等的两种情有可原发遣为奴的犯罪，在脱逃被获的情况下，处理方式有生死之别。因此如若不在司法文书中明确发遣犯人属于哪一种的话，遇到了犯人在配所逃跑的案件，就无法明确地进行处理。因此黑龙江将军请求明确发遣为奴的盗犯究竟属于哪一种情况，这种做法就是澄清司法裁判中某些含糊不清的情况，是一种典型的法律解释方式。〔2〕

从上述两个案件可以看出，由于《大清律例》条款众多，结构复杂，又有定期修例的制度，甚至还包括通行、成案等多种具有一定法律效力的文件，因此《大清律例》的很多条款含义较为模糊。而法律适用的前提就是法律本身含义清楚，只有这样才能够有效地对个案事实进行涵射。而且在涵射的过程中，也需要不断地对于法律进行解释，拉近抽象的法条与具体的事实之间的联系，在此基础上，才能够得到有效的法律推理过程与具有说服力的法律论证结果。清律本身也有诸如小注之类解释性的文字，但是当条例越修越多，通行、成案越来越庞杂，小注以及私家注律就难以继续保证清律在大量案件中的准确适用。何况小注作为律文的一部分，在乾隆五年（1740 年）以后已经基本不做变动，而私家注律的正当性与效力也难以得到正式、全面的认可。因此清人只有通过修订条例的方式，对于影响律例适用的模糊、含混之处予以进一步的明确、澄清。前文提到的“律无正条”“律有正条但情罪不相允协”的情况，都是指律例体系本身存在法律漏洞。而这两个案件则表明律例体系也需要进一步予以解释。从完善律例体系程度上来说，前两种情况在程度上都高于最后一种情况，但是它们在目的和方法上并无不同，都是为了解

〔1〕《大清律例根原》卷之五十九，《刑律·贼盗中·强盗》。

〔2〕参见《刑案汇览》卷十四，《强盗·减遣强盗声明免死减等字样》。

决案例中的法律适用难题，采取的方法都是生成条例。而法律适用难题的判定标准，就是因为律例体系会导致个案中的“情罪不相允协”，或者说违反了“罪刑相适应”原则。当律例含义模糊，常见的解释容易导致案件情节和量刑不均衡，就需要确定新的解释来满足刑事司法审判的需要。

因案生例的程序

如前文所言，因案生例即是清代各级法司以及皇帝对于现行律例体系的一种突破。既然突破律例的情况在清代刑事司法实践中较为常见，那么就必然会产生一套较为成熟并且法定的制度来保障其正常、有序的运作。否则，因案生例就会进一步增强《大清律例》在刑事司法活动中的不确定性，导致百姓无法预测行为可能遭受到的惩处后果，加大各级法司在刑事裁判中的自由裁量权，最终严重损害了皇帝在刑事司法领域内的权威。据笔者所见，清代的因案生例在程序上已经较为成熟，不仅内在融合于一般的刑事审判程序中，而且还有自身的一些特点，并且其基本制度、原则、精神都已经在《大清律例》中有所反映和体现。尽管因案生例主要是实体法上的一种现象，但是刑事司法活动尤其是审转程序对其也有重要意义。进一步分析因案生例的具体程序，我们就可以真正了解它的实际运作过程，以及地方督抚、刑部、皇帝三者之间的联系与互动，而这恰恰有助于我们领会清代因案生例的内在机理。在本章中，笔者将通过对于《大清律例》中相关律例进行规范分析，并且结合《刑案汇览》《驳案汇编》中的相关案例，对于因案生例的法律依据、具体模式等方面进行梳理和总结。

一、因案生例程序的法律依据与清代刑事司法审判程序

本文所论述的因案生例，主要是关于清代刑事案件中法律适用的问题，因此主要涉及清代律例中的实体法部分。但相关程序法与实体法亦有很重要的联系，下面笔者就将分成两个部分进行讨论，并综合分析。通过检索清律，我们可以发现，《大清律例·刑律·断狱》中的“断罪引律令”律、《名例律》中的“断罪无正条”律以及它们各自的条例，与本文所论述的因案生例有着极为紧密的联系。这两个条文其实都是对于刑案中如何适用律例进行了

明确规定。而最终生成条例的刑案与其他刑案最大的区别就在于律例的适用上，“断罪引律令”“断罪无正条”正是因案生例程序的法律依据。

（一）对“断罪引律令”律及相关条例的规范分析

鉴于传统中国刑律的继承性，因此要想了解清代该律的真正含义，我们就应当回顾朝代的更迭、律典的变迁，从历史解释的角度对于该律进行探析。

在《唐律疏议》中，该律名为“断罪不具引律令格式”，其规定：“诸断罪皆须具引律、令、格、式正文，违者笞三十。若数事共条，止引所犯罪者，听。[疏]议曰：犯罪之人，皆有条制。断狱之法，须凭正文。若不具引，或致乖谬。违而不具引者，笞三十。‘若数事共条’，谓依名例律：‘二罪以上俱发，以重者论。即以赃致罪，频犯者并累科。’假有人虽犯二犯，并不因赃，而断事官引‘二罪俱发以重论’，不引‘以赃致罪’者，听。”〔1〕到了宋代，该律内容并没有发生变化，而是律名变为了“断罪引律令应言上待报。”〔2〕可见，最晚从唐律开始，朝廷就已经明确要求刑案中断罪必须引用律、令、格、式这些有明文规定的成文法，并且规定如果断事官员不引用这些法律形式作为裁判的法律依据的话，就必须受到笞三十的刑罚。疏议同样重申了这样的含义，认为触犯刑律的人，必须按照“条制”“正文”进行处理，如果不引用这些条款的话，那么就会导致“乖谬”即量刑不均衡的情况。

《大明律》中“断罪引律令”规定：“诸断罪皆须具引律、令，违者笞三十。若数事共条，止引所犯罪者，听。其特旨断罪，临时处治不为定律者，不得引比为律。若辄引比，致罪有出入者，以故失论。”〔3〕明律相比于唐宋律最大的变化，就是强调了对于皇帝的那些没有生成律例的“特旨断罪”，不能够在今后的刑案中作为法律依据。如果采用这些“特旨”，导致了刑案中的量刑与正律、正例有所不同，那么就要追究各级法司的出入人罪。这种规定实际上还是着重于强调律令等成文法的地位，而否定了包括皇帝临时处置在内的各种成案的法律效力，其主要目的仍然是防止刑事司法权力的下放而造成各级法司滥用职权。

雷梦麟在《读律琐言》对于该律有一番简要的解读。“琐言”曰：“律令

〔1〕刘俊文点校：《唐律疏议》，法律出版社 1999 年版，第 602~603 页。

〔2〕薛梅卿点校：《宋刑统》，法律出版社 1999 年版，第 549 页。

〔3〕怀效锋点校：《大明律》，法律出版社 1999 年版，第 221 页。

出于素定，斟酌详明，用法之经也，故断罪者具引之。特旨断罪，出于临时裁定而不为定律者，用法之权也，官司不得引比为律。今王府犯罪，皆比照先年裁决事例上请，但不得引用如律也。”〔1〕他认为律令之类的法律形式，都是沿袭了千年之久，再加上各朝代立法者根据本朝实际情况进行悉心修订，因此律令的正当性、合理性是经得起历史和当下的检验的，他称之为“用法之经”。因此在断案中，各级法司应当适用律令，而不应该与之相背离。他还进而表示，之所以“特旨断罪”只具有个案效力而不应该被后人引用，就是因为这种命令只是皇帝临时的裁决，是一种“用法之权”。在中国古代，“经”与“权”是一对重要的哲学理念。“经”意指普遍、一般、不变，也作“常经”，表示某种事物具有稳定性、重要性。而“权”意指特殊、变动，也作“权衡”，表示人能够发挥主观能动性，为了达到某种目的，适度地改变某种事物。他将律令称之为“经”，将“特旨”称之为“权”，就是将律令放在了一个高于“特旨”的地位上，而这也正解释了明律中“断罪引律令”为何要排斥“特旨”的普遍效力了。

到了清代，清律不仅增加了一些小注，更好地对于律文进行了解释，而且还修订了一些相关的条例。《大清律例》中“断罪引律令”律规定：“凡官司断罪，皆须具引律例。违者，(如不具引)，笞三十。若（律有）数事共一条，(官司）止引所犯本罪者，听。(所犯之罪止合一事，听其摘引一事以断之。）其特旨断罪，临时处治不为定律者，不得引比为律。若辄引（比）致(断）罪有出入者，以故失论。(故行引比者，以故出入人全罪，及所增、减坐之；失于引比者，以失出入人罪，减等坐之。）”〔2〕根据相关材料，清人在顺治三年（1646 年)，将律文增加了“如不具引”“律有”“官司”“所犯之罪止合一事，听其摘引一事以断之”等小注。笔者认为，增加了这些小注的清律在含义上与明律并没有什么区别。

沈之奇在其著作《大清律辑注》的“律后注”中写道：“具引者，备载也。官司依律例以断罪，招内皆须具引律例，违者笞三十，恐割裂摘引不合律例之意，而为奸弊之地也。若数事共载一条，所犯止合一事，则听止引所犯罪名以断之。律例乃通行永遵之法。其奉特旨断罪，或轻或重，系临时权

〔1〕（明）雷梦麟：《读律琐言》，怀效锋、李俊点校，法律出版社 2000 年版，第 494 页。

〔2〕《大清律例根原》卷之一百十八，《刑律・断狱下・断罪引律令》。

宜处治，不定为律者，则非通行永遵之比，不得引此特旨，比拟为律以断罪。若辄引比以致不合律例，罪有出入者，以故失论。有意徇私引比，则坐故出入；不谙错误引比，则坐失出入也。”“律上注”有：“具引者，如强盗得财，则具引强盗已行而但得财者皆斩，不得但曰强盗应斩也。数事共条者，如冒认、诓赚、局骗、拐带四事一条，犯系冒认，则止引冒认也。余可类推。”〔1〕他的意思就是说，所谓的“具引”就是指各级法司必须在相关的司法文书详细地指明适用的律例，如此规定的目的是防止有人在刑案中作弊。考虑到有很多律目内容繁杂，其中包含若干种构成要件和具体量刑，因此也允许法司只引用其所适用的那一条款。这一点，我们在清代的刑科题本等史料中也可以看得非常明确。紧接着，沈之奇和雷梦麟一样，也谈到了关于“特旨断罪”的问题。他认为根据“特旨”断案，相较于现行律例，会有轻重之分，而这种裁判只是一种临时的司法行为，如果没有入律，就不能和普通律例一样通行于全国，得到永远的遵守，因此只能具有个案效力。在“律上注”中，他又举了例子说明何谓“具引”。比如说强盗得财，应该明确、全部引用强盗律中关于得财的条款，而不是仅仅写出“强盗应斩”这一结果。同理，对于冒认、诓赚、局骗、拐带这四种行为在同一个条款中，如果罪犯仅有其中一个行为，那么就应该在司法文书中仅引用其一即可。

乾隆五年（1740 年）条例规定：“督、抚审拟案件，务须详核情罪，画一具题，不许轻重两引。承问各官徇私枉法，颠倒是非、故出、故入情弊显然，及将死罪人犯错拟军、流，军、流人犯错拟死罪者，仍行指名参处。至于拟罪稍轻，引律稍有未协、遗错、过失等项，察明果非徇私，及军、流以下等罪错拟者，免其参究，即行改正。”〔2〕该条例主要是针对督抚、承问官等各级法司违反“断罪引律令”律而需要承担的一些行政处分责任。可见，违反该律的情况主要被分成了两种，第一种是法司在主观上徇私枉法，故意出入人罪，或者将罪犯出生入死、出死入生的，第二种是并非徇私枉法，以及拟罪并未有生死之别的情况。对于前一种情况，则由吏部根据《六部处分则例》进行参处，对于第二种情况，则要求即行改正就可以了。

乾隆五年（1740 年）条例规定：“承问各官审明定案，务须援引一定律

〔1〕（清）沈之奇：《大清律辑注》，怀效锋、李俊点校，法律出版社 2000 年版，第 1040~1041 页。
〔2〕《大清律例根原》卷之一百十八，《刑律·断狱下·断罪引律令》。

例。若先引一例，复云不便照此治罪，更引重例，及加‘情罪可恶’字样坐人罪者，以故入人罪论。”[1]该条例是雍正六年（1728年）律例馆钦奉上谕入例，乾隆五年（1740年）改定，其目的仍然是保证刑案中法律适用的稳定性，但在内容更加具体、细致。笔者认为，想必是上一章所论述的各类因案生例的原因，导致了律例体系在某些特殊案件中并不适用，但各级法司又碍于有了“断罪引律令”律的规制，因此只能够先遵守该律的要求，在各级司法机关的行文中引用相关律例，但是又同时陈述自己的意见，即证明适用该律例并不“情罪允协”，最后再提出自己的观点。为了纠正这种司法上的混乱情况，才导致了必须增加条例特意针对这种情况。正因为如此，薛允升也在《读例存疑》中提到：“与断罪无正条例文，及处分则例参看。不引本律定拟，妄行援照别条，见断罪不当。”[2]可见，薛允升也认可该律、例与“断罪无正条”律、例有紧密的联系。关于这一点，笔者还会在下文中详释。

乾隆二年（1737年）条例规定：“例载比照光棍条款，仍照例斟酌定拟外，其余情罪相仿，尚非实在光棍者，不得一概照光棍定拟。”[3]薛允升认为：“光棍罪名极重，而例无专条比照定拟，恐有冤滥，是以特立此条。似应改为，例内载明照光棍例定拟者，准其援照定拟外，尚非实在光棍，下添例内，亦无明文。”[4]该律主要是针对《大清律例·刑律·贼盗》“恐吓取财”律所附条例，该例于顺治十三年（1656年）题准奏定，并于康熙十九年（1680年）现行例议准，雍正三年（1725年）修改，乾隆五年（1740年）改定。该例设置的刑罚是斩立决，一般被简称为“光棍”例，在《大清律例》中被很多条例引用。“凡恶棍设法索诈官民，或张贴、揭帖，或捏告各衙门，或勒写借约、吓诈取财，或因斗殴纠众系颈，谎言欠债、逼写文券，或因诈财不遂、竟行殴毙，此等情罪重大，实在光棍事发者，不分曾否得财，为首者，斩立决；为从者，俱绞监候。其犯人家主、父兄，各笞五十。系官，交该部议处。如家主、父兄守者，免罪，犯人仍照例治罪。”[5]从“光棍”例规定的构成要件来看，确实是较为广泛，而且比较模糊，因此该例也常常被认为是清

---

〔1〕《大清律例根原》卷之一百十八，《刑律·断狱下·断罪引律令》。

〔2〕胡兴桥、邓又天主编：《读例存疑点注》，中国人民公安大学出版社1994年版，第870页。

〔3〕《大清律例根原》卷之一百十八，《刑律·断狱下·断罪引律令》。

〔4〕胡星桥、邓又天主编：《读例存疑点注》，中国人民公安大学出版社1994年版，第870页。

〔5〕《大清律例根原》卷之六十九，《刑律·贼盗下·恐吓取财》。

代的口袋罪，极其容易任意入罪。正如薛允升说的，因为“光棍”例规定为不分首从皆斩立决，因此如果不是条例中明确规定比照“光棍”例的话，在刑案中就应该慎重引用。本条例就是为了防止随意引用“光棍”例而特设的条例。

乾隆三年（1738 年）条例规定：“除正律、正例外，凡属成案，未经通行著为定例，一概严禁，毋得混行牵引，致罪有出入。如督抚办理案件，果有与旧案相合可援为例者，许于本内声明，刑部详加查核，附请著为定例。”〔1〕薛允升认为：“此即律内特旨断罪，临时处治，不为定律者，不得辄引之意。”〔2〕该条例和“断罪引律令”律文的关系更为紧密。根据律文规定，必须在刑案中将律例作为裁判依据，而不可以引用那些没有经过通行并升为条例的成案。本条例在原则上再次重申了这一点，但是又为在刑案中适用那些未生成条例的成案打开了一个小的缺口，即允许督抚在办案时将“与旧案相合可援为例”的成案，在题本、奏本中声明，由刑部审核，最终再由皇帝批准升为条例。笔者认为，对于该条例的理解需要注意以下几点：其一，对于刑案的法律适用，仍然是要求正律、正例，对于未生例的成案的效力，朝廷仍然是倾向于将这类成案提交刑部、皇帝，让他们予以定夺，在生成新的条例的情况下，再予以适用。因此并非直接适用未生例成案，而是采用了转化的方法。这样既可以仍然保证律例的效力，又可以让未生例成案对于其后发生的所谓“相合”的新案产生一定的参考价值。而之所以这样规定，笔者认为是颇有道理的。因为如果每一个成案都生成新例，那么必然导致律例体系更加混乱、繁杂，但当同类型成案反复发生时，就说明其具有典型性，也就有了生成条例的必要。其二，该律实际上就已经给出了因案生例的具体程序。首先，由督抚在题本、奏本中声明今案与旧案相合，论证应当沿用旧案的处理方式，以及生成条例的必要性；其次，由刑部再查阅旧案，并于今案比对的情况下加以审核，最后，由刑部在向皇帝上报今案的处理结果的同时，请求批准采纳成案入例。参加者有三，督抚、刑部、皇帝。督抚有建议权，刑部有审核权，皇帝有批准权。

笔者在上文中梳理了“断罪引律令”的历史沿革过程，我们可以清晰地

---

〔1〕《大清律例根原》卷一百十八，《刑律·断狱·断罪引律令》。

〔2〕胡兴桥、邓又天主编：《读例存疑点注》，中国人民公安大学出版社 1994 年版，第 870 页。

发现，正如律名，该律主要就是为了确定刑案中的法律依据，尽管随着朝代的更迭，该律所指的法律依据在形式上有所变化，比如唐、宋主要是律、令、格、式，明、清主要是律、例，但它们都具有成文法典的编纂体例。由此可见，该律主要就是为了保证皇权在司法领域中得到体现而制定的。而该律同时又否定了皇帝的“特旨”在刑案中的适用，则主要是为了保证律典的稳定性，以便更好地巩固皇权，而非否定皇权。相比前朝而言，该律在清代的变化最大，主要体现在修订了相关的几条律例。其中有一些主要是针对各级法司不具引律令的徇私枉法的行为，因为这种行为不仅损害了当事人的利益，而且容易导致各级官僚的腐败，同时还直接影响了皇帝的司法权力。同时，还出现了与本文讨论主题联系最紧密、关系最直接的一则条例。该条例在继续重申正律、正例在刑事司法实践中的唯一性时，又部分承认了未生例成案的效力，并规定了将其升为条例的程序。笔者认为，该条例赋予本律之下，这绝非偶然。因为因案生例的原因正如上一章所讨论的，就是由于律例体系存在需要澄清的文义模糊之处，以及需要填补的法律漏洞，导致在个案中无法达到清人所追求的“情罪允协”的司法目标，因此得出的法律结论不具有可接受性，最终不能够被适用。而“断罪引律令”又明确规定了在刑案中必须适用律、例，这样就造成了各级法司甚至皇帝本人的一种进退两难的境地。因此，要想突破这种窘境，就必须找到“断罪引律令”律这个源头，以修订条例的形式，在仍然保证律、例具有唯一法律效力的原则下，完善一个因案生例的程序，来调和法律稳定性与个案特殊性之间的矛盾。

(二) 对“断罪无正条”律及相关条例的规范分析

在上一部分中，笔者已经梳理了“断罪无正条”律自唐宋至明清的发展，在这里就不重复引用了。《唐律疏议》和《宋刑统》中“断罪无正条”主要就是一种“举重以明轻”或者“举轻以明重”的当然解释。但到了宋代的《庆元条法事类》中，“断狱敕”则规定了：“诸断罪无正条者，比附定刑，虑不中者，奏裁。”[1]宋人开始将“断罪无正条”与“比附”结合在了一起，并且提到了“奏裁”这一上报皇帝并由其裁决的程序。

而到了明代，该律继续有所变化。《大明律·名例律》中“断罪无正条”

---

〔1〕《庆元条法事类》卷七十三，戴建国点校，载杨一凡、田涛主编：《中国珍稀法律典籍续编》（第1册），黑龙江人民出版社2002年版，第741页。

律规定："凡律令该载不尽事理，若断罪而无正条者，引律比附。应加应减，定拟罪名，转达刑部，议定奏闻。若辄断决，致罪有出入者，以故失论。"[1]根据上文所引明人张楷的解读，我们可以知道"律令该载不尽事理"指的是唐宋时期的"断罪无正条"，而明律中的"断罪无正条"则具有新的意思，即通过对于现行律例进行当然解释仍然无法对于刑案中情节进行有效涵射的那种情况。若反观宋代的《庆元条法事类》中的"断狱敕"，可以发现，其实该敕中的"断罪无正条"已经与《唐律疏议》《宋刑统》中的有所区别了，而明律正是延续了这种说法，只是同时又将唐律中的"断罪无正条"转称为了"律令该载不尽事理"。

雷梦麟的《读律琐言》对于该律有所解读。"琐言曰"："断罪无正条，而引律比附者，转达刑部，议定奏闻。若辄决断，致罪有出入者，依故失论。盖自笞、杖、徒、流以至绞、斩，莫不皆然。今问刑部于死罪比附类，皆奏闻，流、徒以下比附，鲜有奏者，安得罪无出入也哉？虽无出入，尤当以事应奏不奏论罪，其不思也夫？"[2]即他认为对于需要引律比附的案件，各级法司应当行文刑部，并且奏请皇帝裁判，如果不如此行事，导致量刑有所不均，就要被追究官司出入人罪。而且不论该案本身是何种量刑，都应该上报，但当时却只有死罪比附才奏闻皇帝，笞、杖、徒、流的比附很少向上级禀报，那么这样的拟罪就很容易造成出入人罪。即使没有导致量刑差错，也应该追究"事应奏不奏"之罪。可见，雷梦麟实际上在批评明代当时存在的各级官司随意比附并不上报的行为。但对我们的启示便是，至少从规范角度而言，比附援引相关律令，从宋代"断狱敕"的仅仅"虑不中"才"奏闻"的情况，到了明代，就变为了任何拟罪皆要"奏闻"。

到了清代，《大清律例·名例律》中"断罪无正条"律规定："凡律令该载不尽事理，若断罪无正条者，（援）引（他）律比附，应加应减，定拟罪名，（申该上司）议定奏闻。"清律该条总体来说沿袭了明律，只是增加了一些小注，使得律意更加清晰。

其附载雍正十一年（1733年）条例载："引用律例，如例内数事共一条，全引恐有不合者，许其止引所犯本罪。若一条止断一事，不得任意删减，以

---

〔1〕怀效锋点校：《大明律》，法律出版社1999年版，第23页。

〔2〕（明）雷梦麟：《读律琐言》，怀效锋、李俊点校，法律出版社2000年版，第61页。

致罪有出入。其律例无可引用，援引别条比附者，刑部会同三法司，公同议定罪名，于疏内声明：律无正条，今比照某律、某例科断，或比照某律、某例加一等、减一等科断。详细奏明，恭候谕旨遵行。若律例本有正条，承审官任意删减，以致情罪不符，及故意出入人罪，不行引用正条，比照别条，以致可轻、可重者，该堂官查出，即将承审之司员指名题参，书吏严拿究审，各按本律治罪。其应会三法司定拟者，若刑部引例不确，许院、寺自行查明律例改正。倘院、寺驳改尤为允协，三法司堂官会同妥议。如院、寺扶同朦混，或草率疏忽，别经发觉，将院、寺官员一并交部议处。"[1]

薛允升对这条例文的解读很值得我们注意。他认为："断罪引律令云，若律有数事共一条，官司止引所犯本罪。听此例前数句即系申明此律。其一条止断一事句，则补彼律之所未备也。专指刑部司官而言，似不赅括，可改为通例。"[2]可见，薛允升将"断罪无正条"同"断罪引律令"结合在了一起。笔者认为，从法律适用的顺序上来说，必然是先适用现行律例，只有当现行律例无法从形式上、实质上合理裁判刑案的时候，才需要采用一些法律方法弥补律例的不足。而"断罪无正条"律恰恰就是对"断罪引律令"律的补充。清代各级法司首先依据"断罪引律令"的要求，寻找能够解决刑案的律例。此外，如果寻找不到合适的相关律例，就要遵循"断罪无正条"律的规定。但毕竟"断罪引律令"是原则，"断罪无正条"是例外，因此为了防止各级法司轻易地比附援引，造成律例效力的下降，雍正十一年（1733 年），九卿就议复了大学士张廷玉条奏的本条定例。该条例首先仍然在重申"断罪引律令"的内容，其次才回归到了本律上来，具体规定了比附援引的操作步骤，最后又强调了"本有正条，承审官任意删减"的司法责任。可见，本律及条例其实是在"断罪引律令"的基础上所延伸出来的。

该律及条例主要即强调了遇到需要"律无正条"的情况时，应当由刑部会同三法司拟定量刑，然后将比附援引的具体操作方式奏报皇帝，最终得到皇帝的谕旨方才可以遵行。"断罪引律令"所附乾隆三年（1738 年）条例规定："除正律、正例外，凡属成案，未经通行著为定例，一概严禁，毋得混行牵引，致罪有出入。如督抚办理案件，果有与旧案相合可援为例者，许于本

〔1〕《大清律例根原》卷之十五，《名例律下·断罪无正条》。

〔2〕胡星桥、邓又天主编：《读例存疑点注》，中国人民公安大学出版社 1994 年版，第 95 页。

内声明，刑部详加查核，附请著为定例。"[1]笔者认为，"断罪无正条"律所附条例规定的是如在具体成案中比附援引相关律例的程序，侧重点是个案的裁判。而"断罪引律令"的条例侧重规定的是如何将具体成案上升为条例，侧重点是条例的生成。而生成条例又是由个案裁判的需要而引发的，因此这两则条例其实就是清代因案生例最重要的两条法律依据。对这几条律例进行规范分析，我们可以发现，"比附援引"是法定的司法技术，"申该上司""议定奏闻""恭候谕旨"赋予了督抚、刑部提出修例动议和新例草案的权力，而皇帝则对于是否"著为定例"有最终决定的权力。何勤华先生认为："国家审判机关（主要是督抚、刑部和皇帝）将判例（成案）认可适用，并将其定为例，使其通行全国，获得普适的权威。"[2]笔者认为，观察一个成案是否最终纂修入律，我们应当学习清代幕友的办法，即看督抚、刑部的题本、奏本中以及皇帝的上谕中是否包含"嗣后"二字。[3]此外，"载入例册""定例具奏""著为例""著为令"等关键用语也是将成案上升为一般性条例的明显特征。杨昂也认为，只有经过较为繁复的法定程序，比如刑部的审核以及皇帝的批准，清代的条例才可以最终生成。[4]

在方法上，对于"律无正条"的案件，各级法司是在对比个案情节与律例构成要件的情况下，比附援引相关律例，并予以加等、减等以达到"情罪允协"；程序上，则是由地方督抚上报刑部，最终奏请皇帝批准。而是否生成条例，则决定于相关参与人包括督抚、刑部、皇帝是否有相关意图。也就是说，成案中的比附是普遍的，但是否能够生成条例，则又要经过衡量和挑选。这样一套应对"律无正条"的个案以及修订新例的制度，在笔者看来是合乎传统中国尤其是清代的政治现状与司法实践的。从法律适用的角度来说，比附这一技术的采用，能够保证"相同、相似情况相同、相似处理"的法律原则，达到"情罪允协"。从皇权专制的角度来说，其一，比附现行律例的方

---

〔1〕《大清律例根原》卷之一百十八，《刑律·断狱下·断罪引律令》。

〔2〕何勤华："清代法律渊源考"，载《中国社会科学》2001年第2期，第131页。

〔3〕在清代一些读书人学幕过程中，"例存档太多，使用时极不方便，刑名幕友发明'抄嗣后'的办法。因例的结构大都前叙某某事的处理的过程和结果，最后以'嗣后如何如何'将某一具体事件处理的结果上升为同一类情况处理的原则。"参见高浣月：《清代刑名幕友研究》，中国政法大学出版社2000年版，第152页。

〔4〕参见杨昂："略论清例对明例之继受"，载《华南理工大学学报（社会科学版）》2004年第3期，第28页。

法，可以让皇帝的旧意志以类推的方式予以扩张，维护并且扩张了皇权的实施范围。其二，到了明清时期，统治的向心力越发集中于皇帝，律例本身就是治官、治民的工具，因此保证个案裁判中的“断罪引律令”，就是保证皇帝的意志在司法领域得以实现。但当某些个案根据律例无法获取满意的结果，机械遵循旧的意志会与维护皇权这一目的相矛盾时，则必然需要由皇帝的新意志所取代。各级法司只能够提出一些建议，而最终决定必须由皇帝本人批准。即律有正条的案件，由代表皇帝意志的律例决定，律无正条的案件，则直接由皇帝临时处置。吕丽教授认为，明清时期的条例在产生途径上，并非全部都是皇帝提起的，但是条例能够生效而产生法律效力，则必须经过最高统治者皇帝本人的批准。[1]

还有以下几点值得我们注意：

第一，从成案最终生成条例，一般需要经过“通行”这一状态，常见的用语是“通行各省一体遵行”。正如沈家本所说：“于律、例之外，而有通行，又以补律、例者所未尽也。或紬绎例意，或申明定章，或因比附不能划一而折其衷，或因援引尚涉狐疑而申其议……更有经言官奏请，大吏条陈，因而酌改旧文，创立新例，尚未纂入条例者。”[2]胡震也认为：“通行为尚未被编入例典之中，由各部院通令在全国范围内遵行的‘定例’。”[3]由于清代有“五年一小修，十年一大修”的定时修例制度，因此在成案中生成的条例并不能立刻纂修附律，而是要等待下一次修律时才能够被纳入《大清律例》的正式文本。高进提到，“通行”存在的时效远不如律例，但是在其有效的情况下，往往具有条例的作用，只是还没有被载入《大清律例》之中而已。[4]在皇帝下旨批准“著为例”之后、下次修例之前，“嗣后”的内容就处于“通行”的状态。我们可以发现，很多条例都是在诸如乾隆四十二年（1777年）、乾隆四十八年（1783年）、乾隆五十五年（1790年）等定期修律是纂入《大清律例》的，成案的审理时间与之有一定的间隔。

第二，清代具体负责修例活动的机构是刑部中的律例馆。从这种名称上

---

〔1〕 参见吕丽：“例与清代的法源体系”，载《当代法学》2011年第6期，第10页。

〔2〕（清）沈家本：《通行章程序》，载氏著：《历代刑法考》（附《寄簃文存》），邓经元、骈宇骞点校，中华书局1985年版，第2220~2221页。

〔3〕 胡震：“清代‘通行’考论”，载《比较法研究》2010年第5期，第16页。

〔4〕 参见高进：“清代司法文书‘通行’功效考”，载《兰台世界》2011年第13期，第70页。

来说，律例馆似乎是一个单纯的立法机构，而事实上，律例馆更重要的任务是负责对于刑部各司遇到的疑难案件进行拟罪，出具说帖。也就是说，律例馆本身更主要是一个司法机构，而这一点在注重三权分立的现代人看来不可思议或者说值得否定，但是笔者认为律例馆的这些功能和性质，不仅不该否定，而且还具有极大的联系和作用。该馆常年都是由刑部堂官设置满汉提调各四人，专门复核稽核律例之事，凡是应当被驳正的案件，都会送到该馆进行处理。因此刑部律例馆的官员不仅往往具有官方最高的刑事法律知识水平，而且还能够更加了解直省发生的各类案件，尤其是疑难案件的处理情况。所以，由这些常年接触刑事司法实践的官员进行立法，才更能够制定出契合审判实践的立法，才更能够有效地完善《大清律例》的体系。郑秦先生认为，刑部律例馆中司官和部吏们会对历年发生的重要成案进行研究分析，为定期修例做出足够的准备。〔1〕根据李明博士的考察，到了道光中期以后，刑部中的律例馆往往直接对各直省中所发生的疑难案件出具核覆意见，而将出具说帖的环节省去，因此更能够显示出律例馆对于刑案的意见在裁判中所起到的决定性作用。〔2〕

第三，因案生例仅是刑案处理的一种特殊结果，因此也遵循一般的清代刑事司法审转制度。清代的审判衙门从低到高可以分为散州县厅、府以及直隶州厅、道、按察使司、督抚、刑部、皇帝各级。任何刑事案件均从最低审级开始受理。但结案的审级根据不同案件有所区分。对于无关人命的徒罪案件，督抚复审后按季出咨报部即可。对于有关人命的徒罪以及遣军流案件，督抚复审后专案咨部核覆，年终汇题。对于寻常死罪案件，督抚复审后专本具题，奏闻于皇帝，皇帝下旨交三法司拟议具题；对于某些情罪重大的如罪至凌迟斩决、谋反大逆的死罪案件，督抚复审之后专折具奏，皇帝则下旨交刑部核拟具奏。〔3〕

二、因案生例程序的具体模式

在上文已经提到，因案生例的程序在“断罪引律令”所附条例中已经得

〔1〕参见郑秦：“乾隆五年律考——律例定型与运作中的律例”，载氏著：《清代法律制度研究》，中国政法大学出版社 2000 年版，第 63~64 页。

〔2〕参见李明：“清代律例馆考述”，载《清史研究》2016 年第 5 期，第 156 页。

〔3〕参见那思陆：《清代州县衙门审判制度》，中国政法大学出版社 2006 年版，第 142~160 页。

到明确，是由督抚提出今案与旧案相合的理由，由刑部查询确认，最后申请皇帝批准。但是这一规范与清代刑事司法实践并不完全相同。实际的因案生例模式并非如同规范所说的一样千篇一律，而是表现得较为灵活、多变。下面，笔者将根据提起修例动议和创制例文的主体不同，将清代条例生成的程序分为以下几种模式。

（一）督抚提起修例动议，督抚创制例文

地方督抚能够在对于人命徒罪或遣、军、流罪等案件的咨部核覆过程中直接提起动议并创制例文。这类因案生例的程序也是最符合相关条例的规定，提请修例和草拟例文都完全是由地方督抚完成，刑部和皇帝更多起到了一个审查、批准的作用。之所以清代的立法文本与司法实践中都包含有这种类型，就是因为题本、奏本均是由地方督抚向朝廷所呈上的，被州县、府、道各级法司拟徒、流以至于斩、绞、凌迟的案犯往往要被解省由省按察使司和督抚进行审讯，因此他们往往掌握了第一手的案情，并搜集了最原始的材料与证据，同时也最能深切感受到法律适用困难所带来的麻烦。而如果机械适用律例或根本无律例可用导致“部驳”，他们又很容易被追究司法责任。因此在上奏朝廷的司法文书中说明现行律例体系的不足并论证修例的必要性，对于地方督抚来说是一个很好的选择。

有乾隆四十年（1775 年）甘三保之妻厄素尔氏殴伤发遣为奴赵应大随带之妻何氏身死一案。赵应大由于伙同刘细斌等行劫朱子贤家财物，被免死减等发落，于乾隆三十五年（1770 年）七月内发遣到黑龙江，给队长甘三保为奴。何氏是赵应大自行随带之妻，与其夫一同在关三保家倚食度日。乾隆四十年（1775 年）正月十三日，甘三保到城内当差，甘三保之妻厄素尔氏命令何氏取柴，何氏推脱有病并不前往。于是厄素尔氏詈骂何氏，何氏还骂。厄素尔氏气忿不已，故用木棍殴伤何氏顶心偏左部位，致何氏当场倒地不起。随后厄素尔氏又用脚踢伤何氏胸膛偏右。至正月十九日，何氏因伤殒命。经询问，厄素尔氏供认不讳。黑龙江将军傅玉认为，在本案中，厄素尔氏殴伤何氏身死，尽管情节较为简单，但是并无相关的律例予以惩治。他同时注意到了另一个情节，即何氏跟随其夫在甘三保家倚食多年。因此他将厄素尔氏比例拟徒三年，又因为厄素尔氏为旗人，且为妇人，因此又有折枷、收赎的特权，最终将其折枷号四十日、鞭一百收赎。“奴婢殴家长”律规定：“若家长及家长之期亲，若外祖父母殴雇工人，不分有罪、无罪，因而至死者，杖一百，徒三年。"[1]"犯罪免发遣"律规定："凡旗人犯罪，笞、杖各照数鞭责。军、流、徒免发遣，分别枷号。徒一年者，枷号二十日，每等递加五日。"[2]"五刑"律规定："收赎，老幼、废疾、天文生及妇人折杖，照律收赎。"[3]同时，傅玉在向刑部发出的咨文中，还提出"嗣后如遇似此案件，亦得办理有准"的请求。刑部认为，虽然《大清律例》中并没有相关条文予以规制，但是何氏跟随其夫在甘三保家多年，实际上已经与雇工并无不同。因此黑龙江将军傅玉将厄素尔氏比照"雇工人致死"例拟徒三年，折枷号四十日、鞭一百收赎的做法，在刑部看来"尚属平允，应如所咨办理"。紧接着，刑部于乾隆四十年（1775年）四月二十七日奏请皇帝制定新例，并通行各直省督抚一体遵照，最终得到了皇帝的同意。"奴婢殴家长"律所附乾隆四十二年（1777年）条例规定："凡发遣黑龙江等处为奴人犯，有自行携带之妻、子跟随本犯在主家倚食服役，被主责打死者，照殴死雇工人例拟杖一百、徒三年。其妻、子自行谋生，不随本犯在主家倚食者，仍以凡论。"[4]

本案的情节虽不复杂，但由于在《大清律例》中并没有相关的明文规定，因此仍属于一个疑难案件。因为何氏与其夫均在甘三保家倚食多年，因此黑龙江将军傅玉认为何氏与甘三保家雇工人并无不同，因此将其比照定罪。同时由于"殴雇工人致死"例的法定刑是徒三年，属于所谓"人命徒罪"，因此按照清代刑事司法程序的规定，地方督抚、将军需要向中央刑部专案咨部，年终汇题。由于本案属于律例中并无明文规定的特殊情况，因此刑部在核覆黑龙江将军咨文的同时，又需要直接专案奏请修订新例，而不可以等到年终时再上题本于皇帝。[5]

此外，督抚也可以在专案具题的案件受到部驳之后，提请修例动议并草拟例文。所谓"部驳"，就是指根据律例的规定，刑部有权在督抚拟罪不当的时候，驳令其再审的情况。众所周知，随着清代极权统治的加强，各类中央机关的权力相较前朝要大得多，作为中央司法机关的刑部也不例外。清代一直就存在着所谓"部权特重"的说法，其含义就是指清代的刑部作为刑事司

---

〔1〕《大清律例根原》卷之八十五，《刑律·斗殴下·奴婢殴家长》。

〔2〕《大清律例根原》卷之三，《名例律上·犯罪免发遣》。

〔3〕《大清律例根原》卷之一，《名例律上·五刑》。

〔4〕《大清律例根原》卷之八十五，《刑律·斗殴下·奴婢殴家长》。

〔5〕参见《驳案新编》卷二十一，《刑律·斗殴下·殴死为奴遣犯随带之妻新例》。

法审转制度的核心，对于各类刑案尤其是重大案件均有着很大的权力。其一，人命徒罪、流军遣刑经过地方督抚的拟罪，到刑部就算结案，只是到年终汇题。而斩绞凌迟等死刑又由刑部或以刑部为核心的三法司核拟具奏皇帝，皇帝一般也较为尊重刑部专业的司法官员。其二，由刑部律例馆不仅在刑事司法活动中负责对于疑难案件拟定处理意见，而且还负责定期修例。因此可以说刑部是“天下刑名总汇”，不仅是一个司法机关，而且在很大程度上也是一个立法机关。它不仅掌握着数量庞大、覆盖面广、时间跨度长的各类成案，并且由于其本身又为六部中员额最多的部门，因此能够集中众多专业司法官员处理棘手的大案要案。另外值得一提的是，根据《大清律例·刑律·断狱》中的相关规定，如果地方督抚在案件中的拟判明显有误的话，还是由刑部参与追究其司法责任。因此，由于刑部具有的这种地位，地方督抚在受到“部驳”之后，往往不会坚持己见，费尽心思地去与刑部进行对抗，而是会遵照刑部的意见进行处理。

有乾隆五十五年（1790 年）陈义三听从金绪教唆诬告陈魁抢夺致陈魁畏累自缢身死一案。陈义三和金绪平素交好，遇到事情必定有所商量，且该二人均与陈魁邻近居住，并无嫌隙。乾隆五十三年（1793 年），陈义三将地一块当给陈魁管业，契价一千文。当时陈义三想要加价，并未得逞。陈魁开张酒铺，陈义三前后陆续欠陈魁酒钱二千二百文未曾偿还。乾隆五十五年六月初三日，陈义三又向陈魁赊酒，陈魁以旧账未清不允。陈义三却称当地的费用可以用来抵算，陈魁则认为当地的费用较少，不能完全抵偿所欠酒钱，仍然不同意陈义三的请求，于是两人相互争吵而散。六月初十日，陈义三遇到金绪，告知了他与陈魁的矛盾，并且认为李烟匠同样当了他的地，他可以将陈魁、李烟匠同时告到衙门，希望能够加价当地。金绪则认为，陈魁等人皆是容易被欺骗的乡愚，如果想要诬告轻罪以图获取更高的加价，不如直接诬告他们抢夺重罪，并且同时告陈魁堂侄陈逢年。金绪还认为，陈义三可以捏称其与陈六争吵时，在旁帮助陈六的万林、万祥亦参加了抢夺。陈义三听从了金绪的建议，先到县城住在代书王悦店内。随后金绪买来状纸，二人告诉王悦，陈义三从庐郡粜卖粮食回家，被陈逢年与万林、陈魁、李烟匠、万祥等人将车钱、口袋、被单、小褂等物进行抢去。六月十四日，陈义三将状纸投递州衙门。该州牧令赵霖遂佥差拘捕被诬告之人。陈魁于六月二十六日赴城得知其被诬告，且诬告之状已被受理，畏惧被官司拖累，于是回家归告陈逢年，想要与陈义三等人拼命。后虽经陈逢年劝慰，陈魁仍于六月二十八日投缳殒命。陈逢年发现后，与族邻陈学莲解救不及，遂报告州衙门，陈义三、金绪等人被捕后供认不讳。

安徽巡抚朱珪认为，陈义三依例应拟绞监候。“诬告”律所附乾隆三十二年（1767年）条例规定：“诬告人因而致死，被诬之人委系平人，及因拷禁身死者，拟绞监候。”〔1〕而金绪帮助陈义三设计诬告陈魁、陈逢年、万林、万祥等人抢夺，其造成了陈魁死于非命，而陈义三又需要为陈魁抵命的严重后果，因此如果依律处理，仅拟为杖一百、流三千里，并不合适，应当从改发黑龙江等处给披甲人为奴。“教唆词讼”律规定：“凡教唆词讼，及为人作词状，增减情罪诬告人者，与犯人同罪。至死者，减一等。”〔2〕刑部则认为，教唆词讼、增减情罪之人得以减诬告本犯一等，是因为欲行诬告之本犯已经起意诬告，而教唆之人仅在旁怂恿本犯本欲诬告之事，因此“教唆词讼”律规定虽然教唆词讼者与本犯同科，但至死仍可以减等处理。但如果本犯所欲诬告之事与经过教唆实际诬告之事不同，即如本案中凭空捏造更为严重的罪名，并导致被诬告之人畏累自尽的话，那么就不能拘泥于“教唆词讼，至死者，减一等”的处理方式。在该案中，陈义三因为向陈魁索找地价不遂，本欲以霸不放赎等词具控，如若受理，也不过是田土细事而已。但经过了金绪的教唆，遂代为捏造陈魁等人纠众抢夺之罪，最终导致陈魁畏累自尽。因此陈魁之死虽然是由于陈义三的诬告，但最终原因确是金绪教唆所导致的。刑部认为“律贵诛心，法贵造意”，因此应当将捏造重情的金绪为首犯，从重惩治。于是刑部驳令安徽巡抚朱珪“另委贤员，覆加研审，详核案情，另行妥拟具题。”随后，安徽巡抚朱珪将金绪比照上引“诬告”律所附乾隆三十二年（1767年）条例拟绞监候，而依律将陈义三拟杖一百、流三千里，致配所折责安置。“共犯罪分首从”律规定：“凡共犯罪者，以先造意一人为首，依律断拟。随从者，减一等。”〔3〕并且在题本中声明“嗣后凡有似此等情节者，应请永远遵照办理。”刑部照覆后具题皇帝，最终得以入例。“教唆词讼”律所附乾隆六十年（1795年）条例规定：“教唆词讼诬告人之案，如原告之人

〔1〕《大清律例根原》卷之九十二，《刑律·诉讼·诬告》。

〔2〕《大清律例根原》卷之九十三，《刑律·诉讼·教唆词讼》。

〔3〕《大清律例根原》卷之十二，《名例律下·共犯罪分首从》。

所欲告者本系轻事，而教唆之人起意藉端吓诈，凭空捏造重情，主令诬告，致毙人命者，及虽未致死人命，而教唆诬告之罪，应反坐流、徒。抵充军役者，并以主唆之人为首，听从控告之人为从论。其寻常教唆，不过稍有增减，无关罪名轻重者，仍依教唆各本律例，与犯人同罪。"〔1〕

在本案中，安徽巡抚朱珪第一次的拟罪并没有得到刑部的认同。刑部提出了异议的理由，即认为朱珪并没有真正理解律例的本来含义，生硬地适用现有律例而导致对于捏造重情从而是罪魁祸首的金绪拟罪较轻，而对于本欲诬告田土细事的陈义三拟罪过重，因而驳令朱珪再审。因此，朱珪在了解刑部"律贵诛心，法重造意"的司法态度后，比照名例律中"共犯罪分首从"律将金绪定为首犯，拟绞监候，将陈义三定为从犯，拟杖一百、流三千里。同时，朱珪还在上报皇帝的题本中提出了将本案作为日后类似案件的范本的请求，即"嗣后凡有此等情节者，应请永远遵照办理"。可见，督抚在部驳之后，同样可以提出自己的修例动议。在这种情况下，其实新例的生成更多地是地方督抚和刑部共同作用的结果。刑部所做的更多是指出原拟刑罚的不合理之处，表达自己对于该案拟罪的一些态度，以此提示地方督抚对于该案改判的基本原则与方向。由于刑部在清代刑事司法审判制度中的重要地位，因此通常在收到部驳以后，地方督抚所做的只能是依据刑部在文书中指明的精神、方法，去进行改拟，并同时申请修订新例。〔2〕

（二）刑部或三法司提起修例动议，刑部创制例文

刑部或三法司在核覆地方督抚咨部或奉旨题奏的案件中，可以进行批驳并阐述其法律适用意见。当运用已有律例无法顺利达到案件的"情罪允协"时，刑部就会在部驳中提出修例动议，并将条例草案以题本、奏本的方式请示皇帝同意。

有乾隆四十五年（1780年）张魏氏先与魏贤生和奸又悔过拒奸致其身死一案。张魏氏是魏贤生的无服族姊，后嫁与张认宗为妻。乾隆四十五年（1780年）七月二十日，魏贤生到张魏氏家，发现张认宗外出，于是与张魏氏调戏成奸。二人后又宣淫数次，张认宗并不知情。乾隆四十六年（1781年）五月间，魏贤生在张认宗家饮酒，被张认宗当场撞见，并詈骂魏贤生，

〔1〕《大清律例根原》卷之九十三，《刑律·诉讼·教唆词讼》。
〔2〕参见《驳案新编》卷二十七，《刑律·诉讼·教唆诬告畏累自缢》。

魏贤生当即逃跑。张认宗随即向张魏氏究出奸情，并殴打张魏氏，将其休回母家。张魏氏之母魏黄氏将张魏氏送回，恳求张认宗收留，张魏氏亦立誓不再与魏贤生有任何往来。张认宗有碍于颜面，方才收留了张魏氏。乾隆四十七年（1782 年）三月初九日，张认宗前往山东省进行贸易。十三日夜，张魏氏独自在家睡觉，四更听闻有人拨动前门，故起身点灯查问，发现原来是魏贤生走入市内，又来求奸。张魏氏称已经被夫休弃，且立誓不与之来往，故拒绝了魏贤生的要求。魏贤生却威胁张魏氏，声称如若不答应求奸，则将杀死张认宗并诬陷张魏氏杀夫。张魏氏听闻畏惧，一时情急，希望将魏贤生捆缚送官。于是诈称腹痛躺卧炕上，令魏贤生等待片刻。魏贤生信以为真，坐在椅子上酣睡。张魏氏遂起身拿起炕边木棍，双手举棍连续殴打魏贤生头部，导致魏贤生左太阳偏上及左额角并左额角偏上部位受伤。魏贤生用脚蹬踢，奋力缓急，张魏氏又用木棍殴打魏贤生左膝。最终魏贤生伤重不治，当即殒命。

直隶总督郑大进将张魏氏依律拟绞监候并具题皇帝。“罪人拒捕”律规定：“罪人不拘捕而擅杀之，各以斗杀论。”[1]“斗殴及故杀人”律规定：“凡斗殴杀人者，不问手足、他物、金刃，并绞监候。”[2]刑部则认为，妇女拒奸案件应当分为两类。一类是妇女先前并未与人通奸，而将起意图奸之人临时杀死，因此对于该类案件一向依律勿论。“罪人拒捕”律规定：“若罪人持杖拘捕，其捕者格杀之，皆勿论。”[3]另一类则是妇女先前与人通奸，复又拒绝从而致死奸夫，大约可以分为先因贪利与人通奸，又因奸夫无力资助拒殴致死，或者先经和奸，后又与其他人通奸，因而拒奸殴毙奸夫，还有先虽通奸，又确以悔过自新，因奸夫胁迫维持奸情，不得已而杀奸夫三种情况。因此刑部认为应当分别妇女拒杀的原因，对其作出有所区别的对待。在本案中，张魏氏有悔过情节，并且证据确凿，其殴死魏贤生确实因为奸夫逼奸情急所致。本案中的张魏氏，既不应该按照无先前通奸行为的妇女进行处理，也不应该按照先有通奸但并无悔过之意的妇女进行处理。最终，刑部认为张魏氏应当在“擅杀罪人”律上量减一等，改拟杖一百、流三千里。同时刑部上题本于皇帝，请求将该案上升为新例，以便通行各省督抚、府尹、将军一体遵行，

---

〔1〕《大清律例根原》卷之一百三，《刑律·捕亡·罪人拒捕》。

〔2〕《大清律例根原》卷之七十八，《刑律·人命·斗殴及故杀人》。

〔3〕《大清律例根原》卷之一百三，《刑律·捕亡·罪人拒捕》。

最终该通行也升为了新例。“杀死奸夫”律所附乾隆四十八年（1783 年）条例规定：“凡妇女拒奸杀死奸夫之案，如和奸之后，本妇悔过拒绝，确有证据，后被逼奸，将奸夫杀死者，照擅杀罪人律减一等，杖一百，流三千里。其因贪利与之通奸，后以无力资助拒殴致死者，或先经和奸，后复于他人通奸情密，因而拒绝殴毙者，仍各按谋、故、斗殴等本律定拟。”〔1〕

在本案中，刑部于乾隆四十八年（1783 年）二月十五日上题本于皇帝，不仅表明了对于该案的不同意见，而且直接提出了新的修例动议。皇帝于二月十九日下旨：“依议。钦此。”该案生例的过程可分为几个步骤：第一步，由直隶总督专案具题皇帝，叙述案情并提出自己对于该案的拟罪意见；第二步，由皇帝御览后发三法司拟议；第三步，由刑部主稿的三法司奉旨核拟，并在专本具题中对于个案提出处理意见并提出修例动议及草案；第四步，皇帝下旨同意。我们可以发现，其实此种因案生例的程序和一般的刑案处理程序相同，仅仅是在题本、奏本中有提请修例的动议而已，此外并无区别。〔2〕

有乾隆四十四年（1779 年）陈万财等人杀死奸夫王文哲与乾隆四十三年（1778 年）向万友捉奸溺死许添佩两案。陈万财和王文哲平日里相互熟悉。乾隆四十四（1779 年）年六月初八，陈万财到广西经商，将妻子吴氏一人留在家中。十二日，王文哲正好到陈万财家闲聊，发现只剩陈氏一人，于是和她相互调戏，最终得以发生奸情。其后两人又通奸数次。隔壁邻居黎张氏等人都知晓此事。到了八月初六日，王文哲又到陈万财家和吴氏通奸，并且送给其一对耳环。初七日的上午，王文哲仍然留在其家中，与吴氏在客厅之中说笑，不料陈万财正巧回家。王文哲随意找了一个理由就告辞回家，但陈万财心中颇有疑惑，于是向吴氏问询。吴氏开始只能抵赖，陈万财心中怨恨，便想拳脚相加。隔壁知晓奸情的黎张氏、陈洪氏二人听闻赶紧前来劝解，吴氏知道无法掩盖，只能如实告诉丈夫。陈万财十分气忿，于是起意将王文哲杀死，但恐怕一个人的力量不够，于是请求平日关系较好的黄殿才帮助。黄殿才听闻后，犹豫再三，终于答应帮助陈万财杀死王文哲。陈万财、黄殿才二人携带尖刀，等候在王文哲必经之路上。待王文哲走近，陈万财向之斥骂，王文哲不甘被骂，亦回骂陈万财。陈万财于是用刀砍伤了王文哲的右手腕、

〔1〕《大清律例根原》卷之七十五，《刑律·人命·杀死奸夫》。

〔2〕参见《驳案新编》卷三十一，《刑律·捕亡·和奸后悔过拒奸有据杀死奸夫新例》。

偏左额颅，黄殿才则用刀砍伤了其发际线。广东巡抚李湖将陈万财依例拟绞监候，将黄殿才依律拟绞监候。“杀死奸夫”律所附乾隆五年（1740年）条例规定：“奸夫已离奸所，本夫登时逐至门外杀之，止依不应杖；非登时，依不拒捕而杀。”[1]“谋杀人”律规定：“谋杀人，从而加功者，绞监候。”[2]

而许添佩、向万友、向万秀均是湖北宜都县人。许添佩曾经和向万友的兄长向万秀一起外出经商，并且拜向万友的母亲廖氏作为干儿子，因此两家人经常往来。乾隆四十一年（1776年）间，向万秀因病身亡，留有寡妻丁氏一人。而许添佩于是趁虚而入，和丁氏调戏成奸，并且通奸次数很多。乾隆四十二年（1777年）十一月，许添佩又和丁氏通奸，结果被廖氏当场发现。丁氏遂哀求廖氏不要声张，廖氏应允但严禁二人继续往来。到了乾隆四十三年（1778年），向万友带着母亲廖氏迁居别处，许添佩又前来找丁氏通奸。廖氏知道了，更为气忿，于是命儿子向万友前去捉拿。向万友因为害怕许添佩力气较大，因此邀集了向万方、向万长、杨坤、张安邦等十一人一同前去。众人来到丁氏家中，发现许添佩正在同丁氏聊天，于是廖氏和向万友命令众人将其拿下。不料许添佩竟然用厨房之中的刀反来砍人。张安邦则用小刀扎伤了许添佩的手腕，将其捆住。谁知许添佩竟然说即使送官也不能将他如何，反倒要将向万友一家都杀掉。向万友念到许添佩已经侮辱了他的嫂子，现在又狂言要将其灭门，于是起意将其溺死水中。由于溪水太浅无法淹死许添佩，于是他们提起许添佩的两脚，将其头部浸入水中，最终许添佩溺死。湖北巡抚郑大进将向万友依律拟绞监候，将张安邦拟徒。“杀死奸夫”律所附乾隆四十二年（1777年）条例规定：“本夫及应许捉奸之亲属，其有捉奸已离奸所，非登时杀死不拒捕奸夫者，照罪人不拒捕及已就拘执而擅杀律，拟绞监候。”[3]“斗殴”律规定：“刃伤人者，杖八十，徒二年。”[4]

由于这两起案件情节基本相似，发生的时间较近，一则由刑部广东司复核，一则由刑部湖广司复核，但又拟罪相差较远，因此刑部堂官决定将其一并处理。刑部认为，律例之内对于捉奸致死的条款已经相对较为周详，但是对于那些帮同下手并非允许捉奸的人如何治罪则没有专门的条例。因此如这

〔1〕《大清律例根原》卷之七十五，《刑律・人命・杀死奸夫》。

〔2〕《大清律例根原》卷之七十四，《刑律・人命・谋杀人》。

〔3〕《大清律例根原》卷之七十五，《刑律・人命・杀死奸夫》。

〔4〕《大清律例根原》卷之八十三，《刑律・斗殴上・斗殴》。

两个案件，对于湖北的张安邦则根据“斗殴”律拟徒刑，而对于广东的黄殿才则根据“谋杀”律拟绞监候。两者相比有生死的出入，因此应当修订条例统一律例的适用。

刑部进而分析，对于那些条例中允许捉奸的亲属，一般是按照“罪人拒捕”律中的不拒捕而擅杀进行处理的。而不拒捕而擅杀又是照“斗殴及故杀人”律拟绞监候的。之所以这么规定，就是因为被杀的是通奸之人，本身有罪，杀死奸夫也是出于义忿，因此不将其按照谋杀、故杀律拟罪，为了“惩淫恶而申义忿”。因此如果主犯都按照斗杀进行处理的话，那么从而加功之人也应该按照斗杀律处理，即拟杖一百。于是刑部草拟了例文，奏请乾隆皇帝批准，最终生成条例。“杀死奸夫”律所附乾隆四十八年（1783 年）条例规定：“凡奸情确凿，本夫及应许捉奸亲属，起意杀死奸夫案内，其听从加功者，勿论。应许捉奸之亲属，及不应捉奸之外人，审明实系激于义忿，悉照共殴余人律，杖一百。如有挟嫌妒奸，谋、故别情，乘机杀害，图泄私忿者，仍照谋、故本律问拟。”〔1〕在这两起均为杀死奸夫的案件中，可以清晰地看出，对于参与共殴的非例许捉奸之人，广东巡抚李湖和湖北巡抚郑大进适用了不同律例进行拟罪，而他们都没有主动提议修例。刑部之所以提请修例，就是为了统一在同类案件中的律例适用问题。也只有修例，才能够从根本上杜绝以后该类案件拟判时的混乱情况。〔2〕

有乾隆三十八年（1773 年）黄昌怀放枪过失打死姚文贵一案。黄昌怀和姚文贵都是兴国县民，职业均是猎户，两个人平素交好，并且交恶情事。十一月二十日，姚文贵邀请同为猎户的郭必茂、杨奉祥、黄昌怀一起去包家山打猎。二十二日，黄昌怀带着鸟枪，邀请黄谳宗到山口与姚文贵等人会合，五人一起上山。到了山中，五个人摆开了围场，姚文贵携带猎狗在正南，黄昌怀在正东，藏身于油树林内，而郭必茂和杨奉祥则守在山头，黄谳宗则带着猎犬搜山。正好有一个麂子向东南处跑去，姚文贵和杨奉祥两人用鸟枪都未打着，于是一同追赶。而在油树林里面的黄昌怀，看见麂子在西南处的山上乱跑，则立刻用鸟枪打击。不料麂子跑脱，而误中了在其后追赶的姚文贵。这一枪正好打中了姚文贵的喉咙、心坎等处，导致他跌落坑中，将左眉、左

〔1〕《大清律例根原》卷之七十五，《刑律・人命・杀死奸夫》。

〔2〕参见《驳案新编》卷十二，《刑律・人命・杀奸案内加功照余人律》。

额都摔伤了。黄昌怀顿时惊慌前往扶救，但姚文贵还是伤重殒命。后来黄昌怀因为害怕受到惩罚，于是请求杨奉祥等人隐瞒姚文贵是被他用鸟枪误杀的事实，而将其说成是姚文贵自己不慎跌倒所致。但是姚文贵所带的猎狗跑回了家中，姚文贵的哥哥姚文兴发现弟弟未归，而与其一同前往的黄昌怀等人同样不曾回村，于是上山进行寻找，直到二十五日，终于找到了姚文贵的尸体。最后上报官府，将众人抓获。江西巡抚海成将其依律收赎。"戏杀误杀过失杀伤人"律规定："过失杀伤人者，（较戏杀愈轻。）各准斗杀伤罪，依律收赎，给付其被杀伤之家。"〔1〕

刑部在核覆的过程中认为，民间使用鸟枪、弓箭等物打猎，一般都是在深山旷野之中，因此如果发生命案一般都是意料之外的事情。但是猎户一般都是单独或数人出行，并不会人数众多，加上放枪、放箭本来就应该有所注意，如果毫无顾忌地杀伤人命，最后仅仅按照收赎进行处理的话，那么就显然过轻。而且如果有民人通晓此律，知道随意杀伤亦不过收赎而已，很容易造成这类命案愈演愈烈，甚至出于故意而杀伤他人。因此刑部认为应当比附相关律例进行加重处理。只有这样，普通百姓才知道失手杀人会导致较重的刑罚而在打猎的时候有所警惕。皇帝最终予以批准。"戏杀误杀过失杀伤人"律所附乾隆四十二年（1777 年）条例规定："凡民人捕猎，遇有私放枪、箭打射禽兽，不期杀人者，比照捕户于深山旷野安置窝弓，不立望竿因而伤人致死律，杖一百，徒三年。仍追埋葬银一十两，给予死者之家。"〔2〕在本案中，黄昌怀误杀了一同打猎的姚文贵。刑部认为量刑过轻并且容易放纵更多的人无意、有意地去继续这样的行为，于是提出了修例的申请，同时草拟例文。最终，也得到了皇帝的允许。〔3〕

从上引的几个例子中，我们可以看出从提请修例的初衷而言，刑部与地方督抚有所不同。后者往往局限于某一个案件的处理，而前者更多地是着眼于全国范围内的所有同类案件，更着力于完善整个律例体系。例如在张魏氏和奸后又拒奸的案件中，刑部列举了三种律例中已有的情况，并进而指出本案的情况尚未被纳入律典，因此有必要进行修例。在向万友溺死许添佩以及

〔1〕《大清律例根原》卷之七十九，《刑律·人命·戏杀误杀过失杀伤人》。
〔2〕《大清律例根原》卷之七十九，《刑律·人命·戏杀误杀过失杀伤人》。
〔3〕参见《驳案新编》卷十六，《刑律·人命·鸟枪误伤比照捕户致死人命满徒》。

陈万财殴死王文哲的案件中，刑部又是将发生在不同省份而又拟罪不同的同类案件结合在了一起，并且提请修例将两案一同解决。在姚文贵被黄昌怀误杀的案件中，刑部又认为如果放纵这种行为的发生而不予以严惩，就容易导致民间这种案件愈演愈烈的情况，因而奏请修例。由此我们可以看出，由于刑部是中央刑事司法机关，掌握着全国各地的重要刑事案件的核覆权，因此必然会遇见很多在全国不同省份里发生的同案不同判的情况。而地方督抚限于视野，很难将本省发生的每个案件都与其他省的同类成案进行比较，因此往往发现不了同案不同判的现象。同时，因为地方督抚只需要保证自己拟罪的准确即可，因此也没有义务和积极性去提请修例。而作为每天复审来自全国的大量重刑案件的刑部，其对于个案的核覆结论就具有了一定的普遍性，并且其必然也无法接受各地督抚差异太多的拟罪，更何况刑部作为皇帝直接领导的六部机关之一，必须对皇帝负责，必须对朝廷律典负责，再加上律例馆又是它内部所属的立法机构，因此刑部就有充足的理由、义务和条件去制定新例，以调整整个国家对于律例体系的适用。

（三）皇帝提起修例动议，刑部单独或会同九卿等衙门创制例文

在清代很多命案中，皇帝在收到题本、奏本后，一旦发生拟罪并不合理，并且该疑难案件具有重要性和典型性，往往会直接下旨命刑部创制、起草例文。

有乾隆四十一年（1776 年）张二扎伤伊妻徐氏身死一案。张二即张丕林籍隶山东，携妻徐氏至奉天佣工度日。乾隆四十一年（1776 年）三月间，张二由于穷苦难耐，故居住于岫岩红土崖子地方，令其妻徐氏卖奸。潘三时常前往奸宿，却并未给予钱财。七月二十日，张二向潘三要钱，潘三不给，遂致二人争吵。潘三将张二殴打致伤，于是张二赴岫岩厅控告。潘三供称为酒后角斗殴打所致，二人皆未将奸情供出。该厅伊勒图将潘三依律笞责，并查明张二为无业流民，驱逐出境。八月初五日，张二携妻子徐氏出城居住，潘三赶至中途阻拦，令张二及徐氏回红土崖子居住。张二不允，潘三又欲殴打，经张二家做饭之丛喜子劝散。晚间，张二、徐氏至祭祀屯柳九店内留宿。潘三亦前往居住。初六早，张二想要趁早出行躲避潘三，不料徐氏不允，且欲回红土崖子居住。张二声称自己独往他处，徐氏便执持尖刀即欲自抹。张二见徐氏与潘三同心，不肯与自己同行，一时气忿，夺取徐氏手中尖刀连扎三下，致伤徐氏左胳膊、左肩胛等处，徐氏受伤倒地殒命。张二复恨潘三挑拨

夫妻二人感情，故持刀追赶潘三，经店家柳九抱住，潘三逃脱。奉天府尹富察善将张二即张丕林依律拟绞监候。“妻妾殴夫”律规定：“其夫殴妻，至死者，绞监候。故杀，亦绞。”〔1〕刑部照拟核覆。但刑部具题皇帝后，皇帝下谕认为张二甘心将其妻徐氏卖奸，夫妇之间的情义已经荡然无存，竟然逞凶杀害徐氏，应当将其与凡人杀人论处。正如同妻妾由于通奸谋杀其夫，按律应当凌迟处死，但倘若本夫纵容妻妾与人通奸，妻妾按例只应处斩立决。因此，纵容妻妾犯奸的本夫又杀害其妻，不应该以寻常的“夫故杀妻”律拟断。本夫纵容妻妾卖奸已经属于不知羞耻，又忍心将妻杀害，情罪重大，如果拘泥于夫妇名义减轻本夫之罪，则该种做法无法维持风化。因此，乾隆皇帝认为“著刑部将此例另行斟酌改定，所有张二一案即著新例定拟具奏”。

刑部领旨之后，遵照上谕对于新例的制订进行了研究。他们认为“夫殴妻非折伤勿论，至死者绞监候”，注云“故杀亦绞”等语，其原因即在于夫为妻纲，作为妻子的妇女应当听从丈夫的命令，因此为了维护丈夫的教令权，规定了“非折伤勿论”。但倘若殴打致死或故杀，则丈夫明显为杀害妻子，因此必须受到严惩。“斗殴及故杀人”律规定：“故杀者，斩监候。”〔2〕而“妻妾殴夫”律却规定为绞监候，正是为了体现夫杀妻与凡人相杀的区别，其目的是保证社会中的伦理纲常名教。但是尽管如此，倘若丈夫寡廉鲜耻主动令其妻卖奸，则伤风败俗之事由夫自做，并非妻妾私自与人通奸可比。在此情况下，对于本夫的犯罪就不能以寻常夫妇相犯之律来处理。刑部还查明“纵容妻妾犯奸”律规定：“抑勒妻、妾及乞养女与人通奸者，本夫、义父各杖一百；奸夫杖八十；妇女不坐，并离异归宗。”〔3〕因此，张二令妻卖奸的行为不仅在情理上断绝了夫妻之义，而且在法律上也有明确规定要求二人离异。紧接着，刑部起草新例草案“应请嗣后凡以妻卖奸之夫故杀妻者以凡论，其非本夫起意卖奸者仍悉以律例办理……恭候命下，臣部奏纂入例，通行遵照。”最终奉旨：“依议。”最终生成新例。“妻妾殴夫”律所附乾隆四十二年（1777年）条例规定：“凡以妻卖奸之夫故杀妻者，以凡论。其寻常知情纵容非本夫起意卖奸者，仍悉以律例办理。”〔4〕

---

〔1〕《大清律例根原》卷之八十六，《刑律·斗殴下·妻妾殴夫》。

〔2〕《大清律例根原》卷之七十八，《刑律·人命·斗殴及故杀人》。

〔3〕《大清律例根原》卷之一百，《刑律·犯奸·纵容妻妾犯奸》。

〔4〕《大清律例根原》卷之八十六，《刑律·斗殴下·妻妾殴夫》。

在本案中，我们可以发现，虽然刑部核覆了奉天府尹富察善的拟罪，但是根据清代刑事司法审判程序，在死刑案件中皇帝本人亦作为独立的审级而存在，造成了皇帝一人独操生杀大权。因此皇帝本人也可以对于督抚、刑部的拟罪提出异议并提出修例动议。正如本案中提到的“著刑部将此例另行斟酌改定，所有张二一案即著新例定拟具奏”，在这种情况下，皇帝实际上只对于修例提出一个大的修订方向，具体条文则交由刑部草拟。而生成的新例能够直接适用于本案的裁判，可见它是一种典型的溯及既往的法律规范。由此可见，清代审判更加注重于实质审查，而非形式上的逻辑推理。[1]

有乾隆三十九年（1774 年）刘俊等人强抢毂姐一案。刘俊原本籍贯是安东，后来在乾隆三十一年（1766 年），同他的父亲刘殿臣和弟弟刘龟一同到宿迁县种地。而孟池是他们同县的人，彼此相互认识。周二则是刘殿臣的小女儿的丈夫。刘俊看到了孟池有个女儿名叫毂姐，但由于没有钱娶亲，于是就想强行娶来为妻。乾隆三十九年（1774 年）秋季，刘俊听别人说毂姐将要出嫁，心中非常着急。正好十月初七，刘殿臣大女儿的丈夫朱五子来到宿迁探望岳父。初九日，刘俊就将预谋好的强抢毂姐的事情和其父刘殿臣说允，然后又恳求朱五子和周二入伙，一同去抢，二人最后答应。同时，刘俊又令其弟刘龟帮助他牵驴。等到三更半夜，五人一同到了孟池家门口。刘俊踢开门，正好碰见还未睡觉的孟池，刘俊即表示将要强抢毂姐。孟池不允，刘俊就打了孟池好几个耳光，待其跌倒在地之后，又踢了他的左右臂膀，将他从家里拉到了家门之外。孟池家的邻居叫作李子良，听闻吵闹，出门观望，结果被刘殿臣吓住，不敢援救。刘俊紧接着进入房内，不顾毂姐之母王氏的叫喊，将毂姐强行拉到门外，将其用驴掩走。孟池想要救援，不料被刘俊纠缠，不得前往。等到次日早晨，众人走到了沭阳县胡家集附近，由于刘俊害怕白天强抢民女被别人发现，于是就将毂姐放入了路边的空屋之中，到了傍晚连哄带骗将其奸淫。十一日早，刘俊假称毂姐就是他新娶的妻子，与她一同住在安东县的刘珍家中。最终孟池禀告官府，拿获各犯。江苏巡抚萨载依律将刘俊拟绞监候，将其父刘殿臣拟流刑。“强占良家妻女”律规定：“凡豪强势力之人，强夺良家妻女，奸占为妻妾者，绞监候。”所附乾隆六年（1741 年）条例规定：“强夺良家妻女奸占，为从之犯，应照为首绞罪减一等，杖一百，流三

---

〔1〕 参见《驳案新编》卷二十一，《刑律·斗殴下·以妻卖奸复故杀其妻同凡论》。

千里。”〔1〕“共犯罪分首从”律规定：“若一家人共犯，止坐尊长。侵损于人者，以凡人首从论。”〔2〕

因为江苏巡抚完全是按照律例办理，因此刑部也照拟核覆。但是乾隆皇帝则认为，将刘俊的父亲刘殿臣拟以流刑，并不合适。因为刘殿臣身为父亲，当他的儿子刘俊告诉他要抢夺彀姐的时候，就应该严厉地训斥刘俊，不让该案发生。但是刘殿臣竟然帮助儿子去强抢孟池之女。如果将父亲作为儿子的从犯进行处理的话，是非常不合适的。而且该案涉及父子共同犯罪，触犯的又是有关风化的婚姻大事。如果父亲不能够教育他的儿子，哥哥不能够教育他的弟弟，那么天下的德教就无法实现了。因此皇帝认为，刘殿臣明知儿子有此暴行，竟然反而助纣为虐的行为，是不可以完全按照律例进行处理的。因此皇帝“著交刑部，将父兄不能官署子弟转同行加功者，如何按本犯科条分别定罪之处，即行悉心妥议具奏”。

刑部收到上谕后，就开始了草拟例文的工作。他们也认为，父亲、兄长有管教儿子、弟弟的义务，如果不仅不能管束，反而成为了共犯，那么就相比普通人作为共犯的情节要重，因此必须加等处理。最终将新例草案奏请皇帝，生成了新例。“共犯罪分首从”律所附乾隆四十年（1775 年）条例规定：“凡父子、兄弟共犯奸、盗、杀伤等案，如子、弟起意，父、兄同行助势，除律应不分首、从，及其父、兄犯该斩、绞死罪者，仍按其所犯本罪定拟外，余俱视其本犯科条，加一等治罪，概不得引用‘为从’字样。”〔3〕

在本案中，江苏巡抚萨载和刑部的意见是一致的，但是乾隆皇帝从整个纲常名教的角度，否定了将父亲刘殿臣按照“为从”处理的拟罪。同时，因为该案仅为父亲帮助儿子强夺良家妻女，若是其他帮助杀伤等案情，又如何拟定条例，皇帝恐怕一人无法胜任，于是就将该任务一起交给了刑部，只是他尽到一个最终审核的义务。〔4〕

有乾隆四十一年（1776 年）僧人界安打死徒弟韩二娃一案。界安是阳曲县人，从小就在徐沟县的娘娘庙出家为僧。乾隆四十年（1775 年）间，太原县民韩贵陇的儿子韩二娃到娘娘庙拜界安为师。由于韩二娃年纪很小，所以

〔1〕《大清律例根原》卷之三十，《户律·婚姻·强占良家妻女》。

〔2〕《大清律例根原》卷之十二，《名例律下·共犯罪分首从》。

〔3〕《大清律例根原》卷之十二，《名例律下·共犯罪分首从》。

〔4〕参见《驳案新编》卷三，《名例下·助子抢夺良家妻女奸占为妻加等拟军》。

比较贪玩。于是界安经常将其责打。到了乾隆四十一年（1776 年）八月，韩贵陇到娘娘庙探望儿子，界安将其留宿。到了中午时分，界安酒后将韩二娃不听教导之处告诉了韩贵陇。等到晚上，韩二娃外出玩耍，界安将其寻回。韩二娃不禁啼哭，界安酒后生气将其衣裤脱掉，然后用绳子将其双手捆在吊梁之上，后来又用水浸湿麻绳，用来抽打韩二娃的两腿、两胳膊。韩二娃则出言抵触，并不求饶。界安恼怒异常，起意将其杀死，于是将韩二娃遍身殴打一遍，而韩贵陇和工人高楚上前劝导，都不能够令其停歇。最终韩二娃被殴打致死。山西巡抚觉罗巴延三依律将界安拟斩监侯。“斗殴及故杀人”律规定：“故杀者，斩监侯。”〔1〕

虽然刑部认可这样的拟判，但是皇帝认为，僧人界安将年仅十一岁的幼徒韩二娃用绳子捆缚并用麻绳抽打，即使其父韩贵陇跪地求饶仍然置之不理。这样的罪行非常严重。刑部仅仅按照故杀律将其核覆，并不适当。上谕中还提到，僧人出家，本身就不应该犯杀戒。因此每年秋审的时候，只要是僧人犯命案的，都一律将其勾决，以示惩戒。该案之中，界安仅仅由于幼徒贪玩，就在酒后将其杀死，“既犯王章，又破佛律”，并非普通人斗殴故杀而已，故不能够将其处以监候。上谕最终提道，“著交该部另行妥议，定例具奏。此案即照新例办理”。紧接着，刑部就开始了修例的准备工作。他们认为，以往办理的僧人杀人案件，秋审一概被归入“情实”，并没有专门的订立科条，确实是一种疏漏。该案之中，作为僧人的界安，不仅在饮酒后毒打韩二娃，而且丝毫不理睬其父韩贵陇的当面跪求，实在是太过于狠毒。因此拟定了例文，将僧人界安处以斩立决，其目的就是“凶恶僧人咸知儆惧，而情法益昭平允”。最终奏定新例。“谋杀人”律所附乾隆四十二年条（1777 年）例规定：“凡僧人逞凶，谋、故惨杀十二岁以下幼孩者，拟斩立决。其余寻常谋、故杀之案，仍照本律办理。”〔2〕

在本案中，山西巡抚觉罗巴延三和刑部都完全依照律例进行处理，并且并不认为这样的拟罪有何问题。事实上，正如刑部所说，根据以往的僧人杀人的案件，也都是进入秋审“情实”，一般予以勾决。因此即使刑部认为该案情罪重大，也不一定会倾向于修订新例进行处理。而皇帝之所以在之前的同

〔1〕《大清律例根原》卷之七十八，《刑律·人命·斗殴及故杀人》。

〔2〕《大清律例根原》卷之七十四，《刑律·人命·谋杀人》。

类型成案中并未抱有异议而针对本案需要制定专条处理，笔者认为，是因为本案的情节更为严重，导致皇帝认为应当区别对待。特殊情节主要有二：其一，界安殴杀的是十二岁以下幼孩。其二，界安是在幼孩之父在场跪地求饶的情况下进行杀人行为的。加上即使是普通的酿成命案的僧人往往也要入“情实”、被勾决，最终被处斩刑或绞刑，因此刑部干脆将这种殴杀幼孩的僧人直接处斩立决，以警示其他凶恶僧人。〔1〕

皇帝有时也会命刑部会同九卿定拟条例，但刑部仍具有核心地位。正如郑秦先生所说：“所谓的‘三法司核拟’的‘会谳’不过是个形式，真正的核拟工作完全是由刑部承担的。”〔2〕

有乾隆四十三年（1778 年）申张保殴死奸夫高应美、致伊父母服毒身死一案。申茂盛和高应美都是楚南永州来县人，且都住在西洒街，各自开了一家小的店铺谋生，两人之间也并没有什么嫌隙。申茂盛的妻子叫作胡氏，夫妻二人相处和睦，前前后后一共生了三个儿子。长子为申张保，居住于十里之外。乾隆四十二年（1777 年）十一月内，高应美想要回到家乡去，因此就将店顶卖给了别人，由于账目未清，故暂时寄寓在申茂盛家。高应美与申茂盛之妻胡氏并不避嫌，交往甚好，屡次被申茂盛撞见，遂致两人反目成仇。申张保劝说其父数次，申茂盛俱不敢明言其事。乾隆四十三年（1778 年）三月十五日，由于长期心情烦闷，申茂盛抑郁成疾。申张保屡次看望，申茂盛终于将高应美与胡氏之事和盘托出。申张保听闻，欲将胡氏接回同居，故先行回家收拾行李。但三月十九日，胡氏被其夫申茂盛斥责，故奔赴其子申张保家居住。二十日下午，申张保携带木棍往山中拾取柴火，不料正遇高应美欲往其家。申张保用言劝阻高应美，高应美还骂，并且拾起石头砸向申张保。申张保恐其继续追逐殴打，故用木棍捅向高应美，致其肾囊受伤遂致殒命。申张保将高应美之尸体拖至屋旁，并于是夜与其母商同抬尸置于山里石洞之中，并用柴草掩盖洞口，希图灭迹而散。四月初七日，尸兄高应复鸣官，里长、街邻等人寻获高应美所穿布鞋，并于申茂盛家将高应美存放的衣物、钱文均查明领回，并将申张保押解赴县。不料申茂盛、胡氏二人忿激羞愧，先后服毒身死。云南巡抚裴宗锡认为，申张保与高应美两人斗殴，用木棍戳毙

〔1〕 参见《驳案新编》卷十九，《刑律·斗殴上·僧尼非理殴杀子弟》。

〔2〕 郑秦：《清代司法审判制度研究》，湖南教育出版社 1988 年版，第 152 页。

其命，并且由于情事败露，最终令申张保之父母申茂盛、胡氏二人自杀寻死，因此应将申张保依例拟绞立决。“子孙违犯教令”律所附乾隆三十七年（1772年）条例规定：“凡子孙因奸、因盗以致祖父母、父母忧忿戕生，或畏累自尽者，均照过失杀例治罪。若罪犯应死，及谋、故杀人事情败露，致其祖父母、父母自尽者，即照各本犯罪名，拟以立决。”[1]刑部照拟核覆。但乾隆皇帝下旨认为，该案虽然属于按律议罪，但是案情特殊，所拟罪名并不合乎情理。他接着说，子孙犯罪令父母自尽，原指子孙违犯教令或触犯刑律，导致其父母忿恨自戕，因此这种子孙不应该留于世上，故律例将其拟以立决。但本案中，申张保途遇正欲前往其家的高应美，故用言劝阻，不料高应美反倒拾取石块砸向申张保。申张保情急之下，不得已用所携带木棍殴毙高应美。该案的真正缘由，是因为高应美与胡氏屡有奸情，申张保维护其母之名节并劝阻高应美，实属情理之中。且先前申张保已经劝阻其父，并且又接其母同居，这些行为都并无不合。奸夫高应美欲前往其家，其目的显然是为了图奸其母，若申张保并无忿恨，任由其母与他人苟合，反倒无廉耻之心，且置其父于何地？且申张保殴死高应美出于义愤，申茂盛、胡氏二人之死亦由于奸情败露，而非申张保殴死高应美之故。因此乾隆皇帝命“此本著交九卿，会同该部另行妥酌定例具奏。嗣后遇有此等案情，即照新例办理”。刑部领旨之后，遂立刻开展了制订新例的工作。刑部总体上来说，是秉持着上谕对于本案处理的原则与精神，即认为云南巡抚裴宗锡所引条例本系专指凶恶不法之徒连累其父母，因而规定将其予以立决，而不让其久留人世。但若母犯奸淫，其子非奸所登时将奸夫杀死，父母因奸情败露、忿愧自尽，则不应该过于苛责出于义忿的子孙。在这种情况下，子孙身犯重罪，并非自己作孽，而其父母羞忿自戕亦是自取，与子孙应死而致累父母自尽者不同。“若将此等案犯一例拟以立决，则是与累亲致死者无所区别，于情理实不得其平。”因此，刑部草拟了具体的例文，并于乾隆四十三年（1778年）十二月十四日具题，十六日奉旨：“申张保依拟应绞，著监候，秋后处决。余依议。钦此。”“余依议”中的“余”自然包含了刑部、九卿等草拟的条例，因此得以生成新例。最终生成了新例。“杀死奸夫”律所附乾隆四十八年（1783年）条例规定：“凡母犯奸淫，其子实系激于义忿，非奸所登时将奸夫杀死，父母因奸情败露忿愧自尽

---

[1] 《大清律例根原》卷之九十三，《刑律·诉讼·子孙违犯教令》。

者，即照罪人不拒捕而擅杀绞监候本例问拟，不得概拟立决。”[1]

在本案中，皇帝在发现督抚、刑部所拟罪名不合情理后，下旨令刑部会同九卿酌定新例。而当有司草拟新例条文之后，刑部则主稿，上题本请求皇帝批准，即所谓的“臣等谨会同九卿，合词具题请旨。”其实这种情况与上一种情况并无太多不同，只是皇帝可以下旨令九卿等其他中央衙门参与新例的制订。[2]

（四）皇帝直接创制例文

在清代成案中，皇帝直接下旨制定条例的数量亦有不少。“普天之下，莫非王土；率土之滨，莫非王臣”，皇帝在帝国之中拥有最高立法权与司法权，因此他能够在上谕中根据自己的判断对于疑难案件径行裁判，并要求刑部“著为例”或“著为令”。相比之下，这类型成案才真正体现出了因案生例的本质。周子良和张朝晖认为，有清一代，无论是通过比附方式裁判案件，还是将成案著为定例，无一例外都是需要皇帝的认可。[3]在上文所述的三种模式中，督抚、刑部主要起到了一种辅助皇帝行使立法权的作用，而定例的决定权始终在皇帝手中。因此如果皇帝觉得无须臣下帮助的话，他也能够独立创制新例。

有乾隆三十九年（1774 年）船户刘治等偷卖漕米一案。刘治籍隶天津，以种地谋生。乾隆三十九年六月间，刘志之叔刘汉公病故，遗产为船一只，于是刘治雇佣天津民人赵魁、周焕驾船到杨村一带揽活度日。七月二十三日，有湖北蓟州卫头帮运丁宗志胜雇刘志之船载运漕米二百五十石，并谈好雇价，并令随丁宗得远押运。刘治遂又雇佣田七、宋通、李成，一同驾船前往运米。刘治因为雇价不足以还账，同时无法支付水手工钱，于是起意偷卖漕米。刘治与赵魁等人商量，许诺如果得以偷卖漕米，则一半赃款归刘治所有，一半赃款有水手五人均分。船行驶至北蔡村地方，刘治将船停泊上岸，告诉素识的酒米铺户、旗人方天秃有食米要卖，方天秃信以为真，每石议定价钱一千文。刘治又担心宗得远在船押运，不便于偷窃漕米，因此沽烧酒半斤，与宗得远对饮，终于如愿将其灌醉，宗得远醉后睡卧船后舱。刘治随至方天秃铺

---

〔1〕《大清律例根原》卷之七十五，《刑律·人命·杀死奸夫》。

〔2〕参见《驳案新编》卷十三，《刑律·人命·杀死伊母奸夫致父母自尽》。。

〔3〕参见周子良、张朝晖：“论清代的比附生例”，载曾宪义主编：《法律文化研究》，中国人民大学出版社 2007 年版，第 79 页。

内，借取五条口袋分给五位水手，令其为方天秃搬运漕米。后刘治见搬运漕米太多，即令五位水手停手。至此，方天秃才知道刘治所卖食米实为其所运之漕米，但由于贪得便宜，亦不愿意退还。由于刘治后来停止运米，导致方天秃所得食米不足二人之前商定之数，因此方天秃先给刘治制钱十八千，并约定卖出食米后再行给付剩余钱文。刘治遂携带钱文与赵魁等人按约分用。后刘治又携带钱文到杨村地方还账。船至王家铺地方后，宗得远酒醒，发现漕米短缺，遂查问水手。赵魁等人称此事应上岸询问刘治，后各自逃散。刘治本欲逃逸，不料被讯兵盘获。经过知县会同运员查验赃物，实际被窃漕米五十二石。直隶总督周元理将刘治比照拟军，赵魁等人拟徒。“常人盗仓库钱粮”律所附乾隆三十二年（1767年）条例规定：“窃盗仓库钱粮，未经得财者，为首，杖一百，徒三年；为从减一等，杖九十，徒二年半。但经得财之首犯，除赃至一百两以上仍照例拟绞外，其一百两以下，不分赃数多寡，俱发云贵、两广极边、烟瘴充军；为从者，一两至八十两准徒五年，八十五两至一百两分别拟流。”〔1〕刑部认为，刘治驾船运输漕米，竟敢偷窃五十二石并卖给沿河铺户方天秃，实属不法。因此如果仅仅将刘治计赃论罪，只能处以徒罪，显然过轻，因此同意直隶总督周元理将其比照条例处以充军刑。赵魁、周焕、田七、宋通、李成五位水手照“为从”例，处以准徒五年，也并无不合。方天秃虽然开始不知道刘治偷窃漕米一事，但是在刘治下令停收之后已经明白其所购买的食米实为赃物，但仍知情买赃，因此对刘治亦应该处以准徒五年。现已查明，方天秃是内务府正黄旗海成管领下汉军旗人，因此依律应当鞭责、折枷。“犯罪免发遣”律规定：“凡旗人犯罪，笞、杖各照数鞭责。军、流、徒免发遣，分别枷号。徒一年者，枷号二十日，每等递加五日。总徒、准徒亦递加五日。”〔2〕刑部对此均照拟核覆。但乾隆皇帝并不同意对于方天秃的处理。他认为虽然将从犯方天秃予以鞭责、折枷，是有“犯罪免发遣”律的法律依据的，但是同样都属于旗人，亦有不同之处。如果是身居京师食饷当差、在官执役的人，身犯流徒等罪，当然可以依据规定折枷完结。但是如果在屯居住以及在各处庄头与民人混处日久，则该类旗人与民人并无不同，因此如若犯法亦应该与民人一同处理，不该享受旗人特权。他还认为“况我

〔1〕《大清律例根原》卷之五十七，《刑律·贼盗上·常人盗仓库钱粮》。

〔2〕《大清律例根原》卷之三，《名例律上·犯罪免发遣》。

朝统一寰宇百三十余年，久已中外一家，薄海民人与旗人并无歧视，何独于问拟流徒一节尚拘往例乎？”于是乾隆皇帝直接下旨：“嗣后……住居庄屯旗人及各处庄头并驻防之无差使者，其流徒罪名俱照民人一例发遣。著为例。此案拟徒之方天秃，交部即照此办理。”刑部领旨后，随即遵照上谕重审该案。刑部认为，方天秃虽然是汉军旗人，但是在武清县北蔡村居住，开铺生理，已经与民人无异，因此该犯所得徒罪不应该与在京食粮旗人一例折枷完结。最终得到了皇帝的批准，生成了新例。“犯罪免发遣”律所附乾隆四十二年（1777年）条例规定：“凡在京满洲、蒙古、汉军，及外省驻防食粮当差者，如犯军、遣、徒、流等罪，仍照例折枷发落。其余居住屯庄旗人，及各处庄头，并驻防之无差使者，军、遣、流、徒俱照民人一例办理。”〔1〕

在该案中，方天秃被拟准徒五年。直隶总督因其系正黄旗汉军旗人，故拟折枷鞭责。但皇帝认为方天秃在屯居住，开铺生理与民人无异。关键之处在于，皇帝不仅提出了修例动议，而且直接以“嗣后”的方式提出了新例草案，并直接下令“著为例”。倘若比较最后的新例正式文本与皇帝在上谕中所拟草案，我们可以发现，两者并没有太大的差异。其实这种情况也并不奇怪。因为律、例作为维护皇权统治的有力武器，其制定权必须牢牢地掌控在皇帝手中。前面所提到的几种修例方式，只不过由于提起动议和草拟新例的机关的不同而有所区别。但无论哪种方式，最终都要通过皇帝的批准。因此在该种情况下，皇帝自己提起动议、自己草拟新例，也只是不走让有司代劳的繁复程序而已，与其他情况并无太多实质上的不同。〔2〕

有乾隆五十年（1785年）杨张氏通奸暴露灭口李么儿以及陈文彩杀死单香二案。杨张氏、李么儿和周万全都是大邑县民，平时也相互较为熟悉。乾隆四十八年（1783年），杨张氏在山中捡拾柴火的过程中，碰巧遇到了周万全，两人很快勾搭成奸。而杨张氏的丈夫杨周茂并不知道这样的事情。乾隆五十年（1785年），杨周茂有事外出，于是周万全溜进了杨张氏的房中，恰巧被附近玩耍的李么儿碰见二人调情之事。李么儿年仅八岁，未谙世事，当即大声呼喊，周万全不得已只能暂行退避。杨张氏害怕李么儿因为年幼无知，将她和周万全的奸情向别人和盘托出，于是就起意想要杀死李么儿。她很顺

〔1〕《大清律例根原》卷之三，《名例律上·犯罪免发遣》。

〔2〕参见《驳案新编》卷一，《名例上·庄屯无差使旗人不准携枷》。

利地将李么儿哄骗进入自己的房间，将其抱到床上，用麻绳捆住，使其不得动弹。同时用家里的稻草塞住李么儿的嘴巴令其不能发出声音，最后骑在李么儿的身上，用麻绳缠绕咽喉，最终李么儿毙命。等到傍晚，杨张氏从家里的后门溜出，将李么儿的尸体丢弃到树林里。不料同乡到此捡拾柴火的周辛喜看见了，正要声张，被杨张氏威胁而不敢到处乱说。最后是李么儿的父亲李正才报告牧令，最后才抓获了杨张氏。四川总督李世杰将杨张氏依律拟斩监侯，将周万全依例拟枷杖。“谋杀人”律规定：“谋杀人，造意者，斩监侯。”〔1〕“犯奸”律所附乾隆五年（1740年）条例规定：“其军、民相奸者，奸夫、奸妇各枷号一个月，杖一百。”〔2〕

刑部对此拟罪都予以认同。但乾隆皇帝认为，该拟罪并不合理。因为杨张氏杀死的李么儿年仅八岁，还是一个无知儿童，他碰见了杨张氏和周万全的奸情完全是出于偶然，而杨张氏竟然敢将李么儿骗进自己房间，用稻草塞口，麻绳勒颈，正所谓“淫凶残忍，实出情理之外”。因此皇帝认为刑部将其拟斩监侯，“不足蔽辜”，而特命将其斩立决。同时，上谕中还命令：“嗣后有谋死幼孩，如年在十岁以上者，仍照向例办理；其在十岁以下者，即照此案问拟立决，以儆凶残而示惩创。”

但过了仅仅两年，到了乾隆五十三（1788年）年，河南省又发生了类似的杀死幼童的案件。陈文彩、马利、陈安三人与单香都在同一庄居住，单香的父亲叫作单守明。马利则是陈文彩的女婿。乾隆五十三年（1788年）的二月初六，马利正好到陈文才家串门，到了傍晚时分，陈安也来到了这里。三人一起闲聊说起了自己贫穷。当时八岁的单香在院子内玩耍。陈文彩聊到同庄的邻居陈超家境比较富裕，但是每次都不借给他钱财，感到非常气忿，于是就想要杀死单香，将其尸体移至陈超的屋后，以此来向陈超收取所谓的掩埋尸体的费用。他将这个想法告诉了陈安和马利，得到了他们的同意。于是陈文彩将单香骗进了自己房间，马利在外望风。由陈安将单香按倒在地，单香不禁大声呼喊，陈安于是立刻用手捂住其口。陈文彩用腰间的麻绳绕过单香的脖子，然后抓住两边绳头用力拉紧，单香当场被杀死。等到夜半二更，陈文彩和马利二人，将单香的尸体放到了陈超空的后院之中。等到初七日早

〔1〕《大清律例根原》卷之七十四，《刑律·人命·谋杀人》。

〔2〕《大清律例根原》卷之九十九，《刑律·犯奸·犯奸》

晨，陈超看见单香的尸体后当即喊叫，陈文彩等人则急忙前往，要求陈超给予足够的钱，就帮助他掩埋单香的尸体。不料陈超完全不同意这样的要求，最终三人均被官府拿获。河南巡抚将陈文彩依例拟斩立决，将陈安依律拟绞监候，将马利依律拟杖一百、流三千里。“谋杀人”律规定：“谋杀人，从而加功者，绞监候。不加功者，杖一百，流三千里。”〔1〕

刑部同样核覆了这样的拟罪。但是乾隆皇帝又不同意了。他认为陈文彩确实应该被处斩立决，而陈安在本案中起到的作用就是将单香按倒在地。虽然说将陈安按照“从而加功”律拟绞监候，是“按律办理”，但是由于单香才八岁，陈安就忍心和陈文彩一起将其勒死，情节非常严重。他在上谕中还提到，“前因部臣办理谋杀幼孩之案，不应仅照寻常案例问拟，敕部定例‘谋死十岁以下幼孩者，斩立决’”，因此对于这种案件中同谋、动手加功的罪人，也同样应该比通常的谋杀人案件重。最后皇帝直接定例：“嗣后部中遇有谋杀十岁以下幼孩案件，除为首之犯定拟斩决外，其从而加功者俱问拟绞决，如其未加功仍按旧例。余依议。钦此。”“谋杀人”律所附乾隆五十三年（1788 年）条例规定：“凡谋杀幼孩之案，除年在十岁以上者，仍照例办理外，如有将未至十岁之幼孩逞忿谋杀者，首犯，拟斩立决；从而加功之犯，拟绞立决；其从而不加功者，仍照本律，杖一百，流三千里。”〔2〕

从这两起案件，我们可以清晰地看出，地方督抚和刑部都是在“按律办理”，严守律例本身的含义。但是到了乾隆皇帝那里，他连续两次在谋杀幼孩的案件中主动作出了加重处理并生成新例的决定。第一次是针对主犯予以加重，从斩监候变为斩立决，第二次则是针对同谋加功者予以加重，从杖流加为了绞立决。可见，皇帝本人对于该类行为的深恶痛绝。他在上谕中不仅措辞激烈，而且直接提出修例的动议并起草了例文。而最终的正式版与上谕中的也相差不大，律例馆基本是照搬了上谕中“嗣后”的内容。这两起案件可以很好地体现出皇帝本人在新例制定中的决定性作用。

有乾隆三十八年（1773 年）李治国为救母杀死石通一案。石通之母为高氏，改嫁后又与他人生子李治国。乾隆二十八年（1763 年），高氏和李治国二人从石通处借得两间空房居住。到了乾隆三十八年（1773 年），石通屡次

〔1〕《大清律例根原》卷之七十四，《刑律·人命·谋杀人》。
〔2〕《大清律例根原》卷之七十四，《刑律·人命·谋杀人》。

向李治国和高氏二人要求退还房间。到了闰三月初十，李治国不得已租赁了隔壁的房间，并且在中午用剪刀裁剪窗户纸，因此尚未搬离原住处。不料石通再次向高氏要求赶紧搬走，并且恶语相向。高氏颇为气忿，用头撞石通而自己跌倒在地。石通将高氏的胳膊拉住往外拖走，将高氏的左手腕以及脑后脊背弄伤。高氏因疼痛难忍不禁大声叫喊。李治国听闻母亲声音，顿时赶至，让石通停止这样的行为。不料石通继续叫骂，并不停歇，李治国担心母亲继续受伤，情急之下用刀扎伤了石通的左腿。石通仍然拉住高氏并不放手，并且仍然用腿乱踢。李治国无奈，只能用刀继续扎向石通的右侧肋骨，最终导致其死亡。山西巡抚觉罗巴延三依律将李治国依律拟绞监候，并且由于他是救护母亲，而且是在家中独子，因此申请候旨定夺。“斗殴及故杀人”律规定：“斗殴杀人者，不问手足、他物、金刃，并绞监候。”[1]“父祖被殴”律所附乾隆五年（1740 年）条例规定：“人命案内，如有父母被人殴打，实系事在危急，伊子救护情切，因而殴死人者，于疏内声明，援例两请，候旨定夺。”[2]“犯罪存留养亲”律规定：“凡犯死罪非常赦所不原，而祖父母、父母老疾应侍，家无以次成丁者，开具所犯罪名，奏闻，取自上裁。”[3]

刑部核覆认可山西巡抚的拟罪。皇帝认为，该案中，李治国因为母亲高氏被同母异父的石通强行拉走擦伤手腕，害怕母亲年老伤重，于是用刀吓扎石通身死。条例规定的是只有在父母被他人殴打，儿子迫不得已才将他人打死的情况。如果说父母是和别人寻衅斗殴，儿子前来帮助父母的话，那么就不能够按照该条例进行减等发落。而对于存留养亲的条例，一定要先查明死者并非独子，而凶犯家无次丁才可以声请减刑。如果是那种案情较轻的，一般可以允许减刑。但是如果是那种案情较重的，则一般不准留养，而是如果不是谋杀、故杀、常赦所不原的情况，那一般就将其羁押数年，缓和罪犯的桀骜不驯之气，而不应该在定案的时候就将命案应抵的正犯释放。而且存留养亲的律例，容易导致独子有恃无恐地进行犯罪，因此皇帝认为应该对于救护父祖和存留养亲的两类案情，审慎办理。并予以定例。最终生成条例。“父祖被殴”律所附乾隆四十二年（1777 年）条例规定：“人命案内，如有父母

[1] 《大清律例根原》卷七十八，《刑律·人命·斗殴及故杀人》。

[2] 《大清律例根原》卷之八十八，《刑律·斗殴下·父祖被殴》。

[3] 《大清律例根原》卷之五，《名例律上·犯罪存留养亲》。

被人殴打，实系事在危急，伊子救护情切，因而殴死人者，于疏内声明，援例两请，候旨定夺。其或有子女与人角口，主令伊子将人殴打致死，或父母与人寻衅斗殴，其子踵至，助势共殴毙命，俱仍照例科罪，不得概拟减等。"〔1〕

在本案中，李治国本人是为了救护母亲高氏，才将石通扎死。而且由于他是独子，因此他符合律例中规定的两个减等条件。一个是"父祖被殴"律，一个是"犯罪存留养亲"律。这两个规定都能够让李治国等到减等的处罚。尽管皇帝最终也将李治国从宽免死，减等发落，但认为如果轻易地减等量刑的话，就容易导致有人存心利用这样的减刑方式进行犯案，最终导致放纵了相关命案中的罪犯。他采取的方法是，对于这类案件一定要详细查明具体情节，务求完全符合律例的规定方可予以减刑。依据本案生成条例完全是皇帝本人的意愿，并无督抚和刑部的参与。〔2〕

笔者认为，之所以地方督抚提请修例的情况较少，可能和"断罪引律令"律的规定有关系。相比之下，刑部不仅提请修例的次数很多，而且即使由皇帝提议修例，刑部自身也多担任草拟例文的重任。

---

〔1〕《大清律例根原》卷之八十八，《刑律·斗殴下·父祖被殴》。

〔2〕参见《驳案新编》卷二十六，《刑律·斗殴下·情切救母援例两请》。

因案生例的方法

著名的美国法官卡多佐认为：“法典和制定法的存在并不使法官显得多余，法官的工作也并非草率和机械。会有需要填补的空白，也会有需要澄清的疑问和含混。”[1]现代司法实践中，当法官无法找到大前提法律规范或找到的法律规范不合情理或模糊不清时，由于他们又肩负“不可拒绝裁判”之义务，法官就必须在具体案件中承担法律解释、法律续造之任务。完成这些任务的方法，正如杨仁寿所说，“公开的漏洞，则类推适用以补充之，隐藏的漏洞则由目的性限缩补充之”。[2]笔者认为，清代各级法司在刑事司法审判中会遇到与现代法官同样的难题。尽管时代不同、理念不同，但通过阅读清代成案尤其是最终生成了条例的成案，我们可以发现，清人也会采用一些具有传统帝制中国时期特色的方法，而这些方法完全可以在现代法学方法论的框架内对其进行理解，即清人采取的诸如“比附援引”“阐发律意”等手段都与现代的法律续造、法律解释等方法有异曲同工之妙。因此，清代各级法司在因案生例中所使用的方法也分为法律续造和法律解释两大类，前者主要包含目的性限缩、类推适用、创造性补充等方法，后者则主要包含文义解释、体系解释、历史解释、目的解释、反对解释等方法。在下文中，笔者将使用《驳案汇编》《刑案汇览》中的成案，分别展示、论述、分析清代各级法司共同制定新例的方法及其过程。

一、因案生例中的法律续造

（一）目的性限缩

清人采用这种方法主要针对律例体系中的一些隐藏漏洞。王泽鉴认为：

---

〔1〕［美］本杰明·卡多佐：《司法过程的性质》，苏力译，商务印书馆1997年版，第4页。

〔2〕杨仁寿：《法学方法论》，中国政法大学出版社1999年版，第195页。

"其填补之道，系将此项规定的适用范围，依法律规范意旨予以限缩……目的性限缩的法理，则在于'非相类似的，应为不同的处理'。"〔1〕魏德士认为："规范常常包含了规范目的不应当包含的生活事实。在这种情况下，忠实于文字的规范适用可能导致结果与法律所追求的目的相反……所以必须根据可认识的规范目的来限制条文的含义。"〔2〕可见，学者们对于此方法有着较为共同的认识。如同笔者在论述因案生例的原因时，曾经提及任何成文法律体系中都存在着一些适用范围过大的法律规范，它们在形式上将不少在性质、量刑上应当有所区别的特殊案件也包含在内。因此，如果司法官员在遇到这类特殊案件时，就应当根据法律规范背后的法律精神和立法主旨，将其排除于原规范的适用范围之外，以此保证"不相同、不相似情节得到不相同、不相似的处理"这一原则。

有乾隆年间赣县民廖景泮等在川省传教惑众一案。信丰县故民萧维富即萧齐公生前创建邪教，名为"罗祖三乘正教真传"。后萧齐公将其传与廖谛升，廖谛升又传与廖秀林，廖秀林又传与他的儿子廖景淳，廖景淳又传与堂弟廖景泮暨村民邱德位、钟元芳、刘世斌、钟公山、邱仁组、邱添泽、邱德伟等人。后廖景泮又传与黄东启、李迎珍。黄东启又传与侯大亨、侯大生。萧维富生前曾有护道榜文以及佛谕经本，并传与廖景淳。在廖景淳病故之后，榜文、经本又传入邱德伟手中。经过查证，萧维富死于康熙丙寅，已经距案发九十余年，廖谛升、廖秀林、廖景淳亦先后身故。该邪教究竟始创于何时，榜文究竟由何人所做，都已经无从查考。但邱德伟收藏有榜文、经卷，起意惑众，于乾隆四十一年（1776年）引诱川民童国禄拜廖景泮为师。至乾隆四十五年（1780年）又有川民张斌央求童国禄邀请廖景泮赴川设教，童国禄又转托刘正富邀请廖景泮。乾隆四十六年（1781年）正月，廖景泮同邱德伟、廖昌华、曾庆远携带榜文等从家起身，前往川省张榜设教。中途众人被巴州及通江县拿获，起获榜文、佛谕经本等物。后经过总督文绶奏请皇帝，奉旨交给江西巡抚郝硕查办。后抓获黄东启、李迎珍、廖士瀶、谢开禄、吴学贤等五人。郝硕又飞饬赣南道汤萼棠，督同该府县拿获邱德伟、廖景泮、廖秀林三犯家属廖秀科等二十六人，后又抓获刘士斌等犯，于邱德伟家搜出抄经

〔1〕王泽鉴：《民法思维——请求权基础理论体系》，北京大学出版社2009年版，第209页。
〔2〕［德］魏德士：《法理学》，丁晓春、吴越译，法律出版社2005年版，第375页。

四本，邱仁组、刘士斌家搜出佛谕各一纸。江西巡抚郝硕依据相关律例，将已故萧维富、廖秀林、廖景淳等人均依律拟以凌迟，仍开棺戮尸；廖谛升拟斩，由于该人已死，故不再追究；而律应缘坐的廖秀科等十犯应拟斩；年未及岁的廖老三仔等六名与逆反眷属张氏等十口拟发为奴；黄东启等八犯拟军。“谋反大逆”律规定：“凡谋反及大逆，但共谋者，不分首、从，皆凌迟处死。祖父、父、子、子孙、兄弟及同居之人，不分异姓，及伯叔父、兄弟之子，不限籍之同异，年十六以上，不论笃疾、废疾，皆斩。其十五以下及母、女、妻、妾、姊、妹，若子之妻、妾，给付功臣之家为奴。”〔1〕“徒流迁徙地方”律所附乾隆四十八年（1783 年）条例规定：“各省邪教为从之犯，罪应拟军及照《名例》发遣者，俱改发云贵、两广烟瘴地方充军。其云贵、两广四省邪教从犯，发往四川、福建二省安插。此等人犯内，如有情节较重者，各于到配后再加枷号六个月。”〔2〕“禁止师巫邪术”律所附乾隆三十七年（1772 年）条例规定：“凡左道惑众之人，或烧香集徒、夜聚晓散为从者，发边远充军。”〔3〕刑部核覆同意对于廖秀科处以缘坐之刑，并上题本于皇帝。但皇帝认为，廖景泮之父廖秀科，虽然按照“谋反大逆”律属于应当被缘坐治罪之犯，但是根据从前的案例，这类缘坐之凡人往往都加恩减为监候，以表达“罪人不孥”这一自上古以来的刑罚观念。况且廖秀科是廖景泮之父，而非兄弟子孙，他也并未知情纵容廖景泮传播邪教、伪造榜文、经卷、佛谕，因此在本案中应当加恩免其治罪。乾隆皇帝同时直接提议修例动议，并草拟例文，即“嗣后如有逆犯祖父母应行缘坐者，除讯明‘知情故纵’仍照例问拟外，其讯非知情者即概予省事，不必缘坐。著为令”。而对于廖景泮之弟廖昌礼、之子廖明富，邱德伟之兄邱德化、之侄邱仁礼、邱七元仔邱仁禄、邱仁组，廖景淳之子廖明光、廖明贵等其他应缘坐之人，亦从宽改为斩监候。最终生成新例。“谋反大逆”律所附乾隆五十三年（1788 年）条例规定：“除实犯反逆案内之亲属仍照例缘坐外，其有人本愚妄，或希图诓骗财物，与立邪教及挟仇编造邪说，煽惑人心，比照反逆定罪之案。若本犯之祖父、父母及期亲伯叔实系知情者，仍照律办理。其讯明实不知情，即概予省释，不必依律缘坐。”〔4〕

---

〔1〕《大清律例根原》卷之五十三，《刑律·贼盗上·谋反大逆》。

〔2〕《大清律例根原》卷之十七，《名例律下·徒流迁徙地方》

〔3〕《大清律例根原》卷之四十，《礼律·祭祀·禁止师巫邪术》。

〔4〕《大清律例根原》卷之五十三，《刑律·贼盗上·谋反大逆》。

在本案中，萧齐公创立邪教，并辗转传于廖景泮等人。乾隆四十六年（1781 年），廖景泮携带伪造榜文到川省张榜设教。因此，督抚将廖景泮之父廖秀科等人均照大逆缘坐之律拟斩立决，刑部照拟核覆。但皇帝认为，虽然该案是“照例办理”，即承认在综合该案的各种情节之后，可以认定该案在形式上属于“谋反大逆”律的涵射范围，因此江西巡抚郝硕和刑部江西司的法律推理都是正确无误的。但是该案与该律通常所适用的案件有所不同的是，它存在着四个关键情节，导致对于廖秀科的拟罪并不合乎情理。其一，廖秀科最后是比照大逆量刑而非自身实犯大逆；其二，廖秀科作为主犯廖景泮的父亲，并没有参与犯罪行为的实施，同时也没有知情纵容其子廖景泮在四川传教惑众、伪造佛经以及各种榜文；其三，廖秀科与案犯廖景泮之间是父祖关系而并非兄弟子孙的关系，而这对于尊长普遍具有较高地位的传统帝制中国来说，又显然具有很重要的意义，同时律典之中《名例》篇下也有“老小废疾收赎”之类对于老年人的宽待措施，并且老年人相对于年轻人在思维上相对保守而不激进，在犯罪的能力上又相对较弱；其四，对于同类案件，皇帝在上谕之中也有提到，为了表示对于上古以来“罪人不孥”的刑法原则的尊重，表现本朝的皇恩浩荡的“刑德”，历来对于缘坐的父祖都加恩改为了死刑监候，可见朝廷一直就有不少加恩的先例。因此这四个关键情节足以导致在对于本案进行实质性分析的时候，发现如果对于该案事实适用“谋反大逆”律会不符合朝廷一贯的同类成案中所体现的刑事政策，因此皇帝认为有必要制定条例根据“罪人不孥”这一目的对缘坐的范围进行一定的限制。[1]

有嘉庆二年（1797 年）周俸瀧奸拐李二姐致李二姐被父殴死一案。李世楷是李二姐的父亲。嘉庆二年（1797 年），李二姐被周俸瀧奸拐同逃，后被李世楷拿获，并登时殴死李二姐。代办四川总督刑部侍郎英善依例将周俸瀧拟绞监候，李世楷拟杖八十。其法律依据如下。“杀死奸夫”律所附乾隆四十二年（1777 年）条例规定：“如本夫登时奸所获奸，将本妇杀死，奸夫当时脱逃，后被拿获到官，审明奸情是实，奸夫供认不讳者，将奸夫拟绞监候，本夫杖八十。”[2]乾隆五十三年（1788 年）条例规定：“凡本夫、本妇之父母，如有捉奸杀死奸夫、奸妇者，其应拟罪名，悉与本夫同科。倘死系有服

〔1〕 参见《驳案新编》卷六，《刑律·贼盗上·逆犯之父讯非知情纵容》。
〔2〕《大清律例根原》卷之七十五，《刑律·人命·杀死奸夫》。

尊长，仍按本律拟罪，亦照本夫之例，一体夹签声明，分别递减。”[1]但嘉庆皇帝认为，父母殴死无罪的子女，尚且处以杖刑。“殴祖父母父母”律规定：“其子孙违犯教令，而祖父母、父母不依法决罚而横加殴打，非理殴杀者，杖一百。”[2]而在本案中，李二姐已经是犯奸之妇，是有罪之人，且李世楷殴死其女李二姐完全是出于义忿。虽然英善声明李世楷的杖罪可以依据大赦而免除刑罚，但是皇帝认为李世楷并无任何罪过，原拟判决并不合理，并下旨“嗣后遇有似此情节者，其父母竟不必科以罪名，并着刑部将此例删除，以昭明允。”刑部领旨后，遂奏定新例。“杀死奸夫”律所附嘉庆二年（1797 年）条例规定：“凡本夫、本妇之祖父母、父母，如有捉奸，杀死奸夫者，其应拟罪名，悉与本夫同科。若止杀奸妇者，不必科以罪名。倘被杀奸夫系有服尊长，仍按本律科罪，亦照本夫之例，一体夹签声明，分别递减。”[3]

在本案中，对于李世楷殴死犯奸子女的行为，本可以依据明确的条例拟以杖刑。但是嘉庆皇帝举出了几点理由否定了这样惩处的合理性，即指出根据“殴祖父母父母”律的规定，父母殴死无罪子女也仅仅处以杖刑，而根据“杀死奸夫”所附乾隆五十三年（1788 年）条例，父母殴死犯奸子女也处杖刑，因此量刑明显并不合理。显然，嘉庆皇帝认为原条例的适用范围过大，应该予以缩小。因此他下旨明令刑部删除该条例。最终，刑部将原条例中“杀死奸夫、奸妇者”改为“杀死奸夫者”，同时增加了“若止杀奸妇者，不必科以罪名”的字样。皇帝、刑部的这种做法，其实就是采用了目的性限缩的法律漏洞填补方法。首先，皇帝对于原条例中的不合理规定进行了法律论证，证明律例体系中实则存在一个隐藏性的法律漏洞，将父母杀死通奸女儿的情形也包含在了“杀死奸夫”律所附条例的适用范围之内；其次，皇帝提出了修例动议，命令刑部删改原条例以填补漏洞，进行法律之续造工作；最后，刑部遵旨纂定新例，妥善、圆满地解决了这类案件的法律适用难题。通过这样的修例工作，就很好地完善了“杀死奸夫”律中有关父母杀死的行为，更重要的是通过免除父母的刑罚，不仅能够有力地威慑未犯妇女，惩处已通奸的妇女，而且能够保证父母对于女儿的教令权。这些效果都能够很好地巩

---

〔1〕《大清律例根原》卷之七十五，《刑律 · 人命 · 杀死奸夫》。
〔2〕《大清律例根原》卷之八十八，《刑律 · 人命 · 殴祖父母父母》。
〔3〕《大清律例根原》卷之七十六，《刑律 · 人命 · 杀死奸夫》。

固从传统家庭中纲常名教的实施，并进而保证整个社会秩序的安定。[1]

有乾隆二十八年（1763 年）赵宗孔复仇谋杀赵秕麦一案。赵宗孔的父亲名叫赵大典，曾经被赵秕麦用刀扎死。后赵秕麦被拟从绞监候减为杖一百、流三千里。到配所后，适逢大赦，于是赵秕麦被释放回籍。赵宗孔心怀忿恨，故复仇谋杀了杀父仇人赵秕麦。陕西巡抚依例将赵宗孔拟杖一百，流三千里。“父祖被殴”律所附乾隆五年（1740 年）条例规定：“凡祖父母、父母为人所杀，本犯拟抵后或遇恩、遇赦免死，而子孙报仇，将本犯仍复擅杀者，杖一百，流三千里。”[2]刑部认为，这条律是在雍正三年时就已经存在了。后来于乾隆四十二年（1777 年）曾经发生了沈万良擅杀王廷修为父报仇一案。沈三是沈万良的父亲，在行窃王廷修的时候拒捕，因此本来就属于有罪之人。后事主王廷修将其追赶殴打致死。因此被直隶总督依例拟徒刑。“夜无故入人家”律所附乾隆五年（1740 年）条例规定：“凡黑夜偷窃，或白日入人家内偷窃财物，被事主殴打致死者，仍照夜无故入人家已就拘执而擅杀至死律，杖一百，徒三年。”[3]该案既然已经完结，并且按照律例规定，王廷修并不需要抵命，因此沈三不应该以王廷修为仇人。后沈三之子沈万良于十余年后，又趁机将已经伏法的王廷修杀死。最初，直隶总督照例将沈万良拟杖一百、流三千里。但当时刑部不同意这样的拟罪，并列举了之前各省办理的复仇案件。其一，广东省的曾士标殴打曾会昌致死，被拟斩监候，而曾会昌的儿子曾朝宗为了复仇，将曾士标的儿子曾亚杀死，被拟斩立决，后乾隆皇帝将其改为绞立决。其二，河南省的智顺被赵二殴打致死，赵二被问拟绞监候，而智顺之子智洪义将赵二之子赵仓杀死，后被拟斩刑。当时乾隆皇帝曾经在谕旨中指出，朝廷的律例极为周详，因此生杀予夺之权都应依靠法司，不可以容忍私人私自进行复仇的行为。况且所谓仇人已经伏法，那么私人之间的仇恨就应该泯灭。如果父母死于非命，凶手最终成为漏网之鱼，那么子孙复仇当然有其一定的合理性。但是如王廷修一案，沈三本来就是窃贼，属有罪之人。王廷修伏法结案之后，就属于了无罪之人。如果沈万良又将王廷修杀害的话，就应该依律办理。如果相反按照直隶总督的依例拟罪，那么被杀之人

〔1〕参见《刑案汇览》卷二十五，《杀死奸夫·父母捉奸仅杀奸夫毋庸科罪》。
〔2〕《大清律例根原》卷之八十八，《刑律·斗殴下·父祖被殴》。
〔3〕《大清律例根原》卷之七十二，《刑律·贼盗下·夜无故入人家》。

的儿子，皆可以以此例为借口，肆意复仇，根本达不到朝廷所希望的“辟以止辟”的效果。最终将沈万良拟斩监候。刑部又举出了乾隆五十三年（1788年）河南省发生的李江复仇李作周的案件，以及乾隆五十六年（1791年）山西省发生的李伦复仇杀害张端的案件，当时也是按照谋故杀律拟斩监候的。因此，既然本案情节与李江、李伦的案件情节相似，那么自然应该将赵宗孔依律拟斩监候。最终生成条例。“父祖被殴”律规定：“祖父母、父母为人所杀，凶犯当时脱逃，未经到官后被死者子孙撞遇杀死者，照擅杀应死罪人律，杖一百。其凶犯先经到官拟抵，或于遇赦减等发配后，辄敢潜逃回籍，致被死者子孙擅杀者，仍照旧例，杖一百，流三千里。若本犯拟抵后援例减等，问拟军、流，遇赦释回者，国法已伸，不当为仇，如有子孙仍敢复仇杀害者，仍照谋、故杀本律定拟，入于缓决，永远监禁。”[1]

在本案中，陕西巡抚最初的拟罪完全是按例办理。但刑部在核拟时认为，结合先前案例，原条例的适用范围过广，如果在本案中依据原条例拟罪，就会产生民间私自复仇、生杀不由法司的局面。由于朝廷“辟以止辟”的司法政策目的，因此，刑部将该条例进行了目的性限缩的处理方法，将原来“本犯拟抵后或遇恩、遇赦免死”分成了“到官拟抵，或于遇赦减等发配后，辄敢潜逃回籍”和“拟抵后援例减等，问拟军、流，遇赦释回者，国法已伸，不当为仇”两种情况，并且明确指出只有前一种情况才能够适用原例规定的“杖一百、流三千里”的刑罚，而后一种情况，则仍将其按照谋、故杀本律定拟。这种处理方法，就是根据立法目的去修正原来法律适用范围过大的问题。同时，我们可以发现，刑部为了证明原拟罪合乎律例而不合情理，是引用了其掌握的来自全国的几个同类成案。例如乾隆年间直隶的沈万良为因盗窃而被杀的沈三报仇而擅杀王廷修，广东省的曾朝宗为其父曾会昌报仇而杀害了已经伏法的曾士标的儿子曾亚，河南省的智洪义为其父智顺报仇而杀害了已经伏法的赵二的儿子赵仓。而沈万良被拟斩监侯，曾朝宗被拟绞立决，智洪义被拟斩刑。在此，刑部实际上承认了先前发生的同类成案的效力，而否定了“父祖被殴”律的效力。而当又发生了赵宗孔为其父赵大典复仇而杀死已经伏法的赵秘麦的案件时，可以想见，刑部必然会认为同类案件属于多发情况，因此仅仅将这种裁判性规则停留在成案的效力上，会带来律例体系适用

[1]《大清律例根原》卷之八十八，《刑律·斗殴下·父祖被殴》。

上的不稳定，而降低了律例的效力，因而最好的办法就是生成新例，以便以后同类案件的法律适用。[1]

有乾隆五十二年（1787年）徐二姐与陈七通奸，畏惧事情败露勒死奴婢素娟一案。乾隆四十九年（1784年）间，徐二姐的父亲徐桂珍契买了杨凤鸣的女儿，并将其改名为素娟以服侍徐二姐。后程景文与徐二姐订婚，但尚未过门成亲。徐桂珍和其妻徐吴氏与他们的幼女小郎一同居住在前楼，徐二姐则和素娟一起居住在后楼。徐桂珍的对门邻居名叫陈七，与徐二姐较为熟悉，两人见面并无太多禁忌。乾隆五十一年（1786年）二月间，陈七路过徐二姐所住后楼，正好与其碰见，于是陈七调戏徐二姐，通奸不止一次。徐二姐之父徐桂珍对此并不知情。乾隆五十一年（1786年）九月间，素娟发现了陈七与徐二姐的奸情，故徐二姐嘱咐她不可对外声张。乾隆五十二年（1787年）四月间，陈七又去找徐二姐通奸，并且向其借首饰去当铺换钱急用。徐二姐同意后，陈七则回家。四月初九日，徐二姐令素娟拿着金银首饰去送给陈七。当时恰逢徐二姐的母亲徐吴氏路过。当晚二更时分，徐二姐等到徐吴氏睡觉后，来到卧房问素娟是否把东西送给了陈七。由于素娟已经睡着，所以说话不清，徐二姐极其气愤，用力责打素娟，素娟被打疼痛，于是声称将要把徐二姐与陈七通奸的事情告诉徐吴氏。徐二姐一听此言，顿时恐惧，当即欲要将素娟杀死灭口。于是徐二姐待素娟睡熟以后，用取来的麻绳绕在素娟脖子上，并反复打结绕紧，终于素娟被其勒死。后徐二姐又用剪刀戳伤自己的喉咙，希图逃脱惩罚。第二天清早，徐桂珍进门发现上述情况，问清具体情事，故呈送报官。江苏巡抚依律将徐二姐拟绞监候，依例将陈七拟枷号一个月，杖一百。“奴婢殴家长”律所附乾隆五年（1740年）条例规定：“凡汉人家生奴仆、印契所买奴仆……平人殴杀奴仆，并教令过失杀，及殴杀雇工人等款，俱有律例，应照满洲主仆论。”同年条例规定：“旗人故杀白契所买并典当之人，俱照故杀雇工人律，拟绞监候。”[2]刑部核覆具题。但乾隆皇帝认为，本案徐二姐害怕婢女素娟说破与陈七的奸情，于是故杀素娟。素娟年仅十二岁，徐二姐就趁其睡熟用绳将其勒死。这样的行为，不仅证明了其毫无主人、奴婢之情，而且徐二姐本身犯奸，实在可恶。因此皇帝将徐二姐改为绞立决，

---

〔1〕 参见《刑案汇览》卷四十五，《父祖被殴·为父报仇之案分别情节拟罪》。

〔2〕《大清律例根原》卷之八十五，《刑律·斗殴下·奴婢殴家长》。

并提出修例动议，如果以后有因为奸情而杀害婢女灭口，且婢女年在十五以下，就按照本案进行处理。“奴婢殴家长”律所附乾隆五十三年（1788年）条例规定：“凡家长之期亲因与人通奸，被白契所买婢女窥破，起意致死灭口之案，除婢女年在十五以上，仍照定例办理外，若将未及十五岁的婢女起意致死者，拟绞立决。若系为从，各依本例科断。”〔1〕

在本案中，由于在形式上，现行条例能够适用于徐二姐的行为，所以江苏巡抚将其拟绞监候，刑部亦照拟核覆。但是乾隆皇帝更是在实质的情理方面对于该案进行审视。正如他的谕旨所说，徐二姐已经被许配给程景文，尚且与陈七通奸，已是犯奸之人，转而因为害怕奸情败露，惨杀年仅十二岁的婢女素娟，这些行为都使得主仆名分荡然无存。如果按照凡人处理，徐二姐故杀素娟的行为应当被拟斩监候。“斗殴及故杀人”律规定：“故杀者，斩。监候。”〔2〕如果按照“奴婢殴家长”律进行处理，徐二姐则应被拟绞监候，之所以量刑相对较轻，是因为其作为家长有身份特权。江苏巡抚和刑部并没有足够重视徐二姐的通奸和惨杀不满十二岁的奴婢的行为，因此仍照原条例进行拟罪和核覆。皇帝则认为这两个行为的严重性已经足以剥夺徐二姐的身份特权。这是本案关键之处。于是皇帝采取了缩小原条例适用范围的办法，即依据婢女的年龄，将因奸起意故杀白契灭口的案情，分为十五岁以上以及十五岁以下。婢女十五岁以上被灭口的案件则仍照原条例办理，婢女十五岁以下的案件，则按本案生成的新例办理。其实这就是一种目的性限缩方法的运用。〔3〕

有乾隆十三年（1748年）陈公遇一家被林正宗等人强盗一案。林正宗是事主陈公遇的妻子陈林氏的缌麻服叔，后伙同江彦昭强盗陈公遇一家。安徽巡抚依律将二人拟斩立决。“强盗”律规定：“凡强盗已行而不得财者，皆杖一百，流三千里。但得事主财者，不分首、从，皆斩。”〔4〕但同时，安徽巡抚也查阅了相关先前案例。乾隆五年（1740年）间，安徽阜阳县曾经发生了张传等人行劫张升一家的案件，由于伙盗之中有一个人名叫季元，他是事主张升的妻子张季氏的无服族兄，因此最后依律将季元拟杖一百、流三千里。“亲

〔1〕《大清律例根原》卷之八十五，《刑律·斗殴下·奴婢殴家长》。

〔2〕《大清律例根原》卷之七十八，《刑律·人命·斗殴及故杀人》。

〔3〕参见《刑案汇览》卷三十九，《奴婢殴家长·家长之女因奸勒死白契婢女》。

〔4〕《大清律例根原》卷之五十八，《刑律·贼盗中·强盗》。

属相盗”律规定：“凡各居本宗、外姻亲属相盗财物者，期亲，减凡人五等；大功，减四等；小功，减三等；缌麻，减二等；无服之亲，减一等……若行强盗者，尊长犯卑幼，亦依强盗已行而得财、不得财各依上减罪。”〔1〕因此，在本案中，安徽巡抚也倾向于将林正宗按律减一等处理。刑部核拟时认为，虽然按照“亲属相盗”律的规定，即使是外姻的无服之亲，也可以在凡人基础上减一等处理。但是根据《大清律例》卷首之前的服制图，妻党无服亲里面并不包含妻的缌麻服叔。因此刑部不倾向于将本案的盗首林正宗按律减一等处理。同时，刑部还认为，服制是刑名案件中非常关键的因素，因此服制图中清晰地载明了本宗、外姻各不同尊卑等级的亲属，但是服制图中只记载了部分无服亲属，绝大部分无服亲属并不在图中记录。这主要是因为无服亲属的范围非常广泛，不可能完全记载在图中，而且无服亲属除了图中所记载的，其他的已经亲属关系较为疏远，也没有必要在图中记录。但是由于从地方到中央的各级法司，往往拘泥于“亲属相盗”律的规定，所以对于外姻无服亲属不区分是否在服制图之内，就直接对犯人进行减一等的处理。这样做的话，就会造成无服亲属的范围太广，纵容了和事主的亲属关系已经极为疏远的犯人。因此，刑部提出修例动议，建议以后将服制图中是否有明文记载作为认定外姻无服亲属的标准。据此，林正宗最终根据新例被斩立决。“亲属相盗”律所附乾隆二十一年（1756年）条例规定：“凡亲属相盗，除本宗五服以外，俱照无服之亲定拟外，其外姻尊长亲属相盗，惟律图内载明者，方准照律减等，此外不得滥引。”〔2〕

在本案中，安徽巡抚将林正宗减一等处理的做法，不仅有“亲属相盗”律的明文规定作为法律依据，而且有本省先前发生的张传行劫张升家的案件作为司法先例。可以说，从形式上来说，安徽巡抚的拟罪并无任何问题。但刑部则更多从实质性的社会效果出发，认为如果完全按照律文的规定进行办理，那么外姻无服之亲中关系极为疏远的那部分人也可以依靠身份特权减一等量刑，而且如果是强盗案件，则可以从斩立决减为杖一百、流三千里，这样就有生死之别，显然不甚合理。既然亲属关系已经名不副实，那么就应该限制这部分亲属根据身份而获得的减等特权。刑部也并非完全排除外姻无服

〔1〕《大清律例根原》卷之六十八，《刑律·贼盗中·亲属相盗》。

〔2〕《大清律例根原》卷之六十八，《刑律·贼盗中·亲属相盗》。

之亲，而是采取了以服制图为认定标准的办法。只有服制图中清晰、明确载明的外姻无服之亲，才能够适用“亲属相盗”律中减一等的规定。这样的做法，一方面能够避免因为过分看重服制，而在案件考虑过多不必要的亲属关系造成拟罪的不合情理，另一方面也能够使得外姻无服之亲的范围更加明确，便于各级法司在拟罪中适用律例。刑部以服制图为标准缩小外姻无服之亲的范围，实际上就是采取了一种目的性限缩的法律续造方法。[1]

(二) 类推适用

在上文中，笔者曾经对于“断罪无正条”律及其条例进行过规范分析，其中在律例的文本中就出现过“（援）引（他）律比附”“其律例无可引用，援引别条比附者”“比照某律、某例科断”等字样。所谓“比附援引”，其本质就是基于“相同、相似情节得到相同、相似处理”的法律原则，将那些并没有在律例中得到明文规定的案件事实，适用律典中在刑事责任的构成要件上最相类似的条文。王泽鉴先生认为：“类推适用即比附援引，即将法律于某案例类型A所明定的法律效果，转移适用于法律未设规定的案例类型B之上。此项转移适用，乃是基于一种认识，即基于其类似性，A案例类型的法律效果，应适用于B案例类型，盖相似者，应做相同的处理，系基于平等原则，乃正义的要求。”[2]黄茂荣先生认为：“所谓类推适用，系将法律明文之规定，适用到该法律规定所未直接加以规定，但其规范上之重要特征与该规定所明文规定者相同之案例。”[3]上文所引“断罪无正条”律及其条例不仅是刑事制度上明文规定的法律方法，而且在司法实践中也被广泛运用，成为清人填补律例体系中开放漏洞的一种利器，其所填补的主要就是笔者在前面所提到的原始性的开放漏洞，或者是经过上节所叙述的先被目的性限缩后，无律例可适用而生成的开放漏洞。而类推适用的法律方法又可以细分为个别类推和整体类推。前者是狭义上的类推适用，即直接比附援引律典中已有的明文规定，将其作为裁判案件的法律依据；后者则是一种较为广义上的类推适用，即并不是直接援引现行律例文本，而是通过推理、分析得出现行律例体系背后的一种原则、精神，并在此基础上裁判案件，故在此情况下，现行律

〔1〕参见《刑案汇览》卷十八，《亲属相盗·外姻亲属相盗应照服图定例》。

〔2〕王泽鉴：《民法思维——请求权基础理论体系》，北京大学出版社2009年版，第200页。

〔3〕黄茂荣：《法学方法与现代民法》（第5版），法律出版社2007年版，第492页。

例更多是被作为参考，并不能够直接作为法律依据被引用。黄廷延就将清代比附拟罪分为了完全比附相似条文进行拟罪、在比附相似条文适当加减刑罚拟罪以及比附相似条文的处理原则三种情况。[1]他所说的前两种情况就是指的个别类推，而第三种情况就是指的整体类推。

1. 个别类推

有乾隆四十三年（1778年）解役乔清等私相雇人代解致秋审斩犯王长脱逃一案。王长本系行窃掷死事主拟斩监候、应入于秋审"情实"之重犯。乾隆四十三年（1778年）三月，谷城县差役周鹏、乔清将其押解赴省。乔清因为母病，出钱五百文雇佣表侄蒋忠替其前往。周鹏则借钱他出。典史韩盘点差蒋忠在外照料行李。佥差尹顺、熊升移会安陆营千总詹如侯拨兵赵铨、朱贵同解，该典史、千总以知县都司公出，均未亲自押解，也没有另外移交他人押解。不料兵丁赵铨出钱五十文仍朱贵代解，衙役熊升出钱六十文让尹顺代解，朱贵亦回家筹措盘费，而蒋忠则以犯病难行为由，开松刑具，尹顺则给蒋忠一百二十文后私自潜回。蒋忠跟随王长身后，渐行渐远，王长四顾无人，遂致逃脱。后蒋忠发现王长已经逃跑，惊慌失措。随后朱贵来到现场，蒋忠谎称王长失足落水，周鹏、尹顺亦到场帮同打捞无获。蒋忠最后将实情密告周鹏，但其余兵役仍然不知晓脱逃情事，俱供称王长落水、蒋忠被救等事。典史韩盘畏惧参革，故捏成亲自押解。后署理谷城县知县邱德孚将乔清讯问，终于得实。最终湖广总督三宝将蒋忠、乔清、周鹏、赵铨、朱贵、熊升、尹顺等人依例严加监禁，并等拿获王长之后，按律审拟。"主守不觉失囚"律所附乾隆二十五年（1760年）条例规定："凡解审斩、绞重犯在徒开放锁、镣以致脱逃，本犯未获者，即将解役究审，严行监禁，俟拿获正犯之日，纠明贿纵属实，即将该役照所纵囚罪全科。如无贿纵情弊，审有违例雇替，托故潜回，无故先后散行，止任一人押解以致脱逃者，亦照故纵律，与囚同罪，不准照旧例减囚罪二等问拟。果系依法管解，偶致疏脱，审有确据者，除依律治罪外，仍勒限缉拿，他人捕得，亦不准依律宽免。佥差不慎之地方官，视解役所得之罪，分别从重议处。"[2]此外，湖广总督三宝还依律将典史韩盘拟杖八十、徒二年。"主守不觉失囚"律规定："凡狱卒不觉失囚者，

---

〔1〕 参见黄廷延："清代刑事司法中的比附"，载《北方法学》2011年第4期，第144~145页。

〔2〕《大清律例根原》卷之一百七，《刑律·捕亡·主守不觉失囚》。

司狱官、典，减狱卒罪三等。若提牢官、狱卒、官典故纵，不给捕限，官役给与囚同罪。至死减等。”[1]因为蒋忠故纵身犯死罪的王长，因此蒋忠应处杖一百、流三千里。而韩盘作为典史，又应在蒋忠所处刑罚上再减三等，故为杖八十、徒二年。刑部核拟照覆。但乾隆皇帝认为，谷城县知县邱德孚虽然已经交部议处，但对其惩治的力度仍远远不够。因为各州县押解重犯，理应合理选派精干衙役，并令其小心管押犯人。但本案中邱德孚漫不经心，竟然听任押解衙役出钱私自雇佣他人替代押解，导致蒋忠竟然中途故纵被拟斩监候、秋审应入情实之王长。而点派兵丁、导致这种情况发生的千总詹如侯同样对此负有一定责任。因此仅仅将邱德孚、詹如侯二人革职，并不能够达到情罪允协的结果。乾隆皇帝上谕载：“著该部将邱德孚、詹如侯另行拟罪具奏，并著为例。钦此。”即他很明确地提出了将二人入罪的审判意见，并且要求将该典型案例上升为条例。刑部领旨后，也认为“解役中途纵脱重犯，其滥行佥差之州县向无治罪专条，实未允协”，因此将州县官比照司狱官减一等处理。最终生成新例。“主守不觉失囚”律所附乾隆四十八年（1783 年）条例规定：“押解斩、绞立决及秋审拟入情实重犯，如不小心佥解，致解役有违例雇替，开放锁、镣纵囚脱逃者，将佥差长解之州、县官，照狱囚纵脱重犯管狱官杖八十、徒二年例，减一等，杖七十，徒一年半。其拨兵护解之武职，如所拨兵丁亦有雇替情节，即与州、县一例杖、徒。”[2]

在该案中，王长本系拟罪斩监候应入秋审“情实”之犯。兵役乔清出钱雇蒋忠替代押解，而同解兵役周鹏、朱贵、熊升等人托故落后。其余兵役尹顺、赵铨等人又出钱找人代解，最终导致蒋忠私开锁镣、王长逃脱。湖广总督三宝依“主守不觉失囚”律及所附乾隆二十五年（1760 年）奏定条例将蒋忠等犯分别拟罪。典史韩盘则依“狱卒不觉失囚，司狱官减狱卒罪三等”律拟杖八十、徒二年。但问题正如乾隆四十三年（1778 年）十月二十日上谕：“州县审解重犯，理应佥派妥役，饬令小心管押。乃邱德孚漫不经心，听凭解役出钱雇替，以致中途纵放重囚，非寻常佥差不慎可比。其点派兵丁、致令雇替之千总詹如侯亦然。仅予革职，不足蔽辜。”可见，对于知县邱德孚与千总詹如侯玩忽职守的行为，皇帝认为应将其行为纳入刑律适用范围，“不足蔽

[1]《大清律例根原》卷之一百七，《刑律·捕亡·主守不觉失囚》。

[2]《大清律例根原》卷之一百七，《刑律·捕亡·主守不觉失囚》。

辜”正是乾隆皇帝对该开放漏洞的认定。由于存在知县、千总同司狱官均属兵役之本管长官，且其均有相似的玩忽职守等行为这两个相似情节，因此刑部将知县、千总比照“司狱官减狱卒罪三等”律再减一等，处以杖七十，徒一年半，并生成新例。黄廷延认为，比附的原理应当分为“事理切合”和“情罪一致”两个方面。〔1〕从该案可见，因案生例的第一步是由各级法司认定法律漏洞，之后就是通过比较、考量律典中的相关类似规定，寻找“事理”和“情罪”都和本案相合的裁判依据，最终比附援引寻找到的与本案情节最相合适的律例，得出“情”与“罪”相允协的法律结论。〔2〕

有嘉庆十六年（1811年）戴经元代人雇请“枪手”入场代考一案。生员席如桥、席如恒本应参加科举考试，但却请戴经元找“枪手”帮助他们代考。戴经元为了从中获利，满口答应。后生员戴经元又找到崔鼎元代为雇用“枪手”，而韩仁裕则受雇前去代考。后事发，浙江巡抚蒋攸銛依照律例将席如桥、席如恒、戴经元、崔鼎元、韩仁裕五人拟烟瘴地面充军，照名例改发极边足四千里。“诈欺官私取财”律所附乾隆五年（1740年）条例规定：“学臣考试，有积惯随棚代笔之枪手，查出审实，枷号三个月，发烟瘴地面充军。其雇请枪手之人同。或有包揽之人，并与枪手同罪。”〔3〕由于韩仁裕家中只有老母一人，且是独子，因此按例将其枷责惩处。“犯罪存留养亲”律所附嘉庆六年（1801年）条例规定：“凡部内题结军、流、徒犯，及免死流犯，未经发配之前，告称祖父母、父母老疾应侍，及其母系属孀妇，守节已逾二十年，家无以次成丁者……如属外省民人，州县官查明，督抚确查报部。军、流、徒犯，照数决杖。徒犯，枷号一个月；军、流，枷号四十日；免死流犯，枷号两个月。俱准存留养亲。”〔4〕而席如恒年纪尚小，因此必须照律收赎。“老小废疾收赎”律规定：“凡年七十以上、十五以下，及废疾，犯流罪以下，收赎。”〔5〕本案的关键之处在于，根据条例规定，生员崔鼎元由烟瘴充军改发极边充军，应当被刺字。“起除刺字”律所附乾隆四十二年（1777年）条例规

〔1〕参见黄廷延：“清代刑事司法中的比附”，载《北方法学》2011年第4期，第151页。

〔2〕参见《驳案新编》卷三十二，《刑律·断狱·金差重犯不慎拟徒新例》。

〔3〕《大清律例根原》卷之七十，《刑律·贼盗下·诈欺官私取财》。

〔4〕《大清律例根原》卷之六，《名例律上·犯罪存留养亲》。

〔5〕《大清律例根原》卷之九，《名例律下·老小废疾收赎》。

定："由烟瘴改发极边人犯，面上刺'烟瘴改发'四字。"[1]刑部认为，举贡生监等各类生员，既然都厕身士林，就应当和普通百姓有所区别。例如"五刑"律所附嘉庆六年（1801年）条例规定："凡进士、举人、贡监生，及一切有顶带官，有犯笞、杖轻罪，照律纳赎。罪止杖一百，分别咨参除名。徒、流以上，照例发配。"[2]因此即使生员人等罪至发遣，按照条例的规定，如果只是由于普通的过错，那么就应当不让其为奴仆，如果是屡教不改、卑鄙下贱、自甘堕落、结党成群等主观恶性较强的生员，就应该将其与平人一例处理。"徒流迁徙地方"律所附嘉庆六年（1801年）条例规定："曾为职官及进士、举、贡、生员、监生，并职官子弟，犯该发遣者，俱酌发烟瘴少轻地方。其实发乌鲁木齐、黑龙江等处者，如只系寻常过犯，不致行止败类者，发往当差。若系党恶、窝匪、卑污下贱罪应发遣者，无论进士、举、贡、生、监，并职官子弟，俱照平人一例，发遣为奴。"[3]刑部认为，对于生员来说，由于发遣尚且可以分为免刺当差、刺字为奴两种情况，那么相对于发遣略轻的充军刑，更应该区分不同的犯罪情节，将其分为免刺和刺字两种情况。因此，对于生员崔鼎元帮助席如桥、席如恒两人寻找枪手代考的行为，应考虑到其只是寻常过犯，还未沦落到"不齿于士类"的程度，故刑部奏请皇帝制定新例。"起除刺字"律所附嘉庆十九年（1814年）条例规定："举贡生监犯罪，例应刺字者，除所犯系党恶窝匪、卑污下贱，仍行刺字外，若只系寻常过犯，不致行止败类者，免其刺字。"[4]

在该案中，刑部考虑到崔鼎元是一名生员，因此认为如果照平人例刺字的话，则不能够体现士与民的身份差别。这种考量在清代应该说是十分正常且普遍的。士农工商四民阶层分明，不容随意牵混。生员们长期苦读儒家经典，熟知朝廷的治国策略，是朝廷与地方各级官员主要储备人员的来源。如果通过科举考试，就可以取得为官资格，有机会为政一方，施展自己多年所学。即使无奈无法通过科举考试，也往往可以在乡里成为一名士绅，教化百姓，维护地方安宁。总而言之，学习三纲五常的生员，在各方面都会成为纲常名教的卫道士，在意识形态上与朝廷是一致的。因此既然正式官员在《大

[1]《大清律例根原》卷之七十三，《刑律·贼盗下·起除刺字》。

[2]《大清律例根原》卷之一，《名例律上·五刑》。

[3]《大清律例根原》卷之十八，《名例律下·徒流迁徙地方》。

[4]《大清律例根原》卷之七十三，《刑律·贼盗下·起除刺字》。

清律例》中有“赎刑”“职官有犯”“文武官犯公罪”“文武官犯私罪”这些相对优待的规定，那么对于作为准官员的生员，其身份特权在律例中也应该有所体现。刑部正是基于这种思想，制定了新的条例。从条文适用上我们可以看出，“党恶窝匪”“卑污下贱”“仍行刺字”“寻常过犯，不致行止败类”等字词几乎完全相同。因此，刑部所采用的方法，就是类推适用了在处“发遣”刑时对于举贡生监的区分方式。〔1〕

有嘉庆五年（1800年）杨生春等人学习圆光治病进行诈骗一案。杨生春籍隶陕西，从小学习医术。他于嘉庆五年（1800年）正月期间曾经拜现已病故的刘灿为师，学习圆光治病的方法。所谓圆光，即在治病之前，口念一段咒语，用一道符，取一碗水，然后将符放入水中，用左手掌将符水画成一个圈子，最终让小孩子来看。确定病症之轻重就以孩子是否看到圈内有黑影为算。每给一道符，就配一剂药，让病人将符烧成灰和药和在一起，服用后即能痊愈。杨生春学成以后，给了刘灿二千文作为出师钱。当月二十二日，县民刘柱银患上疟疾，于是请杨生春诊断，杨生春于是采用圆光的方法给刘柱银治病，结果刘柱银在服下符、药的混合物后痊愈，于是酬谢杨生春五百文。后杨生春又请刘柱银推荐生意，并许诺给予一定的酬谢。刘柱银贪利答应，遂令患病的常洋洋子等人去请杨生春用圆光治病。后李生芳因为其牲口经常患病，于是请杨生春给予符咒进行治疗。前后总计，杨生春共骗得五千余文。后因为杨生春采用圆光疗法甚为灵验，于是县民李绪宗希望收留杨生春歇宿，以图能够一起分利，并建议杨生春去曲江池行医，并代为拉客。不久，上述各犯被曲江池当地衙门拿获。陕西巡抚将杨生春、李绪宗比照条例拟边远充军，刘柱银则在杨生春军罪基础上量减一等。“禁止师巫邪术”律所附乾隆三十七年（1772年）条例规定：“凡左道惑众之人，或烧香集徒、夜聚晓散为从者，发近边充军。”〔2〕刑部核拟后认为，本案中并不存在聚众烧香、邪术、经卷等情事，因此陕西巡抚将杨生春等人比照“左道惑众为从”例并不恰当。“禁止师巫邪术”律所附乾隆五年（1740年）条例规定：“凡端公、道士作为异端法术，医人致死者，照斗杀律拟罪。”〔3〕“斗杀及故杀人”律规定：“凡

〔1〕参见《刑案汇览》卷二十二，《起除刺字·生员枪手拟军酌量分别刺字》。
〔2〕《大清律例根原》卷之四十，《礼律·祭祀·禁止师巫邪术》。
〔3〕《大清律例根原》卷之四十，《礼律·祭祀·禁止师巫邪术》。

斗殴杀人者，不问手足、他物、金刃，并绞。监候。”[1]刑部认为根据本案案情，可以类推适用该条例。即假设刘灿并未病故，那么应当比照该条例酌减一等为杖一百、流三千里。而杨生春、李绪宗是从犯，可以依律在刘灿的刑罚上再减一等，为杖一百、徒三年。“共犯罪分首从”律规定：“凡共犯罪者，以先造意一人为首，依律拟断。随从者，减一等。”[2]而代为介绍生意的刘柱银可以再在杨生春、李绪宗的刑罚上再减一等，为杖九十、徒二年半。刑部请求将该案上升为通行，并最终纂为新例。“庸医杀伤人”律所附嘉庆六年(1801 年）规定：“凡端公、道士及一切人等，作为异端法术如圆光、画符等类，医人致死者，照斗杀律拟绞监候；未致死者，杖一百，流三千里；为从，各减一等。”[3]

在本案中，刑部否定了陕西巡抚最终的拟罪，但同时也未发现能够直接适用的现行律例。因此刑部仍然采取的是比附援引的方式，即先寻找有本案相似情节的条例，再通过比较本案与现行条例的情节轻重，再对于量刑进行酌加或酌减。本案案情并不复杂，主要情节就是刘灿、杨生春等人利用圆光治病进行诈骗。因此刑部在“禁止师巫邪术”律中找到了另外一条与本案相似的条例。但该条例规定了必须要医人致死，而杨生春等人的行为并未导致这样的结果，明显较轻。因此刑部将传授圆光治病的首犯刘灿比照该条例酌减一等，从犯杨生春、李绪宗则再减一等，刘柱银再减一等进行处理。[4]

有乾隆五十九年（1794 年）李李氏救夫情切殴死李文有一案。李文玉籍隶云南省，是李文有的大功堂弟，而李李氏是李文玉之妻。乾隆五十九年(1794 年）某日，李文有和李文玉发生口角，李文有用锄头砍伤了李文玉的左侧太阳穴，导致其当场昏厥在地。李李氏看到李文玉被砍倒地，情急之下用剪刀向李文有的胸膛等处乱戳，李文有最终伤重殒命。云南巡抚将李李氏依律拟斩监候。“妻妾与夫亲属相殴”律规定：“凡妻妾殴夫之期亲以下、缌麻以上本宗、外姻尊长，与夫殴同罪。至死者，各斩。监候。”[5]刑部照拟核覆。但是乾隆皇帝认为，这样的拟罪实在不合情理。他给出的理由是，李李

〔1〕《大清律例根原》卷之七十八，《刑律·人命·斗殴及故杀人》。
〔2〕《大清律例根原》卷之十二，《名例律下·共犯罪分首从》。
〔3〕《大清律例根原》卷之八十，《刑律·人命·庸医杀伤人》。
〔4〕参见《刑案汇览》卷之三十三，《庸医杀伤人·学习圆光治病骗钱》。
〔5〕《大清律例根原》卷之八十八，《刑律·斗殴下·妻妾与夫亲属相殴》。

氏用剪刀戳死了李文有，完全是为了救护自己的丈夫李文玉。所谓明刑弼教、三纲五常，妻与夫的关系，就如同子与父的关系，因此作为人妻的李李氏看见自己的丈夫被殴打晕倒在地，如果说因为害怕触犯律例而坐视不理，则夫为妻纲的伦理就不复存在了。而现行的律例只有子孙救护父母减等的规例，而没有妻救护夫的规定。乾隆皇帝在谕旨中即认为“而救夫情切者，未经著有成例，未免疏漏”，因此决定将李李氏参照就父母情切减等之条例予以处理，并且令刑部以此案件为契机，制定相关的条例，以表达皇帝维护纲常名教的目的。刑部领旨后，即迅速开始了纂定新例的工作。刑部认为，之所以以前没有妻救夫减等的规定，是因为这类案件较少发生，因此从未议论过专门制定条例。皇帝准情酌理，提出了本案若按原拟则不利于维护名教的看法，确实极有道理。刑部同时认为，妻救夫自然应该予以比照子救夫予以减等，但如果不加以一定的限制，就容易造成妻犯夫家亲属之后，夫妻二人以救夫为名避重就轻的不良后果。因此刑部妥拟条例后上奏并得到皇帝的批准。“父祖被殴”律所附乾隆六十年（1795 年）条例规定：“人命案内，如有祖父母、父母及夫被人殴打，实系事在危急，其子孙及妻救护情切，因而殴死人者，于疏内声明，分别减等，援例两请，候旨定夺。其或祖父母、父母及夫与人口角，主令子孙及妻匠人殴打致死，或祖父母、父母与夫先与人寻衅，妻子孙及妻踵至，助势共殴毙命，俱仍照各本律科断，不得援危机救护之例概拟减等。”〔1〕

在该案中，由于云南巡抚将李李氏拟斩监候，在《大清律例》是有明确的法律依据的，因此刑部并无异议。但是云南巡抚和刑部都只过于关注李李氏戳死李文有这一情节，而忽略了李李氏杀人的实际动机。当然，也有一种可能性就是，尽管他们注意到了该情节，但因为没有意识到严格遵守律例规定反而会导致违背更重要的伦理纲常，所以仍然按律办理，故在乾隆皇帝看来显得过于教条、死板。皇帝认为，《大清律例》本身的重要原则就是为了维护纲常名教，因此如果某些律例规定违背了这一原则，那么就显然应该不予适用。妻与夫、子与父同列三纲，在彼此的尊卑、服制关系上是具有很多相似性的，因此能够作为援引比附的重要依据，但律例中只有子为了救护父母而殴死人减等的规定，并没有妻子救护丈夫而殴死人减等的规定，这显然不

〔1〕《大清律例根原》卷之八十八，《刑律·斗殴下·父祖被殴》。

合乎情理，也不符合朝廷的治民政策。因此，乾隆皇帝即认为就审理本案而言，有必要一定程度上否定“妻妾与夫亲属相殴”律的效力。上谕中的“救夫情切者，未经著有成例，未免疏漏”字样，若用现代法律方法的理论来分析，即乾隆皇帝认定了这是一个开放式漏洞。他随即提出了修例动议，并命令从本案开始，即将妻救护夫情切比照子救护父母情切，予以减等处理。最终，刑部在将原例“人命案内，如有父母被人殴打，实在事在危急，伊子救护情切，因而殴死人者”改成了“人命案内，如有祖父母、父母及夫被人殴打，实在事在危急，其子孙及妻救护情切，因而殴死人者”，即加入了“夫”“妻”的字样。这样，皇帝和刑部就通过比附援引的方法，将律例中子女救护父母类推扩大到了妻子救护丈夫，因此又填补了一个开放式漏洞。〔1〕

2. 整体性类推

德国著名法学家拉伦茨将其表述为：“将由多数——针对不同的构成要件赋予相同法效果——法律规定得出‘一般的法律原则’，该原则在评价上也同样可以适用到法律并未规整的案件事实上。”〔2〕王泽鉴先生亦认为：“总体类推，指就多数同类法律规定抽出的一般法律原则，而为类推适用，又称为法律类推。”〔3〕可见，类推适用的该种类型，更多关注于具体法律规范背后的法律精神、法律原则。如果单从“断罪无正条”律的内容来看，应当并不包含此种类推类型，因为从该律的文本上进行理解，援引比附的都是现行律例的具体法条，而非法律原则。但是倘若我们阅读清代大量的生成条例的案件，就可以发现，实际上整体类推的方法并不少见，清代各级法司已经运用这种方法解决各类的疑难案件。

有道光二年（1822年）任潮栋奸拐袁氏同逃一案。任潮栋和袁氏早有奸情，而由于任潮栋可以给予金钱方面的资助，袁氏本夫任春范和其父明知奸情，有意纵容。后任春范向任潮栋继续索取钱财，而任潮栋未给，于是任春范则不再允许其妻袁氏与任潮栋继续通奸。袁氏则未听其夫之言，继续和任潮栋保持通奸关系，因此任春范将袁氏殴打。随后任春范外出务工。任潮栋则起意与袁氏一起逃跑。袁氏答应，并携带幼子双贵、女灵儿和任潮栋一起

〔1〕参见《刑案汇览》卷四十四，《父祖被殴·救护情切殴死夫之大功兄》。

〔2〕［德］卡尔·拉伦茨：《法学方法论》，陈爱娥译，商务印书馆2003年版，第260页。

〔3〕王泽鉴：《民法思维——请求权基础理论体系》，北京大学出版社2009年版，第206~207页。

离家出逃，租赁雷必理的空房，并对外谎称夫妻，后二人均被抓获。陕西巡抚将任潮栋依例拟充军，而袁氏被拟杖一百、徒三年。“略人略卖人”律所附嘉庆九年（1804年）条例规定：“凡诱拐妇人、子女，或典卖，或为妻妾、子孙者，不分良人、奴婢，已卖、未卖，但诱取者，被诱之人若不知情，为首，拟绞监候；为从，杖一百，流三千里；被诱之人不坐。若以药饼及一切邪术迷拐幼小子女，为首者，立绞；为从，发极边足四千里充军。其和诱知情之人，为首者，亦照前拟军；为从，及被诱之人，俱减等满徒。”〔1〕刑部收到陕西巡抚咨文后，就开始了对于该案拟罪的复核工作。刑部认为因为奸情杀死奸夫的案件，要分别本夫是否纵容奸夫奸妇，方才得以拟罪。“杀死奸夫”律所附乾隆五十三年（1788年）条例规定：“凡因奸杀同谋杀死亲夫，除本夫不知奸情，及虽知奸情而迫于奸夫之强悍，不能报复，并非有心纵容者，奸妇仍照律凌迟处死外；或本夫纵容、抑勒妻、妾与人通奸，审有确据，人所共知者，或被妻、妾起意谋杀，或奸夫起意，系知情同谋，奸妇皆拟斩立决，奸夫拟斩监候。”〔2〕可见，如果本夫属于不知奸情或虽然知晓奸情但并非有心纵容的情况，那么被奸夫奸妇杀死，奸妇要被处以凌迟；如果本夫属于纵容、抑勒妻、妾与人通奸的情况，那么被杀后，奸妇就要被拟斩立决。任潮栋先与袁氏通奸，后诱拐袁氏一同逃出夫家，按例任潮栋应当被拟充军。但本案特殊之处在于，本夫任春范先前已经纵容袁氏与任潮栋通奸，因此虽然袁氏被拐逃，其主要原因也是本夫任春范的寡廉鲜耻所导致的。并且根据律文规定，本夫纵容妻妾犯奸的行为，本身就是法定的离异理由。“纵容妻妾犯奸”律规定：“凡纵容妻、妾与人通奸，本夫，奸夫、奸妇各杖九十。抑勒妻、妾及乞养女与人通奸者，本夫、义父各杖一百；奸夫，杖八十；妇女不坐，并离异归宗。”因此如果仍然将任潮栋按照现行条例拟充军刑的话，则与本夫并未纵容的案件无所区别。刑部认为，既然本夫有无纵容、抑勒妻、妾通奸，对于本夫被杀的案件是一个重要区分因素的话，那么对于奸拐他人妻、妾的案件，该因素同样应该被予以考虑。在本夫被杀案件中，本夫纵容、抑勒妻、妾通奸，比本夫未曾纵容、抑勒的情况，奸妇要被处置得相对较轻。因此刑部将任潮栋亦在原拟充军刑上量减一等，拟杖一百、徒三年，而袁氏

〔1〕《大清律例根原》卷之七十，《刑律·贼盗下·略人略卖人》。
〔2〕《大清律例根原》卷之七十五，《刑律·人命·杀死奸夫》。

则于满徒之上量减一等，拟杖九十，徒二年半。任春范则依律被拟杖九十。最终生成新例。“略人略卖人”律所附道光四年（1824年）条例规定：“凡奸夫诱拐奸妇之案，除本夫不知奸情，及虽知奸情，而迫于奸夫之强悍，不能禁绝，并非有心纵容者，奸夫仍依和诱知情为首例，拟军；奸妇减等满徒。若系本夫纵容抑勒妻、妾与人通奸，致被拐逃者，奸夫于军罪上减一等，杖一百，徒三年；奸妇及为从之犯再减一等，杖九十，徒二年半。本夫、本妇之祖父母、父母纵容抑勒通奸者，亦照此例办理。”〔1〕

在该案中，刑部在发现直接适用条例不合情理之后，并非直接类推适用其他条例的量刑结果，而是采用了一种整体类推的法律漏洞填补方式。刑部确认，在本夫被杀之案中，本夫确有纵容、抑勒妻、妾与人通奸的情事，相比于无此情事，会减轻对于奸夫、奸妇的量刑，他们从而从“杀死奸夫”律例中抽离出了一条法律原则，即在与通奸相关的案件中，奸妇的丈夫是否知情纵容应当纳入量刑的考量因素之中。因此，在奸夫拐逃奸妇的案件中，该种因素同样应该被重视，并且应当得到类似的处理，于是刑部将奸夫任潮栋和奸妇袁氏都在原拟刑罚上量减一等。这种比附援引的方式，是从整体上类推“杀死奸夫”律例背后的原则、精神，而非法条中的明确规定。〔2〕

有嘉庆十三年（1808年）宇文焕葬父无资盗棺剥衣一案。宇文焕是陕西省武功县民，其嗣父宇文学身故，棺材仍然停放在室内。宇文焕无钱埋葬宇文学，想起其父尸衣尚且还值得不少钱文，因此起意剥取尸衣当钱以便葬父。于是趁其母、其妻外出之时，宇文焕遂揭开棺材盖板，剥取尸衣先行藏匿，待确认无人察觉之后，遂外出将尸衣典当得钱。待其母、其妻回家以后，宇文焕宣称葬父钱财从外面借取而来，并将择期将棺材埋葬。但不久，当票被其母杜氏发现，遂询问宇文焕详细情由，终于真相大白。杜氏遂报官，拿获其子宇文焕。经过看验，坟冢并没有掘动的迹象，宇文学的尸身并没有受到残毁。由于《大清律例》中并没有针对子孙盗祖父母、父母未殡、未埋尸柩或开棺见尸的条文，因此护理陕西巡抚常明遂向刑部发出咨文，询问在该种情况下如何处理。刑部认为，常人发掘坟冢，盗未殡、未埋的尸棺，以及子孙发掘祖父母、父母坟塚，分别已、未见棺及开棺见尸等情况，律例中是有

〔1〕《大清律例根原》卷之七十，《刑律·贼盗下·略人略卖人》。
〔2〕参见《刑案汇览》卷之二十，《略人略卖人·纵奸之案奸妇携带子女同逃》。

相关条文的。“发塚”律规定：“凡发掘他人坟塚，见棺椁者，杖一百，流三千里。已开棺椁见尸者，绞，监候。发而未至棺椁者，杖一百，徒三年。”[1]乾隆五年（1740年）条例规定：“盗未殡、未埋尸柩，及发年久穿陷之塚，未开棺椁者，杖一百，徒三年。如开棺椁见尸一次者，为首，发边远充军；二次者，发极边烟瘴充军；三次者，绞。”[2]嘉庆九年（1804年）条例规定：“凡子孙发掘祖父母、父母坟塚，均不分首、从，已行未见棺椁者，皆拟绞立决；见棺椁者，皆斩立决；开棺见尸并毁弃尸骸者，皆凌迟处死。”[3]因此刑部认为，常人发塚分为“盗已殡、已埋尸柩”与“盗未殡、未埋尸柩”两种情况，并且又可以细分未开棺椁和开棺见尸两种情况，因此子孙发塚，亦应该分为上述两种情况，并再细分为一共四种情况。而在现行条例中，子孙发塚并无“盗未殡、未埋尸柩”的情况，因此对于宇文焕的行为暂无条例能够予以适用。于是刑部奏定了新例。“发塚”律所附嘉庆十四年（1809年）条例规定：“子孙因贫盗祖父母、父母未殡、未埋尸柩，不分首、从，开棺见尸者，皆斩立决。如未开棺椁，事属已行，确有显迹者，皆绞立决。如有尊长、卑幼或外人为首、为从，分别服制、凡人，各以首、从论。”[4]

在该案中，刑部仍然是运用整体类推的思维方式来修定新例。因为刑部通过查阅条例，发现了被盗尸柩是否已殡、已埋对于常人发塚来说是一个重要因素，从而该因素对于子孙发塚也是一个重要因素。同时，常人如果未开棺椁，盗已殡、已埋棺椁应当被处拟杖一百、流三千里，盗未殡、未埋棺椁则拟杖一百、徒三年；常人开棺见尸，盗已殡、已埋棺椁应当被拟绞监候，而盗未殡、未埋棺椁，则根据作案次数分别拟边远充军、极边烟瘴充军和绞刑。因此，刑部又得出一个结论，即如果其他情况都相同，盗未殡、未埋棺椁一般要比盗已殡、已埋棺椁量减一等。得到这两个结论后，刑部就在原有子孙发塚条例上进行类推。子孙盗已殡、已埋祖父母、父母坟塚，见棺椁者和开棺见尸两种情况，分别被拟斩立决、凌迟处死，因此刑部将子孙盗未殡、未埋棺椁而见棺椁者、开棺见尸者，酌减为拟绞立决、斩立决。由于服制攸关的思想在清代司法政策中占有重要地位，正如护理陕西巡抚所提到的“案

---

〔1〕《大清律例根原》卷之七十一，《刑律·贼盗下·发塚》。
〔2〕《大清律例根原》卷之七十一，《刑律·贼盗下·发塚》。
〔3〕《大清律例根原》卷之七十一，《刑律·贼盗下·发塚》。
〔4〕《大清律例根原》卷之七十一，《刑律·贼盗下·发塚》。

关伦纪”，因此刑部没有严格按照《名例律》中“加减罪例”将几种死刑减为杖一百、流三千里。但无论如何，刑部根据整体类推的方法，尊重当时律例体系中的一些基本原则、精神，科学地、谨慎地填补了一些法律漏洞。[1]

有道光四年（1824年）钟世祥殴打其子但却误伤其孙泳幅子一案。钟世祥有十岁幼子一人，名叫三斤子，平日常帮助其父料理农事。后某日，钟世祥先命三斤子外出拾粪，后发现三斤子与年仅八岁的泳幅子二人在院内玩耍，并没有听从其教令。因此钟世祥较为气忿，随手用手中烟袋掷向三斤子。不料三斤子见状躲避了烟袋，但烟袋正好砸在了站在三斤子身后的泳幅子囟门之上，导致其骨头损伤。后经过二十四日，泳幅子伤重不治殒命。陕西巡抚卢坤依律将钟世祥拟绞监候。“戏杀误杀过失杀伤人”律规定：“斗殴而误杀旁人者，各以斗杀伤论。死者，并绞。”[2]刑部核拟时认为，陕西巡抚引用的该律，本指凡人之间相互斗殴，结果误杀旁人。之所以按照斗杀伤论罪，是因为凡人斗殴杀人，应当被拟绞监候，因此误杀旁人，也应该拟绞监候。但是父母殴杀其子，按照条例规定只应该被拟杖刑，与殴杀旁人不同。“殴祖父母父母”律规定：“其子孙违犯教令，而祖父母、父母不依法决罚而横加殴打，非理殴杀者，杖一百。”[3]因此如果说殴打其子而误杀旁人也被拟绞监候的话，则明显不合乎情理，也会造成律例体系的混乱。刑部查阅先前父母谋杀其子而误杀旁人的案件，当时考虑到与谋杀凡人而误杀旁人不同，相对较轻，因此于斩罪量减一等。“戏杀误杀过失杀伤人”律规定：“其谋杀、故杀人而误杀旁人者，以故杀论。死者，处斩。”[4]刑部接着分析道，既然谋杀其子而误杀旁人都可以相对于谋杀凡人而误杀旁人的律文减轻量刑，那么“举重以明轻”，根据当然解释，殴打其子而误杀旁人更应该在与凡人斗殴而误杀旁人的律文基础上量减一等。因此，刑部认为陕西巡抚卢坤的拟罪并不正确，应该将钟世祥于绞监候上量减一等，为杖一百、流三千里。同时，刑部还提出误杀的案件种类较多，有谋杀其子结果误杀旁人的，也有殴打其子而误杀旁人的，甚至还有谋杀其子误杀旁人一家二三命或三命以上非一家的。而这些案件都没有律例的明文规定，如果将其根据不同的情况分别清楚，就会在

---

〔1〕 参见《刑案汇览》卷二十一，《发冢·葬父无资盗棺剥衣当钱埋葬》。

〔2〕《大清律例根原》卷之七十九，《刑律·人命·戏杀误杀过失杀伤人》。

〔3〕《大清律例根原》卷之八十八，《刑律·斗殴下·殴祖父母父母》。

〔4〕《大清律例根原》卷之七十九，《刑律·人命·戏杀误杀过失杀伤人》。

具体办案拟罪时发生偏差。最终刑部提起修例动议并提出具体方案，类推适用相关律文，最终生成了条例。“戏杀误杀过失杀伤人”律所附道光四年（1824年）条例：“凡因殴子而误伤旁人致死者，杖一百，流三千里。因谋杀子而误杀旁人，发近边充军。其因殴子及谋杀子而误杀有服卑幼者，各于殴、故杀卑幼本律上，减一等。若误杀有服尊长者，仍依殴、故杀尊长及误杀尊长各本律、本例问拟。”[1]

在本案中，刑部先是否定了陕西巡抚卢坤对于钟世祥的拟罪，随之而来的，自然是刑部提出自己的解决方案。虽然例无明文，但律文中有斗殴而误杀旁人、谋杀而误杀旁人的规定，因此刑部采取比附援引的方法，在原有律文基础上创造出了新的条例。从最终的例文上来看，我们无法发现比照的痕迹。但是刑部的题本中则明明白白记录了其类推适用其他律文的推理过程，即“比照斗殴而误杀旁人以斗杀论，于斗杀绞监候律上量减为杖一百，流三千里”“比照谋杀人以故杀论，于故杀斩监候律上量减为充军”等字样。刑部能够这么做的原因就在于，尽管对于殴杀、谋杀其子误杀旁人的行为没有条例进行约束，但是有殴杀、谋杀凡人而误杀旁人的律文，而两种行为的差异仅仅在于本应被伤害之人的不同，因此相似程度很高。既然如此，根据“相似情况应得到相似处理”的法律原则，刑部也就有了充足的类推适用相似律文的理由。当然，尽管情节相似，但毕竟在情节上有轻重的不同，刑部也会予以适当的加等、量减处理。[2]

（三）创造性补充

杨仁寿认为：“创造性补充，系指依据法理，就现存实证法毫无依据的类型，创造其规范依据而言。良以法律有时而尽……如有必要加以规范时，唯有依据法理念及事理，创造规范，以济其穷。”[3]这种漏洞填补技术在因案生例中有所体现，其原因主要是对某种行为应予以刑事处罚，但无合适律例足以适用，且清人又无法通过目的性限缩、类推适用等方法进行法律续造。在此情况下，清代官员以及皇帝一般根据个案的具体情况，综合天理、国法、人情，径行予以裁判，使该案成为一个先例并最终上升为条例。

---

〔1〕《大清律例根原》卷之七十九，《刑律·人命·戏杀误杀过失杀伤人》。

〔2〕参见《刑案汇览》卷三十二，《戏杀误杀过失杀伤人·因殴子而误杀旁人定例》。

〔3〕杨仁寿：《法学方法论》，中国政法大学出版社1999年版，第209页。

有嘉庆五年（1800 年）高傅氏殴伤伊翁高大身死与嘉庆十五年（1810 年）张扬氏殴毙伊翁两案。张杨氏殴伤伊翁张昆予身死，而伊夫张青辉并不在家，并且先前也并无任何纵容妻子忤逆伊翁之事。江西巡抚按律将该犯妇凌迟处死。"殴祖父母父母"律规定："妻、妾殴夫之祖父母、父母者，皆斩；杀者，皆凌迟处死。"[1]但嘉庆皇帝认为，虽然张青辉并无纵容等情节，但正是由于平日不能教导其妻遵守妇道，导致了其妻骄纵蛮横，最终酿成惨剧。因此张青辉应当被予以惩治。皇帝下旨命刑部详查律例，并声明"如例无明文，并著通查成案，比照定拟，奏闻请旨。钦此。"刑部领旨后，遂遵照圣意，查阅以往子媳殴毙翁姑之案，发现如果犯夫并无纵容忤逆之情事，仅仅不能管教其妻的话，律典中确实无相关律例。随后，刑部列举了嘉庆五年五月刑部审理的高傅氏殴伤伊翁高大身死一案。在高傅氏案中，皇帝认为犯夫高奇山不仅未能教导其妻，且早应休妻，因此是其平日纵容妻子最终酿成此祸。上谕载："高奇山著于高傅氏凌迟处所重责四十板，看视伊妻受刑后于犯事地方枷号一个月，满日仍重责四十板。"嘉庆八年贵州巡抚又审理过李周氏咬伤伊姑李绍氏致令其忿激自尽，而犯夫李绍夔贿和匿报一案。该案中，贵州巡抚将李绍夔依"故纵罪囚情重，全科至死者，绞监候"律拟绞监候。刑部照拟替覆。嘉庆皇帝则认为，李绍夔已经知道其妻李周氏性格强悍，不能管教，导致其母常被忤逆，已经有损为人子之道。当其母李绍氏被李周氏咬伤手背之后，忿激自尽，但李绍夔竟然将母亲遗体置于棺材之中隐藏起来，并且当邻人传明乡约莫士汉等人查明无法隐藏之后，出银行贿希图隐瞒此事。因此皇帝特命将李绍夔从绞监候转为绞立决。刑部总结，高奇山仅不能教导其妻，因此处以枷号一个月，前后杖责共八十板；李绍夔由于溺爱妻子而忘记杀母之仇且贿和匿报，则改为绞立决。而张扬氏一案，其夫张青辉不仅平日从未纵容妻子忤逆，案发当日并不在家，而且事后并未隐瞒此事。因此张青辉与高奇山所犯情节相同，皆有不能平日教导其妻的错误，因此应当仿照惩治高奇山的做法，处理张青辉。最终刑部奏请生成新例。"殴祖父母父母"律所附嘉庆十九年（1814 年）条例规定："子妇殴毙翁姑之案，如犯夫有匿报、贿和情事，拟绞立决。其仅止不能管教其妻，实无别情者，将犯夫于犯妇凌迟处所，先重责四十板，看视伊妻受刑后，于犯事地方枷号一个月。满

[1] 《大清律例根原》卷之八十八，《刑律·斗殴下·殴祖父母父母》。

日，仍重责四十板发落。”〔1〕

在张杨氏案中，皇帝亦认为虽然伊夫张青辉并无纵容妻子忤逆、案发之时亦不在家，但“平日不能化导其妻，实有应得之罪。著刑部详查律例定拟具奏。如例无明文，并著通查成案，比照定拟”。最终将张扬氏一案比照高傅氏一案做出相同的处理。所谓“实有应得之罪，如例无明文”即证明了该案情并无相关律例适用而是一个开放漏洞。皇帝所做的法律续造，用现代法律方法论来理解即为创造性补充，两案的处理结果均无任何律例作为依据，而是采用了“妻子凌迟处所重责、犯事地方枷号”这种具有明显针对性的处理方法以警示犯夫。笔者认为，这一类案件在清代数量很少，清代的各级法司极少使用这种方法裁决案件，其原因大概有以下几点：其一，对于疑难案件径行裁判而不比附援引构成要件相类似的条款，容易在很大程度上破坏律例体系的稳定性，从而形成一种司法擅断的不良趋势。而这恰恰是皇帝所不愿意看到的。一旦该种法律方法得以大规模适用，就会对于整个刑事司法领域产生破坏。而“断罪无正条”以及“断罪引律令”的律例恰恰就是对于该种法律方法的否定。其二，律典之中已经明文规定了比附援引的司法方法，并且同时也要追究违反规定的相关司法官员的责任。因此各级法司并没有法定的权力去擅自运用这种在一定程度上并无太多依据的方法。其三，比附援引是遵循“相同、相似情节得到相同、相似处理”的法理，而比照现行律例，本身就是一种皇权在司法领域得以彰显的表现。但倘若完全脱离现行律例进行拟罪，对于官员来说，就是对律典乃至皇权的否定，甚至对于皇帝本人来说，也是等于变相承认了作为朝廷大经大法的《大清律例》的彻底无效，违背了祖制，同时容易给臣民留下一个罪行擅断的暴君形象。综合以上几点，我们也就容易理解清代这类案件极为少见的缘故了。〔2〕

二、因案生例中的法律解释

现代法律解释方法大致分为文义解释、论理解释、比较法解释和社会学解释，其中论理解释又包括体系解释、立法解释、扩张解释、限缩解释、当

---

〔1〕《大清律例根原》卷之八十八，《刑律·斗殴下·殴祖父母父母》。

〔2〕参见《驳案续编》卷七，《子媳殴毙翁姑犯夫匿报及贿和分别拟罪》。

然解释、目的解释和合宪性解释。[1]在清代刑案中，各级法司若想进行裁判，就必须先搞清楚作为大前提的律例本身的含义，然后才能够在此基础上予以适用。而《大清律例》本身又极为繁杂，加之存在各类的成案、通行等法律渊源，因此解释律例就成为每一个清代司法官员必须面对的事情。当律例文义含混以致影响适用时，清代官员就会采用一些古今相通的法律方法对律例进行解释，并最终生成一些解释性而非续造性的新例。如果说经过解释，仍然无法裁判案件，那么他们自然会选择如上文中所提到的目的性限缩、类推适用等方法进行法律续造。尽管法律续造是对于现行律例体系的发展，但同时也意味着一种否定，频繁的法律续造在实质意义上完善律典的同时，也在形式上降低了律典的稳定性。因此，只要能够通过解释律例，还原某些条款最初的立法本意并能够得出“情罪允协”的法律结论的话，那么清人还是会倾向于解释法律这种相对保守而温和的方式。

（一）文义解释

所谓文义解释，就是指当法律规范出现意义含混的时候，法官根据字词通常所具有的含义对于条款进行解释，而不另外通过其他的途径。由于法律规范本身由文字进行表述，而文字又往往具有多种含义，不同的人基于不同的立场、知识背景也会作出不一样的解读，所以导致了法律适用的不确定性。因此司法官员要想准确地裁判案件，首先需要尽可能地通过阐释字词含义来确定法律规范的含义，再将其作为涵射的大前提适用于案件之中。无论在理论还是实务中，文义解释都应当是法官通常首先选择的法律解释方法。黄廷延认为，清代的司法官员通常根据律例字词的一般意义与汉语的一般语法规则解释律例。[2]笔者认为，在刑案中，清代各级法司也常常对于律例中含义不清的部分进行字词上的解释。

有嘉庆十七年（1812 年）张张氏同时同地发掘三冢一案。吴毛七首先起意发掘何锦堂家的祖坟，张张氏听从并一起犯案。三座祖坟中，一座已经被开棺见尸，其他两座的石坑已经被挖掘开，两座棺材均已经朽烂，其中尸骨无存。江苏巡抚将张张氏依例拟充军刑，并具题皇帝。“发塚”律规定：“凡

---

〔1〕 参见梁慧星：《裁判的方法》（第 2 版），法律出版社 2012 年版，第 105 页。

〔2〕 参见黄廷延：“从具体案件看清代刑事司法中的文义解释”，载《西部法学评论》2010 年第 2 期，第 16 页。

发掘他人坟冢，已开棺椁见尸者，绞监候。”〔1〕“发塚”律所附嘉庆九年（1804年）条例规定：“发掘常人坟冢，见棺椁为首，与开棺见尸为从一次者，俱改发近边充军；开棺见尸为从二次者，实发烟瘴充军。如年在五十以上，见棺椁为首，与开棺见尸为从一次者，发附近充军；开棺见尸为从二次者，仍发烟瘴充军。若为从开棺三次，及至三次以外，实有赃证次数，确据事主告发实情者，照窃盗三犯律，拟绞监候。为从三次，实系帮同开棺，秋审入于情实。”〔2〕

刑部在复核过程中认为，张张氏听从吴毛七发掘何锦堂家祖坟，根据现场勘察的结果，其中何刘氏的坟冢已经被开棺见尸，而何徐氏、何凌氏的坟冢的石坑已经被挖开，露出了两口朽烂的棺材，并且尸骨、衣物无一留存。并且根据江苏巡抚的声明，即使尸骨尚存，也属于开棺见尸。首犯吴毛七在坟冢内摸取旧钉，然后递给张张氏。而旧钉之处，恰恰就是尸骨所在之处。因此，摸取旧钉必然导致尸骨显露。况且，连续开棺见尸，情节非常残忍，即使发掘数塚均为同时同地，仍然应当按照所发坟冢的数量为算。根据“发塚”律文，为首之犯不分发塚次数，一概拟以绞监候。而根据定例，为从之犯分别次数治罪。因此刑部认为张张氏应当改照“为从三次”例拟绞监候。最终生成条例。“发塚”律所附嘉庆十九年（1814年）条例规定：“发掘常人坟冢，见棺椁为首，与开棺见尸为从一次者，俱改发近边充军；开棺见尸为从二次者，实发烟瘴充军。如年在五十以上，见棺椁为首，与开棺见尸为从一次者，发附近充军；开棺见尸为从二次者，仍发烟瘴充军。若为从开棺三次，及至三次以外，均以见尸为一次，不得以同时、同地连发多塚作一次论。”〔3〕

从上引案件可以看出，该案的焦点就在于对于条例中“为从一次”“为从二次”次数的认定。江苏巡抚认为虽然何刘氏、何徐氏、何凌氏三塚被发掘，但系同时同地，只应该算作开棺见尸一次，故而针对张张氏听从吴毛七同时同地发掘三塚的行为，江苏巡抚只将其拟近边充军。而刑部则从文义方面对于发塚次数进行解释，即指出发掘次数应当以所发坟冢数量为算，而不论该

---

〔1〕《大清律例根原》卷之七十一，《刑律·贼盗下·发塚》。

〔2〕《大清律例根原》卷之七十一，《刑律·贼盗下·发塚》。

〔3〕《大清律例根原》卷之七十一，《刑律·贼盗下·发塚》。

行为是否连续同时同地。最终，刑部在奏定的条例中，以小注的形式将“均以见尸为一次，不得以同时、同地连发多塚作一次论”加于原条例之中。这种做法就能够更好地明确发塚次数的认定标准，从而保证以后对于该类行为的法律适用。

有学者认为，在司法裁判中进行严格的文义解释，是采用成文法律体系的国家在其司法程序中所必然的要求，而清代正是一个成文法典体系已经非常完善成熟的时期，因此按照字词的通常含义解释律例是清代司法的一个重要特征。[1]谢晖教授提到，在中国古代的司法裁判中，只要存在相关法律，司法官员就会适用法律规定进行裁判。[2]笔者认为，文义解释方法对于清代各级法司解决刑案，能够起到以下几点作用：其一，它能够保障《大清律例》得到严格的适用，并进而保证皇帝的意志在帝国司法领域内的张扬；其二，它能够有效地限制各级法司在刑案中的罪刑擅断，防止司法权被臣下擅权；其三，它能够有效保障普通百姓的各项人身、财产权利，防止各级官员脱离文本的一般含义进行解释从而损害百姓的利益。[3]

（二）体系解释

所谓体系解释，就是指将一部法典乃至整个法律体系中不同的法律规范视为一个整体，当理解个别条文出现困难的时候，参考、对比其他同一体系内的其他条文，最终确定其真正含义。这种解释方法背后的依据就是，法律规范之间是一个有机结合、彼此相通的关系，因此不可将其人为地割裂开来。《大清律例》近袭明律，远宗唐律，在内部的篇目、框架、体例上已经非常完善、成熟，《名例律》相当于现代的刑法总则，统领全篇。《吏律》《户律》《礼律》《兵律》《刑律》《工律》朝廷六部的顺序依次展开，每一篇又分为若干门类，数千条条例又附载于436条律文之后。律典本身前后呼应，有条不紊。因此，清代的各级法司在审理刑案时，常常会通览律例全篇以确定具体条文的含义。有学者认为，清代各级法司在遇到律例文义不明确的时候，往往通过比较《大清律例》中不同的律例，形成和完善他们对于律例体系的整

---

〔1〕 参见黄廷延：“清代刑事司法中的严格法律解释”，载《中国刑事法杂志》2009年第2期，第120页。

〔2〕 参见谢晖：《中国古典法律解释的哲学向度》，中国政法大学出版社2005年版，第201页。

〔3〕 参见《刑案汇览》卷二十，《发冢·同时同地发掘三冢从犯拟绞》。

体认识，并进而确定某条律例的真正含义。[1]

有乾隆四十一年（1776年）僧静峰起意殴死俗家胞弟周阿毛图赖邢直武一案。僧静峰为浙江省内所属之剃度出家之人。由于其俗家胞弟周阿毛痴呆无用，静峰遂将其谋死图赖他人，以图泄忿。地方督抚依律将其拟绞监候。“殴期亲尊长”律所附乾隆五年（1740年）条例规定：“凡故杀期亲弟妹，照杀大功弟妹律，均拟绞监候。”[2]“僧道拜父母”律规定：“凡僧尼道士女冠，并令拜父母，祭祀祖先。丧服等第皆与常人同。”[3]但当刑部进呈皇帝秋审招册后，皇帝下旨认为，对于僧静峰不应当援引有关尊长殴死卑幼之律例，使其享有尊长的特权。乾隆皇帝从情理的角度作了以下分析：其一，静峰已经剃度出家，应当不再按照俗家服制予以处理其犯罪；其二，僧人致死人命，其也已经触犯了佛门戒律之杀戒；其三，静峰不念与周阿毛之手足情谊，反倒因其痴呆无用将其谋害。他还从律例的角度作了分析，即认为“僧尼道士女冠，并令拜父母”是专指僧尼对尊长有犯。刑部遵照皇帝旨意，重新对于“僧尼道士女冠，并令拜父母、祭祀祖先。丧服等第皆与常人同”这一条例进行解释。即认为僧道虽然已经出家，但只应该溯及其祖父母、父母，“而绝无旁及之条”。因此向来办理僧人杀人的案件，均按照寻常斗杀按律定拟，并且于秋审之时无不从严核办。但至于僧人杀伤本宗尊长卑幼之案，常常拘泥于“丧服等第与常人同”这一语句。因此，导致了谋故杀俗家卑幼，竟然使得犯了杀戒的僧人由于其俗家服制而量从末减的尴尬局面。因此应当遵照上谕，修订条例。最终刑部奏明皇帝，新例得以生成。“殴期亲尊长”律所附乾隆四十二年（1777年）条例规定：“凡僧人有犯本家祖父母、父母及有服尊长，仍按服制定拟外，若致死本宗卑幼，无论斗、殴、谋、故，俱以凡论。女尼、道士、喇嘛有犯，一例办理。”[4]

在该案中，最初督抚将僧静峰拟绞监候，刑部照覆。但皇帝对该律作了文义解释、体系解释和限缩解释，认为僧人对本身亲属有犯，专指尊长而言，如若致死俗家卑幼，应当以凡人论。清代继续遵循三纲五常的儒家礼教，在

---

〔1〕参见王志林：“中国传统法律解释的技术与意蕴——以清代典型的注释律学文本为视域”，载《法学家》2014年第3期，第22~23页。

〔2〕《大清律例根原》卷之八十七，《刑律·斗殴下·殴期亲尊长》。

〔3〕《大清律例根原》卷之四十二，《礼律·仪制下·僧道拜父母》。

〔4〕《大清律例根原》卷之八十七，《刑律·斗殴下·殴期亲尊长》。

刑律中的表现就是尊长侵害卑幼，尊长受到较之常人相犯更轻的刑罚，卑幼侵害尊长，卑幼则受到较之常人相犯更重的刑罚。因此，该律的主要出发点即在于，如果不承认僧尼、道士、女冠等出家之人的服制，那么当其侵害尊长时，若以常人论罪，会比依照服制论罪受到更轻的刑罚，而这明显不符合名教的要求。而若当其侵害卑幼时，若以服制论罪，出家之人又可以减轻其刑罚，而这又违背了佛、道二教的宗旨，放纵了有关犯罪者。因此该律规定的目的是不纵容出家之人，使得出家之人卑幼不因其出家而减轻其冒犯尊长的责任，同时，出家尊长又不因为其出家，而减轻其侵害卑幼的责任。在理解了上谕所指出的意思后，刑部“推原律意”，认为僧人杀伤亲属之案，之前审判拘泥于律中“与常人同”一语，而未从整个体系的角度，结合律内仅令拜父母、祖先的意思。且僧人已破杀戒，“既犯王章，又破佛律”，倘若谋故杀本宗卑幼反而因其服制减轻其罪，显然不合情理。故最终生成新例将僧静峰仍按照凡人论处。〔1〕

有道光二年（1822 年）刘顺悰、邓添元被刘允高戳死一案。邓添元开设了一家肉铺，后由于人手不足，请了刘顺悰和同姓不宗的刘允高在铺里帮工，三人之间并非主仆关系。后刘顺悰因为琐事斥骂刘允高懒惰、误工，导致两人斗殴，刘允高顺手从铺案上拿起屠刀戳伤了刘顺悰的左乳部位。邓添元听闻吵闹，急忙赶来查看，见状遂声称将要把刘允高送官府惩处。刘允高忆起邓添元平日就经常听从刘顺悰的挑拨、教唆，于是一不做二不休，亦用刀也戳伤了邓添元的腹部，导致其死亡。湖北巡抚杨懋恬依例将刘允高拟斩立决。“杀一家三人”律所附嘉庆十四年（1809 年）条例规定：“凡杀一家非死罪二人，及杀三人而非一家，内二人仍系一家者，拟斩立决、枭示，酌断财产一半，给被杀二命之家养赡。倘未犯监故，财产仍行断给。如致死一家二命，系一故、一斗者，及杀三人而非一家者，与本欲谋杀一人，而行者杀三人案内造意不行之犯，俱拟斩立决，奏请定夺。毋庸断给财产。”〔2〕但刑部在核拟时指出，湖北巡抚杨懋恬对于该条例的理解有所偏差，因此拟判并不正确。刑部首先查阅了该律的律注。“杀一家三人”律的律注：“一家谓同居，虽奴

〔1〕 参见《驳案新编》卷二十四，《刑律·斗殴下·图财谋杀卑幼斩决》。
〔2〕《大清律例根原》卷之七十七，《刑律·人命·杀一家三人》。

婢、雇工人皆是。”〔1〕刑部解释道，虽然根据律注的规定，同居之雇工人在家人范围之内，但在本案中，该条例仍然不能够适用。因为适用该条例还需要满足另一个构成要件，即杀人者必须不在这一家范围之内。由于刘允高本人也是邓添元家的雇工人，因此他也属于邓添元同居家人之一，从而不能适用“杀一家三人”律的相关条例。刑部认为，刘允高和邓添元并没有任何的主仆名分，因此刘允高杀死刘顺悰和杀死邓添元的两个行为应该分别定拟，并根据《名例律》的相关规定以其重者进行论处。“二罪俱发以重论”律规定：“凡二罪以上俱发，以重者论。”〔2〕最终刑部奏请皇帝专门制定新例，以明确这种法律适用。“杀一家三人”律所附道光四年（1824年）条例规定：“凡杀死同主雇工，复杀死雇主至三命者，如内有雇主二命，仍分别有无主仆名分，各照凡人谋、故、斗杀一家二命及杀死家长本律、本例问拟。若杀死同主雇工及雇主各一命者，不得以一家二命论，仍从一科断。”〔3〕

在该案中，首先，湖北巡抚杨懋恬错误地理解了“杀一家三人”律所附条例，认为只需要案情满足被杀之人属于一家、被杀为二人、杀人的方式属于斗杀加故杀这三个构成要件，就可以适用该条例，因此他将刘允高拟斩立决。但是刑部则根据律注从《大清律例》的整体对于该条例进行了解释，认为适用该条例不仅需要满足上述三个条件，还需要满足杀人者是家人以外的人这一条件。而刘允高恰恰与刘顺悰都属于邓添元的雇工，因此无法适用该条例。刑部在题本中提到“惟律例内并无明文，该省即经误会。自应明立专条”，可见，刑部为了防止各省督抚、将军、都统误解了条例的本意而导致错误的拟判，特意纂定了新例以进行解释，从而保证律例的正确适用。

（三）历史解释

所谓历史解释，就是指司法官员通过追溯法律条款的制定、修正过程，来明确现行条款的真正含义的方法。笔者在上文中已经指出，《大清律例》不仅在历史渊源上近袭明律，远宗唐律，而且自身也曾有《大清律集解附例》《大清律集解》，并进行了较为频繁的修例活动。因此清代各级法司在律例文义不甚明确的情况下，常常分析、研究相关条款的历史沿革过程，来确定具

〔1〕《大清律例根原》卷之七十七，《刑律·人命·杀一家三人》。

〔2〕《大清律例根原》卷之十二，《名例律下·二罪俱发以重论》。

〔3〕《大清律例根原》卷之七十七，《刑律·人命·杀一家三人》。

体字词的含义以及该条款背后的立法精神。王志林认为，在刑案审理过程中，注重对律例演变历史的考证和梳理，并且尊重先前立法者以及律学家的言论和著作，甚至历代经学家的学说，是清代法律适用的重要特点。〔1〕

有道光十四年（1834年）王年贵一人抢夺陈家栋银镯，推跌事主成伤一案。王年贵籍贯四川省，于道光十四年（1834年）间见陈家栋手带银质手镯，故起意骗取。但陈家栋不允，于是王年贵直接进行抢夺。陈家栋见状连忙拉住王年贵的衣服，不让其走脱，并且大声哭喊。王年贵为了逃跑，只能用力将陈家栋推到下坡，使其左右胯部有所损伤，最终伤轻平复。四川总督找到了两条都可以适用于本案的条例，但它们相互矛盾。一条是"白昼抢夺"律所附嘉庆九年（1804年）条例规定："凡白昼抢夺杀人者，拟斩立决；为从帮殴，如刃伤及手足、他物至折伤以上者，俱拟绞监候；伤非金刃而又非折伤者，发云贵、两广极边、烟瘴充军……伤非金刃、伤轻平复之首犯，改发极边、烟瘴充军。年在五十以上，刃伤及折伤为从，仍照原例发近边充军。伤非金刃、伤轻平复为首，发边远充军。"〔2〕根据该条例，王年贵应当被拟以极边、烟瘴充军。

另一条是"白昼抢夺"律所附道光九年（1829年）条例规定："川省匪徒、并河南、湖北、安徽等三声交界地方，及山东之兖州、忻州、曹州三府，江苏之淮安、徐州、海州三府、州，如有红胡子、白撞手、拽刀手等名目……其在野拦抢未经伤人之案，除实犯死罪外，数在三人以下犯该徒罪以上，不分首、从，俱发云贵、两广极边、烟瘴地方充军……但伤人者，如刃伤及折伤以上，拟斩监候；伤非金刃、伤轻平复，拟绞监候。"〔3〕因此，如果根据该条例，王年贵应当被拟绞监候。

因为有两条条例看似较为矛盾，所以四川总督对于如何处置王年贵有所疑问，于是向刑部发出咨文，请求刑部指示如何适用律例。刑部为了回答四川总督的问题，解决王年贵一案中所遇到的法律适用问题，便开始对条例的历史渊源进行了爬梳，重点梳理了"川省匪徒在野拦抢"例自生成到发展的历史过程。

---

〔1〕参见王志林："中国传统法律解释的技术与意蕴——以清代典型的注释律学文本为视域"，载《法学家》2014年第3期，第18~19页。

〔2〕《大清律例根原》卷之六十二，《刑律·贼盗中·白昼抢夺》。

〔3〕《大清律例根原》卷之六十二，《刑律·贼盗中·白昼抢夺》。

刑部认为该条例是于乾隆二十三年（1758 年）纂定的，当时的原文是"川省啯匪纠伙五人以上，在于场市人烟凑集之所横行抢劫者，不论曾否得财，为首，照光棍例拟斩立决；为从同抢者，俱拟绞监候。其在野拦抢止二三人者，分别首、从，犯该徒罪以上，俱发云贵、两广极边、烟瘴地方严行管束。"[1]此时该条例的文义还较为明确，在野拦抢必须达到二三人，才能够予以适用，而如果仅有一人单独作案，则不能适用。

到了乾隆四十六年（1781 年），由于在野拦抢达到四人以上在条例中没有明文规定，因此刑部奏请皇帝制定新例。"白昼抢夺"律所附乾隆四十八年（1783 年）条例规定："川省匪徒在野拦抢未经伤人之案，除数在三人以下者仍照旧例发烟瘴充军外，如四人以上至九人者，不分首、从，俱改发伊犁给厄鲁特为奴，均面刺'外遣'。如有脱逃，拿获即行正法。但伤人者，即将伤人之犯拟绞监候。若数在十人以上，无论伤人与否，为首，拟斩立决；为从，拟绞监候。"[2]因此该例规定的四人以上和乾隆二十三年（1758 年）奏定的条例互为补充，从人数上将白昼抢夺的各种情况都包含在内。

到了嘉庆二十四年（1819 年）修例的时候，刑部将上述两条例文归并在一条例文之内。"在野拦抢止二三人者"与"数在三人以下者"两语合并为"除实犯死罪外，数在三人以下犯该徒罪以上"一语。这么做的原因是"数在三人以下"与下文的"四人以上至九人""数在十人以上"两语较为连贯，能够上下呼应，但是并非将一人白昼抢夺的情况予以加重处理。同时刑部还指出，对于四川省白昼抢夺行为的加重，正如例内所提到的"纠伙五人以上"，主要针对的是已经形成固定团伙的匪徒。因此针对王年贵一个人作案的行为，不应当适用该条例，而应适用寻常的仍被拟极边、烟瘴充军。因此，刑部在回复四川总督的咨文同时，还奏请道光皇帝将条例予以修订，以更好地明确条例的真正含义，保证《大清律例》的正确适用。最终生成条例的条例，又将嘉庆二十四年（1819 年）的"数在三人以下"改回了"止二三人"。"白昼抢夺"律所附道光十四年（1834 年）条例规定："川省匪徒，并河南、安徽、湖北等三省交界地方，及山东之兖州、沂州、曹州三府，江苏之淮安、徐州、海州三府、州，如有红胡子、白撞手、拽刀手等名目，在于场市人烟

[1]《大清律例根原》卷之六十一，《刑律·贼盗中·白昼抢夺》。

[2]《大清律例根原》卷之六十一，《刑律·贼盗中·白昼抢夺》。

凑集之所横行抢劫，纠伙不及五人者，不分首、从，俱改发云贵、两广极边、烟瘴充军。但伤人者，如刃伤及折伤以上，拟斩监候；伤非金刃、伤轻平复，拟绞监候。如纠伙五人以上，不论曾否得财，为首，照光棍例拟斩立决；为从同抢者，俱拟绞监候……其在野拦抢未经伤人之案，除实犯死罪外，数止二三人犯该徒罪以上，不分首、从，俱改发极边足四千里充军；如四人以上至九人者，不分首、从，俱改发云贵、两广极边、烟瘴充军。但伤人者，如刃伤及折伤以上，拟斩监候；伤非金刃、伤轻平复，拟绞监候。若数至十人以上，无论伤人与否，为首，拟斩立决；为从，拟绞监候；被协同行者，改发云贵、两广极边、烟瘴充军。”

在该案中，我们可以发现，最终生成的条例本质上并没有对原有条例作出太多更改，而是注重澄清其本来含义，防止其模糊不清影响其在案件中的正确适用。刑部将“川省匪徒在野拦抢”例从乾隆二十三年（1758 年）奏定一直到道光十四年（1834 年）王年贵一案案发，一共 76 年间发展的过程都一一进行了回顾和梳理，发现导致该条例与寻常白昼抢夺例文相矛盾的原因，就在于嘉庆二十四年（1819 年）年，为了修并条例后，在行文上的前后连贯、呼应，而将“止二三人者”改为了“数在三人以下”。因此刑部不仅就个案指导了四川总督，而且推而广之，由此案作为修例的一个原因，将条例中容易造成有司误解的字词作了修正。最终，刑部通过追溯该条例的生成、发展的历史脉络，探求了其真正含义。刑部在道光十四年（1834 年）王年贵一案中的做法，其实就是一次典型的历史解释方法在实际案例中的运用，并最终上升到了修订条例的立法层面。〔1〕

有道光十二年（1832 年）逸犯赵幅挑唆朱起富诬指良民张发为窃犯拷打致死一案。朱起富籍隶承德县，听从逸犯赵幅之言，将张发诬指为窃犯，并用铁链将其拴住，致其骨折并于七十二日后死亡。对于该案如何拟罪，奉天府尹有两个疑问。其一，诬良为窃并拷打致死的案件，是否只是将为首的人拟斩监候，而将其他从犯发边远充军。他还列举了下列条例。“诬告”律所附道光九年（1829 年）条例规定：“凡诬良为窃之案，如拷打致死者，俱拟斩监候。”〔2〕“恐吓取财”律所附乾隆五十三年（1788 年）条例规定：“凡将良民

〔1〕 参见《刑案汇览》卷十六，《白昼抢夺・川匪拦抢仅只一人各照本例》。
〔2〕《大清律例根原》卷之九十二，《刑律・诉讼・诬告》。

诬指为窃，称系寄买贼赃，将良民捉拿拷打、吓诈财物，或以起赃为由沿房挖捡、抢夺财物、淫辱妇女，除实犯死罪外，其余不分首、从，俱发边远充军。”[1]“共犯罪分首从”律规定：“若本条言皆者，罪无首从；不言皆者，依首从法。”[2]奉天府尹认为“恐吓取财”律的条例既然规定了除实犯死罪以外不分首从，因此实犯死罪就应该分首从。但是“诬告”律的条例又写明为“俱拟斩监候”，这里的“俱”似乎并非指不分首从。其二，被拷打致死的人如果死在保辜正限、余限之外，是否仍旧将各犯拟充军刑。为此，奉天府尹向刑部发出咨文，请求给予指示。刑部收到咨文以后，就开始了相关的调查工作。

针对第一个问题，刑部认为，既然“共犯罪分首从”律已经明确规定必须有“皆”字才不分首从，那么既然“诬告”律的条例没有“皆”字，那么自然应该仍然分别首犯、从犯，而不应该拘泥于“俱”字，将首犯、从犯都拟斩监候。道光四年（1824 年）的原条例为：“凡诬窃致毙人命之案，如死者实系良民，不问是否有心诬窃，及死虽旧匪，而诬窃出于有心，拷打伤重致死者，俱拟斩监候。”[3]后来在道光九年的时候将“如死者实系良民，不问是否有心诬窃，及死虽旧匪，而诬窃出于有心”的字样删除，但未删除“俱”，所以导致了奉天府尹对该条例的错误理解。

针对第二个问题，刑部认为，“保辜限期”律在《刑律·斗殴》门内，因此只适用于寻常斗殴。而“诬告”律所附的条例是在乾隆四十八年（1783 年）照故杀律所制定的。“诬告”律所附乾隆四十八年（1783 年）条例规定：“凡诬良为窃，吓诈逼认，因而致死，照诬告致死律，拟绞监候。如系因拷打伤重致死者，照故杀律，拟斩监候。”[4]该条例删去“照故杀律”是在道光四年（1824 年）的时候。既然故杀的行为不能适用“保辜限期”的规定，那么该条例也不能适用。最终生成条例。道光十四年（1834 年）条例规定：“凡诬良为窃之案，如拷打致死者，拟斩监候。”[5]

在该案中，首先，刑部采用文义解释的方法，指出既然“共犯罪分首从”

[1]《大清律例根原》卷之六十九，《刑律·贼盗下·恐吓取财》。
[2]《大清律例根原》卷之十二，《名例律下·共犯罪分首从》。
[3]《大清律例根原》卷之九十二，《刑律·诉讼·诬告》。
[4]《大清律例根原》卷之九十二，《刑律·诉讼·诬告》。
[5]《大清律例根原》卷之九十二，《刑律·诉讼·诬告》。

律已经规定了只有“皆”字才不分首从，那么即使有“俱”这个看似与“皆”的同义词，也不能够当作“皆”来使用。其次，刑部追溯了该条例的演变路径，研究了“俱”字导致奉天府尹误解的原因。该条例在道光九年（1829年）修定时删去了一些字样，而“俱”字在原条例中恰恰是指代被删去的“如死者实系良民，不问是否有心诬窃，及死虽旧匪，而诬窃出于有心，拷打伤重致死者”这几种情况，而并非指不分首犯、从犯。同时，刑部也发现，道光四年（1824年）修例的时候，曾将该条例中“照故杀律”的字样删去，而这又导致了奉天府尹不知是否适用“保辜限期”的相关规定。最终，刑部在新的条例中删除了“俱”字，从而保证了其后相关的法律适用。〔1〕

（四）目的解释

所谓目的解释，就是指当法律条款存在多种解释的可能性时，司法官员通过推究当初立法者制定该条款的立法宗旨、精神和目的，去确定条款的确切含义。在任何国家，法律都是被用于社会治理，清代也概莫能外。如果结合清代的立法宗旨与精神，我们可以发现，“重其所重，轻其所轻”是清代刑法的一大特色。对严重危害朝廷安危、社会秩序、民众人身、财产安全的行为予以严惩，而对于社会危害性不强的行为，则在一定程度予以减轻刑罚。王志林认为，清代律学家与各级法司将“务于治”和“安于仁”作为解释律例的一种角度。〔2〕笔者同意这种观点，并举以下几个案例进行说明。

有道光四年（1824年）回民马五六儿结伙行窃一案。回民马五六儿先前已经被判处近边充军，其后脱逃，并听从回民丁熟夫儿等四人安排，用一根较长的木杆制造云梯，并将同伙携带，其余均徒手行窃刘泳玜一家财物。陕西巡抚依例将马五六儿拟杖一百、徒三年。“窃盗”律所附嘉庆十四年（1809年）条例规定：“回民行窃，除赃数满贯、罪无可加及无伙众持械情状者，均照律办理外，其结伙三人以上，执持绳鞭器械者，不分首、从，不计赃数、次数，改发云贵、两广极边、烟瘴充军。若结伙虽在三人以上，而俱徒手行窃，并无执持绳鞭器械者，于军罪上减一等，杖一百、徒三年。”〔3〕刑部对此拟判并不认可。

〔1〕参见《刑案汇览》卷四十八，《诬告·诬窃拷毙不准保辜仍分首从》。

〔2〕参见王志林：“中国传统法律解释的技术与意蕴——以清代典型的注释律学文本为视域”，载《法学家》2014年第3期，第24~26页。

〔3〕《大清律例根原》卷之六十四，《刑律·贼盗中·窃盗》。

刑部查询之前相关案例后发现，嘉庆二十四年（1819 年）曾经专门针对山东省制定了新的条例。“窃盗”律所附条例规定：“山东一省窃贼，除赃数满贯、罪无可加及行窃仅止一二人，仍照旧例办理外，其窃贼结伙在三人以上，执持绳鞭及刀斧、棍棒等器械者，不分首从、赃数、次数，俱发云贵、两广极边、烟瘴充军；三人以上，徒手行窃者，于军罪上减一等，杖一百、徒三年。”[1]嘉庆二十五年（1820 年）山东巡抚曾经针对该新例向刑部发出咨文，认为一方面软梯等器械一般也用来作为窃贼偷盗常用的器械，同时也可以用来拒捕。但是这些器械并非绳、鞭等凶器，因此如果将软梯等器械也比作真正的凶器进行处理，被拟充军刑的话，就会造成情节轻，但刑罚重的结果。另一方面，如果结伙作案中的一人随身带有小刀，但其他人并不知晓，那么对于这种情况也认定为持械进行科断的话，那么也同样会造成量刑有所平允的结果。刑部对山东巡抚的回应是，条例内所谓的“非徒手”，就是指执持器械。而民间所用器械十分广泛，例如顺杆、软梯、铁凿、铁锹、小刀等物件，都可以包含在“器械”二字之内。这些器械又可以帮助行窃，又可以用来拒捕，自然应当被认为是持械。当时刑部在回复山东省巡抚的咨文中也提到，该条针对山东省的新例是仿照回民行窃例奏定的，而回民行窃结伙三人以上，必须均为徒手，并无任何器械，才能够被减等拟以杖一百、徒三年。即使有一人携带小刀，就不属于徒手的范围，应当依照条例的规定拟充军刑。

而回到马五六儿一案，刑部认为回民较为彪悍，往往结党成群、执持器械地进行犯罪，与普通犯罪有所不同，因此只要非徒手行窃，无论何种器械，均应当被拟充军刑。刑部还从体系上进行解释，即指出条例中有“俱徒手行窃”就是指无一人执持器械，因此只要有一人执持器械，就属于条例中所指“执持器械”。既然针对山东省的条例是仿照回民窃盗条例制定，而刑部在嘉庆二十五年（1820 年）已经说明了山东省的窃盗新例中“器械”所含甚广，只是不一一列举而已，因此回民窃盗条例中的“器械”同样可以作出这样的解释。故针对马五六儿一案，用木杆做成的云梯自然应该被认为是“器械”，而不应该被认定为徒手行窃，因此马五六儿应当被拟改发云贵、两广极边、烟瘴充军之刑。最后生成条例。“窃盗”律所附道光四年（1824 年）条例规定：“回民行窃，除赃数满贯、罪无可加及无伙众持械情状者，均照律办理

[1]《大清律例根原》卷之六十四，《刑律・贼盗中・窃盗》。

外，其结伙三人以上，但有一人执持器械，无论绳鞭、小刀、棍棒，俱不分首、从，不计赃数、次数，改发云贵、两广极边、烟瘴充军。若结伙虽在三人以上，而俱徒手行窃者，于军罪上减一等，杖一百，徒三年。"〔1〕

在该案中，刑部通过推究制定回民窃盗条例的目的、回民窃盗条例与其他条例的关系，阐释了"徒手"和"器械"两词的真正含义。从制定该条例的目的角度来说，回民犯罪所造成的社会危害性往往较大，属于朝廷的刑事政策中的"重其所重"的范围，因此当初立法的目的就是对其予以严厉惩罚。得出这样的结论后，刑部就有充分的理由对"徒手""器械"作出更宽泛的解释。倘若不这样做的话，就会导致轻纵了回民窃盗行为，使得其更加有恃无恐，从而严重影响朝廷对于民间社会的治理。从体系角度来说，刑部发现，在嘉庆二十五年（1820 年）其自身就已经对山东省窃盗新例进行了解释，其解释的重点就是"徒手"和"器械"二语。既然该例是仿造回民窃盗条例而制定，那么对于相同字词也应当作出相同的解释，否则既不符合立法目的，也违反了体系解释的原理。因此，针对马五六儿结伙利用云梯行窃一事，刑部认为就应当将其拟充军刑，而非陕西巡抚所拟的徒刑。〔2〕

有乾隆年间王学孔等节次偷刨坟墓一案。王学孔与敖子明均籍隶阳信，居住在同一个村庄。乾隆三十六年（1771 年）九月二十四日，敖子明到该县乞讨，正好遇见日照县民朱继祖之祖母李氏出殡，安葬新庄。敖子明路过看见，知道朱继祖家境丰裕，因此推断棺殓中必然有价值不菲的陪葬品。敖子明起意发掘，邀请王学孔入伙。二人于是夜携带工具到坟地，将李氏之坟墓刨开，并翘起棺盖，剥去尸衣，后至敖子明家，卖钱分用。乾隆三十七年（1772 年）三月初三，该县民高得成之母张氏葬于官窑庄外，正巧被王学孔看见，于是商同敖子明再行偷刨。于是夜，敖子明带锨，王学孔带镢同至坟前，刨开坟后又剥取尸衣，将棉袍卖钱花用，并藏匿了其余赃物。事主发现后报告县衙，牧令缉获王学孔等人。山东巡抚杨景泰将王学孔、敖子明按律拟绞监候，并声明该二犯系二三年后拿获，因此应当遵旨改为立决。"发塚"律规定："凡发掘他人坟冢，已开棺见尸者，绞监候。"〔3〕同时，乾隆三十九

〔1〕《大清律例根原》卷之六十四，《刑律·贼盗中·窃盗》。
〔2〕参见《刑案汇览》卷十六，《白昼抢夺·回民伙窃均系徒手方准拟徒》。
〔3〕《大清律例根原》卷之七十一，《刑律·贼盗下·发塚》。

年（1774 年）十一月曾有上谕："嗣后凡有重罪应入'情实'人犯，经二三年后始行就获到案，其本罪如系应拟斩、绞监候者，均著改为立决，以昭平允。"刑部认为，王学孔、敖子明二人均屡次偷刨坟墓，属于秋审应入"情实"的犯人。并且其偷刨朱李氏、高张氏之坟墓皆系二三年以前之事。如果当时拿获，自然早经正法。因此刑部同意按照山东巡抚杨景泰的拟罪，遵照上谕将二人从绞监候改为绞立决。但乾隆皇帝认为，杨景泰和刑部将王学孔、敖子明二人绞立决是误会了他当初发出上谕的本意。原上谕中所载："凡有重罪应入情实人犯，经二三年后始行就获，应改为立决"，是指谋故杀等犯情罪重大之人，因为其事关人命，本应抵偿人命。因此如果脱逃数年，被抓获之后自然应该"决不待时"。但像这种刨坟、发塚之人，虽然按照条例规定应当在秋审的时候入于"情实"，但是往往犯案者均为贫穷无奈所致，有司应当反省牧民不善之责，而犯案者本身并不需抵偿人命。因此虽然应入"情实"，但何必非要予以立决处置？接着皇帝提出了修例动议，即上谕所载"嗣后问拟斩、绞监候之犯，经二三年后始行就获者，何项应改为立决，何项仍应监候，并著刑部悉心核议，酌定条例具奏"。刑部领旨之后，便对于条例进行了如下修订。他们将有关人命应拟斩监候的共 53 条，以及应拟绞监候的 69 条内选取"犯罪拒捕杀人以及与谋杀、故杀情罪相等"者共 67 条，拟定为一旦脱逃至二三年被抓获，就改为立决。而此外的寻常命案，例如，斗杀、误杀、出于无心为从、加功、首犯业已抵命、尊长致死卑幼、长官致死部民以及一切被逼受累、死由自尽的条文，一共 55 条，规定虽入秋审"情实"，但仍拟监候。最终，刑部将这些应改立决、应仍监候的条例分缮清单二件，恭呈御览，最终生成新例"犯罪事发在逃"律所附乾隆四十二年（1777 年）条例规定："凡有关人命，应拟斩、绞人犯，脱逃二三年后就获，如谋杀、故杀及拘捕杀人等类情重之犯，倖稽顯戮者，各依原犯科罪。应监候者，俱改为立决；寻常命案，仍照本律、本例拟以监候。其无关人命，应拟死罪各犯，俱随案酌核情节，分别定拟。"[1]

在该案中，乾隆三十六年到三十九年（1771—1774 年）间，王学孔等人共偷刨朱李氏等三人坟冢，事后均被缉获。"发塚"律规定："发掘他人坟冢，

〔1〕《大清律例根原》卷之十三，《名例律下·犯罪事发在逃。》

开棺见尸者，绞监候。”[1]且案前上谕申明重罪入“情实”人犯，若二三年后到案，斩、绞监候均改为立决。由于“重罪”文义不够明确，导致督抚、刑部认为所有秋审入“情实”的人犯在事发二三年后到案，均要改为立决。但皇帝认为督抚、刑部“所办未免误会朕意”。他进而对原上谕作了目的解释和限缩解释，即发出上谕是为了针对符合情罪重大命须抵偿、应入秋审“情实”早应处死、事发在逃二三年后被抓获这三个构成要件的罪犯，到案后将其直接从死刑监候改为立决。“重罪”在此专指必须“抵命”之犯。而虽然发塚见尸之犯应入“情实”，但一般无须抵命，即属于朝廷认可的“轻其所轻”的范围，因此并不包含于原上谕“重罪”意思之内。如果法司将其也纳入立决范围之内，就会导致扩大了皇帝当初上谕的适用范围。最终刑部遵照上谕的要求，酌定了新例，专条解释该上谕，同时，为了彻底明确哪些情节应当被改为立决，哪些情节仍应当拟监候，不至于再次发生本案中同样的错误，刑部在新例后附上了67条应从监候改为立决的重罪，从根本上穷尽了所有情况。[2]

（五）当然解释

所谓当然解释，是指司法官员无法直接在成文法典中寻找到某个案件的法律适用依据时，通过分析一般事理，比较其他相关条款而获取较为明确的法律结论，并在案件中予以论证。在中国古代，当然解释也并未缺位，而是以“举重以明轻”“举轻以明重”的方式存于律典之中。有学者认为，这种解释方法不仅在立法上有明确的规定，在司法实践中也得到了充分的运用。[3]

有乾隆二十年（1755年）蔡通捉奸杀死胞叔一案。蔡弈凡是蔡通的胞叔，后与蔡通之妻卢氏通奸，正巧被蔡通发现。蔡通遂用刀砍伤蔡弈凡，并当场杀死卢氏。江苏巡抚依相关律、例将蔡弈凡拟绞立决。“亲属相奸”律规定：“若奸兄弟子妻者，奸夫、奸妇各绞决。”同时蔡通也被拟绞立决。[4]而“殴期亲尊长”律规定：“若侄殴伯叔父母、姑，各加殴兄姊罪一等。加者，

---

[1]《大清律例根原》卷之七十一，《刑律·贼盗下·发塚》。

[2] 参见《驳案新编》卷三，《名例下·斩绞人犯逃后被获分别立决监候》。

[3] 参见黄廷延：“清代刑事司法中的严格法律解释”，载《中国刑事法杂志》2009年第2期，第123页。

[4]《大清律例根原》卷之一百，《刑律·犯奸·亲属相奸》。

不加至于绞。如刃伤、折肢、瞎目者，亦绞。"[1]刑部在核覆过程中认可江苏巡抚对蔡弈凡的拟罪，但对蔡通的量刑有不同意见。刑部认为，"杀死奸夫"律明文规定："凡妻、妾与人通奸，而本夫于奸所亲获奸夫、奸妇，登时杀死者，勿论。"[2]条例中所言"奸夫"泛指一切奸夫，因此包含蔡通的胞叔蔡弈凡这种有服尊长。同时，"杀死奸夫"律所附乾隆五年（1740年）条例规定："本夫之兄弟，及有服亲属，皆许捉奸……但卑幼不得杀尊长，犯，则依故杀伯叔母、姑、兄姊律科罪。"[3]该条例虽然规定了捉奸可能会依律处罪的法律后果，但案情必须具有"本夫之兄弟及有服亲属""卑幼杀尊长"这两个构成要件。因此，刑部认为，既然捉奸的卑幼杀尊长才被处罚，那么本夫伤尊长就应免罪。同时，刑部还查阅了从前的相关案例，发现乾隆六年（1741年）河南按察使曾经上奏过本夫捉奸杀死尊长的案件，当时由于律无明文，因此酌情处理。刑部认为，如果说本夫捉奸杀死尊长如何处置尚且还有疑问的话，那么本夫捉奸致伤尊长就应该无须论罪处理。并且根据"亲属相奸"的律文，尊长与卑幼妻通奸的行为已经要被处以极刑，如果又将本夫捉奸致伤尊长的行为入罪的话，那么就很难保证本夫捉奸的权利。因此江苏巡抚对于蔡通的拟罪并不符合律例规定，应当对蔡通不采用任何刑罚。最终生成条例。"杀死奸夫"律所附乾隆二十一年（1756年）条例规定："有服尊长奸卑幼之妇，本夫捉奸杀死奸夫，除犯时不知，照律勿论外；其余奸所亲获奸夫、奸妇，登时杀死者，及非登时又非奸所，或已就拘执而杀者，皆照卑幼殴故杀尊长本律治罪。该督、抚于疏内声明，法司核拟时，夹签请旨。伤者，皆勿论。"[4]

在该案中，刑部主要采用了当然解释方法与反对解释方法。首先，刑部列明了"本夫捉奸"的律文，并根据"举重以明轻"的解释规则，指出本夫杀死奸夫相较于刃伤奸夫明显较重，而杀死奸夫尚且勿论，因此刃伤奸夫的本夫更应不予处罚。其次，刑部列明了"本夫有服亲属捉奸杀死尊长"的例文，又根据"明示其一即排除其他"的解释规则，指出条例中明确规定了"有服亲属"这个身份要件和"杀死尊长"这个行为要件，因此若是不符合

〔1〕《大清律例根原》卷之八十七，《刑律·斗殴下·殴期亲尊长》。
〔2〕《大清律例根原》卷之七十五，《刑律·人命·杀死奸夫》。
〔3〕《大清律例根原》卷之七十五，《刑律·人命·杀死奸夫》。
〔4〕《大清律例根原》卷之七十五，《刑律·人命·杀死奸夫》。

这两个要件，就不能够适用该条例。蔡通是本夫，又仅是刃伤胞叔，因此在身份要件和行为要件两个方面都不符合惩处要求，因此同样不应被惩处。

三、因案生例中多种法律方法的综合运用

在因案生例的过程中，清代官员往往综合运用上述多种法律方法，以达到“情罪允协”的理想结果。其中运用最多的一种组合就是目的性限缩加类推适用。即清代官员认为虽然案件事实可以适用某律例，但特殊情节的存在使得法律结论不合情理，因此有必要在对原律例的适用范围作出限制之后，根据案情重新比附律例予以裁判。正如陈新宇所说：“传统中国的罪刑法定关注的是‘此罪/罚’与‘彼罪/罚’的区别。这与近代意义上罪刑法定以保障人权为基石……侧重于‘有罪’与‘无罪’的判断，有着相当的不同。”〔1〕在清代成案中，绝大多数生成的条例并非将某种行为排除于律例适用范围之外，而是将其更好地纳入其中。美国学者对此现象也有经典的论述：“如果某法律条款规定了较为严厉的刑罚，而从字面上看该条款既适用于一些严重犯罪也适用于一些较轻的犯罪时，司法机构就会要求对该项法律条款作出解释，以排除该条款对于较轻犯罪的适用。当然这种解释不会导致对该较轻犯罪的放纵……就是说对这些较轻犯罪的处理，将会适用其他规定了较轻刑罚的条款。同样，如果某法律条款规定了较为轻微的刑罚，而从字面上看该条款既适用于一些较轻的犯罪，又适用于一些严重犯罪时，司法机构也会要求对该项法律条款作出解释，以排除该条款对于严重犯罪的适用。这种解释也不会导致该严重犯罪脱逃法律制裁，因为总是可以通过其他条款对于该犯罪给予制裁。”〔2〕

（一）目的性限缩与类推适用

有乾隆五十五年（1790 年）邵在志故杀小功堂侄邵朴一案。邵朴是邵在志的降服小功堂侄，邵朴素性游荡。乾隆五十四年（1789 年），邵朴行窃邵在葵家衣物，邵在志将赃物偿还。乾隆五十五年（1790 年）十二月初五日，邵朴在符璜家借宿，窃取其白布后逃跑。符璜将此事告诉了邵在志，邵在志当即予以赔偿，同时并未呈报衙门。十二月初九日傍晚，邵在志同兄邵在恭

〔1〕 陈新宇：《从比附援引到罪刑法定——以规则的分析与案例的论证为中心》，北京大学出版社 2007 年版，第 133 页。

〔2〕［美］D. 布迪、C. 莫里斯：《中华帝国的法律》，朱勇译，江苏人民出版社 2010 年版，第 387 页。

将邵朴找到，并且当场搜出赃物。邵朴祖母唐氏见状，遂责问邵朴，不料邵朴竟然将唐氏推跌在地。唐氏极为生气，命令邵在志将邵朴捆缚于柱子之上，待日送官究惩。后唐氏进屋寝息，邵在恭亦出门挑水。邵在志留在家中，极力劝阻邵朴能够改过自新、重新做人，不想邵朴竟然声称即使将其送官，也不是死罪，回家之后一定放火杀人予以报复。邵在志由于邵朴行窃，并不悔改，同时又玷辱祖宗，出言强横，故一时气忿，起意杀死邵朴。邵在志取来铁钉，戳伤邵朴，后又用铁榔头砸伤邵朴顶心偏左、囟门、左太阳等部位，最终使得邵朴被殴打致死。邵在恭回家之后，邵在志告知其将邵朴杀害的事情，两人合议将邵朴私自埋葬希图掩盖事实。后来经过了邵朴的弟弟邵富报告衙门，方才真相大白。由于邵朴是邵在志出继的胞兄之子，因为降服为小功。“殴大功以下尊长”律规定：“其殴杀同堂小功堂侄者，杖一百，流三千里。故杀者，绞监候。”[1]因此邵在志故杀邵朴，四川总督将邵在志按律拟绞监候，并具题皇帝。但刑部注意到了另外的两个律条。“殴祖父母父母”律规定：“凡子孙殴祖父母、父母者，皆斩。”[2]“罪人拒捕”律规定：“若罪人本犯应死之罪，而擅杀者，杖一百。”[3]刑部认为，由于邵朴屡次在外行窃，邵在志都帮其代为赔偿赃物。后和邵在恭将邵朴寻回后，邵朴推倒其祖母唐氏的行为，已经应被处以斩刑。而邵朴竟然又威胁将其报官之后，又要回家放火杀人，故邵在志不得已将其杀死。倘若在邵朴推倒唐氏时，邵在志就将邵朴杀死，自然应该按照“罪人拒捕”律的规定将邵在志处以杖一百。但邵在志是在唐氏已经寝息之后，由于邵朴口出狂言而将其殴死，因此与为了救母当场杀死他人有所不同，故不可按照“罪人拒捕”律处理。但邵在志毕竟是因为屡次行窃、屡教不改的邵朴玷辱祖宗，义忿至极的情况下殴死邵朴，并非无故杀死小功堂侄。刑部认为，如果倘若遵照四川总督的拟罪，将邵在志问拟绞监候，那么不得已杀死为匪卑幼的尊长与倚仗自己特权身份惨杀无罪卑幼的尊长就没有任何区别了。因此，刑部上题本于皇帝，请求将邵在志在“故杀小功堂侄拟绞”本律的基础上量减一等，拟杖一百、流三千里，并请求将本案上升为新例。该请求最终得到了皇帝的批准。“殴期亲尊长”律所附乾

---

〔1〕《大清律例根原》卷之八十六，《刑律·斗殴下·殴大功以下尊长》。

〔2〕《大清律例根原》卷之八十八，《刑律·斗殴下·殴祖父母父母》。

〔3〕《大清律例根原》卷之一百三，《刑律·捕亡·罪人拒捕》。

隆六十年（1795 年）条例规定："有服尊长杀死有罪卑幼之案，如卑幼实属罪犯应死者，无论谋、故，为首之尊长俱照擅杀应死罪人律，杖一百。听从下手之犯，无论尊长、凡人，各杖九十。其罪不至死之卑幼，如果训诫不悛，尊长因玷辱祖宗起见忿激致毙者，无论谋、故，为首之尊长，悉按服制于殴杀卑幼各本律例上减一等；听从下手之犯，无论尊长、凡人，各依为从余人本罪上减一等定拟。若有假托公忿、报复私仇及畏累图谋、挟嫌贪贿各项情急者，均不得滥引此例。"〔1〕

在该案中，邵朴屡次行窃，又推倒祖母唐氏。邵在志将其捆缚后待日送官，邵朴出言玷辱祖宗，故邵在志将其殴杀。因此四川总督依律将邵在志拟绞监候。在该案中，刑部的处理分为两步。首先是认定该案与寻常故杀小功堂侄不同。即刑部认为邵在志因邵朴玷辱祖宗而起意致死，并非私仇，且根据"殴祖父母父母"律邵朴为本系应死之人，倘若按照川督所拟，则"致死为匪凶逆卑幼之尊长与恃尊惨杀无罪之卑幼一律问拟，实不足以重伦常而惩逆恶。"从而采用了目的性限缩的法律方法，将该案排除原律适用范围之外，但也同时多了一个开放漏洞。其次，刑部采用类推适用的方法对漏洞进行了更为精准的"填补"。刑部将邵在志比照"殴大功以下尊长"律减一等为杖一百，流三千里，并最终生成条例。〔2〕

有嘉庆四年（1799 年）曹得华纠伙苏良陇、曹子金谋杀陈东海一家三命一案。曹得华本人以耕作为业，其无服族侄名叫曹子金，正在曹得华处帮工。曹得华父亲名叫曹金陵，曾经借钱与陈东海，后因向其索要欠款被陈东海杀死。陈东海依律被拟绞监候，后在秋审中改为缓决。嘉庆元年大赦，陈东海亦被释放回籍。曹得华看见杀父仇人陈东海安然回家，心存不满，因此起意将陈东海杀死，为他的父亲曹金陵报仇。嘉庆二年（1797 年）十月，有匪徒窜至紫阳县的双河塘地方骚扰生事，于是曹得华只好将其母曹苏氏与其妻曹黄氏送到山洞中进行躲避，而其本人则与曹子金两人看守家门。十月十二日，陈东海从曹得华家门口路过，正好被其看到，于是曹得华想要趁贼匪扰乱地方的时候将陈东海杀死，然后假装他是被贼匪所杀。由于陈东海身强力壮，曹得华觉得自己一个人将其杀死较为困难，于是就和曹子金以及其表兄苏良

〔1〕《大清律例根原》卷之八十七，《刑律·斗殴下·殴期亲尊长》。

〔2〕参见《驳案新编》卷二十二，《刑律·斗殴下·故杀小功堂侄拟绞减等》。

陇两人商议，决定分别携带刀枪，为曹金陵报仇。待陈东海再从家门口走过时，曹得华用刀戳伤了陈东海的左肋部位，陈东海立刻大声呼喊救命，情急之下跑到了廖士富的屋内进行躲避，曹得华跟上又用刀将其手腕戳伤。曹子金、苏良陇二人紧随其后，分别用长矛戳伤了陈东海的右肋和左额颏。陈东海伤情太重，当场毙命。廖士富和同住的租客刘登盈二人听到呼喊救命声，赶忙前来营救。刘登盈想要夺取曹得华的刀具，自己的左手两根手指被刀尖划伤。廖士富了解具体情况后，想要报官，但被曹得华以人身安全进行威胁，最终廖士富、刘登盈二人害怕受到连累，不敢声张此事。当晚，曹得华将陈东海的尸体移到河边，苏良陇则睡在了曹得华家中。十三日，曹子金被曹得华派往外出探听匪徒的消息。同日，因为陈东海外出未归，其母陈吴氏就带着孙子陈黑子出门去寻找陈东海，经过曹得华家门口并且被曹得华看见。曹得华畏惧陈吴氏发现其子被害或失踪，会报告官府，于是脑海中就又有了将陈东海之母、之子一起杀死的念头。于是曹得华和苏良陇商议，将陈吴氏、陈黑子二人赶到偏僻地方。陈吴氏被曹得华砍伤，陈黑子被苏良陇殴伤，且均先后跌下山沟，当即殒命。十四日，陈东海的女儿宋陈氏发现祖母陈吴氏也没有回家，因此请求亲戚王陇璜帮助寻找。王陇璜发现各人尸体后，于是转告宋陈氏。当时大家都认为是被匪徒所杀，因此就买好了棺殓并下葬，没有报告官府。后来经过官府查缉，最终捕获曹得华等三人。

陕西巡抚认为应当依律将曹得华拟凌迟处死，将曹子金拟绞监候，曹得华的妻子曹黄氏则依例拟发遣。苏良陇已经在监所病故，因此不议。“杀一家三人”律规定：“凡杀一家非死罪三人，为首之人凌迟处死。”[1]该律所附嘉庆九年（1804年）条例规定：“杀一家非死罪三四命以上者，凶犯依律凌迟处死……凶犯之妻、女改发伊犁等处安插。”[2]“谋杀人”律规定：“杀人，造意者，斩监候。从而加功者，绞监候。”[3]廖士富、刘登盈则依律拟杖一百。“同行知有谋害”律规定：“凡知同伴人欲行谋害他人，不即阻挡、救护，及被害之后不首告者，杖一百。”[4]对于陕西巡抚的各项拟罪，刑部都核拟照覆，并于嘉庆四年（1799年）四月二十七日具题皇帝。嘉庆皇帝于四月二十

---

〔1〕《大清律例根原》卷之七十七，《刑律·人命·杀一家三人》。

〔2〕《大清律例根原》卷之七十七，《刑律·人命·杀一家三人》。

〔3〕《大清律例根原》卷之七十四，《刑律·人命·谋杀人》。

〔4〕《大清律例根原》卷之八十二，《刑律·人民·同行知有谋害》。

九日下旨，认为曹得华杀害了陈东海与其母陈吴氏、其子陈黑子，因此陕西巡抚和刑部都严格按照“杀一家三人”律的规定处置，同意将其拟凌迟处死。在这一点上，皇帝也承认，“固属按律办理”。但是皇帝认为，如果曹得华为了报复陈东海，从而前去陈东海家并杀害一家三人，那么自然应该按律将其拟以凌迟处死，这点并无任何疑问。但本案中，曹得华杀害陈东海是为其父曹金陵报仇，并且其最初主观上并非希望杀害陈东海一家三人，只是因为次日正巧看见寻找陈东海的陈吴氏、陈黑子，害怕其报官才杀人灭口。因此，嘉庆皇帝决定，将曹得华从宽处斩立决，而其妻则从宽免其发遣，曹子金仍照原拟绞监候，秋后处决，并命令刑部将此案上升为条例，“嗣后内外问刑衙门遇有似此案件，即遵新例办理”。“杀一家三人”律所附嘉庆九年（1804年）条例规定：“为父报仇，除因忿逞凶，临时连杀一家三命者，仍照律例定拟外；如起意将杀父之人杀死，后被死者家属经见，虑其报官，复行杀害，致杀一家三命以上者，必究明报复情节，杀非同时与临时逞凶连杀数命者有间，将该犯拟斩立决，妻、子免其缘坐。”〔1〕

在该案中，陕西巡抚和刑部都依律将曹得华拟凌迟处死。但嘉庆皇帝认为该案存在着为父报仇、非登时杀一家三人这两个关键情节，使得该案与寻常那些无理谋害、登时杀一家三人的案件有所不同，因此值得对该案以及今后类似的案件做出不同的处置。用现代法学方法的视角来看，“杀一家三人”律的相关规定将这种应当采用特殊量刑的案情也包含在其适用范围之内，因此属于一个隐藏式法律漏洞。为改变这种量刑不均衡的情况，首先，嘉庆皇帝在谕旨中重点阐述了两个关键情节，正是为了论证该法律漏洞的存在，并为接下来的法律续造埋下伏笔。从案犯的主观恶性上来看，为父报仇以及畏惧报官而杀人，都相比于寻常的杀一家三人案件较轻。尤其是为父报仇，在强调“杀父之仇不共戴天”的亲情伦理社会中，更是一个颇为值得同情，令人觉得情有可原的情节。而从案犯的客观行为来看，由于曹得华本意是为父报仇而已，因此当初只想谋害陈东海一人，其后因为畏惧报官又杀了陈东海之母陈吴氏、之子陈黑子，也比那些同时杀害一家三人的案情略轻。其次，嘉庆皇帝类推适用原律、例，酌情将对于曹得华的凌迟处死减为斩立决，并直接免除对曹得华之妻曹黄氏所拟的发遣刑。最后，皇帝还下令将此案直接

〔1〕《大清律例根原》卷之七十七，《刑律·人命·杀一家三人》。

生成条例，以保证今后对此类案件正确的法律适用。[1]

（二）文义解释、反对解释与类推适用

道光二年（1822年）王明非、张怀珠等人先后发掘前明朱厚烇等王坟以及常人坟冢一案。湖北巡抚杨懋恬抓获发塚贼犯王明飞、张怀珠等人，查明该犯人等曾经发掘广济县张家寝前明荆端王朱厚烇坟冢一次，发掘五家寝前明荆庄王朱载墭坟冢一次，发掘蕲州李公器寝前明悼惠王朱见溥坟冢一次，发掘蕲州前明庄和王朱祐构坟冢一次。所发掘的这些前明封王的坟冢，有的已经有了盗洞，被抽出了下葬时随带的器皿、财物，有的已经被刨开坟冢表面浮土，尚未见到棺材。该犯人等其他所发掘的都是常人坟冢。"发塚"律所附乾隆五年（1740年）条例规定："凡发掘贝勒、贝子、公夫人等坟冢，开棺见尸者，为首，斩立决；为从，皆绞立决。见棺者，为首，绞立决；为从，皆绞监候。未至棺者，为首，绞监候；为从，佥妻发近卫永远充军。如有发掘历代帝王陵寝、先贤、名臣及前代藩王坟冢者，俱照此例治罪。"[2]湖北巡抚认为，条例内所称前代藩王，其字义应当专指分藩亲王，而藩王之子的坟冢被发掘，条例之内并无明确规定。经过查阅明代的帝王世表，湖北巡抚发现，在此案中，荆端王朱厚烇是荆藩王朱瞻堈的第五世孙，于正德二年承袭藩王；荆庄王朱载墭，是荆藩王朱瞻堈的第六世孙，初次被封为永定王，后来因为其子翊钜袭封荆藩王，因此被追封王，谥号曰庄。因此湖北巡抚杨懋恬认为由于承袭荆封和因子追封，都和初次封为藩王并无不同，因此应当认定为条例中的"藩王"。而怀顺王朱见潭的封地在都昌，悼惠王朱见溥的封地在都梁，庄和王朱祐构的封地在樊山，这三王虽然都是荆藩王的分封子孙，但是都是经过推恩而分封，并非直接分封为藩王的。并且由于前明的藩王数量众多，如果全部都认定为条例中所称"藩王"，那么就会导致一旦其坟冢被发掘，就都要按照"藩王"的标准进行处理。由于是否认定为"藩王"，事关最后拟定案犯的罪名出入，事关生死，因此湖北巡抚杨懋恬不敢贸然定拟。同时，杨懋恬还指出，条例中所谓的"名臣"一词，同样含义并不明确。因为自古先贤排名等次并不一样，如果不确切指出哪些属于条例所称"先贤"，则记载在史册中的"先贤"数不胜数。如果一旦遇到这种"先贤"的坟冢遭

---

〔1〕参见《刑案汇览》卷二十八，《杀一家三人·为父报仇三命并非同时》。

〔2〕《大清律例根原》卷之七十一，《刑律·贼盗下·发塚》。

遇破坏，则其子孙必然以条例的规定为借口，希望将发掘其远祖坟冢之人予以重惩，而若随意认定“先贤”，随意加重刑罚，事关人命，不利于达到情罪允协的司法目标。最终，湖北巡抚杨懋恬向刑部发出咨文，请求刑部答复上述法律适用难题。

刑部认为，定例之中只有针对发掘前代藩王坟冢的条款，并没有针对发掘前代郡王坟冢进行量刑的条款。该条例中所称的前代藩王，都是专指分封藩王以及互相承袭者而言。因此，如果是子孙承袭藩王然后追封其祖父，或者将藩王的子孙推恩分封各个郡王的话，即使都位列王爵，但是终究和分封的藩王有所不同。而条例之内只有“前代藩王坟墓”字样，因此追封、分封之人就不在条例适用范围之内。但由于藩王的祖父、子孙毕竟和普通百姓不同，因此如果其坟墓被发掘，将其按照常人坟冢被发掘的条款进行处理，也显然不合情理。刑部指出，该类犯罪，除了按照常人处理也要被拟死刑因而无须加等的，其他罪不至死的情形，都应该在常人基础上加等处理。荆端王朱厚烇是承袭藩王之人，因此发掘其坟冢应该按照“发掘前代藩王坟墓”例处理，而荆庄王朱载墭属于追封之王，怀顺王朱见潭、悼惠王朱见溥、庄和王朱祐构都是经过推恩分封而成为的郡王，因此对他们不应该按照藩王进行处理，而应在发掘常人坟冢条例上酌量加等。针对湖北巡抚杨懋恬提出的需要进一步明确“先贤”含义的请求，刑部指出，对黎民百姓、江山社稷有大功德的人才能够被称为“先贤名臣”，因此需要加重发掘他们坟冢的刑罚。而如果说要对于先贤名臣的范围有一个具体界定的话，刑部认可湖北巡抚的意见，以《大清会典》中有从祀名位的人为准。在此之外，即使有一定的名望但并为祀典所不载的人，就不能称之为“先贤名臣”而适用该条例。最终生成条例。“发塚”律所附道光四年（1824 年）条例规定：“凡发掘贝勒、贝子、公夫人等坟塚，开棺椁见尸者，为首，斩立决；为从，皆绞立决。见棺者，为首，绞立决；为从，皆绞监候。未至棺者，为首，绞监候；为从；发边远充军。如有发掘历代帝王陵寝，及会典内有从祀名位之先贤、名臣，并前代分藩亲王，或递相承袭分藩王坟墓者，俱照此例治罪。若发掘前代分封郡王，及追封藩王坟墓者，除犯至死罪，仍照发掘常人坟墓例定拟外，余各于发掘常人坟塚本罪上加一等治罪。”[1]

---

〔1〕《大清律例根原》卷之七十一，《刑律・贼盗下・发塚》。

在本案中，我们可以发现，刑部采用法律解释、法律续造等方法，在原条例基础上生成了新的条例。首先，关于“前代藩王”的认定，刑部先对该词进行了文义解释，认为“藩王”专指分藩的亲王以及其承袭者，然后采用反对解释，认为既然条例中只提到了“前代藩王”，自然追封、分封的郡王不在此列。其次，对于“前代追封藩王、分封郡王”，刑部采用了类推适用的法律方法，除死罪和发掘常人坟墓一样处置外，其他行为均在常人相应行为的基础上加一等治罪。最后，对于“先贤名臣”的认定，由于先前条例的文义太过模糊，无法实际操作，因此湖北巡抚和刑部都采用了目的性限缩的法律续造方法，将其限定在《大清会典》所载祀典范围之内。可见，新例的生成也可以是多种法律方法混合作用的结果。值得注意的是，在该案中，贼犯王明飞、张怀珠并未发掘所谓“先贤名臣”的坟冢，但湖北巡抚同样在咨文中顺带提到了这个问题。因此笔者认为，在具有特殊案情而生成新例的情况下，条例中可能有某些部分与案件的处理并无直接关联，但为了预先防范某种日后可能碰到的法律适用难题，督抚、刑部甚至皇帝也会在修例的时候进行相应的处理。〔1〕

（三）当然解释与类推适用

有道光四年（1824 年）山东巡抚、河南巡抚以殴伤奸夫及图奸罪人至折伤以上可否勿论之咨文。刑部收到该咨文，就进行了相关的调查以便回复。他们首先找到了以下几条律例。“杀死奸夫”律所附乾隆五十三年（1788 年）条例规定：“有服尊长奸卑幼之妇，本夫捉奸杀死奸夫，除犯时不知，及止殴伤者，均照律勿论。”〔2〕嘉庆六年（1801 年）条例规定：“本夫、本妇之伯叔、兄弟及有服亲属，皆许捉奸。如有登时杀死奸夫及奸妇者，并依夜无故入人家已就拘执而擅杀律，杖一百，徒三年；伤者，勿论。”〔3〕“罪人拒捕”律所附嘉庆二十四年（1819 年）条例规定：“凡擅伤罪人，除殴非折伤勿论外，如殴至折伤以上，按其擅杀之罪，应以斗杀拟绞者，仍以斗伤定拟；若擅杀治罪，止应拟满徒者，亦减二等科断。”〔4〕刑部指出，上引第一条条例，是根据江苏省蔡通捉奸刃伤胞叔蔡弈凡一案而制定的。乾隆二十一年（1756

---

〔1〕 参见《刑案汇览》卷二十，《发冢·发掘前代藩王先贤名臣坟墓》。

〔2〕《大清律例根原》卷之七十五，《刑律·人命·杀死奸夫》。

〔3〕《大清律例根原》卷之七十五，《刑律·人命·杀死奸夫》。

〔4〕《大清律例根原》卷之七十六，《刑律·捕亡·罪人拒捕》。

年）条例规定："有服尊长奸卑幼之妇，本夫捉奸杀死奸夫，除犯时不知，照律勿论外；其余奸所亲获奸夫、奸妇，登时杀死者，及非登时又非奸所，或已就拘执而杀者，皆照卑幼殴故杀尊长本律治罪。该督、抚于疏内声明，法司核拟时，夹签请旨。伤者，皆勿论。"〔1〕可见，"伤者皆勿论"是放在条例的结尾之处。而到了乾隆五十三年修例的时候，就将其改成了"止殴伤者，均照律勿论"的字样。刑部指出，当时对于条例作出这样的修改，就是为了明确无论是否折伤以上、无论是否登时殴伤都明确不予惩处。为了证明这一点，刑部又举出两个具体案例以便说明该条例的具体适用。嘉庆十七年间（1812年），山东省的刘义财发现胞弟之妻刘氏与自己的缌麻叔祖刘大江通奸，于是在捉奸时抓瞎了刘大江的两只眼睛，按照《大清律例》的规定属于笃疾。嘉庆二十年（1815年），河南省的李青凤发现其母凌氏与自己的小功服叔李均明成亲，于是也挖瞎了李均明的两只眼睛成为笃疾。这两个案件当初都严格按照卑幼捉奸殴伤犯奸尊长例进行处理，对于捉奸卑幼采取了不予惩处的方法。刑部认为，既然本夫捉奸，殴伤犯奸尊长，不论是否折伤以上、是否登时都勿论的话，那么根据举重以明轻的当然解释，捉奸殴伤凡人的话，就更应该不予惩处。因为这些犯奸之人，往往用心非常险恶，如果因为被捉奸而受伤，就将本夫和有服亲属都拟以徒刑、流刑的话，那么反而使得犯奸之人逍遥法外，而被害之人被肆意凌辱。为了维护纲常名教，这样的事情是绝对不允许发生的。刑部同时还指出，如果是妇女拒奸以及本夫、本妇的有服亲属殴伤图奸、强奸未成的罪人，以及男子拒奸殴伤图奸、强奸未成的罪人，无论是废疾还是笃疾，以及事主殴伤贼犯至折伤以上，都与本夫或本夫、本夫之伯叔兄弟、有服亲属捉奸殴伤奸夫的情况并无不同。因此刑部修改了旧例，生成新例。"罪人拒捕"律所附道光四年（1824年）条例规定："本夫及本夫、本妇有服亲属捉奸殴伤奸夫，或本夫及本夫、本妇有服亲属殴伤图奸、强奸未成罪人，或男子拒奸殴伤奸匪，或事主殴伤贼犯，或被害之人殴伤挟仇放火凶徒及实在凶恶棍徒，至折伤以上者，无论登时、事后，概予勿论。期服以下尊长、卑幼，因捉奸、拒奸，或因尊长、卑幼强奸、图奸，殴伤尊长、卑幼者，悉照此例，勿论。此外，不得滥引。仍按殴伤尊长、卑幼各本律例问拟。其旷野白日盗田野榖、麦者，以别项罪人论。其余擅伤别项

〔1〕《大清律例根原》卷之七十五，《刑律·人命·杀死奸夫》。

罪人，除殴非折伤勿论外，如殴至折伤以上，按其擅杀之罪，应以斗杀拟绞者，仍以斗伤定拟；若擅杀之罪，止应拟满徒者，亦减二等科断。”〔1〕

在该案中，刑部采用了多种法律方法以阐明律例本意、填补律例漏洞。首先，刑部举出本夫捉奸殴伤有服尊长之条例，通过进行“举重以明轻”的当然解释，证明了平人在服制上远不如有服尊长，因此本夫若殴伤犯奸平人，更应该不予惩处本夫的结论。其次，刑部进行了类推适用的法律续造方法，将妇女拒奸本夫及有服亲属殴伤图奸、强奸未成的奸夫、男子拒奸殴伤图奸、强奸未成的奸夫以及窃盗、强盗案中事主殴伤贼犯至折伤以上都适用“止殴伤者，照律勿论”这种法律后果。〔2〕

（四）体系解释、历史解释与类推适用

有道光四年（1824 年）罗阿便之妻罗韦氏行贿尸叔一案。罗阿便籍隶贵州，耕作为生，其妻为罗韦氏，其外甥为赵登堂。道光四年（1824 年），罗阿便因琐事殴死了陆老二，罗韦氏怕尸亲报官，便命赵登堂送给已死的陆老二的胞叔陆复得银十五两。陆复得拿到银后，不再追究此事，后因为牧令访闻，均被官府拿获。经过调查，赃银折实大约十二两七钱的库平银。贵州巡抚依律、例将罗韦氏拟杖九十，将陆复得拟杖九十，将赵登堂拟杖八十。“尊长为人杀私和”律规定：“期亲尊长被杀，而卑幼私和者，杖八十，徒二年；大功以下，各递减一等。其卑幼被杀而尊长私和者，各依服制减卑幼一等。”〔3〕该律所附嘉庆九年（1804 年）条例规定：“凡尸亲人等私和人命，除未经得财者，仍照律拟议外，如尸亲期服以下亲属受财私和，及凶犯期服以下亲属以财行求者，俱计赃，准枉法论，分别定罪。其祖父母、父母及夫，若家长被杀，子孙及妻妾、奴婢、雇工人受贿私和者，无论赃数多寡，俱拟杖一百、流三千里。若子孙及妻妾、奴婢、雇工人被杀，祖父母、父母、夫、家长受贿私和，无论赃数多寡，俱杖一百。其以财行求者，如亦系凶犯之祖父母、父母、夫、家长，无论受财者系被杀之尊长、卑幼，亦不计赃，拟杖一百”〔4〕“官吏受财”律规定：“凡官吏因枉法、不枉法事受财者，计赃科断。说事过钱者，有禄人减受钱人一等，无禄人减二等。一两以下，杖七十；一两至五两，

〔1〕《大清律例根原》卷之一百三，《刑律·捕亡·罪人拒捕》。
〔2〕参见《刑案汇览》卷二十六，《杀死奸夫·殴奸盗及放火凶徒成笃勿论》。
〔3〕《大清律例根原》卷之八十二，《刑律·人命·尊长为人杀私和》。
〔4〕《大清律例根原》卷之八十二，《刑律·人命·尊长为人杀私和》。

杖八十；一十两，杖九十。”〔1〕

刑部在核拟时不同意贵州巡抚这样的拟罪。刑部认为，“尊长为人杀私和”的律文本身，是指仅为私和并没有受财私和的情况。而条例则是指尸亲期服以下亲属不仅私和，而且受财的情况。按照“二罪俱发以重论”律的规定：“凡二罪以上俱发，以重者论。”〔2〕因此，如果说尸亲受财，按照条例的规定准枉法论所得刑罚轻于律文的规定，那么就应该依律科断；如果条例的规定重于律文的规定，那就应该依例科断。同时，刑部还分析了造成贵州巡抚拟罪错误的原因，认为是例行修例的时候弄巧成拙导致的结果。原本该条例为“凡尸亲人等私和人命，除未经得财者，仍照律议拟外，如有受财者，俱计赃，准枉法论，从重定罪”，〔3〕但嘉庆六年（1801 年）将其改为了“凡尸亲人等私和人命，除未经得财者，仍照律议拟外，如尸亲期服以下亲属受财私和，及凶犯期服以下亲属用财行求者，俱计赃，准枉法论，分别定罪”。〔4〕刑部当初将本来很明确的“从重定罪”改为了“分别定罪”，才导致发生了这样的错误拟判。因此，刑部认为对于陆老二的胞叔陆复得，依律拟罪应该是由杖八十、徒二年减一等为杖七十、徒一年半，依例则为杖九十，因此应该从重按律进行科断。

而对于罗韦氏，刑部认为条例只规定了若凶犯之夫以财行求则将其拟杖一百，但未明确若凶犯之妻为夫行贿私和，究竟应该处以何种刑罚。对于这种情况，刑部指出，夫为妻行贿私和与妻为夫行贿私和并无太多不同，应当类推适用条例现有规定，对于罗韦氏也处以杖一百。刑部还举出了一个具体案例。嘉庆十八年，浙江省发生了徐锡照之妻朱氏被顾钮推跌受伤后服毒自尽的案件。顾钮之子顾广源担心父亲被拟罪，于是向徐锡照行贿求和，共给洋银三百五十圆。当时的浙江巡抚认为，凶犯之子为其父用财行求与凶犯之父为其子用财行求并无不同，因此将顾广源比照“其以财行求者，如亦系凶犯之祖父母、父母、夫、家长，无论受财者系被杀之尊长、卑幼，亦不计赃，拟杖一百”进行量刑。因此，刑部认为，本案中的罗韦氏也应该比照该条例，拟杖一百，而贵州巡抚原拟杖九十显然有误。最终生成条例。“尊长为人杀私

〔1〕《大清律例根原》卷之九十四，《刑律·受赃·官吏受财》。

〔2〕《大清律例根原》卷之十二，《名例律下·二罪俱发以重论》。

〔3〕《大清律例根原》卷之八十二，《刑律·人命·尊长为人杀私和》。

〔4〕《大清律例根原》卷之八十二，《刑律·人命·尊长为人杀私和》。

和”律所附道光四年（1824年）条例规定：“凡尸亲人等私和人命，除未经得财或赃罪较轻，仍照议拟外，如尸亲期服以下亲属受财私和者，俱计赃，准枉法从重论。其祖父母、父母及夫，若家长被杀，子孙及妻妾、奴婢、雇工人受贿私和者，无论赃数多寡，俱杖一百、流三千里。若子孙及妻妾、奴婢、雇工人被杀，祖父母、父母、夫、家长受贿私和，无论赃数多寡，俱杖一百。其以财行求者，如系凶犯之缌麻以上有服亲属，及家长、奴婢、雇工人，均不计赃数，拟杖一百。若凶犯罪止军、流者，以财行求之亲属等，各杖就是；罪止拟徒者，各杖八十。说事过钱者，各减受财人罪一等。”〔1〕

在该案中，刑部为了否定贵州巡抚的拟罪，对于“尊长为人杀私和”律以及相关条例进行了法律解释和法律续造。针对陆复得的量刑，刑部主要采用的是法律解释方法。首先，从律例体系的角度来说，刑部指出律文和条例并不矛盾，而是要从“名例律”中的“二罪俱发以重论”律的角度来理解，在量刑时需要分别依据律文和条例进行拟罪，再选择其中较重的刑罚。可见，刑部采用的主要是体系解释方法。其次，从该条例的历史沿革来说，刑部爬梳了嘉庆六年修例时的具体改动，说明了将“从重定罪”改为了“分别定罪”，并认为正是这种文字上的改变在一定程度上造成了法律适用的错误。刑部在这里又采用了历史解释的方法。最终，刑部认为陆复得应该被处杖七十、徒一年半。而针对罗韦氏的量刑，刑部主要采用的是类推适用的法律方法。因为条例中对于凶犯之妻行贿私和的行为并没有明文规定，因此刑部就类推适用了凶犯之夫行贿私和的规定。刑部为了增强法律论证的效力，还举出了嘉庆十八年（1813年）浙江巡抚将凶犯之子行贿私和类推适用凶犯之父行贿私和的案例，以表明对于罗韦氏的拟罪与先例相同。最终，刑部奏定了新例。〔2〕

〔1〕《大清律例根原》卷之八十二，《刑律·人命·尊长为人杀私和》。
〔2〕参见《刑案汇览》卷三十六，《尊长为人杀私和·凶犯之妻行贿尸叔得钱私和》。

参考文献

一、档案材料与史料文献

（一）档案材料

1. 中国第一历史档案馆藏：

（1）内阁全宗，档案编号：02。

（2）军机处全宗，档案编号：03。

（3）宫中硃批奏折，档案编号：04。

2. 中国第一历史档案馆编：《康熙朝汉文硃批奏折汇编》，档案出版社1984年版。

（二）史料文献

1. 《钦定总管内务府现行则例》（朝代不详，抄本）。
2. 《钦定总管内务府现行则例》（朝代不详，刻本）。
3. 《钦定宫中现行则例》（光绪朝）。
4. 《钦定宗人府则例》（光绪朝）。
5. 《钦定王公处分则例》（咸丰朝）。
6. 《钦定吏部则例》（雍正、乾隆二朝）。
7. 《钦定吏部则例》（道光朝）。
8. 《钦定吏部处分则例》（雍正朝）。
9. 《钦定吏部处分则例》（乾隆朝）。
10. 《钦定吏部处分则例》（光绪朝，原书标为嘉庆朝《钦定吏部则例》，实为光绪朝处分则例）。
11. 《钦定户部则例》（乾隆朝）。
12. 《钦定户部则例》（同治朝）。
13. 《匠作则例》（朝代不详，抄本）。
14. 《钦定户部漕运全书》（道光朝）。

15.《漕运则例纂》（朝代不详，抄本）。
16.《户部海运新案》（道光朝）。
17.《钦定户部鼓铸则例》（乾隆朝）。
18.《钦定礼部则例》（乾隆朝）。
19.《钦定礼部则例》（道光朝）。
20.《钦定科场条例》（道光朝）。
21.《续增科场条例》（咸丰朝）。
22.《钦定学政全书》（嘉庆朝）。
23.《钦定太常寺则例》（乾隆朝）。
24.《光禄寺则例》（乾隆朝）。
25.《钦定台规》（道光朝）。
26.《钦定台规》（光绪朝）。
27.《钦定工部则例》（嘉庆朝，原书标乾隆朝，实系嘉庆朝）。
27.《钦定工部则例》（同治朝）。
29.《钦定工部则例》（光绪朝）。
30.《钦定工部续增则例》（嘉庆朝）。
31.《工程做法则例》（雍正朝）。
32.《九卿议定物料价值》（乾隆朝）。
33.《乘舆仪仗作法》（朝代不详，抄本）。
34.《钦定八旗则例》（乾隆朝）。
35.《钦定军器则例》（乾隆朝）。
36.《督捕则例》（乾隆朝）。
37.《钦定理藩院则例》（道光朝）。
38.《钦定回疆则例》（道光朝）。
39.《蒙古律例》（朝代不详，刻本）。
以上出自《清代各部院则例》，蝠池书院出版有限公司 2004 年版。
40.《钦定宗室觉罗律例》（宣统朝）。
41.《武英殿则例》（光绪朝，内府稿本）。
42.《总管内务府现行则例会计司》（同治朝，内府稿本）。
43.《总管内务府现行则例颐和园静明园静宜园》（光绪朝）。
44.《总管内务府续纂则例南苑》（道光朝，内府稿本）。
45.《续纂内务府现行则例上驷院右司》（乾隆朝，内府稿本）。
46.《续纂内务府现行则例》（乾隆朝，内府稿本）。
47.《总管内务府续纂现行则例圆明园畅春园南苑上驷院武备院造办处织染局御茶膳房宁

寿宫》(嘉庆、道光二朝，内府稿本)。
48.《国朝宫史》(乾隆朝，内府稿本)。
49.《国朝宫史续编》(嘉庆朝，内府稿本)。
50.《钦定户部军需则例》(乾隆朝)。
51.《浙海钞关征收税银则例》(雍正朝，浙江提刑按察使司刻本)。
52.《海运续案》(咸丰朝，呈进抄本)。
53.《钦定武场条例》(光绪朝)。
54.《钦定中枢政考》(乾隆朝)。
55.《钦定中枢政考续纂》(道光朝)。
56.《钦定金吾事例》(咸丰朝，内府刻本)。
57.《兵部督捕则例》(乾隆朝)。
58.《钦定旗务则例》(乾隆朝)。
59.《福州驻防志》(乾隆朝，进呈抄本)。
60.《三流道里表》(乾隆朝)。
61.《内廷工程做法》(乾隆朝)。
62.《营造司房库例本》(朝代不详，内府稿本)。
63.《铁作例本》(朝代不详，内府稿本)。
64.《画匠房例本》(朝代不详，内府稿本)。
65.《木库例本》(朝代不详，内府稿本)。
以上出自卢山主编:《清代各部院则例续编》，蝠池书院出版有限公司 2012 年版。
66.《钦定宫中现行则例》(咸丰朝)。
67.《内务府庆典成案》(乾隆朝)。
68.《钦定六部处分则例》(光绪朝)。
69.《光绪朝捐纳则例》。
70.《钦定科场条例》(光绪朝)。
71.《钦定续增科场条例》(光绪朝)。
72.《四译馆例》(康熙朝)。
73.《奏定学堂章程》(光绪朝)。
74.《钦定国子监则例》(道光朝)。
75.《理藩院则例》(乾隆朝)。
76.《理藩院修改回疆则例》(乾隆朝)。
77.《钦定康济录》(乾隆朝)。
78.《赈济》(嘉庆朝)。
79.《赈灾全书》(道光朝)。

80.《粤海关志》（道光朝）。
81.《驻粤八旗志》（光绪朝）。
82.《荆州驻防八旗志》（光绪朝）。
83.《杭州驻防八旗营志略》（光绪朝）。
84.《北洋海军章程》（光绪朝）。
85.《钦定满洲祭神祭天礼》（乾隆朝）。
以上出自卢山主编：《清代各部院则例（三编）》，蝠池书院出版有限公司 2013 年版。
86.《兵部处分则例（道光朝）》，中国基本古籍库（电子数据资源）。
87.《钦定六部处分则例》（光绪朝），沈云龙主编：《近代中国史料丛刊》，文海出版社 1971 年版。
88. 王世襄：《清代匠作则例》，大象出版社 2000-2009 年版。
89. 王世襄：《清代匠作则例汇编》，中国书店 2008 年版。
90.《督捕则例》（乾隆八年武英殿版），中国政法大学图书馆藏。
91.《乾隆朝旗钞各部通行条例》，载杨一凡、田涛主编：《中国珍稀法律典籍续编》（第 6 册），黑龙江人民出版社 2002 年版。
92.《钦定王公处分则例（朝代不详）》，载杨一凡、田涛主编：《中国珍稀法律典籍续编》（第 6 册），黑龙江人民出版社 2002 年版。
93.《大清律例》（乾隆五年武英殿本），法律出版社 1999 年版。
94.《大清律例》（道光六年四库本），天津古籍出版社 1993 年版。
95.《满洲实录、太祖高皇帝实录》，中华书局 1986 年版。
96.《太宗文皇帝实录》，中华书局 1985 年版。
97.《圣祖仁皇帝实录》，中华书局 1985 年版。
98.《世宗宪皇帝实录》，中华书局 1985 年版。
99.《高宗纯皇帝实录》，中华书局 1985 年版。
100.《仁宗睿皇帝实录》，中华书局 1986 年版。
101.《宣宗成皇帝实录》，中华书局 1986 年版。
102.《文宗显皇帝实录》，中华书局 1986 年版。
103.《穆宗毅皇帝实录》，中华书局 1987 年版。
104.《德宗景皇帝实录》，中华书局 1987 年版。
105.《宣统政纪》，中华书局 1987 年版。
106. 于浩辑：《明清史料丛书八种》（第 3 册），北京图书馆出版社 2005 年版。
107.《大清会典则例》（乾隆朝），戴逸主编：《文津阁四库全书清史资料汇刊》，商务印书馆 2005 年版。
108.《大清会典事例》（嘉庆朝），沈云龙主编：《近代中国史料丛刊》，文海出版社 1971

年版。
109.《大清五朝会典》，线装书局 2006 年版。
110.（清）吴坤修等编撰、郭成伟等点校：《大清律例根原》，上海辞书出版社 2012 年版。
111.（清）嵇璜等纂：《清朝通典》，浙江古籍出版社 1988 年版。
112.（清）嵇璜等纂：《清朝通志》，浙江古籍出版社 1988 年版。
113.（清）嵇璜等纂：《清朝文献通考》，浙江古籍出版社 1988 年版。
114.（清）黄本骥编：《历代职官表》，上海古籍出版社 2005 年版。
115.（清）赵尔巽等编：《清史稿》，中华书局 1977 年版。
116.（清）贺长龄辑：《皇朝经世文编》，载沈云龙主编：《近代中国史资料丛刊》，文海出版社 1971 年版。
117.（清）葛士浚辑：《皇朝经世文续编》，载沈云龙主编：《近代中国史资料丛刊》，文海出版社 1971 年版。
118.（清）许梿等纂辑：《刑部比照加减成案》，何勤华等点校，法律出版社 2009 年版。
119.（清）全士潮、张道源等编纂：《驳案汇编》，何勤华等点校，法律出版社 2009 年版。
120.（清）祝庆祺等编：《刑案汇览三编》，北京古籍出版社 2004 年版。
121.（清）沈之奇：《大清律辑注》，怀效锋、李俊点校，法律出版社 2000 年版。
123.（清）王明德：《读律佩觿》，何勤华等点校，法律出版社 2000 年版。
124.（清）沈家本：《历代刑法考》（附《寄簃文存》），邓经元、骈宇骞点校，中华书局 1985 年版。
125.（清）王又槐：《办案要略》，群众出版社 1987 年版。
126. 高潮、马建石主编：《中国历代刑法志校注》，吉林人民出版社 1994 年版。
127. 杨一凡主编：《历代判例判牍》（第 10 册），中国社会科学出版社 2005 年版。
128. 胡星桥、邓又天主编：《读例存疑点注》，中国人民公安大学出版社 1994 年版。

二、工具书

蒲坚编著：《中国法律史大辞典》，北京大学出版社 2015 年版。

三、研究论著

（一）学术专著

1. 张晋藩主编：《清朝法制史》，中华书局 1998 年版。
2. 那思陆：《清代中央司法审判制度》，北京大学出版社 2004 年版。
3. 那思陆：《清代州县衙门审判制度》，中国政法大学出版社 2006 年版。
4. 郑秦：《清代法律制度研究》，中国政法大学出版社 2000 年版。

5. 杨一凡、刘笃才：《历代例考》，社会科学文献出版社2012年版。
6. 杨一凡主编：《中国古代法律形式研究》，社会科学文献出版社2011年版。
7. 杨一凡总主编、［日］寺田浩明主编：《中国法制史考证》（丙编第4卷），中国社会科学出版社2003年版。
8. 苏亦工：《明清律典与条例》，中国政法大学出版社2000年版。
9. 刘广安：《中国古代法律体系新论》，高等教育出版社2012年版。

（二）期刊论文

1. 王钟翰："清代则例及其与政法关系之研究"，载氏著：《王钟翰清史论集》（第3册），中华书局2004年版。
2. 王钟翰："清代各部署则例经眼录"，载氏著：《王钟翰清史论集》（第3册），中华书局2004年版。
3. 张晋藩、林乾："《户部则例》与清代民事法律探源"，载《比较法研究》2001年第1期。
4. 林乾："关于《户部则例》法律适用再探讨"，载林乾主编：《法律史学研究》（第1辑），中国法制出版社2004年版。
5. 刘广安："《大清会典》三问"，载《华东政法大学学报》2015年第6期。
6. 王志强："清代成案的效力和其运用中的论证方式"，载《法学研究》2003年第3期。
7. 王志强："清代刑事司法事实判定中程序规则——比较法视角下功能分析"，载《中外法学》2014年第3期。
8. 陈锐："'例分八字'考释"，载《政法论坛》2015年第2期。
9. 吕丽："例与清代的法源体系"，载《当代法学》2011年第6期。
10. 陈煜："立法宗旨的继承与创新——清律和明律中'名例律'的比较分析"，载《南京大学法律评论》2005年秋季号。
11. 陈煜："略论《大清律例》的'确定化'"，载《中国政法大学学报》2012年第4期。
12. 胡祥雨："清代刑部和京师细事案件的审理"，载《清史研究》第2010年第3期。
13. 苏亦工："论清代律例的地位及其相互关系（上）"，载《中国法学》1988年第5期。
14. 苏亦工："论清代律例的地位及其相互关系（下）"，载《中国法学》1988年第6期。
15. 里赞："司法或政务：清代州县诉讼中的审断问题"，载《法学研究》2009年第5期。
16. 俞江："明清州县细故案件审理的法律史重构"，载《历史研究》2014年第2期。
17. ［美］陈张富美："清代法律中的类推"，陈新宇译，载《中西法律传统》2006年刊。
18. 陈新宇："法有正条与罪刑不符——《大清律例》'审拟罪名不得擅拟加等'条例考论"，载《清华法治论衡》2009年第2期。
19. 邓建鹏："词讼与案件：清代的诉讼分类及其实践"，载《法学家》2012年第5期。
20. ［日］谷井阳子："清代则例省例考"，载杨一凡总主编、［日］寺田浩明主编：《中国法制史考证》(丙编第 4 卷),中国社会科学出版社 2003 年版。

21. [日] 岸本美绪:"关于清代前期定例集的利用",原文收入 [日] 山本英史编:《中国近世の规范と秩序》,公益财团法人东洋文库,2014 年;中译文本由顾其莎译,载中国政法大学法律古籍整理研究所编,徐世虹主编:《中国古代法律文献研究》(第 8 辑),社会科学文献出版社 2014 年版。

修订版后记

自2002年担任博导以来，我指导博士生18人。其中，李凤鸣的学位论文由复旦大学出版社2007年出版，田庆锋的学位论文由人民出版社2014年出版，刘高勇的学位论文由中国社会科学出版社2016年出版，石璠、刘冰雪、沈成宝、戴馥鸿的学位论文收入“古代历史文化研究辑刊”第十六编第十二册、第十七编第二一册、第十八编第十一册、第十九编第二三册，分别于2016年9月、2017年3月、2017年9月、2018年3月出版。其他学位论文也多发表或出版。

刘广安

2021年6月19日于京华东斋